MISAL

Para todos los domingos y fiestas del año

2024

Ciclo dominical B

Buena Prensa

Obra de los jesuitas de México
al servicio de la misión de la Iglesia

Buena Prensa

Misal

Para todos los domingos y fiestas del año 2024. Ciclo dominical B.

Director general: Felipe Espinosa Torres, SJ.
Editor: Juan Enrique Ponce de León.

Ilustraciones en la apertura de cada Misa: † P. Antonio Serrano, SJ.
Dibujos de las reflexiones al final de Misa: Israel Campos.

Imprimatur: ✠ Víctor Sánchez Espinosa
Arzobispo de Puebla
Presidente de la Comisión Episcopal
para la Pastoral Litúrgica

Certificados de Licitud de Título y Contenido, núms. 6283 y 4953 respectivamente, otorgados por la Comisión Calificadora de Publicaciones y Revistas Ilustradas. Certificado de Reserva de Derechos de Autor no. 04-2006-021413092800-102.

Impreso en México, en Impresora y Editora Infagon, S.A. de C.V.

**Obra de los jesuitas de México
al servicio de la misión de la Iglesia**

ÍNDICE

Misas dominicales y festivas de 2024

Índice

PRESENTACIÓN

Con este Misal 2024 pretendemos proporcionar un instrumento que ayude a los fieles cristianos en su participación en las celebraciones eucarísticas dominicales y festivas de nuestras comunidades. Celebramos los misterios de fe confiados a la única Iglesia fundada por Jesucristo.

Estamos invitados a participar en la doble mesa de la Palabra y del Cuerpo y la Sangre de nuestro Señor Jesucristo, y todo aquello que favorezca hacerlo de una manera "plena, consciente y activa", de acuerdo con lo que pidió el Concilio Vaticano II en la Constitución *Sacrosanctum Concilium* sobre la sagrada liturgia, tiene que ser debidamente valorado.

Este Misal, destinado al uso de los fieles, es de una gran riqueza, ya que en él vienen organizados 73 formularios de celebraciones con las lecturas de la Sagrada Escritura que aparecen en el Leccionario y las oraciones propias del Misal Romano que corresponden a los domingos, solemnidades y algunas fiestas del calendario litúrgico del año 2024, que en su mayoría pertenecen al Ciclo dominical B y, a partir del 1 de diciembre, al Ciclo C.

Al final de cada formulario ofrecemos una breve reflexión, que pretende ser el eco de algún aspecto de la celebración del día, inspirado ya sea por el evangelio, por alguna otra de las lecturas o por el misterio que se celebra. Esperamos que sean de provecho para todos.

Una vez más incluimos las propuestas de notas musicales de los salmos y las aclamaciones antes del Evangelio, con un código QR asociado que, mediante los dispositivos móviles y la aplicación adecuados (existen varios y pueden ser descargados gratuitamente) y una conexión a internet, permite escuchar la tonada de la respuesta cantada de cada uno de ellos, para que puedan ser ensayados antes de la celebración por quienes entonan el salmo responsorial de la Misa desde el ambón.

Ofrecemos una brevísima guía acerca del tesoro de las indulgencias, que la santa Iglesia de Dios administra en favor de todos los fieles católicos. Nos conviene reflexionar acerca de las indulgencias, mediante las cuales la Iglesia aplica las satisfacciones de Cristo y de los santos para que los fieles podamos aprovecharlas y así alcanzar para nosotros mismos y también para las almas del Purgatorio la remisión de las penas temporales, consecuencia de los pecados.

Debido a que en algunas ocasiones no se cuenta con un coro o cantor, los fieles podemos animar las celebraciones con nuestra voz, aun cuando no contemos con el acompañamiento de instrumentos musicales. Es por eso que hemos incluido las letras de algunos cantos para la Misa.

Como algo que puede ser utilizado antes y después de nuestro encuentro con el Señor en la Eucaristía, ofrecemos una sección de oraciones para uso personal o comunitario, sabiendo que "oramos lo que creemos" y "creemos lo que oramos".

Pedimos a Jesús, Dios y hombre verdadero, quien es nuestro único Maestro, que nos conceda la gracia de asimilar su Palabra que da vida, y de permanecer fieles a la fe que nos ha dado. Que la santísima Virgen María de Guadalupe nos proteja y nos ayude a crecer como verdaderos hijos de Dios y hermanos de Jesucristo. Amén.

ORDINARIO DE LA MISA

RITOS INICIALES

Terminado el canto de entrada, todos, de pie, se santiguan con la señal de la cruz, mientras el sacerdote dice:

En el nombre del Padre, y del Hijo, y del Espíritu Santo.

El pueblo responde:

Amén.

SALUDO

Después el sacerdote saluda al pueblo, diciendo:

La gracia de nuestro Señor Jesucristo,
el amor del Padre
y la comunión del Espíritu Santo
estén con todos ustedes.

O bien:

La gracia y la paz de parte de Dios, nuestro Padre,
y de Jesucristo, el Señor,
estén con todos ustedes.

O bien:

El Señor esté con ustedes.

El sacerdote puede utilizar otro saludo del misal de altar.

RESPUESTA

El pueblo responde:

Y con tu espíritu.

ACTO PENITENCIAL

(El domingo, especialmente en el Tiempo Pascual, puede ser sustituido por la bendición y aspersión del agua en memoria del Bautismo).

El sacerdote invita al acto penitencial, diciendo:

Hermanos:
para celebrar dignamente estos sagrados misterios,
reconozcamos nuestros pecados.

El sacerdote puede usar otra invitación de las que se encuentran en el misal de altar. Al final se hace una breve pausa en silencio.

Después, todos dicen en común la fórmula de la confesión general:

**Yo confieso ante Dios todopoderoso
y ante ustedes, hermanos,
que he pecado mucho
de pensamiento, palabra, obra y omisión.**

Y, golpeándose el pecho, dicen:

Por mi culpa, por mi culpa, por mi gran culpa.

Luego prosiguen:

**Por eso ruego a santa María, siempre Virgen,
a los ángeles, a los santos
y a ustedes, hermanos,
que intercedan por mí ante Dios, nuestro Señor.**

El sacerdote concluye:

Dios todopoderoso
tenga misericordia de nosotros,
perdone nuestros pecados
y nos lleve a la vida eterna.

El pueblo responde:

Amén.

El sacerdote puede emplear otra fórmula, para el acto penitencial, de las que se encuentran en el misal de altar.

Siguen las invocaciones Señor, ten piedad (Kýrie eléison), si no se han dicho ya en alguna de las fórmulas del acto penitencial.

V.	Señor, ten piedad.	R.	**Señor, ten piedad.**
V.	Cristo, ten piedad.	R.	**Cristo, ten piedad.**
V.	Señor, ten piedad.	R.	**Señor, ten piedad.**

GLORIA

A continuación, cuando está prescrito, se canta o se dice el himno:

**Gloria a Dios en el cielo,
y en la tierra paz a los hombres
que ama el Señor.
Por tu inmensa gloria te alabamos,
te bendecimos,
te adoramos,
te glorificamos,**

te damos gracias,
Señor Dios, Rey celestial,
Dios Padre todopoderoso.
Señor, Hijo único, Jesucristo;
Señor Dios, Cordero de Dios,
Hijo del Padre;
tú que quitas el pecado del mundo,
ten piedad de nosotros;
tú que quitas el pecado del mundo,
atiende nuestra súplica;
tú que estás sentado a la derecha del Padre,
ten piedad de nosotros;
porque sólo tú eres Santo,
sólo tú Señor,
sólo tú Altísimo, Jesucristo,
con el Espíritu Santo
en la gloria de Dios Padre.
Amén.

ORACIÓN COLECTA
Terminado el himno, el sacerdote, con las manos juntas, dice:

Oremos.

Y todos, junto con el sacerdote, oran en silencio durante un breve tiempo.

Después el sacerdote, con las manos extendidas, dice la oración colecta.

La colecta termina siempre con la conclusión larga:

… por los siglos de los siglos.

Al final de la oración el pueblo aclama:

Amén.

LITURGIA DE LA PALABRA

PRIMERA LECTURA
El lector va al ambón y proclama la primera lectura, que todos escuchan sentados.

Para indicar el final de la lectura, el lector dice:

Palabra de Dios.

Todos responden:

Te alabamos, Señor.

SALMO

El salmista, o el cantor, canta o recita el salmo, y el pueblo pronuncia la respuesta.

SEGUNDA LECTURA

El lector lee la segunda lectura desde el ambón, como la primera.

Para indicar el final de la lectura, el lector dice:

Palabra de Dios.

Todos responden:

Te alabamos, Señor.

ACLAMACIÓN ANTES DEL EVANGELIO

Sigue el **Aleluya**, u otro canto, según lo requiera el tiempo litúrgico.

EVANGELIO

Después el diácono, o el sacerdote, va al ambón, y dice:

El Señor esté con ustedes.

El pueblo responde:

Y con tu espíritu.

El diácono, o el sacerdote:

Del santo Evangelio según san N.

El pueblo aclama:

Gloria a ti, Señor.

Luego el diácono, o el sacerdote, proclama el Evangelio.

Acabado el Evangelio, el diácono, o el sacerdote, aclama:

Palabra del Señor.

Todos responden:

Gloria a ti, Señor Jesús.

HOMILÍA

Luego se hace la homilía.

PROFESIÓN DE FE

Al terminar la homilía, si corresponde, se dice el Símbolo o Profesión de fe:

Creo en un solo Dios,
Padre todopoderoso,
Creador del cielo y de la tierra,
de todo lo visible y lo invisible.

Creo en un solo Señor, Jesucristo,
Hijo único de Dios,
nacido del Padre antes de todos los siglos:
Dios de Dios, Luz de Luz,
Dios verdadero de Dios verdadero,
engendrado, no creado,
de la misma naturaleza del Padre,
por quien todo fue hecho;
que por nosotros, los hombres,
y por nuestra salvación bajó del cielo,

En las palabras que siguen, hasta se hizo hombre, todos se inclinan.

y por obra del Espíritu Santo
se encarnó de María, la Virgen, y se hizo hombre;
y por nuestra causa fue crucificado
en tiempos de Poncio Pilato;
padeció y fue sepultado,
y resucitó al tercer día, según las Escrituras,
y subió al cielo,
y está sentado a la derecha del Padre;
y de nuevo vendrá con gloria
para juzgar a vivos y muertos,
y su reino no tendrá fin.

Creo en el Espíritu Santo,
Señor y dador de vida,
que procede del Padre y del Hijo,
que con el Padre y el Hijo
recibe una misma adoración y gloria,
y que habló por los profetas.

Creo en la Iglesia,
que es una, santa, católica y apostólica.
Confieso que hay un solo bautismo
para el perdón de los pecados.
Espero la resurrección de los muertos
y la vida del mundo futuro.
Amén.

En lugar del Símbolo Niceno-constantinopolitano, sobre todo en el Tiempo de Cuaresma y en el Tiempo Pascual, se puede emplear el Símbolo bautismal de la Iglesia de Roma, también llamado "de los Apóstoles".

**Creo en Dios, Padre todopoderoso,
Creador del cielo y de la tierra.**

Creo en Jesucristo, su único Hijo, nuestro Señor,

En las palabras que siguen, hasta María Virgen, todos se inclinan.

**que fue concebido por obra y gracia del Espíritu Santo,
nació de santa María Virgen,
padeció bajo el poder de Poncio Pilato,
fue crucificado, muerto y sepultado,
descendió a los infiernos,
al tercer día resucitó de entre los muertos,
subió a los cielos
y está sentado a la derecha de Dios, Padre todopoderoso.
Desde allí ha de venir a juzgar a vivos y muertos.**

**Creo en el Espíritu Santo,
la santa Iglesia católica,
la comunión de los santos,
el perdón de los pecados,
la resurrección de la carne
y la vida eterna.
Amén.**

ORACIÓN UNIVERSAL

La plegaria universal u oración de los fieles se desarrolla de la siguiente manera:

1. Invitatorio

El sacerdote invita a los fieles a orar, por medio de una breve monición.

2. Intenciones

Las intenciones son propuestas por un diácono o, en su defecto, por un lector o por otra persona idónea.

El pueblo manifiesta su participación con una invocación u orando en silencio.

3. Conclusión

El sacerdote termina la plegaria universal con una oración conclusiva.

LITURGIA EUCARÍSTICA

PREPARACIÓN DE LOS DONES

Terminado lo anterior, comienza el canto para el ofertorio.

Conviene que los fieles expresen su participación en la ofrenda, bien sea llevando el pan y el vino para la celebración de la Eucaristía, bien presentando otros dones para las necesidades de la Iglesia o de los pobres.

El sacerdote, de pie junto al altar, toma la patena con el pan y, teniéndola con ambas manos un poco elevada sobre el altar, dice en voz baja:

Bendito seas, Señor, Dios del universo,
por este pan, fruto de la tierra y del trabajo del hombre,
que recibimos de tu generosidad y ahora te presentamos;
él será para nosotros pan de vida.

Si no se hace el canto para el ofertorio, el sacerdote puede decir estas palabras en voz alta; al final, el pueblo puede aclamar:

Bendito seas por siempre, Señor.

Después, el sacerdote toma el cáliz y, teniéndolo con ambas manos un poco elevado sobre el altar, dice en voz baja:

Bendito seas, Señor, Dios del universo,
por este vino, fruto de la vid y del trabajo del hombre,
que recibimos de tu generosidad y ahora te presentamos;
él será para nosotros bebida de salvación.

Si no se hace el canto para el ofertorio, el sacerdote puede decir estas palabras en voz alta; al final, el pueblo puede aclamar:

Bendito seas por siempre, Señor.

LAVABO

Luego el sacerdote, de pie a un lado del altar, se lava las manos.

ORACIÓN SOBRE LAS OFRENDAS

Invitación

El sacerdote, de pie en el centro del altar, dice:

Oren, hermanos,
para que este sacrificio, mío y de ustedes,
sea agradable a Dios, Padre todopoderoso.

El sacerdote puede emplear alguna otra de las fórmulas que se encuentran en el misal de altar.

El pueblo se pone de pie y responde:

**El Señor reciba de tus manos este sacrificio,
para alabanza y gloria de su nombre,
para nuestro bien y el de toda su santa Iglesia.**

Oración

Luego el sacerdote, con las manos extendidas, dice la oración sobre las ofrendas.

La oración sobre las ofrendas termina siempre con la conclusión breve:

Por Jesucristo, nuestro Señor.

O bien:

… por los siglos de los siglos.

Concluida la oración sobre las ofrendas, el pueblo aclama:

Amén.

PLEGARIA EUCARÍSTICA

DIÁLOGO INTRODUCTORIO AL PREFACIO

El sacerdote empieza la Plegaria eucarística con el prefacio. Dice:

El Señor esté con ustedes.

El pueblo responde:

Y con tu espíritu.

El sacerdote prosigue:

Levantemos el corazón.

El pueblo:

Lo tenemos levantado hacia el Señor.

El sacerdote dice:

Demos gracias al Señor, nuestro Dios.

El pueblo:

Es justo y necesario.

El sacerdote prosigue el prefacio.

PREFACIO II DE ADVIENTO

En verdad es justo y necesario, es nuestro deber y salvación darte gracias siempre y en todo lugar, Señor, Padre santo, Dios todopoderoso y eterno, por Cristo, Señor nuestro.

A quien todos los profetas anunciaron y la Virgen esperó con inefable amor de madre; Juan el Bautista anunció su próxima venida y lo señaló después ya presente. Él mismo es quien nos concede ahora prepararnos con alegría al misterio de su nacimiento, para encontrarnos así cuando llegue, velando en oración y cantando gozosos su alabanza.

Por eso, con los ángeles y los arcángeles, con los tronos y dominaciones y con todos los coros celestiales, cantamos sin cesar el himno de tu gloria: **Santo, Santo, Santo...**

PREFACIO II DE NAVIDAD

En verdad es justo y necesario, es nuestro deber y salvación darte gracias siempre y en todo lugar, Señor, Padre santo, Dios todopoderoso y eterno, por Cristo, Señor nuestro.

Quien, en el misterio santo que hoy celebramos, siendo invisible en su naturaleza divina, se hizo visible al asumir la nuestra y, engendrado antes de todo tiempo, comenzó a existir en el tiempo para devolver su perfección a la creación entera, reconstruyendo en su persona cuanto en el mundo yacía derrumbado y para llamar de nuevo al hombre caído al Reino de los cielos.

Por eso, también nosotros, unidos a todos los ángeles, te alabamos llenos de alegría, diciendo: **Santo, Santo, Santo...**

PREFACIO V DE CUARESMA

En verdad es justo bendecir tu nombre, Padre rico en misericordia, ahora que, en nuestro itinerario hacia la luz pascual, seguimos los pasos de Cristo, maestro y modelo de la humanidad reconciliada en el amor.

Tú abres a la Iglesia el camino de un nuevo éxodo a través del desierto cuaresmal, para que, llegados a la montaña santa, con el corazón contrito y humillado, reavivemos nuestra vocación de pueblo de la alianza, convocado para bendecir tu nombre, escuchar tu palabra, y experimentar con gozo tus maravillas.

Por estos signos de salvación, unidos a los ángeles, ministros de tu gloria, proclamamos el canto de tu alabanza: **Santo, Santo, Santo...**

PREFACIO I DE PASCUA

En verdad es justo y necesario, es nuestro deber y salvación glorificarte siempre, Señor, pero más que nunca (en esta noche) (en este día) (en este tiempo), en que Cristo, nuestra Pascua, fue inmolado.

Porque él es el verdadero Cordero que quitó el pecado del mundo: muriendo, destruyó nuestra muerte, y resucitando, restauró la vida.

Por eso, con esta efusión del gozo pascual, el mundo entero se desborda de alegría y también los coros celestiales, los ángeles y los arcángeles, cantan sin cesar el himno de tu gloria: **Santo, Santo, Santo...**

PREFACIO I PARA LOS DOMINGOS DEL TIEMPO ORDINARIO

En verdad es justo y necesario, es nuestro deber y salvación darte gracias siempre y en todo lugar, Señor, Padre santo, Dios todopoderoso y eterno, por Cristo, Señor nuestro.

Quien, por su Misterio Pascual, realizó la obra maravillosa de llamarnos de la esclavitud del pecado y de la muerte al honor de ser estirpe elegida, sacerdocio real, nación consagrada, pueblo de tu propiedad, para que, trasladados por ti de las tinieblas a tu luz admirable, proclamemos ante el mundo tus maravillas.

Por eso, con los ángeles y los arcángeles, con los tronos y dominaciones y con todos los coros celestiales, cantamos sin cesar el himno de tu gloria: **Santo, Santo, Santo...**

PREFACIO VII PARA LOS DOMINGOS DEL TIEMPO ORDINARIO

En verdad es justo y necesario, es nuestro deber y salvación darte gracias siempre y en todo lugar, Señor, Padre santo, Dios todopoderoso y eterno.

Porque tu amor al mundo fue tan misericordioso, que no sólo nos enviaste como Redentor a tu propio Hijo, sino que lo quisiste en todo semejante a nosotros, menos en el pecado, para poder así amar en nosotros lo que en él amabas.

Y con su obediencia nos devolviste aquellos dones que por la desobediencia del pecado habíamos perdido.

Por eso, ahora nosotros, llenos de alegría, te aclamamos con los ángeles y los santos, diciendo: **Santo, Santo, Santo...**

PREFACIO I DE SANTA MARÍA VIRGEN

En verdad es justo y necesario, es nuestro deber y salvación darte gracias siempre y en todo lugar, Señor, Padre santo, Dios todopoderoso y eterno.

Y alabar, bendecir y proclamar tu gloria en la (Maternidad / festividad) de santa María, siempre virgen.

Porque ella concibió a tu Hijo único por obra del Espíritu Santo, y sin perder la gloria de su virginidad, hizo resplandecer sobre el mundo la luz eterna, Jesucristo, Señor nuestro.

Por él, los ángeles y los arcángeles y todos los coros celestiales, celebran tu gloria, unidos en común alegría.

Permítenos asociarnos a sus voces, cantando humildemente tu alabanza: **Santo, Santo, Santo...**

En unión con el pueblo, concluye el prefacio, cantando o diciendo con voz clara:

Santo, Santo, Santo es el Señor, Dios del universo.
Llenos están el cielo y la tierra de tu gloria.
Hosanna en el cielo.
Bendito el que viene en nombre del Señor.
Hosanna en el cielo.

PLEGARIA EUCARÍSTICA II

V.   El Señor esté con ustedes.
R.   **Y con tu espíritu.**
V.   Levantemos el corazón.
R.   **Lo tenemos levantado hacia el Señor.**
V.   Demos gracias al Señor, nuestro Dios.
R.   **Es justo y necesario.**

En verdad es justo y necesario,
es nuestro deber y salvación
darte gracias, Padre santo,
siempre y en todo lugar,
por Jesucristo, tu Hijo amado.

Por él, que es tu Palabra,
hiciste todas las cosas;
tú nos lo enviaste
para que, hecho hombre por obra del Espíritu Santo
y nacido de María, la Virgen,
fuera nuestro Salvador y Redentor.

Él, en cumplimiento de tu voluntad,
para destruir la muerte
y manifestar la resurrección,
extendió sus brazos en la cruz,
y así adquirió para ti un pueblo santo.

Por eso,
con los ángeles y los santos,
proclamamos tu gloria, diciendo:
Santo, Santo, Santo...

El sacerdote dice:

Santo eres en verdad, Señor,
fuente de toda santidad;
por eso te pedimos que santifiques estos dones
con la efusión de tu Espíritu,
de manera que se conviertan para nosotros
en el Cuerpo y ✠ la Sangre
de Jesucristo, nuestro Señor.

El cual,
cuando iba a ser entregado a su Pasión,
voluntariamente aceptada,
tomó pan, dándote gracias, lo partió
y lo dio a sus discípulos, diciendo:

Tomen y coman todos de él,
porque esto es mi Cuerpo,
que será entregado por ustedes.

Muestra el pan consagrado al pueblo, lo deposita luego sobre la patena y lo adora haciendo genuflexión.

Después prosigue:

Del mismo modo, acabada la cena,
tomó el cáliz,
y, dándote gracias de nuevo,
lo pasó a sus discípulos, diciendo:

Tomen y beban todos de él,
porque éste es el cáliz de mi Sangre,
Sangre de la alianza nueva y eterna,
que será derramada
por ustedes y por muchos
para el perdón de los pecados.

Hagan esto en conmemoración mía.

Muestra el cáliz al pueblo, lo deposita luego sobre el corporal y lo adora haciendo genuflexión.

Luego dice una de las siguientes fórmulas:

1 Éste es el Misterio de la fe.

O bien:

Éste es el Sacramento de nuestra fe.

Y el pueblo prosigue, aclamando:

**Anunciamos tu muerte,
proclamamos tu resurrección.
¡Ven, Señor Jesús!**

2 Éste es el Misterio de la fe.
Cristo nos redimió.

Y el pueblo prosigue, aclamando:

**Cada vez que comemos de este pan
y bebemos de este cáliz,
anunciamos tu muerte, Señor,
hasta que vuelvas.**

3 Éste es el Misterio de la fe.
Cristo se entregó por nosotros.

Y el pueblo prosigue, aclamando:

**Salvador del mundo, sálvanos,
tú que nos has liberado por tu cruz
y resurrección.**

Después el sacerdote dice:

Así, pues, Padre,
al celebrar ahora el memorial
de la muerte y resurrección de tu Hijo,
te ofrecemos
el pan de vida y el cáliz de salvación,
y te damos gracias
porque nos haces dignos de servirte en tu presencia.

Te pedimos humildemente
que el Espíritu Santo congregue en la unidad
a cuantos participamos
del Cuerpo y la Sangre de Cristo.

Acuérdate, Señor,
de tu Iglesia extendida por toda la tierra;

En los domingos, cuando no hay otro **Acuérdate, Señor** propio, puede decirse:

Acuérdate, Señor,
de tu Iglesia extendida por toda la tierra
y reunida aquí en el domingo,
día en que Cristo ha vencido a la muerte
y nos ha hecho partícipes de su vida inmortal;

y con el Papa N.,
con nuestro Obispo N.,
y todos los pastores que cuidan de tu pueblo,
llévala a su perfección por la caridad.

Acuérdate también de nuestros hermanos
que se durmieron en la esperanza
de la resurrección,
y de todos los que han muerto en tu misericordia;
admítelos a contemplar la luz de tu rostro.
Ten misericordia de todos nosotros,
y así, con María, la Virgen Madre de Dios,
su esposo san José, los apóstoles
y cuantos vivieron en tu amistad
a través de los tiempos,
merezcamos, por tu Hijo Jesucristo,
compartir la vida eterna
y cantar tus alabanzas.

Toma la patena con el pan consagrado y el cáliz, los eleva y dice:

Por Cristo, con él y en él,
a ti, Dios Padre omnipotente,
en la unidad del Espíritu Santo,
todo honor y toda gloria
por los siglos de los siglos.

El pueblo aclama:

Amén.

Después sigue el rito de la Comunión (p. 25).

PLEGARIA EUCARÍSTICA III

Después del prefacio, el sacerdote dice:

Santo eres en verdad, Padre,
y con razón te alaban todas tus creaturas,
ya que por Jesucristo, tu Hijo, Señor nuestro,
con la fuerza del Espíritu Santo,
das vida y santificas todo,
y congregas a tu pueblo sin cesar,
para que ofrezca en tu honor
un sacrificio sin mancha
desde donde sale el sol hasta el ocaso.

Por eso, Padre, te suplicamos
que santifiques por el mismo Espíritu
estos dones que hemos separado para ti,
de manera que se conviertan
en el Cuerpo y ✠ la Sangre de Jesucristo,
Hijo tuyo y Señor nuestro,
que nos mandó celebrar estos misterios.

Porque él mismo,
la noche en que iba a ser entregado,
tomó pan,
y dando gracias te bendijo,
lo partió
y lo dio a sus discípulos, diciendo:

**Tomen y coman todos de él,
porque esto es mi Cuerpo,
que será entregado por ustedes.**

Muestra el pan consagrado al pueblo, lo deposita luego sobre la patena y lo adora haciendo genuflexión.

Después prosigue:

Del mismo modo, acabada la cena,
tomó el cáliz,
dando gracias te bendijo,
y lo pasó a sus discípulos, diciendo:

21

**Tomen y beban todos de él,
porque éste es el cáliz de mi Sangre,
Sangre de la alianza nueva y eterna,
que será derramada
por ustedes y por muchos
para el perdón de los pecados.**

Hagan esto en conmemoración mía.

Muestra el cáliz al pueblo, lo deposita luego sobre el corporal y lo adora haciendo genuflexión.

Luego dice una de las siguientes fórmulas:

1   Éste es el Misterio de la fe.

O bien:

Éste es el Sacramento de nuestra fe.

Y el pueblo prosigue, aclamando:

**Anunciamos tu muerte,
proclamamos tu resurrección.
¡Ven, Señor Jesús!**

2   Éste es el Misterio de la fe.
Cristo nos redimió.

Y el pueblo prosigue, aclamando:

**Cada vez que comemos de este pan
y bebemos de este cáliz,
anunciamos tu muerte, Señor,
hasta que vuelvas.**

3   Éste es el Misterio de la fe.
Cristo se entregó por nosotros.

Y el pueblo prosigue, aclamando:

**Salvador del mundo, sálvanos,
tú que nos has liberado por tu cruz
y resurrección.**

Después el sacerdote dice:

Así, pues, Padre, al celebrar ahora el memorial
de la pasión salvadora de tu Hijo,
de su admirable resurrección y ascensión al cielo,
mientras esperamos su venida gloriosa, te ofrecemos,
en esta acción de gracias, el sacrificio vivo y santo.

Dirige tu mirada sobre la ofrenda de tu Iglesia,
y reconoce en ella la Víctima por cuya inmolación
quisiste devolvernos tu amistad,
para que, fortalecidos
con el Cuerpo y la Sangre de tu Hijo
y llenos de su Espíritu Santo,
formemos en Cristo
un solo cuerpo y un solo espíritu.

Que él nos transforme en ofrenda permanente,
para que gocemos de tu heredad
junto con tus elegidos:
con María, la Virgen Madre de Dios,
su esposo san José, los apóstoles y los mártires,
(san N.: santo del día o patrono)
y todos los santos, por cuya intercesión
confiamos obtener siempre tu ayuda.

Te pedimos, Padre,
que esta Víctima de reconciliación
traiga la paz y la salvación al mundo entero.
Confirma en la fe y en la caridad
a tu Iglesia, peregrina en la tierra:
a tu servidor, el Papa N., a nuestro Obispo N.,
al orden episcopal, a los presbíteros y diáconos,
y a todo el pueblo redimido por ti.

Atiende los deseos y súplicas de esta familia
que has congregado en tu presencia.

En los domingos, si no hay otro Atiende propio, puede decirse:

Atiende los deseos y súplicas de esta familia
que has congregado en tu presencia
en el domingo, día en que Cristo
ha vencido a la muerte
y nos ha hecho partícipes de su vida inmortal.

Reúne en torno a ti, Padre misericordioso,
a todos tus hijos dispersos por el mundo.

† A nuestros hermanos difuntos
y a cuantos murieron en tu amistad
recíbelos en tu reino,
donde esperamos gozar todos juntos
de la plenitud eterna de tu gloria,
por Cristo, Señor nuestro,
por quien concedes al mundo todos los bienes. †

En las Misas de difuntos, puede decirse:

† Recuerda a tu hijo (hija) N.,
a quien llamaste (hoy)
de este mundo a tu presencia:
concédele que, así como ha compartido ya
la muerte de Jesucristo,
comparta también con él
la gloria de la resurrección,
cuando Cristo haga resurgir de la tierra a los muertos,
y transforme nuestro cuerpo frágil
en cuerpo glorioso como el suyo.
Y a todos nuestros hermanos difuntos
y a cuantos murieron en tu amistad
recíbelos en tu reino,
donde esperamos gozar todos juntos
de la plenitud eterna de tu gloria;
allí enjugarás las lágrimas de nuestros ojos,
porque, al contemplarte como tú eres, Dios nuestro,
seremos para siempre semejantes a ti
y cantaremos eternamente tus alabanzas,
por Cristo, Señor nuestro,
por quien concedes al mundo todos los bienes. †

Por Cristo, con él y en él,
a ti, Dios Padre omnipotente,
en la unidad del Espíritu Santo,
todo honor y toda gloria
por los siglos de los siglos.

El pueblo aclama:

Amén.

RITO DE LA COMUNIÓN

Una vez depositados el cáliz y la patena sobre el altar, el sacerdote, con las manos juntas, dice:

Fieles a la recomendación del Salvador
y siguiendo su divina enseñanza,
nos atrevemos a decir:

O bien:

Llenos de alegría por ser hijos de Dios,
digamos confiadamente
la oración que Cristo nos enseñó:

O bien:

El amor de Dios ha sido derramado
en nuestros corazones
con el Espíritu Santo que se nos ha dado;
digamos con fe y esperanza:

O bien:

Antes de participar en el banquete de la Eucaristía,
signo de reconciliación
y vínculo de unión fraterna,
oremos juntos como el Señor nos ha enseñado:

Junto con el pueblo, continúa:

**Padre nuestro, que estás en el cielo,
santificado sea tu nombre;
venga a nosotros tu reino;
hágase tu voluntad en la tierra como en el cielo.
Danos hoy nuestro pan de cada día;
perdona nuestras ofensas,
como también nosotros perdonamos
a los que nos ofenden;
no nos dejes caer en la tentación,
y líbranos del mal.**

Solo el sacerdote prosigue diciendo:

Líbranos de todos los males, Señor,
y concédenos la paz en nuestros días,
para que, ayudados por tu misericordia,
vivamos siempre libres de pecado
y protegidos de toda perturbación,
mientras esperamos la gloriosa venida
de nuestro Salvador Jesucristo.

El pueblo concluye la oración, aclamando:

**Tuyo es el reino,
tuyo el poder y la gloria, por siempre, Señor.**

Después el sacerdote dice en voz alta:

Señor Jesucristo, que dijiste a tus apóstoles:
"La paz les dejo, mi paz les doy",
no tengas en cuenta nuestros pecados, sino la fe de tu Iglesia
y, conforme a tu palabra, concédele la paz y la unidad.
Tú que vives y reinas por los siglos de los siglos.

El pueblo responde:

Amén.

El sacerdote añade:

La paz del Señor esté siempre con ustedes.

El pueblo responde:

Y con tu espíritu.

Luego el diácono, o el sacerdote, añade:

Dense fraternalmente la paz.

O bien:

Como hijos de Dios, intercambien ahora
un signo de comunión fraterna.

O bien:

En Cristo, que nos ha hecho hermanos con su cruz,
dense la paz como signo de reconciliación.

O bien:

En el Espíritu de Cristo resucitado,
dense fraternalmente la paz.

Y todos, según las costumbres del lugar, se intercambian un signo de paz.

Después el sacerdote toma el pan consagrado, lo parte sobre la patena y pone una partícula dentro del cáliz. Mientras tanto, se canta o se dice:

**Cordero de Dios, que quitas el pecado del mundo, ten piedad de nosotros.
Cordero de Dios, que quitas el pecado del mundo, ten piedad de nosotros.
Cordero de Dios, que quitas el pecado del mundo, danos la paz.**

El sacerdote hace genuflexión, toma el pan consagrado y, sosteniéndolo un poco elevado sobre la patena o sobre el cáliz, dice:

Éste es el Cordero de Dios, que quita el pecado del mundo. Dichosos los invitados a la cena del Señor.

Y, juntamente con el pueblo, añade:

Señor, no soy digno de que entres en mi casa, pero una palabra tuya bastará para sanarme.

Después de haber comulgado, el sacerdote se acerca a los que van a comulgar. Muestra el pan consagrado a cada uno y le dice:

El Cuerpo de Cristo.

El que va a comulgar responde:

Amén.

Y comulga.

Si se comulga bajo las dos especies, se observa el rito descrito en el misal de altar.

Cuando el sacerdote ha comulgado el Cuerpo de Cristo, comienza el canto de Comunión.

Finalizada la Comunión, el sacerdote puede volver a la sede. Si se considera oportuno, se puede dejar un breve espacio de silencio sagrado o entonar un salmo o algún cántico de alabanza.

Luego, de pie en el altar o en la sede, el sacerdote dice:

Oremos.

Todos oran en silencio durante unos momentos, a no ser que este silencio ya se haya hecho antes. Después el sacerdote dice la oración después de la Comunión.

La oración después de la Comunión termina con la conclusión breve:

Por Jesucristo, nuestro Señor.

O bien:

… por los siglos de los siglos.

El pueblo aclama:

Amén.

RITO DE CONCLUSIÓN

Siguen, si es necesario, breves avisos para el pueblo.

BENDICIÓN FINAL

Después tiene lugar la despedida. El sacerdote dice:

El Señor esté con ustedes.

El pueblo responde:

Y con tu espíritu.

El sacerdote bendice al pueblo, diciendo:

La bendición de Dios todopoderoso,
Padre, Hijo ✠, y Espíritu Santo,
descienda sobre ustedes.

El pueblo responde:

Amén.

En algunos días u ocasiones, a esta fórmula de bendición precede otra fórmula de bendición más solemne, o una oración sobre el pueblo.

Luego el diácono, o el mismo sacerdote, dice:

Pueden ir en paz.

O bien:

La alegría del Señor sea nuestra fuerza. Pueden ir en paz.

O bien:

Glorifiquen al Señor con su vida. Pueden ir en paz.

O bien:

En el nombre del Señor, pueden ir en paz.

O bien:

En la paz de Cristo,
vayan a servir a Dios y a sus hermanos.

O bien, especialmente en los domingos de Pascua:

Anuncien a todos la alegría del Señor resucitado.
Pueden ir en paz.

El pueblo responde:

Demos gracias a Dios.

Después el sacerdote se retira.

Misas dominicales
y festivas de 2024

1 de enero
Lunes

Santa María, Madre de Dios
(*Blanco*)

ANTÍFONA DE ENTRADA   Cfr. Is 9, 1. 5; Lc 1, 33

Hoy brillará una luz sobre nosotros, porque nos ha nacido el Señor; y se llamará Admirable, Dios, Príncipe de la paz, Padre del mundo futuro, y su Reino no tendrá fin.

Se dice Gloria.

ORACIÓN COLECTA

Señor Dios, que por la fecunda virginidad de María diste al género humano el don de la salvación eterna, concédenos sentir la intercesión de aquella por quien recibimos al autor de la vida, Jesucristo, tu Hijo, Señor nuestro. Él, que vive y reina contigo…

Ocho días después de su nacimiento (EVANGELIO), el Niño Dios fue circuncidado de acuerdo con la ley de Moisés y recibió el nombre de Jesús. Eso es lo que nos relata san Lucas; pero antes, hace alusión a la visita de los pastores al establo de Belén y, al mismo tiempo, hace una evocación de María, la Madre de Dios, completamente recogida en oración. También san Pablo la recuerda (SEGUNDA LECTURA), cuando dice que Dios envió a su Hijo "nacido de una mujer", como si quisiera subrayar el papel que desempeñó María en el desarrollo del misterio de la salvación. El pasaje del Antiguo Testamento, por su parte (PRIMERA LECTURA), invoca el nombre del Señor sobre el nuevo año y le pide la paz.

PRIMERA LECTURA

Del libro de los Números
6, 22-27

En aquel tiempo, el Señor habló a Moisés y le dijo: "Di a Aarón y a sus hijos:
'De esta manera bendecirán a los israelitas:
El Señor te bendiga y te proteja,
haga resplandecer su rostro sobre ti y te conceda su favor.
Que el Señor te mire con benevolencia
y te conceda la paz'.
   Así invocarán mi nombre sobre los israelitas
y yo los bendeciré".

Palabra de Dios.   R. **Te alabamos, Señor.**

SALMO RESPONSORIAL
Del salmo 66

R.   **Ten piedad de nosotros, Señor, y bendícenos.**

Ten piedad de nosotros y bendícenos;
vuelve, Señor, tus ojos a nosotros.
Que conozca la tierra tu bondad
y los pueblos tu obra salvadora. R.

[R. **Ten piedad de nosotros, Señor, y bendícenos.**]

Las naciones con júbilo te canten,
porque juzgas al mundo con justicia;
con equidad tú juzgas a los pueblos
y riges en la tierra a las naciones. R.

Que te alaben, Señor, todos los pueblos,
que los pueblos te aclamen todos juntos.
Que nos bendiga Dios
y que le rinda honor el mundo entero. R.

SEGUNDA LECTURA
De la carta del apóstol san Pablo a los gálatas
4, 4-7

Hermanos: Al llegar la plenitud de los tiempos, envió Dios a su Hijo, nacido de una mujer, nacido bajo la ley, para rescatar a los que estábamos bajo la ley, a fin de hacernos hijos suyos.

Puesto que ya son ustedes hijos, Dios envió a sus corazones el Espíritu de su Hijo, que clama "¡Abbá!", es decir, ¡Padre! Así que ya no eres siervo, sino hijo; y siendo hijo, eres también heredero por voluntad de Dios.

Palabra de Dios.   R. **Te alabamos, Señor.**

ACLAMACIÓN ANTES DEL EVANGELIO
Heb 1, 1-2

B.P. 1032 - Sosa

A-le - lu - ya, a-le - lu - ya, a-le - lu - ya.

R. **Aleluya, aleluya.**
En distintas ocasiones y de muchas maneras
habló Dios en el pasado a nuestros padres,
por boca de los profetas.
Ahora, en estos tiempos, que son los últimos,
nos ha hablado por medio de su Hijo.
R. **Aleluya, aleluya.**

EVANGELIO

✠ Del santo Evangelio según san Lucas
2, 16-21

R. **Gloria a ti, Señor.**

En aquel tiempo, los pastores fueron a toda prisa hacia Belén y encontraron a María, a José y al niño, recostado en el pesebre. Después de verlo, contaron lo que se les había dicho de aquel niño, y cuantos los oían quedaban maravillados. María, por su parte, guardaba todas estas cosas y las meditaba en su corazón.

Los pastores se volvieron a sus campos, alabando y glorificando a Dios por todo cuanto habían visto y oído, según lo que se les había anunciado.

Cumplidos los ocho días, circuncidaron al niño y le pusieron el nombre de Jesús, aquel mismo que había dicho el ángel, antes de que el niño fuera concebido.

Palabra del Señor.   R. **Gloria a ti, Señor Jesús.**

Se dice Credo.

ORACIÓN SOBRE LAS OFRENDAS

Señor Dios, que das origen y plenitud a todo bien, concédenos que, al celebrar, llenos de gozo, la solemnidad de la Santa Madre de Dios, así como nos gloriamos de las primicias de su gracia, podamos gozar también de su plenitud. Por Jesucristo, nuestro Señor.

ANTÍFONA DE LA COMUNIÓN   Heb 13, 8
Jesucristo es el mismo ayer, hoy y por todos los siglos.

ORACIÓN DESPUÉS DE LA COMUNIÓN

Señor, que estos sacramentos celestiales que hemos recibido con alegría, sean fuente de vida eterna para nosotros, que nos gloriamos de proclamar a la siempre Virgen María como Madre de tu Hijo y Madre de la Iglesia. Por Jesucristo, nuestro Señor.

JESÚS ES VERDADERO DIOS Y VERDADERO HOMBRE

La Iglesia ora lo que cree, y para este primer día del año civil ha determinado que celebremos a la santísima Virgen María como la Madre de Dios.

✶ Ella llevó en su seno virginal durante nueve meses a la Segunda Persona de la Santísima Trinidad, el Hijo, y lo dio a luz en la noche de Navidad. Sin dejar de ser Dios, el Hijo amado del Padre asumió la naturaleza humana.

✶ Junto con los pastores de Belén, contemplemos a María con ese bendito niño que nos trae la salvación.

✶ Desde la Cruz, Jesús nos puso bajo el cuidado de María y la hizo Madre nuestra, y por medio del Bautismo fuimos hechos hijos adoptivos de Dios en Jesucristo.

✶ El *Catecismo de la Iglesia católica* nos dice, respecto a las dos naturalezas de Jesús: "La Iglesia confiesa […] que Jesús es inseparablemente verdadero Dios y verdadero Hombre. Él es verdaderamente el Hijo de Dios que se ha hecho hombre, nuestro hermano, y eso sin dejar de ser Dios, nuestro Señor" (CEC 469).

Al celebrar a la Virgen María como la Madre de Dios, reconocemos que Jesús es Dios y hombre verdadero.

7 de enero
Domingo

La Epifanía del Señor
(Misa del día)
(*Blanco*)

ANTÍFONA DE ENTRADA   Cfr. Mal 3, 1; 1 Crón 29, 12

Miren que ya viene el Señor todopoderoso; en su mano están el reino, la potestad y el imperio.

Se dice Gloria.

ORACIÓN COLECTA

Señor Dios, que en este día manifestaste a tu Unigénito a las naciones, guiándolas por la estrella, concede a los que ya te conocemos por la fe, que lleguemos a contemplar la hermosura de tu excelsa gloria. Por nuestro Señor Jesucristo…

Todos los hombres estamos llamados a formar un solo cuerpo con Cristo y a vivir juntos cerca de Dios. En esto consiste, según san Pablo (SEGUNDA LECTURA), el misterio oculto desde siempre. Sólo algunos profetas, como Isaías (PRIMERA LECTURA), alcanzaron a presentarlo. Luego pasaron los siglos. Y he aquí que el nacimiento de Cristo transforma la esperanza en realidad. Con la llegada de los magos a Belén, el misterio comienza a revelarse: los pueblos paganos se ponen en camino hacia Cristo (EVANGELIO).

PRIMERA LECTURA

Del libro del profeta Isaías

60, 1-6

Levántate y resplandece, Jerusalén,
porque ha llegado tu luz
y la gloria del Señor alborea sobre ti.
Mira: las tinieblas cubren la tierra
y espesa niebla envuelve a los pueblos;
pero sobre ti resplandece el Señor
y en ti se manifiesta su gloria.
Caminarán los pueblos a tu luz
y los reyes, al resplandor de tu aurora.

Levanta los ojos y mira alrededor:
todos se reúnen y vienen a ti;
tus hijos llegan de lejos, a tus hijas las traen en brazos.
Entonces verás esto radiante de alegría;
tu corazón se alegrará, y se ensanchará,
cuando se vuelquen sobre ti los tesoros del mar
y te traigan las riquezas de los pueblos.
Te inundará una multitud de camellos y dromedarios,
procedentes de Madián y de Efá.
Vendrán todos los de Sabá
trayendo incienso y oro
y proclamando las alabanzas del Señor.

Palabra de Dios.   R. **Te alabamos, Señor.**

SALMO RESPONSORIAL

Del salmo 71

B. Vega B.P. 1597

Que te_a-do-ren, Se-ñor, to-dos los pue-blos.

R. **Que te adoren, Señor, todos los pueblos.**

Comunica, Señor, al rey tu juicio,
y tu justicia al que es hijo de reyes;
así tu siervo saldrá en defensa de tus pobres
y regirá a tu pueblo justamente. R.

Florecerá en sus días la justicia
y reinará la paz, era tras era.
De mar a mar se extenderá su reino
y de un extremo al otro de la tierra. R.

Los reyes de occidente y de las islas
le ofrecerán sus dones.
Ante él se postrarán todos los reyes
y todas las naciones. R.

Al débil librará del poderoso
y ayudará al que se encuentra sin amparo;
se apiadará del desvalido y pobre
y salvará la vida al desdichado. R.

SEGUNDA LECTURA

De la carta del apóstol san Pablo a los efesios
3, 2-3. 5-6

Hermanos: Han oído hablar de la distribución de la gracia de Dios, que se me ha confiado en favor de ustedes. Por revelación se me dio a conocer este designio secreto, que no había sido manifestado a los hombres en otros tiempos, pero que ha sido revelado ahora por el Espíritu a sus santos apóstoles y profetas: es decir, que por el Evangelio, también los paganos son coherederos de la misma herencia, miembros del mismo cuerpo y partícipes de la misma promesa en Jesucristo.

Palabra de Dios.   R. **Te alabamos, Señor.**

ACLAMACIÓN ANTES DEL EVANGELIO
Mt 2, 2

B.P. 1034 - Palazón

A-le-lu-ya, a-le-lu-ya, a-le-lu - ya.

R. **Aleluya, aleluya.**
Hemos visto su estrella en el oriente
y hemos venido a adorar al Señor.
R. **Aleluya, aleluya.**

EVANGELIO
✠ Del santo Evangelio según san Mateo
2, 1-12
R. **Gloria a ti, Señor.**

Jesús nació en Belén de Judá, en tiempos del rey Herodes. Unos magos de oriente llegaron entonces a Jerusalén y preguntaron: "¿Dónde está el rey de los judíos que acaba de nacer? Porque vimos surgir su estrella y hemos venido a adorarlo".

Al enterarse de esto, el rey Herodes se sobresaltó y toda Jerusalén con él. Convocó entonces a los sumos sacerdotes y a los escribas del pueblo y les preguntó dónde tenía que nacer el Mesías. Ellos le contestaron: "En Belén de Judá, porque así lo ha escrito el profeta: *Y tú, Belén, tierra de Judá, no eres en manera alguna la menor entre las ciudades ilustres de Judá, pues de ti saldrá un jefe, que será el pastor de mi pueblo, Israel*".

Entonces Herodes llamó en secreto a los magos, para que le precisaran el tiempo en que se les había aparecido la estrella y los mandó a Belén, diciéndoles: "Vayan a averiguar cuidadosamente qué hay de ese niño, y cuando lo encuentren, avísenme para que yo también vaya a adorarlo".

Después de oír al rey, los magos se pusieron en camino, y de pronto la estrella que habían visto surgir, comenzó a guiarlos, hasta que se detuvo encima de donde estaba el niño. Al ver de nuevo la estrella, se llenaron de inmensa alegría. Entraron en la casa y vieron al niño con María, su madre, y postrándose, lo adoraron. Después, abriendo sus cofres, le ofrecieron regalos: oro, incienso y mirra. Advertidos durante el sueño de que no volvieran a Herodes, regresaron a su tierra por otro camino.

Palabra del Señor.   R. **Gloria a ti, Señor Jesús.**

Se dice Credo.

ORACIÓN SOBRE LAS OFRENDAS
Mira con bondad, Señor, los dones de tu Iglesia, que no consisten ya en oro, incienso y mirra, sino en lo que por esos dones se representa, se inmola y se recibe como alimento, Jesucristo, Señor nuestro. Él, que vive y reina por los siglos de los siglos.

ANTÍFONA DE LA COMUNIÓN   Cfr. Mt 2, 2
Hemos visto su estrella en el Oriente y venimos con regalos a adorar al Señor.

ORACIÓN DESPUÉS DE LA COMUNIÓN
Te pedimos, Señor, que tu luz celestial siempre y en todas partes vaya guiándonos, para que contemplemos con ojos puros y recibamos con amor sincero el misterio del que quisiste hacernos partícipes. Por Jesucristo, nuestro Señor.

LOS MAGOS LE LLEVARON A JESÚS ORO, INCIENSO Y MIRRA

Epifanía es una palabra que proviene del griego y significa 'manifestación'.

Se refiere a que el único Dios verdadero se manifestó a personas que representaban a los pueblos distintos al de Israel: los magos de oriente, lo cual es una muestra de la voluntad de Dios de que "todos los hombres se salven y todos lleguen al conocimiento de la verdad, porque no hay sino un solo Dios y un solo mediador entre Dios y los hombres, Cristo Jesús" (1 Tim 2, 4-5).

✳ Los magos buscaron afanosamente al "rey de los judíos que acaba de nacer", y al rey Herodes le dijeron claramente el motivo de esto: "Porque vimos surgir su estrella y hemos venido a adorarlo".

✳ ¿Cómo supieron que Dios nacería en esas tierras? No lo sabemos. Pero es seguro que iban preparados, porque luego de adorarlo "le ofrecieron regalos: oro, incienso y mirra".

Tiempo Ordinario

La Navidad y la Pascua conllevan una preparación, y en ambas celebramos hechos salvíficos fundamentales.

Por su parte, el Tiempo Ordinario celebra la Salvación desde todos sus misterios. Es como si desde un punto elevado contempláramos toda la belleza de un panorama, mientras que los otros tiempos equivaldrían a detenernos a mirar y admirar un punto determinado del paisaje: un bosque, una cascada, una colina…

El Tiempo Ordinario está conformado por 33 o 34 semanas, divididas en dos partes: una corta, que inicia al finalizar el Tiempo de Navidad y se suspende al dar comienzo la Cuaresma, y otra más larga, que retoma este tiempo desde el fin de la Cincuentena pascual hasta antes del inicio del Adviento del nuevo año litúrgico.

Durante el Tiempo Ordinario celebramos diversas festividades de nuestro Señor, de la Virgen María y de los santos, que se integran a la dinámica del tiempo, ayudándonos a profundizar en él.

Hay que recordar que para los domingos de este año 2024 rige el Ciclo litúrgico B y nuestro guía evangélico es san Marcos.

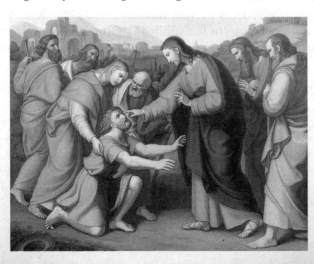

14 de enero   2° Domingo del T. Ordinario

(*Verde*)

ANTÍFONA DE ENTRADA   Sal 65, 4

Que se postre ante ti, Señor, la tierra entera; que todos canten himnos en tu honor y alabanzas a tu nombre.

Se dice Gloria.

ORACIÓN COLECTA

Dios todopoderoso y eterno, que gobiernas los cielos y la tierra, escucha con amor las súplicas de tu pueblo y haz que los días de nuestra vida transcurran en tu paz. Por nuestro Señor Jesucristo…

Después de su bautismo, Jesús se encontró con Juan, Andrés y Pedro y los llamó para que fueran sus primeros discípulos (EVANGELIO). El Antiguo Testamento nos recuerda otro llamamiento, el que hizo el Señor a Samuel, cuando éste era todavía muy joven, para que se pusiera a su servicio (PRIMERA LECTURA). San Pablo indica a los corintios que sus cuerpos son miembros de Cristo y templos del Espíritu Santo, a fin de ponerlos en guardia contra la corrupción y el libertinaje de la gran ciudad de Corinto (SEGUNDA LECTURA).

Del primer libro de Samuel

3, 3-10. 19

En aquellos días, el joven Samuel servía en el templo a las órdenes del sacerdote Elí. Una noche, estando Elí acostado en su habitación y Samuel en la suya, dentro del santuario donde se encontraba el arca de Dios, el Señor llamó a Samuel y éste respondió: "Aquí estoy". Fue corriendo a donde estaba Elí y le dijo: "Aquí estoy. ¿Para qué me llamaste?". Respondió Elí: "Yo no te he llamado. Vuelve a acostarte". Samuel se fue a acostar. Volvió el Señor a llamarlo y él se levantó, fue a donde estaba Elí y le dijo: "Aquí estoy. ¿Para qué me llamaste?". Respondió Elí: "No te he llamado, hijo mío. Vuelve a acostarte".

Aún no conocía Samuel al Señor, pues la palabra del Señor no le había sido revelada. Por tercera vez llamó el Señor a Samuel; éste se levantó, fue a donde estaba Elí y le dijo: "Aquí estoy. ¿Para qué me llamaste?".

Entonces comprendió Elí que era el Señor quien llamaba al joven y dijo a Samuel: "Ve a acostarte, y si te llama alguien, responde: 'Habla, Señor; tu siervo te escucha' ". Y Samuel se fue a acostar.

De nuevo el Señor se presentó y lo llamó como antes: "Samuel, Samuel". Éste respondió: "Habla, Señor; tu siervo te escucha".

Samuel creció y el Señor estaba con él. Y todo lo que el Señor le decía, se cumplía.

Palabra de Dios.   R. **Te alabamos, Señor.**

SALMO RESPONSORIAL

Del salmo 39

C. Gálvez B.P. 1620

A-quí es-toy, Se-ñor, a-quí es-toy, Se-ñor, pa-ra ha-cer tu vo-lun-tad.

R. **Aquí estoy, Señor, para hacer tu voluntad.**

Esperé en el Señor con gran confianza;
él se inclinó hacia mí y escuchó mis plegarias.
Él me puso en la boca un canto nuevo,
un himno a nuestro Dios. R.

    Sacrificios y ofrendas no quisiste,
abriste, en cambio, mis oídos a tu voz.
No exigiste holocaustos por la culpa,
así que dije: "Aquí estoy". R.

    En tus libros se me ordena
hacer tu voluntad;
esto es, Señor, lo que deseo:
tu ley en medio de mi corazón. R.

    He anunciado tu justicia
en la gran asamblea;
no he cerrado mis labios,
tú lo sabes, Señor. R.

SEGUNDA LECTURA

De la primera carta del apóstol san Pablo a los corintios
6, 13-15. 17-20

Hermanos: El cuerpo no es para fornicar, sino para servir al Señor; y el Señor, para santificar el cuerpo. Dios resucitó al Señor y nos resucitará también a nosotros con su poder.

    ¿No saben ustedes que sus cuerpos son miembros de Cristo? Y el que se une al Señor, se hace un solo espíritu

2° Domingo del T. Ordinario

con él. Huyan, por lo tanto, de la fornicación. Cualquier otro pecado que cometa una persona, queda fuera de su cuerpo; pero el que fornica, peca contra su propio cuerpo.

¿O es que no saben ustedes que su cuerpo es templo del Espíritu Santo, que han recibido de Dios y habita en ustedes? No son ustedes sus propios dueños, porque Dios los ha comprado a un precio muy caro. Glorifiquen, pues, a Dios con el cuerpo.

Palabra de Dios.   R. **Te alabamos, Señor.**

ACLAMACIÓN ANTES DEL EVANGELIO
Cfr. Jn 1, 41. 17

B.P. 1258 - Sosa

A - le - lu - ya, a - le - lu - ya.

R. **Aleluya, aleluya.**
Hemos encontrado a Cristo, el Mesías.
La gracia y la verdad nos han llegado por él.
R. **Aleluya, aleluya.**

EVANGELIO
✠ Del santo Evangelio según san Juan
1, 35-42

R. **Gloria a ti, Señor.**

En aquel tiempo, estaba Juan el Bautista con dos de sus discípulos, y fijando los ojos en Jesús, que pasaba, dijo: "Éste es el Cordero de Dios". Los dos discípulos, al oír estas palabras, siguieron a Jesús. Él se volvió hacia ellos, y viendo que lo seguían, les preguntó: "¿Qué buscan?". Ellos le contestaron: "¿Dónde vives, Rabí?" (Rabí significa 'maestro'). Él les dijo: "Vengan a ver".

Fueron, pues, vieron dónde vivía y se quedaron con él ese día. Eran como las cuatro de la tarde. Andrés, hermano de Simón Pedro, era uno de los dos que oyeron lo que Juan el Bautista decía y siguieron a Jesús. El primero a quien encontró Andrés, fue a su hermano Simón, y le dijo: "Hemos encontrado al Mesías" (que quiere decir 'el Ungido'). Lo llevó a donde estaba Jesús y éste, fijando en él la mirada, le dijo: "Tú eres Simón, hijo de Juan. Tú te llamarás Kefás" (que significa Pedro, es decir, 'roca').

Palabra del Señor.   R. **Gloria a ti, Señor Jesús.**

Se dice Credo.

ORACIÓN SOBRE LAS OFRENDAS

Concédenos, Señor, participar dignamente en estos misterios, porque cada vez que se celebra el memorial de este sacrificio, se realiza la obra de nuestra redención. Por Jesucristo, nuestro Señor.

ANTÍFONA DE LA COMUNIÓN   1 Jn 4, 16
Nosotros hemos conocido el amor que Dios nos tiene y hemos creído en él.

ORACIÓN DESPUÉS DE LA COMUNIÓN

Infúndenos, Señor, el espíritu de tu caridad, para que, saciados con el pan del cielo, vivamos siempre unidos en tu amor. Por Jesucristo, nuestro Señor.

"HEMOS ENCONTRADO AL MESÍAS"

Al pueblo de Israel le había sido profetizado que Dios enviaría a su Mesías, a su Ungido, para liberar al pueblo de todos sus males.

❖ En la época de Jesús, y motivados principalmente por encontrarse bajo el yugo del Imperio romano, algunos grupos esperaban que el Mesías fuera un guerrero que los iba a liberar de esa opresión.

❖ Sin embargo, Dios tenía sus planes acerca de la forma en que las antiguas profecías tenían que cumplirse. Sí,

Jesús es el esperado Mesías de Dios, pero él viene a cumplir la voluntad divina de una forma más profunda y más duradera que las expectativas de muchos.

❖ Jesús de Nazaret, verdadero Dios y verdadero hombre, es presentado por el Bautista como el "Cordero de Dios", y es tal la impresión producida en aquellos dos discípulos, que deciden seguirlo y llamarlo "maestro", y pasar la tarde con él en donde vivía.

❖ Luego, Andrés, uno de los que habían sido discípulos de Juan, le dice a su hermano Simón: "Hemos encontrado al Mesías", y lo lleva ante Jesús.

¿Seremos capaces de descubrir en Jesús al Mesías enviado por Dios? Y, si ya lo hemos descubierto como tal, ¿nos atrevemos a acercar a otros con él para que lo conozcan?

14 de enero

21 de enero　　3er Domingo del T. Ordinario

(Verde)

ANTÍFONA DE ENTRADA　　　　　　　　Cfr. Sal 95, 1. 6
Canten al Señor un cántico nuevo, hombres de toda la tierra, canten al Señor. Hay brillo y esplendor en su presencia, y en su templo, belleza y majestad.

Se dice Gloria.

ORACIÓN COLECTA
Dios todopoderoso y eterno, dirige nuestros pasos de manera que podamos agradarte en todo y así merezcamos, en nombre de tu Hijo amado, abundar en toda clase de obras buenas. Por nuestro Señor Jesucristo…

San Marcos (EVANGELIO) nos lleva a los comienzos de la predicación de Jesús, cuando nos pedía: "Conviértanse y crean en el Evangelio". Aquel llamado de Cristo a la conversión, es el mismo que hacía Jonás a los habitantes de Nínive, la ciudad pecadora (PRIMERA LECTURA).

En la SEGUNDA LECTURA, san Pablo pone en guardia a los cristianos contra las costumbres licenciosas y les recomienda que no se aferren a los bienes de este mundo, porque todo lo de este mundo se termina.

PRIMERA LECTURA
Del libro del profeta Jonás

3, 1-5. 10

E n aquellos días, el Señor volvió a hablar a Jonás y le dijo: "Levántate y vete a Nínive, la gran capital, para anunciar ahí el mensaje que te voy a indicar".

Se levantó Jonás y se fue a Nínive, como le había mandado el Señor. Nínive era una ciudad enorme: hacían falta tres días para recorrerla. Jonás caminó por la ciudad durante un día, pregonando: "Dentro de cuarenta días Nínive será destruida".

Los ninivitas creyeron en Dios, ordenaron un ayuno y se vistieron de sayal, grandes y pequeños. Cuando Dios vio sus obras y cómo se convertían de su mala vida, cambió de parecer y no les mandó el castigo que había determinado imponerles.

Palabra de Dios.   R. **Te alabamos, Señor.**

SALMO RESPONSORIAL
Del salmo 24

B.P. 1621

R.   **Descúbrenos, Señor, tus caminos.**

Descúbrenos, Señor, tus caminos,
guíanos con la verdad de tu doctrina.
Tú eres nuestro Dios y salvador
y tenemos en ti nuestra esperanza. R.

Acuérdate, Señor, que son eternos
tu amor y tu ternura.
Según ese amor y esa ternura,
acuérdate de nosotros. R.

[R. **Descúbrenos, Señor, tus caminos.**]

Porque el Señor es recto y bondadoso,
indica a los pecadores el sendero,
guía por la senda recta a los humildes
y descubre a los pobres sus caminos. R.

SEGUNDA LECTURA

De la primera carta del apóstol san Pablo a los corintios
7, 29-31

Hermanos: Les quiero decir una cosa: el tiempo apremia. Por lo tanto, conviene que los casados vivan como si no lo estuvieran; los que sufren, como si no sufrieran; los que están alegres, como si no se alegraran; los que compran, como si no compraran; los que disfrutan del mundo, como si no disfrutaran de él; porque este mundo que vemos es pasajero.

Palabra de Dios.   R. **Te alabamos, Señor.**

ACLAMACIÓN ANTES DEL EVANGELIO

Mc 1, 15

B.P. 1259

R. **Aleluya, aleluya.**
El Reino de Dios ya está cerca, dice el Señor.
Conviértanse y crean en el Evangelio.
R. **Aleluya, aleluya.**

EVANGELIO

✠ Del santo Evangelio según san Marcos
1, 14-20

R. **Gloria a ti, Señor.**

Después de que arrestaron a Juan el Bautista, Jesús se fue a Galilea para predicar el Evangelio de Dios y decía: "Se ha cumplido el tiempo y el Reino de Dios ya está cerca. Conviértanse y crean en el Evangelio".

Caminaba Jesús por la orilla del lago de Galilea, cuando vio a Simón y a su hermano, Andrés, echando las redes en el lago, pues eran pescadores. Jesús les dijo: "Síganme y haré de ustedes pescadores de hombres". Inmediatamente dejaron las redes y lo siguieron.

Un poco más adelante, vio a Santiago y a Juan, hijos de Zebedeo, que estaban en una barca, remendando sus redes. Los llamó, y ellos, dejando en la barca a su padre con los trabajadores, se fueron con Jesús.

Palabra del Señor. R. **Gloria a ti, Señor Jesús.**

Se dice Credo.

ORACIÓN SOBRE LAS OFRENDAS
Recibe, Señor, benignamente, nuestros dones, y santifícalos, a fin de que nos sirvan para nuestra salvación. Por Jesucristo, nuestro Señor.

ANTÍFONA DE LA COMUNIÓN Jn 8, 12
Yo soy la luz del mundo, dice el Señor; el que me sigue, no camina en tinieblas, sino que tendrá la luz de la vida.

ORACIÓN DESPUÉS DE LA COMUNIÓN
Concédenos, Dios todopoderoso, que, al experimentar el efecto vivificante de tu gracia, nos sintamos siempre dichosos por este don tuyo. Por Jesucristo, nuestro Señor.

21 de enero

"SÍGANME Y HARÉ DE USTEDES PESCADORES DE HOMBRES"

¡Qué hermosa experiencia la de aquellos sencillos pescadores a quienes Jesús dirigió estas palabras!

✓ ¿Qué habrán sentido Simón y su hermano Andrés al ver a Jesús en la orilla del lago de Galilea, y al escuchar su voz que los invitaba a ser "pescadores de hombres"?

✓ Al principio, seguramente no entendían lo que quería decir Jesús con aquellas palabras, pero algo en su corazón movió a todos aquellos hombres a dejar su trabajo de pescadores –aquello que les aseguraba su sustento diario– y lanzarse a la aventura de seguir a Jesús.

✓ Estamos ante un caso de verdadero "amor a primera vista", ya que no les importó lo que dejaban detrás, ni las críticas que seguramente les hicieron sus familiares y amigos.

¿Nos atrevemos a seguir a Jesús con una fe y un amor tales, que nos hagan menospreciar las dificultades que esto conlleva?

28 de enero   4º Domingo del T. Ordinario
(Verde)

ANTÍFONA DE ENTRADA   Sal 105, 47
Sálvanos, Señor y Dios nuestro; reúnenos de entre las naciones, para que podamos agradecer tu poder santo y nuestra gloria sea alabarte.

Se dice Gloria.

ORACIÓN COLECTA
Concédenos, Señor Dios nuestro, adorarte con toda el alma y amar a todos los hombres con afecto espiritual. Por nuestro Señor Jesucristo...

Hoy nos muestra san Marcos a la gente de la sinagoga admirada de que Jesús le proponga una doctrina nueva, hablando como un hombre que tiene autoridad (EVANGELIO). Se diría que tienen el presentimiento de que Jesús de Nazaret es el gran profeta anunciado por Moisés (PRIMERA LECTURA). Nosotros sabemos que Jesús es mucho más que un profeta: es la Palabra de Dios hecha hombre y es Dios mismo el que habla en él. San Pablo (SEGUNDA LECTURA) orienta a los cristianos hacia el más allá, proclamando la excelencia del celibato, que permite consagrarse a Dios sin divisiones.

PRIMERA LECTURA
Del libro del Deuteronomio
18, 15-20

En aquellos días, habló Moisés al pueblo, diciendo: "El Señor Dios hará surgir en medio de ustedes, entre sus hermanos, un profeta como yo. A él lo escucharán. Eso es lo que pidieron al Señor, su Dios, cuando estaban reunidos en el monte Horeb: 'No queremos volver a oír la voz del Señor nuestro Dios, ni volver a ver otra vez ese gran fuego; pues no queremos morir'.

El Señor me respondió: 'Está bien lo que han dicho. Yo haré surgir en medio de sus hermanos un profeta como tú. Pondré mis palabras en su boca y él dirá lo que le mande yo. A quien no escuche las palabras que él pronuncie en mi nombre, yo le pediré cuentas. Pero el profeta que se atreva a decir en mi nombre lo que yo no le haya mandado, o hable en nombre de otros dioses, será reo de muerte' ".

Palabra de Dios.   R. **Te alabamos, Señor.**

SALMO RESPONSORIAL
Del salmo 94

Ma. T. Carrasco B.P. 1622

Se - ñor, que no se - a - mos sor - dos a tu voz.

R. **Señor, que no seamos sordos a tu voz.**

Vengan, lancemos vivas al Señor,
aclamemos al Dios que nos salva.
Acerquémonos a él, llenos de júbilo,
y démosle gracias. R.

Vengan, y puestos de rodillas,
adoremos y bendigamos al Señor, que nos hizo,
pues él es nuestro Dios y nosotros, su pueblo;
él es nuestro pastor y nosotros, sus ovejas. R.

Hagámosle caso al Señor, que nos dice:
"No endurezcan su corazón,
como el día de la rebelión en el desierto,
cuando sus padres dudaron de mí,
aunque habían visto mis obras". R.

SEGUNDA LECTURA
De la primera carta del apóstol san Pablo a los corintios
7, 32-35

Hermanos: Yo quisiera que ustedes vivieran sin preocupaciones. El hombre soltero se preocupa de las cosas del Señor y de cómo agradarle; en cambio, el hombre casado se preocupa de las cosas de esta vida y de cómo agradarle a su esposa, y por eso tiene dividido el corazón. En la misma forma, la mujer que ya no tiene marido y la soltera se preocupan de las cosas del Señor y se pueden dedicar a él en cuerpo y alma. Por el contrario, la mujer casada se preocupa de las cosas de esta vida y de cómo agradarle a su esposo.

Les digo todo esto para bien de ustedes. Se lo digo, no para ponerles una trampa, sino para que puedan vivir constantemente y sin distracciones en presencia del Señor, tal como conviene.

Palabra de Dios.   R. **Te alabamos, Señor.**

ACLAMACIÓN ANTES DEL EVANGELIO
Mt 4, 16

B.P. 1259

A - le - lu - ya,   a - le - lu - ya,   a - le - lu - ya.

R. **Aleluya, aleluya.**
El pueblo que yacía en tinieblas vio una gran luz.
Sobre los que vivían en tierra de sombras
una luz resplandeció.
R. **Aleluya, aleluya.**

EVANGELIO

✠ Del santo Evangelio según san Marcos
1, 21-28

R. **Gloria a ti, Señor.**

En aquel tiempo, llegó Jesús a Cafarnaúm y el sábado siguiente fue a la sinagoga y se puso a enseñar. Los oyentes quedaron asombrados de sus palabras, pues enseñaba como quien tiene autoridad y no como los escribas.

Había en la sinagoga un hombre poseído por un espíritu inmundo, que se puso a gritar: "¿Qué quieres tú con nosotros, Jesús de Nazaret? ¿Has venido a acabar con nosotros? Ya sé quién eres: el Santo de Dios". Jesús le ordenó: "¡Cállate y sal de él!". El espíritu inmundo, sacudiendo al hombre con violencia y dando un alarido, salió de él. Todos quedaron estupefactos y se preguntaban: "¿Qué es esto? ¿Qué nueva doctrina es ésta? Este hombre tiene autoridad para mandar hasta a los espíritus inmundos y lo obedecen". Y muy pronto se extendió su fama por toda Galilea.

Palabra del Señor.   R. **Gloria a ti, Señor Jesús.**

Se dice Credo.

ORACIÓN SOBRE LAS OFRENDAS

Recibe, Señor, complacido, estos dones que ponemos sobre tu altar en señal de nuestra sumisión a ti y conviértelos en el sacramento de nuestra redención. Por Jesucristo, nuestro Señor.

ANTÍFONA DE LA COMUNIÓN   Mt 5, 3-4
Dichosos los pobres de espíritu, porque de ellos es el Reino de los cielos. Dichosos los humildes, porque heredarán la tierra.

ORACIÓN DESPUÉS DE LA COMUNIÓN

Te rogamos, Señor, que, alimentados con el don de nuestra redención, este auxilio de salvación eterna afiance siempre nuestra fe en la verdad. Por Jesucristo, nuestro Señor.

"HAGÁMOSLE CASO AL SEÑOR"

Dios nos habla continuamente y de diversas maneras, pero muy pocas veces prestamos atención a lo que nos dice.

❁ Dios nos habla en infinidad de cosas hermosas de su creación: el sol, la luna, las estrellas, el océano, las flores, el rostro de un bebé, la risa de los niños…

❁ Dios nos habla en los profetas, que supieron escucharlo y comunicar a su pueblo aquello que le pedía y que aún le pide…

❁ En los apóstoles, en los evangelistas y en todos sus santos, Dios se manifiesta, para que podamos conocerlo, amarlo y tener la confianza suficiente para poner nuestra vida en sus manos…

❁ En santa María Virgen Dios nos dejó una Madre formidable y un modelo de escucha y obediencia que se manifiesta en obras…

❁ Y, sobre todo, porque en su Hijo amado, que es su Palabra eterna, el Padre del cielo nos revela la grandeza de su amor y nos hace hijos adoptivos suyos…

❁ Jesús él es el único y definitivo Maestro que tiene la autoridad "para mandar hasta a los espíritus inmundos y lo obedecen".

Por eso, lo mejor para nosotros será hacerle caso al Señor, y no endurecer nuestro corazón.

4 de febrero   5° Domingo del T. Ordinario

(*Verde*)

ANTÍFONA DE ENTRADA   Sal 94, 6-7

Entremos y adoremos de rodillas al Señor, creador nuestro, porque él es nuestro Dios.

Se dice Gloria.

ORACIÓN COLECTA

Te rogamos, Señor, que guardes con incesante amor a tu familia santa, que tiene puesto su apoyo sólo en tu gracia, para que halle siempre en tu protección su fortaleza. Por nuestro Señor Jesucristo…

Cuando Jesús sana a los enfermos y libera a los que se hallaban bajo el poder de Satanás (EVANGELIO), confirma su imperio sobre las fuerzas del mal. Ésas eran las fuerzas que se habían apoderado de Job (PRIMERA LECTURA), que grita sus lamentos de hombre abrumado por el sufrimiento. San Pablo (SEGUNDA LECTURA) nos cuenta que se sentía impulsado por la fuerza de Dios para anunciar el Evangelio y que, por obra de ese impulso, libre a los ojos de todos, se convertía en servidor de todos, para ganarlos a todos.

PRIMERA LECTURA
Del libro de Job
7, 1-4. 6-7

En aquel día, Job tomó la palabra y dijo:
"La vida del hombre en la tierra es como un servicio militar
y sus días, como días de un jornalero.
Como el esclavo suspira en vano por la sombra
y el jornalero se queda aguardando su salario,
así me han tocado en suerte meses de infortunio
y se me han asignado noches de dolor.
Al acostarme, pienso: '¿Cuándo será de día?'.
La noche se alarga y me canso de dar vueltas
hasta que amanece.
    Mis días corren más aprisa que una lanzadera
y se consumen sin esperanza.
Recuerda, Señor, que mi vida es un soplo.
Mis ojos no volverán a ver la dicha".
Palabra de Dios.   R. **Te alabamos, Señor.**

SALMO RESPONSORIAL
Del salmo 146

B. Vega B.P. 1623

A - la - be - mos al Se - ñor, nues - tro Dios.

R.   **Alabemos al Señor, nuestro Dios.**

Alabemos al Señor, nuestro Dios,
porque es hermoso y justo el alabarlo.
El Señor ha reconstruido a Jerusalén
y a los dispersos de Israel los ha reunido. R.
    El Señor sana los corazones quebrantados
y venda las heridas.
Tiende su mano a los humildes
y humilla hasta el polvo a los malvados. R.

[R. **Alabemos al Señor, nuestro Dios.**]

Él puede contar el número de estrellas
y llama a cada una por su nombre.
Grande es nuestro Dios, todo lo puede;
su sabiduría no tiene límites. R.

SEGUNDA LECTURA

De la primera carta del apóstol san Pablo a los corintios
9, 16-19. 22-23

Hermanos: No tengo por qué presumir de predicar el Evangelio, puesto que ésa es mi obligación. ¡Ay de mí, si no anuncio el Evangelio! Si yo lo hiciera por propia iniciativa, merecería recompensa; pero si no, es que se me ha confiado una misión. Entonces, ¿en qué consiste mi recompensa? Consiste en predicar el Evangelio gratis, renunciando al derecho que tengo a vivir de la predicación.

Aunque no estoy sujeto a nadie, me he convertido en esclavo de todos, para ganarlos a todos. Con los débiles me hice débil, para ganar a los débiles. Me he hecho todo a todos, a fin de ganarlos a todos. Todo lo hago por el Evangelio, para participar yo también de sus bienes.

Palabra de Dios.   R. **Te alabamos, Señor.**

ACLAMACIÓN ANTES DEL EVANGELIO
Mt 8, 17

B.P. 1033 - Palazón

A - le - lu - ya, a - le - lu - ya, a - le - lu - ya.

R. **Aleluya, aleluya.**
Cristo hizo suyas nuestras debilidades
y cargó con nuestros dolores.
R. **Aleluya, aleluya.**

EVANGELIO

☩ Del santo Evangelio según san Marcos
1, 29-39

R. **Gloria a ti, Señor.**

En aquel tiempo, al salir Jesús de la sinagoga, fue con Santiago y Juan a casa de Simón y Andrés. La suegra de Simón estaba en cama, con fiebre, y enseguida le avisaron a Jesús. Él se le acercó, y tomándola de la mano, la levantó. En ese momento se le quitó la fiebre y se puso a servirles.

Al atardecer, cuando el sol se ponía, le llevaron a todos los enfermos y poseídos del demonio, y todo el pueblo se apiñó junto a la puerta. Curó a muchos enfermos de diversos males y expulsó a muchos demonios, pero no dejó que los demonios hablaran, porque sabían quién era él.

De madrugada, cuando todavía estaba muy oscuro, Jesús se levantó, salió y se fue a un lugar solitario, donde se puso a orar. Simón y sus compañeros lo fueron a buscar, y al encontrarlo, le dijeron: "Todos te andan buscando". Él les dijo: "Vamos a los pueblos cercanos para predicar también allá el Evangelio, pues para eso he venido". Y recorrió toda Galilea, predicando en las sinagogas y expulsando a los demonios.

Palabra del Señor. R. **Gloria a ti, Señor Jesús.**

Se dice Credo.

ORACIÓN SOBRE LAS OFRENDAS

Señor Dios nuestro, que has creado los frutos de la tierra sobre todo para ayuda de nuestra fragilidad, concédenos que también se conviertan para nosotros en sacramento de eternidad. Por Jesucristo, nuestro Señor.

ANTÍFONA DE LA COMUNIÓN   Mt 5, 4. 6

Dichosos los que lloran, porque serán consolados. Dichosos los que tienen hambre y sed de justicia, porque serán saciados.

4 de febrero

ORACIÓN DESPUÉS DE LA COMUNIÓN

Señor Dios, que quisiste hacernos participar de un mismo pan y un mismo cáliz, concédenos vivir de tal manera que, hechos uno en Cristo, demos fruto con alegría para la salvación del mundo. Por Jesucristo, nuestro Señor.

NOS HACE FALTA ORAR MÁS

En el evangelio de este domingo, se nos presenta a Jesús, nuestro único Salvador y Maestro, cuando, siendo aún de madrugada y estando todavía muy oscuro, "se levantó, salió y se fue a un lugar solitario, donde se puso a orar".

✝ Nosotros tendríamos que asumir una actitud semejante a la del Señor, y dedicarle un tiempo suficiente, cada día, para estar con Dios en la oración.

✝ Para empezar, si no tenemos algún impedimento de salud, o alguna otra dificultad legítima, tendríamos que participar en la Eucaristía cada domingo, sin falta, porque es un mandato de la santa madre Iglesia y un deber de los hijos de Dios.

✝ Dijo santa Teresa de Calcuta: "Si buscas a Dios y no sabes cómo empezar, aprende a orar y tómate la molestia de orar todos los días".

Orar no es otra cosa que dialogar con Dios, con la confianza de saber que él siempre nos escucha.

11 de febrero   6º Domingo del T. Ordinario
(Verde)

ANTÍFONA DE ENTRADA   Cfr. Sal 30, 3-4
Sírveme de defensa, Dios mío, de roca y fortaleza salvadoras. Tú eres mi baluarte y mi refugio, por tu nombre condúceme y guíame.

Se dice Gloria.

ORACIÓN COLECTA
Señor Dios, que prometiste poner tu morada en los corazones rectos y sinceros, concédenos, por tu gracia, vivir de tal manera que te dignes habitar en nosotros. Por nuestro Señor Jesucristo…

Hoy se nos recuerdan (PRIMERA LECTURA) las prescripciones de la antigua ley en relación con la terrible enfermedad contagiosa de la lepra, tan sólo para que comprendamos mejor la libertad de Jesús respecto a la ley –lo vemos haciendo el acto prohibido de tocar al leproso– y, al mismo tiempo, su respeto a la ley –puesto que manda al leproso ante el sacerdote para hacer constar su curación (EVANGELIO).

San Pablo confiesa que él sigue el ejemplo de Cristo (SEGUNDA LECTURA) y, por lo tanto, no es muestra de orgullo por su parte que nos invite a tomarlo a él, al mismo san Pablo, como modelo.

PRIMERA LECTURA

Del libro del Levítico

13, 1-2. 44-46

El Señor dijo a Moisés y a Aarón: "Cuando alguno tenga en su carne una o varias manchas escamosas o una mancha blanca y brillante, síntomas de la lepra, será llevado ante el sacerdote Aarón o ante cualquiera de sus hijos sacerdotes. Se trata de un leproso, y el sacerdote lo declarará impuro. El que haya sido declarado enfermo de lepra, traerá la ropa descosida, la cabeza descubierta, se cubrirá la boca e irá gritando: '¡Estoy contaminado! ¡Soy impuro!'. Mientras le dure la lepra, seguirá impuro y vivirá solo, fuera del campamento".

Palabra de Dios.   R. **Te alabamos, Señor.**

SALMO RESPONSORIAL

Del salmo 31

E. Loarca B.P. 1624

Per - do - na, Se - ñor, per - do - na, Se - ñor, nues - tros pe - ca - dos, nues - tros pe - ca - dos.

R. **Perdona, Señor, nuestros pecados.**

Dichoso aquel que ha sido absuelto
de su culpa y su pecado.
Dichoso aquel en el que Dios no encuentra
ni delito ni engaño. R.

    Ante el Señor reconocí mi culpa,
no oculté mi pecado.
Te confesé, Señor, mi gran delito
y tú me has perdonado. R.

Alégrense con el Señor y regocíjense
los justos todos,
y todos los hombres de corazón sincero
canten de gozo. R.

SEGUNDA LECTURA

De la primera carta del apóstol san Pablo a los corintios
10, 31–11, 1

Hermanos: Todo lo que hagan ustedes, sea comer, o beber, o cualquier otra cosa, háganlo todo para gloria de Dios. No den motivo de escándalo ni a los judíos, ni a los paganos, ni a la comunidad cristiana. Por mi parte, yo procuro dar gusto a todos en todo, sin buscar mi propio interés, sino el de los demás, para que se salven. Sean, pues, imitadores míos, como yo lo soy de Cristo.

Palabra de Dios.   R. **Te alabamos, Señor.**

ACLAMACIÓN ANTES DEL EVANGELIO
Lc 7, 16

R. **Aleluya, aleluya.**
Un gran profeta ha surgido entre nosotros.
Dios ha visitado a su pueblo.
R. **Aleluya, aleluya.**

EVANGELIO

✠ Del santo Evangelio según san Marcos
1, 40-45

R. **Gloria a ti, Señor.**

En aquel tiempo, se le acercó a Jesús un leproso para suplicarle de rodillas: "Si tú quieres, puedes curarme". Jesús se compadeció de él, y extendiendo la mano, lo tocó y le dijo:

"¡Sí quiero: Sana!". Inmediatamente se le quitó la lepra y quedó limpio.

Al despedirlo, Jesús le mandó con severidad: "No se lo cuentes a nadie; pero para que conste, ve a presentarte al sacerdote y ofrece por tu purificación lo prescrito por Moisés".

Pero aquel hombre comenzó a divulgar tanto el hecho, que Jesús no podía ya entrar abiertamente en la ciudad, sino que se quedaba fuera, en lugares solitarios, a donde acudían a él de todas partes.

Palabra del Señor.   R. **Gloria a ti, Señor Jesús.**

Se dice Credo.

ORACIÓN SOBRE LAS OFRENDAS

Que esta ofrenda, Señor, nos purifique y nos renueve, y se convierta en causa de recompensa eterna para quienes cumplimos tu voluntad. Por Jesucristo, nuestro Señor.

ANTÍFONA DE LA COMUNIÓN   Jn 3, 16

Tanto amó Dios al mundo, que le dio a su Hijo único, para que todo el que crea en él no perezca, sino que tenga vida eterna.

ORACIÓN DESPUÉS DE LA COMUNIÓN

Saciados, Señor, por este manjar celestial, te rogamos que nos hagas anhelar siempre este mismo sustento por el cual verdaderamente vivimos. Por Jesucristo, nuestro Señor.

HOY JESÚS SIGUE HACIENDO MILAGROS, "PEQUEÑOS Y GRANDES"

En el evangelio de este domingo se nos narra uno de los muchos milagros que realizó Jesús durante su vida en Tierra Santa: la sanación de un enfermo de lepra.

✿ Sabemos que Cristo está vivo, y esto lo recordamos en cada Misa: "resucitó al tercer día, según las Escrituras", "al tercer día resucitó de entre los muertos", "anunciamos tu muerte, proclamamos tu resurrección".

✿ Y porque está vivo, y porque sabemos que él es Dios, acudimos a él en todo tiempo, y especialmente en los momentos más difíciles de nuestra vida.

✿ Y mucha gente da testimonio de las maravillas que le ha concedido el Señor:

➟ aquel hombre que superó la enfermedad, cuando todos temían que no saliera bien librado de ella;

➟ aquella mujer que abandonó su afición al alcohol o aquel joven que dejó de utilizar las drogas;

➟ aquella persona que le encontró el sentido a su vida al escuchar la Palabra de Dios.

Mantengamos viva nuestra fe en el poder del Señor, y acudamos a él, porque quiere ayudarnos.

11 de febrero

Tiempo de Cuaresma

Es un tiempo dedicado a la preparación de las solemnes celebraciones de los hechos más importantes de la Historia de la Salvación: los acontecimientos pascuales de la pasión, muerte y resurrección del Señor, y el envío del Espíritu Santo.

Lleva un nombre "numérico" (Cuaresma = cuarenta), ya que la
tradición bíblica del número cuarenta lo pone como preparación
a grandes experiencias de hechos salvíficos: cuarenta años antes
de entrar en la tierra prometida, cuarenta días de preparación de
Moisés y de Elías (la Ley y los Profetas), antes de su experiencia
de Dios en el Sinaí-Horeb, y, sobre todo, cuarenta días de preparación de Cristo en el desierto para iniciar su misión redentora.

Se nos pide enderezar lo que en nuestra vida se ha desviado, do-
lernos por las ofensas hechas al Amor supremo, tomar decisiones
de cambio real y efectivo; todo lo cual tiene varias expresiones:
penitencia, conversión, reconciliación.

Este tiempo va desde el Miércoles de Ceniza hasta antes de la Misa
de la Cena del Señor del Jueves Santo, inicio del Triduo Pascual,
en que celebramos los hechos principales de nuestra Salvación.

14 de febrero

Miércoles de Ceniza
(*Morado*)

Debemos creer en el Evangelio, no solamente diciendo que "estamos de acuerdo" con lo que dice el Evangelio, sino con un compromiso para toda la vida. ¿Cómo emplearé este Tiempo de Cuaresma para ver si vivo conforme a lo que creo?

En la Misa de este día se bendice y se impone la ceniza hecha de ramas de olivo o de otros árboles, bendecidas el Domingo de Ramos del año anterior.

RITOS INICIALES Y LITURGIA DE LA PALABRA

ANTÍFONA DE ENTRADA Cfr. Sab 11, 23. 24. 26

Tú, Señor, te compadeces de todos y no aborreces nada de lo que has creado, aparentas no ver los pecados de los hombres, para darles ocasión de arrepentirse, porque tú eres el Señor, nuestro Dios.

Se omite el acto penitencial, que es sustituido por el rito de la imposición de la ceniza.

ORACIÓN COLECTA
Que el día de ayuno con el que iniciamos, Señor, esta Cuaresma sea el principio de una verdadera conversión a ti, y que

nuestros actos de penitencia nos ayuden a vencer el espíritu del mal. Por nuestro Señor Jesucristo...

Oímos el llamado que hace el profeta Joel al Pueblo de Dios (PRIMERA LECTURA), invitándonos a la penitencia y a la conversión interior. Ese llamado nos prepara a escuchar la invitación de san Pablo (SEGUNDA LECTURA), que nos pide, en nombre de Cristo, que nos reconciliemos con Dios, porque "ahora es el día de la salvación". Después vemos en Jesús (EVANGELIO) el espíritu con que se deben hacer la limosna, la oración y el ayuno, y así llegamos a descubrir que no es la Iglesia la que ha elaborado las diversas modalidades de la penitencia, sino que las ha recibido de su Señor.

PRIMERA LECTURA

Del libro del profeta Joel
2, 12-18

E sto dice el Señor:
"Todavía es tiempo.
Conviértanse a mí de todo corazón,
con ayunos, con lágrimas y llanto;
enluten su corazón y no sus vestidos.
    Conviértanse al Señor su Dios,
porque es compasivo y misericordioso,
lento a la cólera, rico en clemencia,
y se conmueve ante la desgracia".
    Quizá se arrepienta, se compadezca de nosotros
y nos deje una bendición,
que haga posibles las ofrendas y libaciones
al Señor, nuestro Dios.
    Toquen la trompeta en Sión, promulguen un ayuno,
convoquen la asamblea, reúnan al pueblo,
santifiquen la reunión, junten a los ancianos,
convoquen a los niños, aun a los niños de pecho.
Que el recién casado deje su alcoba
y su tálamo la recién casada.

Entre el vestíbulo y el altar lloren los sacerdotes,
ministros del Señor, diciendo:
"Perdona, Señor, perdona a tu pueblo.
No entregues tu heredad a la burla de las naciones".
Que no digan los paganos: "¿Dónde está el Dios de Israel?".
Y el Señor se llenó de celo por su tierra
y tuvo piedad de su pueblo.

Palabra de Dios.   R. **Te alabamos, Señor.**

SALMO RESPONSORIAL
Del salmo 50

R. **Misericordia, Señor, hemos pecado.**

Por tu inmensa compasión y misericordia,
Señor, apiádate de mí y olvida mis ofensas.
Lávame bien de todos mis delitos
y purifícame de mis pecados. R.

Puesto que reconozco mis culpas,
tengo siempre presentes mis pecados.
Contra ti solo pequé, Señor,
haciendo lo que a tus ojos era malo. R.

Crea en mí, Señor, un corazón puro,
un espíritu nuevo para cumplir tus mandamientos.
No me arrojes, Señor, lejos de ti,
ni retires de mí tu santo espíritu. R.

Devuélveme tu salvación, que regocija,
y mantén en mí un alma generosa.
Señor, abre mis labios
y cantará mi boca tu alabanza. R.

SEGUNDA LECTURA

De la segunda carta del apóstol san Pablo a los corintios
5, 20–6, 2

Hermanos: Somos embajadores de Cristo, y por nuestro medio, es como si Dios mismo los exhortara a ustedes. En nombre de Cristo les pedimos que se dejen reconciliar con Dios. Al que nunca cometió pecado, Dios lo hizo "pecado" por nosotros, para que, unidos a él, recibamos la salvación de Dios y nos volvamos justos y santos.

Como colaboradores que somos de Dios, los exhortamos a no echar su gracia en saco roto. Porque el Señor dice: *En el tiempo favorable te escuché y en el día de la salvación te socorrí.* Pues bien, ahora es el tiempo favorable; ahora es el día de la salvación.

Palabra de Dios.   R. **Te alabamos, Señor.**

ACLAMACIÓN ANTES DEL EVANGELIO
Cfr. Sal 94, 8

R. **Honor y gloria a ti, Señor Jesús.**

Hagámosle caso al Señor, que nos dice:
"No endurezcan su corazón".

R. **Honor y gloria a ti, Señor Jesús.**

EVANGELIO

✠ Del santo Evangelio según san Mateo
6, 1-6. 16-18

R. **Gloria a ti, Señor.**

En aquel tiempo, Jesús dijo a sus discípulos: "Tengan cuidado de no practicar sus obras de piedad delante de los hombres para que los vean. De lo contrario, no tendrán recompensa con su Padre celestial.

Por lo tanto, cuando des limosna, no lo anuncies con trompeta, como hacen los hipócritas en las sinagogas y por las calles, para que los alaben los hombres. Yo les aseguro que ya recibieron su recompensa. En cambio, cuando tú des limosna, que no sepa tu mano izquierda lo que hace la derecha, para que tu limosna quede en secreto; y tu Padre, que ve lo secreto, te recompensará.

Cuando ustedes hagan oración, no sean como los hipócritas, a quienes les gusta orar de pie en las sinagogas y en las esquinas de las plazas, para que los vea la gente. Yo les aseguro que ya recibieron su recompensa. Tú, en cambio, cuando vayas a orar, entra en tu cuarto, cierra la puerta y ora ante tu Padre, que está allí, en lo secreto; y tu Padre, que ve lo secreto, te recompensará.

Cuando ustedes ayunen, no pongan cara triste, como esos hipócritas que descuidan la apariencia de su rostro, para que la gente note que están ayunando. Yo les aseguro que ya recibieron su recompensa. Tú, en cambio, cuando ayunes, perfúmate la cabeza y lávate la cara, para que no sepa la gente que estás ayunando, sino tu Padre, que está en lo secreto; y tu Padre, que ve lo secreto, te recompensará".

Palabra del Señor.   R. **Gloria a ti, Señor Jesús.**

BENDICIÓN E IMPOSICIÓN DE LA CENIZA

Después de la homilía, el sacerdote, de pie y con las manos juntas, dice:

Queridos hermanos, pidamos humildemente a Dios Padre que bendiga con su gracia esta ceniza que, en señal de penitencia, vamos a imponer sobre nuestra cabeza.

Y, después de un breve momento de oración en silencio, con las manos extendidas, prosigue:

Señor Dios, que no quieres la muerte del pecador sino su conversión, escucha bondadosamente nuestras súplicas y dígnate bendecir ✠ esta ceniza, que vamos a imponer sobre nuestra cabeza, sabiendo que somos polvo y al polvo hemos de volver y concédenos que, por nuestro esfuerzo en las prácticas cuaresmales, obtengamos el perdón de nuestros pecados y una vida renovada a imagen de tu Hijo resucitado. Él, que vive y reina por los siglos de los siglos.

R. **Amén.**

Y rocía la ceniza con agua bendita, sin decir nada.

Después el sacerdote impone la ceniza a todos los presentes que se acercan a él, y dice a cada uno:

Conviértete y cree en el Evangelio.

O bien:

Recuerda que eres polvo y al polvo has de volver.

Mientras tanto, se canta la antífona.

ANTÍFONA   Cfr. Jl 2, 17; Est 4, 17
Entre el atrio y el altar lloren los sacerdotes, ministros del Señor, diciendo: Perdona, Señor, perdona a tu pueblo, y no cierres la boca de aquellos que te alaban.

Esta antífona puede repetirse después de cada verso del salmo 50.

RESPONSORIO   Cfr. Bar 3, 2; Sal 78, 9
R. **Renovemos y mejoremos nuestra vida, pues por ignorancia hemos pecado; no sea que, sorprendidos por el día de la muerte, busquemos un tiempo para hacer penitencia, y ya no sea posible encontrarlo. * Escúchanos, Señor, y ten piedad, porque hemos pecado contra ti.**

V. Ven en nuestra ayuda, Dios salvador nuestro; por el honor de tu nombre, líbranos, Señor.

R. **Escúchanos, Señor, y ten piedad, porque hemos pecado contra ti.**

Se puede entonar también otro canto apropiado.

Terminada la imposición de la ceniza, el sacerdote se lava las manos y continúa con la oración universal, y la Misa prosigue del modo acostumbrado.

No se dice Credo.

ORACIÓN SOBRE LAS OFRENDAS

Al ofrecer el sacrificio con el que iniciamos solemnemente la Cuaresma, te rogamos, Señor, que por nuestras obras de penitencia y de caridad nos veamos libres de los vicios y los malos deseos, para que, purificados de todo pecado, merezcamos celebrar con fervor la pasión de tu Hijo. Él, que vive y reina por los siglos de los siglos.

ANTÍFONA DE LA COMUNIÓN   Cfr. Sal 1, 2-3

El que día y noche medita la ley del Señor, al debido tiempo dará su fruto.

ORACIÓN DESPUÉS DE LA COMUNIÓN

Que nos auxilien, Señor, los sacramentos que recibimos, para que nuestro ayuno sea de tu agrado y nos aproveche como remedio saludable. Por Jesucristo, nuestro Señor.

ORACIÓN SOBRE EL PUEBLO

Infunde benignamente, Señor Dios, en quienes, postrados, te adoramos, un espíritu de contrición y que, por nuestro arrepentimiento, merezcamos alcanzar el premio que misericordiosamente nos volviste a prometer. Por Jesucristo, nuestro Señor.

"CONVIÉRTANSE A MÍ DE TODO CORAZÓN"

Cada Miércoles de Ceniza es una nueva ocasión para convertirnos a Dios.

✚ Al aceptar la ceniza en nuestra cabeza le estamos diciendo a Dios que nos estábamos alejando de él, pero que estamos arrepentidos y queremos retomar el camino que nos lleva hacia él.

✚ Sabemos que nuestro Dios es compasivo y misericordioso, y nos vuelve a dar la oportunidad de unirnos a Jesús para recibir su salvación y volvernos "justos y santos".

✚ Es un camino de cuarenta días, en el que se nos invita a orar, a ayunar y a practicar las obras de misericordia para con el prójimo.

✚ También se nos invita a acercarnos al sacramento de la Penitencia o Reconciliación para recibir el perdón de nuestros pecados, y mejorar nuestra relación con Dios, para llegar bien preparados a la celebración de la Pascua.

Estemos atentos, porque "ahora es el tiempo favorable; ahora es el día de la salvación".

18 de febrero   1er Domingo de Cuaresma

(*Morado*)

ANTÍFONA DE ENTRADA   Cfr. Sal 90, 15-16

Me invocará y yo lo escucharé; lo libraré y lo glorificaré; prolongaré los días de su vida.

No se dice Gloria.

ORACIÓN COLECTA

Concédenos, Dios todopoderoso, que, por las prácticas anuales del sacramento cuaresmal, progresemos en el conocimiento del misterio de Cristo y traduzcamos su efecto en una conducta irreprochable. Por nuestro Señor Jesucristo...

La alianza sellada entre Dios y Noé, salvado del diluvio (PRIMERA LECTURA), fue el esbozo de la alianza que iba a sellarse entre Dios y el hombre, con la muerte y resurrección de Cristo (SEGUNDA LECTURA). Por eso, en este domingo de la tentación, se nos muestra a Jesús tentado por Satanás en el desierto (EVANGELIO), como para asegurarnos que llegaron los tiempos del combate supremo y de la alianza eterna.

PRIMERA LECTURA

Del libro del Génesis

9, 8-15

En aquellos días, dijo Dios a Noé y a sus hijos: "Ahora establezco una alianza con ustedes y con sus descendientes, con todos los animales que los acompañaron, aves, ganados y fieras, con todos los que salieron del arca, con todo ser viviente sobre la tierra. Ésta es la alianza que establezco con ustedes: No volveré a exterminar la vida con el diluvio, ni habrá otro diluvio que destruya la tierra".

Y añadió: "Ésta es la señal de la alianza perpetua que yo establezco con ustedes y con todo ser viviente que esté con ustedes: pondré mi arco iris en el cielo como señal de mi alianza con la tierra, y cuando yo cubra de nubes la tierra, aparecerá el arco iris y me acordaré de mi alianza con ustedes y con todo ser viviente. No volverán las aguas del diluvio a destruir la vida".

Palabra de Dios.   R. **Te alabamos, Señor.**

SALMO RESPONSORIAL

Del salmo 24

E. Estrella B.P. 1599

R. **Descúbrenos, Señor, tus caminos.**

Descúbrenos, Señor, tus caminos,
guíanos con la verdad de tu doctrina.
Tú eres nuestro Dios y salvador
y tenemos en ti nuestra esperanza. R.

Acuérdate, Señor, que son eternos
tu amor y tu ternura.
Según ese amor y esa ternura,
acuérdate de nosotros. R.

Porque el Señor es recto y bondadoso,
indica a los pecadores el sendero,
guía por la senda recta a los humildes
y descubre a los pobres sus caminos. R.

SEGUNDA LECTURA

De la primera carta del apóstol san Pedro
3, 18-22

Hermanos: Cristo murió, una sola vez y para siempre, por los pecados de los hombres; él, el justo, por nosotros, los injustos, para llevarnos a Dios; murió en su cuerpo y resucitó glorificado. En esta ocasión, fue a proclamar su mensaje a los espíritus encarcelados, que habían sido rebeldes en los tiempos de Noé, cuando la paciencia de Dios aguardaba, mientras se construía el arca, en la que unos pocos, ocho personas, se salvaron flotando sobre el agua. Aquella agua era figura del bautismo, que ahora los salva a ustedes y que no consiste en quitar la inmundicia corporal, sino en el compromiso de vivir con una buena conciencia ante Dios, por la resurrección de Cristo Jesús, Señor nuestro, que subió al cielo y está a la derecha de Dios, a quien están sometidos los ángeles, las potestades y las virtudes.

Palabra de Dios.   R. **Te alabamos, Señor.**

ACLAMACIÓN ANTES DEL EVANGELIO

Mt 4, 4

B.P. 1050 - B. Carrillo

Ho-nor y glo-ria a ti,__ Se-ñor Je - sús.__

R. **Honor y gloria a ti, Señor Jesús.**
No sólo de pan vive el hombre,
sino también de toda palabra
que sale de la boca de Dios.
R. **Honor y gloria a ti, Señor Jesús.**

EVANGELIO

✠ Del santo Evangelio según san Marcos
1, 12-15

R. **Gloria a ti, Señor.**

En aquel tiempo, el Espíritu impulsó a Jesús a retirarse al desierto, donde permaneció cuarenta días y fue tentado por Satanás. Vivió allí entre animales salvajes, y los ángeles le servían.

Después de que arrestaron a Juan el Bautista, Jesús se fue a Galilea para predicar el Evangelio de Dios y decía: "Se ha cumplido el tiempo y el Reino de Dios ya está cerca. Conviértanse y crean en el Evangelio".

Palabra del Señor. R. **Gloria a ti, Señor Jesús.**

Se dice Credo.

ORACIÓN SOBRE LAS OFRENDAS

Te pedimos, Señor, que nos hagas dignos de estos dones que vamos a ofrecerte, ya que con ellos celebramos el inicio de este santo sacramento cuaresmal. Por Jesucristo, nuestro Señor.

ANTÍFONA DE LA COMUNIÓN   Cfr. Sal 90, 4

El Señor te cubrirá con sus plumas, y bajo sus alas encontrarás refugio.

ORACIÓN DESPUÉS DE LA COMUNIÓN

Alimentados, Señor, de este pan celestial que nutre la fe, hace crecer la esperanza y fortalece la caridad, te suplicamos la gracia de aprender a sentir hambre de aquel que es el pan vivo y verdadero, y a vivir de toda palabra que procede de tu boca. Por Jesucristo, nuestro Señor.

ORACIÓN SOBRE EL PUEBLO

Derrama sobre tu pueblo, Señor, la abundancia de tu bendición para que su esperanza crezca en la adversidad, su virtud se fortalezca en la tentación, y alcance la redención eterna. Por Jesucristo, nuestro Señor.

"CONVIÉRTANSE Y CREAN EN EL EVANGELIO"

El Miércoles de Ceniza iniciamos nuestro camino de preparación para la Pascua del Señor.

✦ En el evangelio de hoy se nos habla de que, impulsado por el Espíritu Santo, Jesús pasó cuarenta días en el desierto, antes de iniciar su predicación.

✦ Su condición de Hijo de Dios no lo eximió de ser tentado por Satanás, sino todo lo contrario.

✦ Al concluir esta etapa, Jesús parte para Galilea y anuncia la cercanía del Reino de Dios e invita a la gente a convertirse y creer en el Evangelio.

✦ Esta invitación nos la hace también hoy a nosotros.

✦ El *Catecismo de la Iglesia católica* nos enseña: "El movimiento de retorno a Dios, llamado conversión y arrepentimiento, implica un dolor y una aversión respecto a los pecados cometidos, y el propósito firme de no volver a pecar. La conversión, por tanto, mira al pasado y al futuro; se nutre de la esperanza en la misericordia divina" (CCE 1490). Esto nos ha de llevar a la confesión sacramental.

"Se ha cumplido el tiempo y el Reino de Dios ya está cerca".

18 de febrero

81

25 de febrero — 2° Domingo de Cuaresma

(*Morado*)

ANTÍFONA DE ENTRADA — Cfr. Sal 24, 6. 2. 22

Recuerda, Señor, que tu ternura y tu misericordia son eternas. No permitas que nos derrote el enemigo. Sálvanos, Dios de Israel, de todas nuestras angustias.

No se dice Gloria.

ORACIÓN COLECTA

Señor Dios, que nos mandaste escuchar a tu Hijo muy amado, dígnate alimentarnos íntimamente con tu palabra, para que, ya purificada nuestra mirada interior, nos alegremos en la contemplación de tu gloria. Por nuestro Señor Jesucristo...

Las lecturas de hoy nos hablan de dos montañas muy importantes: la montaña donde Abraham, por obediencia a Dios, le ofrece en sacrificio a su propio hijo (PRIMERA LECTURA) y la otra, en la que Dios reveló a su Hijo lleno de gloria (EVANGELIO). Abraham, que no se negó a sacrificar a su hijo único, fue la imagen del amor infinito de Dios hacia los hombres (SEGUNDA LECTURA). En la transfiguración de Jesús, Dios nos mostró el mundo de la resurrección, al cual nos da entrada la muerte de Cristo.

PRIMERA LECTURA

Del libro del Génesis

22, 1-2. 9-13. 15-18

En aquel tiempo, Dios le puso una prueba a Abraham y le dijo: "¡Abraham, Abraham!". Él respondió: "Aquí estoy". Y Dios le dijo: "Toma a tu hijo único, Isaac, a quien tanto amas; vete a la región de Moria y ofrécemelo en sacrificio, en el monte que yo te indicaré".

Cuando llegaron al sitio que Dios le había señalado, Abraham levantó un altar y acomodó la leña. Luego ató a su hijo Isaac, lo puso sobre el altar, encima de la leña, y tomó el cuchillo para degollarlo.

Pero el ángel del Señor lo llamó desde el cielo y le dijo: "¡Abraham, Abraham!". Él contestó: "Aquí estoy". El ángel le dijo: "No descargues la mano contra tu hijo, ni le hagas daño. Ya veo que temes a Dios, porque no le has negado a tu hijo único". Abraham levantó los ojos y vio un carnero, enredado por los cuernos en la maleza. Atrapó el carnero y lo ofreció en sacrificio en lugar de su hijo.

El ángel del Señor volvió a llamar a Abraham desde el cielo y le dijo: "Juro por mí mismo, dice el Señor, que por haber hecho esto y no haberme negado a tu hijo único, yo te bendeciré y multiplicaré tu descendencia como las estrellas del cielo y las arenas del mar. Tus descendientes conquistarán las ciudades enemigas. En tu descendencia serán bendecidos todos los pueblos de la tierra, porque obedeciste a mis palabras".

Palabra de Dios.   R. **Te alabamos, Señor.**

SALMO RESPONSORIAL

Del salmo 115

E. Estrella B.P. 1600

Siem - pre con - fia - ré en el Se - ñor.

R. **Siempre confiaré en el Señor.**

Aun abrumado de desgracias,
siempre confié en Dios.
A los ojos del Señor es muy penoso
que mueran sus amigos. R.

De la muerte, Señor, me has librado,
a mí, tu esclavo e hijo de tu esclava.
Te ofreceré con gratitud un sacrificio
e invocaré tu nombre. R.

Cumpliré mis promesas al Señor
ante todo su pueblo,
en medio de su templo santo,
que está en Jerusalén. R.

SEGUNDA LECTURA

De la carta del apóstol san Pablo a los romanos
8, 31-34

Hermanos: Si Dios está a nuestro favor, ¿quién estará en contra nuestra? El que no nos escatimó a su propio Hijo, sino que lo entregó por todos nosotros, ¿cómo no va a estar dispuesto a dárnoslo todo, junto con su Hijo? ¿Quién acusará a los elegidos de Dios? Si Dios mismo es quien los perdona, ¿quién será el que los condene? ¿Acaso Jesucristo, que murió, resucitó y está a la derecha de Dios para interceder por nosotros?

Palabra de Dios.   R. **Te alabamos, Señor.**

ACLAMACIÓN ANTES DEL EVANGELIO
Cfr. Mt 17, 5

B.P. 1050 - B. Carrillo

Ho-nor y glo-ria a ti,___ Se-ñor Je - sús.___

R. **Honor y gloria a ti, Señor Jesús.**

En el esplendor de la nube se oyó la voz del Padre, que decía: "Éste es mi Hijo amado; escúchenlo".

R. **Honor y gloria a ti, Señor Jesús.**

EVANGELIO

✠ Del santo Evangelio según san Marcos
9, 2-10

R. **Gloria a ti, Señor.**

En aquel tiempo, Jesús tomó aparte a Pedro, a Santiago y a Juan, subió con ellos a un monte alto y se transfiguró en su presencia. Sus vestiduras se pusieron esplendorosamente blancas, con una blancura que nadie puede lograr sobre la tierra. Después se les aparecieron Elías y Moisés, conversando con Jesús.

Entonces Pedro le dijo a Jesús: "Maestro, ¡qué a gusto estamos aquí! Hagamos tres tiendas, una para ti, otra para Moisés y otra para Elías". En realidad no sabía lo que decía, porque estaban asustados.

Se formó entonces una nube, que los cubrió con su sombra, y de esta nube salió una voz que decía: "Éste es mi Hijo amado; escúchenlo". En ese momento miraron alrededor y no vieron a nadie sino a Jesús, que estaba solo con ellos.

Cuando bajaban de la montaña, Jesús les mandó que no contaran a nadie lo que habían visto, hasta que el Hijo del hombre resucitara de entre los muertos. Ellos guardaron esto en secreto, pero discutían entre sí qué querría decir eso de "resucitar de entre los muertos".

Palabra del Señor. R. **Gloria a ti, Señor Jesús.**

Se dice Credo.

ORACIÓN SOBRE LAS OFRENDAS

Te rogamos, Señor, que estos dones borren nuestros pecados y santifiquen el cuerpo y el alma de tus fieles, para celebrar dignamente las fiestas pascuales. Por Jesucristo, nuestro Señor.

ANTÍFONA DE LA COMUNIÓN

Éste es mi Hijo muy amado, en quien tengo puestas mis complacencias; escúchenlo.

ORACIÓN DESPUÉS DE LA COMUNIÓN

Al recibir, Señor, este glorioso sacramento, queremos darte gracias de todo corazón porque así nos permites, desde este mundo, participar ya de los bienes del cielo. Por Jesucristo, nuestro Señor.

ORACIÓN SOBRE EL PUEBLO

Bendice, Señor, a tus fieles con una bendición perpetua, y haz que de tal manera acojan el Evangelio de tu Hijo, que puedan debida y felizmente desear y alcanzar la gloria que él manifestó a los apóstoles. Por Jesucristo, nuestro Señor.

APAGA TU CELULAR Y ESCUCHA LA VOZ DE DIOS

En el evangelio de hoy se nos habla de la experiencia de Pedro, Santiago y Juan cuando subieron con Jesús a "un monte alto", en donde se transfiguró, radiante de luz. Se trata de una manifestación de que Jesús es Dios.

♦ Junto a Jesús aparecieron Moisés y Elías, como representantes de la Ley y los Profetas, respectivamente, quienes conversaron con él.

♦ Y, de una nube que los cubrió con su sombra, salió la voz de Dios Padre, que decía: "Éste es mi Hijo amado; escúchenlo".

♦ ¿Lo vamos a escuchar?

Apaguemos nuestro celular y abramos nuestros oídos, para así descubrir que Dios nos habla en la Misa.

2º Domingo de Cuaresma

3 de marzo 3ᵉʳ Domingo de Cuaresma

(*Morado*)

ANTÍFONA DE ENTRADA Cfr. Ez 36, 23-26

Cuando manifieste en medio de ustedes mi santidad, los reuniré de todos los países; derramaré sobre ustedes agua pura y quedarán purificados de todos sus pecados, y les infundiré un espíritu nuevo, dice el Señor.

No se dice Gloria.

ORACIÓN COLECTA

Señor Dios, fuente de misericordia y de toda bondad, que enseñaste que el remedio contra el pecado está en el ayuno, la oración y la limosna, mira con agrado nuestra humilde confesión, para que a quienes agobia la propia conciencia nos reconforte siempre tu misericordia. Por nuestro Señor Jesucristo...

Dios decidió promulgar su ley al pueblo que había escogido, por medio de Moisés. Esa ley se puede sintetizar en cuatro palabras: Yo soy el Señor (PRIMERA LECTURA). Después envió Dios a su Hijo para dar su gracia a los hombres. El Hijo fue un verdadero templo de Dios vivo en su humanidad, que vino al mundo humildemente y murió con el escándalo de la cruz (SEGUNDA LECTURA). El Hijo no dio más que una señal indudable de su misión: su propia resurrección (EVANGELIO).

Del libro del Éxodo

20, 1-17

En aquellos días, el Señor promulgó estos preceptos para su pueblo en el monte Sinaí, diciendo: "Yo soy el Señor, tu Dios, que te sacó de la tierra de Egipto y de la esclavitud. No tendrás otros dioses fuera de mí; no te fabricarás ídolos ni imagen alguna de lo que hay arriba, en el cielo, o abajo, en la tierra, o en el agua, y debajo de la tierra. No adorarás nada de eso ni le rendirás culto, porque yo, el Señor, tu Dios, soy un Dios celoso, que castiga la maldad de los padres en los hijos hasta la tercera y cuarta generación de aquellos que me odian; pero soy misericordioso hasta la milésima generación de aquellos que me aman y cumplen mis mandamientos.

No harás mal uso del nombre del Señor, tu Dios, porque no dejará el Señor sin castigo a quien haga mal uso de su nombre.

Acuérdate de santificar el sábado. Seis días trabajarás y en ellos harás todos tus quehaceres; pero el día séptimo es día de descanso, dedicado al Señor, tu Dios. No harás en él trabajo alguno, ni tú, ni tu hijo, ni tu hija, ni tu esclavo, ni tu esclava, ni tus animales, ni el forastero que viva contigo. Porque en seis días hizo el Señor el cielo, la tierra, el mar y cuanto hay en ellos, pero el séptimo, descansó. Por eso bendijo el Señor el sábado y lo santificó.

Honra a tu padre y a tu madre para que vivas largos años en la tierra que el Señor, tu Dios, te va a dar. No matarás. No cometerás adulterio. No robarás. No darás falso testimonio contra tu prójimo. No codiciarás la casa de tu prójimo, ni a su mujer, ni a su esclavo, ni a su esclava, ni su buey, ni su burro, ni cosa alguna que le pertenezca".

Palabra de Dios.   R. **Te alabamos, Señor.**

SALMO RESPONSORIAL
Del salmo 18

R. **Tú tienes, Señor, palabras de vida eterna.**

La ley del Señor es perfecta del todo
y reconforta el alma;
inmutables son las palabras del Señor
y hacen sabio al sencillo. R.

En los mandamientos del Señor hay rectitud
y alegría para el corazón;
son luz los preceptos del Señor
para alumbrar el camino. R.

La voluntad de Dios es santa
y para siempre estable;
los mandamientos del Señor son verdaderos
y enteramente justos. R.

Que te sean gratas las palabras de mi boca
y los anhelos de mi corazón.
Haz, Señor, que siempre te busque,
pues eres mi refugio y salvación. R.

SEGUNDA LECTURA
De la primera carta del apóstol san Pablo a los corintios
1, 22-25

Hermanos: Los judíos exigen señales milagrosas y los paganos piden sabiduría. Pero nosotros predicamos a Cristo crucificado, que es escándalo para los judíos y locura para los paganos; en cambio, para los llamados, sean judíos o paganos, Cristo es la fuerza y la sabiduría de Dios. Porque la locura de Dios es más sabia que la sabiduría de los hombres, y la debilidad de Dios es más fuerte que la fuerza de los hombres.

Palabra de Dios. R. **Te alabamos, Señor.**

ACLAMACIÓN ANTES DEL EVANGELIO
Jn 3, 16

B.P. 1050 - B. Carrillo

Ho-nor y glo-ria a ti,___ Se-ñor Je - sús.___

R. **Honor y gloria a ti, Señor Jesús.**
Tanto amó Dios al mundo, que le entregó a su Hijo único, para que todo el que crea en él tenga vida eterna.
R. **Honor y gloria a ti, Señor Jesús.**

EVANGELIO
✠ Del santo Evangelio según san Juan
2, 13-25

R. **Gloria a ti, Señor.**

Cuando se acercaba la Pascua de los judíos, Jesús llegó a Jerusalén y encontró en el templo a los vendedores de bueyes, ovejas y palomas, y a los cambistas con sus mesas. Entonces hizo un látigo de cordeles y los echó del templo, con todo y sus ovejas y bueyes; a los cambistas les volcó las mesas y les tiró al suelo las monedas; y a los que vendían palomas les dijo: "Quiten todo de aquí y no conviertan en un mercado la casa de mi Padre".

En ese momento, sus discípulos se acordaron de lo que estaba escrito: *El celo de tu casa me devora.*

Después intervinieron los judíos para preguntarle: "¿Qué señal nos das de que tienes autoridad para actuar así?". Jesús les respondió: "Destruyan este templo y en tres días lo reconstruiré". Replicaron los judíos: "Cuarenta y seis años se ha llevado la construcción del templo, ¿y tú lo vas a levantar en tres días?".

Pero él hablaba del templo de su cuerpo. Por eso, cuando resucitó Jesús de entre los muertos, se acordaron sus discípulos de que había dicho aquello y creyeron en la Escritura y en las palabras que Jesús había dicho.

Mientras estuvo en Jerusalén para las fiestas de Pascua, muchos creyeron en él, al ver los prodigios que hacía. Pero Jesús no se fiaba de ellos, porque los conocía a todos y no necesitaba que nadie le descubriera lo que es el hombre, porque él sabía lo que hay en el hombre.

Palabra del Señor.   R. **Gloria a ti, Señor Jesús.**

Se dice Credo.

ORACIÓN SOBRE LAS OFRENDAS
Por estas ofrendas, Señor, concédenos benigno el perdón de nuestras ofensas, y ayúdanos a perdonar a nuestros hermanos. Por Jesucristo, nuestro Señor.

ANTÍFONA DE LA COMUNIÓN   Cfr. Sal 83, 4-5
El gorrión ha encontrado una casa, y la golondrina un nido donde poner sus polluelos: junto a tus altares, Señor de los ejércitos, Rey mío y Dios mío. Dichosos los que viven en tu casa y pueden alabarte siempre.

ORACIÓN DESPUÉS DE LA COMUNIÓN
Alimentados en la tierra con el pan del cielo, prenda de eterna salvación, te suplicamos, Señor, que lleves a su plenitud en nuestra vida la gracia recibida en este sacramento. Por Jesucristo, nuestro Señor.

ORACIÓN SOBRE EL PUEBLO
Dirige, Señor, los corazones de tus fieles y da en tu bondad a tus siervos una gracia tan grande que, cumpliendo en plenitud tus mandamientos, nos haga permanecer en tu amor y en el de nuestro prójimo. Por Jesucristo, nuestro Señor.

JESÚS SABE LO QUE HAY EN EL HOMBRE

A Jesús le causó una enorme indignación que el Templo de Jerusalén, la "casa de mi Padre", se hubiera convertido en un auténtico "mercado".

El *Catecismo de la Iglesia católica,* en su número 593, enseña lo siguiente: "Jesús veneró el Templo subiendo a él en peregrinación en las fiestas judías y amó con gran celo esa morada de Dios entre los hombres. El Templo prefigura su Misterio. Anunciando la destrucción del Templo anuncia su propia muerte y la entrada en una nueva edad de la historia de la salvación, donde su cuerpo será el Templo definitivo".

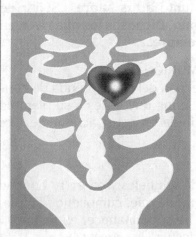

✓ Los bautizados formamos el Cuerpo Místico de Cristo y, por eso, también somos templo de Dios.

✓ Sin embargo, también podemos caer en la misma actitud de aquellos que convirtieron el Templo en un mercado:

– cuando no le damos a Dios el lugar que merece en nuestra vida;

– cuando hacemos a un lado las enseñanzas de nuestro Señor para seguir las enseñanzas de otros "maestros", para no "desentonar" con lo que está de moda;

– cuando maltratamos a nuestros semejantes;

– cuando mentimos.

¿Podrá Jesús confiar en nosotros?

10 de marzo — 4º Domingo de Cuaresma

(Morado o rosa)

ANTÍFONA DE ENTRADA   Cfr. Is 66, 10-11

Alégrate, Jerusalén, y que se reúnan cuantos la aman. Compartan su alegría los que estaban tristes, vengan a saciarse con su felicidad.

No se dice Gloria.

ORACIÓN COLECTA

Señor Dios, que por tu Palabra realizas admirablemente la reconciliación del género humano, concede al pueblo cristiano prepararse con generosa entrega y fe viva a celebrar las próximas fiestas de la Pascua. Por nuestro Señor Jesucristo…

Dios castigó a Israel por sus muchas infidelidades; pero después de setenta años, condujo a su pueblo hasta la tierra que le había prometido (PRIMERA LECTURA). Ese relato es una imagen del amor infinito de Dios hacia los hombres, a los que salvó por medio de la cruz de su Hijo (EVANGELIO), asociándolos por la fe a la gloria de la resurrección y la ascensión (SEGUNDA LECTURA).

PRIMERA LECTURA
Del segundo libro de las Crónicas
36, 14-16. 19-23

En aquellos días, todos los sumos sacerdotes y el pueblo multiplicaron sus infidelidades, practicando todas las abominables costumbres de los paganos, y mancharon la casa del Señor, que él se había consagrado en Jerusalén. El Señor, Dios de sus padres, los exhortó continuamente por medio de sus mensajeros, porque sentía compasión de su pueblo y quería preservar su santuario. Pero ellos se burlaron de los mensajeros de Dios, despreciaron sus advertencias y se mofaron de sus profetas, hasta que la ira del Señor contra su pueblo llegó a tal grado, que ya no hubo remedio.

Envió entonces contra ellos al rey de los caldeos. Incendiaron la casa de Dios y derribaron las murallas de Jerusalén, pegaron fuego a todos los palacios y destruyeron todos sus objetos preciosos. A los que escaparon de la espada, los llevaron cautivos a Babilonia, donde fueron esclavos del rey y de sus hijos, hasta que el reino pasó al dominio de los persas, para que se cumpliera lo que dijo Dios por boca del profeta Jeremías: *Hasta que el país haya pagado sus sábados perdidos, descansará de la desolación, hasta que se cumplan setenta años.*

En el año primero de Ciro, rey de Persia, en cumplimiento de las palabras que habló el Señor por boca de Jeremías, el Señor inspiró a Ciro, rey de los persas, el cual mandó proclamar de palabra y por escrito en todo su reino, lo siguiente: "Así habla Ciro, rey de Persia: El Señor, Dios de los cielos, me ha dado todos los reinos de la tierra y me ha mandado que le edifique una casa en Jerusalén de Judá. En consecuencia, todo aquel que pertenezca a este pueblo, que parta hacia allá, y que su Dios lo acompañe".

Palabra de Dios.   R. **Te alabamos, Señor.**

E. Estrella B.P. 1602

Tu re - cuer - do, Se - ñor, es mi a - le - grí - a.

R. **Tu recuerdo, Señor, es mi alegría.**

Junto a los ríos de Babilonia nos sentábamos
a llorar de nostalgia;
de los sauces que estaban en la orilla
colgamos nuestras arpas. R.

Aquellos que cautivos nos tenían
pidieron que cantáramos.
Decían los opresores:
"Algún cantar de Sión, alegres, cántennos". R.

Pero, ¿cómo podríamos cantar
un himno al Señor en tierra extraña?
¡Que la mano derecha se me seque,
si de ti, Jerusalén, yo me olvidara! R.

¡Que se me pegue al paladar la lengua,
Jerusalén, si no te recordara,
o si, fuera de ti,
alguna otra alegría yo buscara! R.

SEGUNDA LECTURA
De la carta del apóstol san Pablo a los efesios
2, 4-10

Hermanos: La misericordia y el amor de Dios son muy grandes; porque nosotros estábamos muertos por nuestros pecados, y él nos dio la vida con Cristo y en Cristo. Por pura generosidad suya, hemos sido salvados. Con Cristo y en Cristo nos ha resucitado y con él nos ha reservado un sitio en el cielo. Así, en todos los tiempos, Dios muestra, por medio de Cristo Jesús, la incomparable riqueza de su gracia y de su bondad para con nosotros.

10 de marzo

En efecto, ustedes han sido salvados por la gracia, mediante la fe; y esto no se debe a ustedes mismos, sino que es un don de Dios. Tampoco se debe a las obras, para que nadie pueda presumir, porque somos hechura de Dios, creados por medio de Cristo Jesús, para hacer el bien que Dios ha dispuesto que hagamos.

Palabra de Dios.   R. **Te alabamos, Señor.**

ACLAMACIÓN ANTES DEL EVANGELIO
Jn 3, 16

B.P. 1050 - B. Carrillo

Ho-nor y glo-ria a ti,___ Se-ñor Je - sús.___

R. **Honor y gloria a ti, Señor Jesús.**
Tanto amó Dios al mundo, que le entregó a su Hijo único, para que todo el que crea en él tenga vida eterna.
R. **Honor y gloria a ti, Señor Jesús.**

EVANGELIO
✠ Del santo Evangelio según san Juan
3, 14-21

R. **Gloria a ti, Señor.**

En aquel tiempo, Jesús dijo a Nicodemo: "Así como Moisés levantó la serpiente en el desierto, así tiene que ser levantado el Hijo del hombre, para que todo el que crea en él tenga vida eterna.

Porque tanto amó Dios al mundo, que le entregó a su Hijo único, para que todo el que crea en él no perezca, sino que tenga vida eterna. Porque Dios no envió a su Hijo para condenar al mundo, sino para que el mundo se salvara por él. El que cree en él no será condenado; pero el que no cree ya está condenado, por no haber creído en el Hijo único de Dios.

La causa de la condenación es ésta: habiendo venido la luz al mundo, los hombres prefirieron las tinieblas a la luz, porque sus obras eran malas. Todo aquel que hace el mal, aborrece la luz y no se acerca a ella, para que sus obras no se descubran. En cambio, el que obra el bien conforme a la verdad, se acerca a la luz, para que se vea que sus obras están hechas según Dios''.

Palabra del Señor.   R. **Gloria a ti, Señor Jesús.**

Se dice Credo.

ORACIÓN SOBRE LAS OFRENDAS
Te presentamos, Señor, llenos de alegría, estas ofrendas para el sacrificio redentor, y pedimos tu ayuda para celebrarlo con fe sincera y ofrecerlo dignamente por la salvación del mundo. Por Jesucristo, nuestro Señor.

ANTÍFONA DE LA COMUNIÓN   Cfr. Sal 121, 3-4
Jerusalén ha sido edificada como ciudad bien compacta. Allá suben las tribus, las tribus del Señor, según la costumbre de Israel, a celebrar el nombre del Señor.

ORACIÓN DESPUÉS DE LA COMUNIÓN
Señor Dios, luz que alumbra a todo hombre que viene a este mundo, ilumina nuestros corazones con el resplandor de tu gracia, para que podamos siempre pensar lo que es digno y grato a tus ojos y amarte con sincero corazón. Por Jesucristo, nuestro Señor.

ORACIÓN SOBRE EL PUEBLO
Protege, Señor, a quienes te invocan, ayuda a los débiles y reaviva siempre con tu luz a quienes caminan en medio de las tinieblas de la muerte; concédeles que, liberados por tu bondad de todos los males, alcancen los bienes supremos. Por Jesucristo, nuestro Señor.

10 de marzo

TODO EL QUE CREA EN ÉL TENDRÁ VIDA ETERNA

En su diálogo con Nicodemo, Jesús le hace ver que fue tanto el amor de Dios por el mundo, que le entregó a su Hijo único para que el mundo se salve por medio de él: "Así como Moisés levantó la serpiente en el desierto, así tiene que ser levantado el Hijo del hombre, para que todo el que crea en él tenga vida eterna". De la Cruz de Cristo nace una humanidad nueva.

† El signo de la Cruz nos distingue como discípulos de Cristo; por eso en cada iglesia y en los hogares cristianos podemos encontrar varias de ellas.

† Cuando miremos una imagen de Cristo crucificado, hagámoslo con gratitud y reconozcamos el gran amor de Dios.

† Antes de cada momento importante del día, hagamos la señal de la Santa Cruz sobre nosotros y nuestras familias.

† No olvidemos que el camino de la resurrección pasa por la Cruz, para así alcanzar el sitio que nos han reservado en el cielo.

Creer en Jesús exige de nosotros una conversión continua.

17 de marzo　　　　5º Domingo de Cuaresma
(*Morado*)

ANTÍFONA DE ENTRADA　　　　　　　　Cfr. Sal 42, 1-2
Señor, hazme justicia. Defiende mi causa contra la gente sin piedad, sálvame del hombre traidor y malvado, tú que eres mi Dios y mi defensa.

No se dice Gloria.

ORACIÓN COLECTA
Te rogamos, Señor Dios nuestro, que, con tu auxilio, avancemos animosamente hacia aquel grado de amor con el que tu Hijo, por la salvación del mundo, se entregó a la muerte. Él, que vive y reina contigo…

El profeta Jeremías anuncia la alianza que Dios quiere sellar con su pueblo, inscribiendo su ley en los corazones y perdonando sus pecados (PRIMERA LECTURA). Tenía que llegar la hora de esa alianza, que se selló con la pasión de Jesús (SEGUNDA LECTURA), que al ser elevado en la cruz, atraía hacia él a todos los hombres (EVANGELIO).

PRIMERA LECTURA

Del libro del profeta Jeremías
31, 31-34

"Se acerca el tiempo, dice el Señor,
en que haré con la casa de Israel
y la casa de Judá una alianza nueva.
No será como la alianza que hice con los padres de ustedes,
cuando los tomé de la mano para sacarlos de Egipto.
Ellos rompieron mi alianza
y yo tuve que hacer un escarmiento con ellos.
    Ésta será la alianza nueva
que voy a hacer con la casa de Israel:
Voy a poner mi ley en lo más profundo de su mente
y voy a grabarla en sus corazones.
Yo seré su Dios y ellos serán mi pueblo.
Ya nadie tendrá que instruir a su prójimo ni a su hermano,
diciéndole: 'Conoce al Señor',
porque todos me van a conocer,
desde el más pequeño hasta el mayor de todos,
cuando yo les perdone sus culpas
y olvide para siempre sus pecados''.

Palabra de Dios.   R. **Te alabamos, Señor.**

SALMO RESPONSORIAL

Del salmo 50

R. Morales B.P. 1603

R. **Crea en mí, Señor, un corazón puro.**

100

Por tu inmensa compasión y misericordia,
Señor, apiádate de mí y olvida mis ofensas.
Lávame bien de todos mis delitos
y purifícame de mis pecados. R.

    Crea en mí, Señor, un corazón puro,
un espíritu nuevo para cumplir tus mandamientos.
No me arrojes, Señor, lejos de ti,
ni retires de mí tu santo espíritu. R.

    Devuélveme tu salvación, que regocija,
y mantén en mí un alma generosa.
Enseñaré a los descarriados tus caminos
y volverán a ti los pecadores. R.

SEGUNDA LECTURA

De la carta a los hebreos
5, 7-9

Hermanos: Cristo, durante su vida mortal, ofreció oraciones y súplicas, con poderoso clamor y lágrimas, a aquel que podía librarlo de la muerte, y fue escuchado por su piedad. A pesar de que era el Hijo, aprendió a obedecer padeciendo, y llegado a su perfección, se convirtió en la causa de la salvación eterna para todos los que lo obedecen.
Palabra de Dios.   R. **Te alabamos, Señor.**

ACLAMACIÓN ANTES DEL EVANGELIO
Jn 12, 26

R. **Honor y gloria a ti, Señor Jesús.**
El que quiera servirme, que me siga,
para que donde yo esté,
también esté mi servidor.
R. **Honor y gloria a ti, Señor Jesús.**

EVANGELIO

✠ Del santo Evangelio según san Juan
12, 20-33

R. **Gloria a ti, Señor.**

Entre los que habían llegado a Jerusalén para adorar a Dios en la fiesta de Pascua, había algunos griegos, los cuales se acercaron a Felipe, el de Betsaida de Galilea, y le pidieron: "Señor, quisiéramos ver a Jesús".

Felipe fue a decírselo a Andrés; Andrés y Felipe se lo dijeron a Jesús y él les respondió: "Ha llegado la hora de que el Hijo del hombre sea glorificado. Yo les aseguro que si el grano de trigo sembrado en la tierra no muere, queda infecundo; pero si muere, producirá mucho fruto. El que se ama a sí mismo, se pierde; el que se aborrece a sí mismo en este mundo, se asegura para la vida eterna.

El que quiera servirme, que me siga, para que donde yo esté, también esté mi servidor. El que me sirve será honrado por mi Padre.

Ahora que tengo miedo, ¿le voy a decir a mi Padre: 'Padre, líbrame de esta hora'? No, pues precisamente para esta hora he venido. Padre, dale gloria a tu nombre". Se oyó entonces una voz que decía: "Lo he glorificado y volveré a glorificarlo".

De entre los que estaban ahí presentes y oyeron aquella voz, unos decían que había sido un trueno; otros, que le había hablado un ángel. Pero Jesús les dijo: "Esa voz no ha venido por mí, sino por ustedes. Está llegando el juicio de este mundo; ya va a ser arrojado el príncipe de este mundo. Cuando yo sea levantado de la tierra, atraeré a todos hacia mí". Dijo esto, indicando de qué manera habría de morir.

Palabra del Señor. R. **Gloria a ti, Señor Jesús.**

Se dice Credo.

ORACIÓN SOBRE LAS OFRENDAS

Escúchanos, Dios todopoderoso, y concede a tus siervos, en quienes infundiste la sabiduría de la fe cristiana, quedar purificados, por la eficacia de este sacrificio. Por Jesucristo, nuestro Señor.

ANTÍFONA DE LA COMUNIÓN   Jn 12, 24-25

Yo les aseguro que si el grano de trigo sembrado en la tierra, no muere, queda infecundo; pero si muere, producirá mucho fruto.

ORACIÓN DESPUÉS DE LA COMUNIÓN

Te rogamos, Dios todopoderoso, que podamos contarnos siempre entre los miembros de aquel cuyo Cuerpo y Sangre acabamos de comulgar. Él, que vive y reina por los siglos de los siglos.

ORACIÓN SOBRE EL PUEBLO

Bendice, Señor, a tu pueblo, que espera los dones de tu misericordia, y concédele recibir de tu mano generosa lo que tú mismo lo mueves a pedir. Por Jesucristo, nuestro Señor.

"YA VA A SER ARROJADO EL PRÍNCIPE DE ESTE MUNDO"

Estas palabras de Jesús aún están en proceso de su cumplimiento pleno.

✦ Es verdad que Cristo ya venció, con su Cruz y su Resurrección, a la muerte, al pecado y al demonio.

✦ Pero es evidente que en nuestro mundo aún padecemos la acción del Maligno y sus secuaces.

Por eso, cada día, pedimos: "venga a nosotros tu Reino" y "líbranos del mal".

19 de marzo
Martes

San José, esposo de la santísima Virgen María
(*Blanco*)

Éste es el siervo fiel y prudente, a quien el Señor puso al frente de su familia.

Se dice Gloria.

ORACIÓN COLECTA

Dios todopoderoso, que quisiste poner bajo la protección de san José el nacimiento y la infancia de nuestro Redentor, concédele a tu Iglesia proseguir y llevar a término, bajo su patrocinio, la obra de la redención humana. Por nuestro Señor Jesucristo…

La misión de san José al lado de Jesús y de María, queda expuesta en esta Misa. José es el hombre justo, el "siervo fiel y prudente" (ANTÍFONA DE ENTRADA), el custodio de la Sagrada Familia, el que, haciendo las veces de padre, cuidará de Jesús. Dios puso bajo la protección de san José el nacimiento y la infancia de nuestro Redentor (ORACIÓN COLECTA) y el Señor quiso que siguiera desempeñando en la Iglesia, que es el cuerpo de Cristo, la misma función que desempeñó

San José

cuando se entregó por entero a servir a Jesús (ORACIÓN SOBRE LAS OFRENDAS). Así como María, Madre de Jesús, es la Madre de la Iglesia, José, el custodio de Jesús, es el protector de la Iglesia.

PRIMERA LECTURA

Del segundo libro de Samuel
7, 4-5. 12-14. 16

En aquellos días, el Señor le habló al profeta Natán y le dijo: "Ve y dile a mi siervo David que el Señor le manda decir esto: 'Cuando tus días se hayan cumplido y descanses para siempre con tus padres, engrandeceré a tu hijo, sangre de tu sangre, y consolidaré su reino.

Él me construirá una casa y yo consolidaré su trono para siempre. Yo seré para él un padre y él será para mí un hijo. Tu casa y tu reino permanecerán para siempre ante mí, y tu trono será estable eternamente' ".

Palabra de Dios.   R. **Te alabamos, Señor.**

SALMO RESPONSORIAL

Del salmo 88

H. Ramírez B.P. 1580

Su des-cen-den-cia per-du-ra-rá e-ter-na-men-te.

R. **Su descendencia perdurará eternamente.**

Proclamaré sin cesar la misericordia del Señor
y daré a conocer que su fidelidad es eterna,
pues el Señor ha dicho: "Mi amor es para siempre
y mi lealtad, más firme que los cielos. R.

    Un juramento hice a David, mi servidor,
una alianza pacté con mi elegido:
'Consolidaré tu dinastía para siempre
y afianzaré tu trono eternamente'. R.

[R. **Su descendencia perdurará eternamente.**]

Él me podrá decir: 'Tú eres mi padre,
el Dios que me protege y que me salva'.
Yo jamás le retiraré mi amor
ni violaré el juramento que le hice". R.

SEGUNDA LECTURA

De la carta del apóstol san Pablo a los romanos
4, 13. 16-18. 22

Hermanos: La promesa que Dios hizo a Abraham y a sus descendientes, de que ellos heredarían el mundo, no dependía de la observancia de la ley, sino de la justificación obtenida mediante la fe.

En esta forma, por medio de la fe, que es gratuita, queda asegurada la promesa para todos sus descendientes, no sólo para aquellos que cumplen la ley, sino también para todos los que tienen la fe de Abraham. Entonces, él es padre de todos nosotros, como dice la Escritura: *Te he constituido padre de todos los pueblos.*

Así pues, Abraham es nuestro padre delante de aquel Dios en quien creyó y que da la vida a los muertos y llama a la existencia a las cosas que todavía no existen. Él, esperando contra toda esperanza, creyó que habría de ser padre de muchos pueblos, conforme a lo que Dios le había prometido: *Así de numerosa será tu descendencia.* Por eso, Dios le acreditó esta fe como justicia.

Palabra de Dios.   R. **Te alabamos, Señor.**

ACLAMACIÓN ANTES DEL EVANGELIO
Sal 83, 5

B.P. 1050 - B. Carrillo

Ho-nor y glo-ria a ti,___ Se-ñor Je - sús.___

San José

R. **Honor y gloria a ti, Señor Jesús.**
Dichosos los que viven en tu casa;
siempre, Señor, te alabarán.
R. **Honor y gloria a ti, Señor Jesús.**

EVANGELIO

✠ Del santo Evangelio según san Lucas
2, 41-51

R. **Gloria a ti, Señor.**

Los padres de Jesús solían ir cada año a Jerusalén para las festividades de la Pascua. Cuando el niño cumplió doce años, fueron a la fiesta, según la costumbre. Pasados aquellos días, se volvieron, pero el niño Jesús se quedó en Jerusalén, sin que sus padres lo supieran. Creyendo que iba en la caravana, hicieron un día de camino; entonces lo buscaron, y al no encontrarlo, regresaron a Jerusalén en su busca.

Al tercer día lo encontraron en el templo, sentado en medio de los doctores, escuchándolos y haciéndoles preguntas. Todos los que lo oían se admiraban de su inteligencia y de sus respuestas. Al verlo, sus padres se quedaron atónitos y su madre le dijo: "Hijo mío, ¿por qué te has portado así con nosotros? Tu padre y yo te hemos estado buscando llenos de angustia". Él les respondió: "¿Por qué me andaban buscando? ¿No sabían que debo ocuparme en las cosas de mi Padre?". Ellos no entendieron la respuesta que les dio. Entonces volvió con ellos a Nazaret y siguió sujeto a su autoridad.

Palabra del Señor. R. **Gloria a ti, Señor Jesús.**

En lugar del evangelio de Lucas 2, 41-51, se puede utilizar el de Mateo 1, 16. 18-21. 24, tal como aparece en el Leccionario.

Se dice Credo.

ORACIÓN SOBRE LAS OFRENDAS

Te rogamos, Señor, que así como san José sirvió con amorosa entrega a tu Unigénito, nacido de la Virgen María, así también nosotros, con un corazón limpio, merezcamos servirte en tu altar. Por Jesucristo, nuestro Señor.

ANTÍFONA DE LA COMUNIÓN   Mt 25, 21

Alégrate, siervo bueno y fiel. Entra a compartir el gozo de tu Señor.

ORACIÓN DESPUÉS DE LA COMUNIÓN

Señor, protege siempre a esta familia tuya que alimentada con el sacramento del altar, se alegra hoy al celebrar la solemnidad de san José, y conserva en ella los dones que con tanta bondad le concedes. Por Jesucristo, nuestro Señor.

SAN JOSÉ CUMPLE UNA IMPORTANTE MISIÓN EN EL PLAN SALVÍFICO DE DIOS

Nuestro Padre del cielo depositó su confianza en san José, al poner bajo su cuidado a su amado Hijo y a la Virgen Inmaculada.

✳ Hoy la Iglesia acude a san José, porque sabe que la Providencia también lo ha puesto en favor nuestro.

✳ Pedimos a este gran santo que proteja a la Iglesia a él encomendada, como cuidó de la Sagrada Familia, y que le obtenga de Dios las gracias y bendiciones que hoy más necesita.

¡San José, Patrono de la Iglesia universal, ruega por nosotros!

24 de marzo

**Domingo de Ramos
de la Pasión del Señor**

(R*ojo*)

Cristo nos convierte en el Pueblo de Dios y nos abre el camino de la resurrección y de la vida. Sigámoslo, proclamando nuestra fe: él es el Salvador del mundo.

CONMEMORACIÓN DE LA ENTRADA DEL SEÑOR EN JERUSALÉN

Primera forma: Procesión

ANTÍFONA Mt 21, 9
Hosanna al Hijo de David. Bendito el que viene en nombre del Señor, el Rey de Israel. Hosanna en el cielo.

SALUDO
Queridos hermanos: Después de haber preparado nuestros corazones desde el principio de la Cuaresma con nuestra penitencia y nuestras obras de caridad, hoy nos reunimos para iniciar, unidos con toda la Iglesia, la celebración anual del Misterio Pascual, es decir, de la pasión y resurrección de nuestro

Señor Jesucristo, misterios que empezaron con su entrada en Jerusalén, su ciudad.

Por eso, recordando con toda fe y devoción esta entrada salvadora, sigamos al Señor, para que, participando de su cruz, tengamos parte con él en su resurrección y su vida.

Bendición de las palmas

ORACIÓN DE BENDICIÓN
Oremos.
Aumenta, Señor Dios, la fe de los que esperan en ti y escucha con bondad las súplicas de quienes te invocan, para que, al presentar hoy nuestros ramos a Cristo victorioso, demos para ti en él frutos de buenas obras. Él, que vive y reina por los siglos de los siglos.
R. **Amén.**

EVANGELIO
✠ Del santo Evangelio según san Juan
12, 12-16
R. **Gloria a ti, Señor.**

En aquel tiempo, al enterarse la gran muchedumbre que había llegado para la fiesta, de que Jesús se dirigía a Jerusalén, cortaron hojas de palmera y salieron a su encuentro, gritando: "¡*Hosanna*! ¡*Bendito el que viene en nombre del Señor, el rey de Israel!*".

Habiendo encontrado Jesús un burrito, lo montó, como está escrito: *No tengas temor, hija de Sión, mira que tu rey viene a ti montado en un burrito.*

Sus discípulos no entendieron estas cosas al principio, pero cuando Jesús fue glorificado, se acordaron de que habían sido escritas acerca de él y que ellos las habían cumplido.
Palabra del Señor.   R. **Gloria a ti, Señor Jesús.**

En lugar del evangelio de Juan 12, 12-16, para este año B se puede utilizar el de Marcos 11, 1-10, tal como aparece en el Leccionario.

ANTÍFONA

Los niños hebreos, llevando ramos de olivo, salieron al encuentro del Señor, aclamando: "Hosanna en el cielo".

Si se cree oportuno, puede alternarse esta antífona con los versículos del siguiente salmo.

SALMO 23

Del Señor es la tierra y lo que ella tiene,
el orbe todo y los que en él habitan,
pues él lo edificó sobre los mares,
él fue quien lo asentó sobre los ríos.
Se repite la antífona

¿Quién subirá hasta el monte del Señor?
¿Quién podrá entrar en su recinto santo?
El de corazón limpio y manos puras
y que no jura en falso.
Se repite la antífona

Ése obtendrá la bendición de Dios
y Dios, su salvador, le hará justicia.
Ésta es la clase de hombres que te buscan
y vienen ante ti, Dios de Jacob.
Se repite la antífona

¡Puertas, ábranse de par en par;
agrándense, portones eternos,
porque va a entrar el rey de la gloria!
Se repite la antífona

Y ¿quién es el rey de la gloria?
Es el Señor, fuerte y poderoso,
el Señor, poderoso en la batalla.
Se repite la antífona

¡Puertas, ábranse de par en par;
agrándense, portones eternos,
porque va a entrar el rey de la gloria!
Se repite la antífona

Y ¿quién es el rey de la gloria?
El Señor, Dios de los ejércitos,
él es el rey de la gloria.

Se repite la antífona

En lugar del salmo 23 se puede utilizar el salmo 46 con su antífona correspondiente.

Al entrar la procesión en la iglesia, se canta el siguiente responsorio u otro canto alusivo a la entrada del Señor en Jerusalén:

RESPONSORIO

R. **Al entrar el Señor en la ciudad santa, los niños hebreos, anunciando con anticipación la resurrección del Señor de la vida, * con palmas en las manos, aclamaban: Hosanna en el cielo.**

V. Al enterarse de que Jesús llegaba a Jerusalén, el pueblo salió a su encuentro.

R. **Con palmas en las manos, aclamaban: Hosanna en el cielo.**

Segunda forma: Entrada solemne

Los fieles se reúnen ante la puerta de la iglesia o bien dentro de la misma iglesia, llevando los ramos en las manos. El sacerdote, los ministros y algunos de los fieles, van a algún sitio adecuado de la iglesia, fuera del presbiterio, en donde pueda ser vista fácilmente la celebración, al menos por la mayor parte de los fieles.

Tercera forma: Entrada sencilla

Se efectúa como en la Misa ordinaria, comenzando, si es posible, cantando la antífona de entrada (u otro canto sobre el mismo tema). Si no se canta, el sacerdote lee la antífona después del saludo inicial.

ANTÍFONA DE ENTRADA   Cfr. Jn 12, 1. 12-13; Sal 23, 9-10
Seis días antes de la Pascua, cuando el Señor entró a la ciudad de Jerusalén, salieron los niños a su encuentro y llevando en sus manos ramos de palmera aclamaban con

fuerte voz: * **Hosanna en el cielo. Bendito tú, que vienes lleno de bondad y de misericordia.**

Puertas, ábranse de par en par; agrándense, portones eternos, porque va a entrar el Rey de la gloria. Y ¿quién es ese Rey de la gloria? El Señor de los ejércitos es el Rey de la gloria. * **Hosanna en el cielo. Bendito tú, que vienes lleno de bondad y de misericordia.**

MISA

No se dice Gloria.

ORACIÓN COLECTA

Dios todopoderoso y eterno, que quisiste que nuestro Salvador se hiciera hombre y padeciera en la cruz para dar al género humano ejemplo de humildad, concédenos, benigno, seguir las enseñanzas de su pasión y que merezcamos participar de su gloriosa resurrección. Él, que vive y reina contigo...

Jesús imprime a su realeza un tono de humildad pacífica. Al comienzo de su pasión el "rey de los judíos" no tiene otra grandeza que la de servir y entregar su vida (PASIÓN). Está a punto de despojarse de su vida en una entrega total. Sólo así podrá decir al abatido palabras de aliento (PRIMERA LECTURA). Pero Dios lo exaltará sobre todas las cosas y toda lengua proclamará que Jesucristo es el Señor (SEGUNDA LECTURA).

PRIMERA LECTURA

Del libro del profeta Isaías
50, 4-7

E n aquel entonces, dijo Isaías:
"El Señor me ha dado una lengua experta,
para que pueda confortar al abatido con palabras de aliento.
   Mañana tras mañana, el Señor despierta mi oído,
para que escuche yo, como discípulo.
El Señor Dios me ha hecho oír sus palabras
y yo no he opuesto resistencia
ni me he echado para atrás.

Ofrecí la espalda a los que me golpeaban,
la mejilla a los que me tiraban de la barba.
No aparté mi rostro de los insultos y salivazos.

Pero el Señor me ayuda,
por eso no quedaré confundido,
por eso endurecí mi rostro como roca
y sé que no quedaré avergonzado".

Palabra de Dios.   R. **Te alabamos**, **Señor.**

SALMO RESPONSORIAL
Del salmo 21

E. Estrella B.P. 1604

Dios mí - o, Dios mí - o, ¿porqué me has a - ban - do - na - do?

R. **Dios mío, Dios mío, ¿por qué me has abandonado?**

Todos los que me ven, de mí se burlan;
me hacen gestos y dicen:
"Confiaba en el Señor, pues que él lo salve;
si de veras lo ama, que lo libre". R.

Los malvados me cercan por doquiera
como rabiosos perros.
Mis manos y mis pies han taladrado
y se pueden contar todos mis huesos. R.

Reparten entre sí mis vestiduras
y se juegan mi túnica a los dados.
Señor, auxilio mío, ven y ayúdame,
no te quedes de mí tan alejado. R.

A mis hermanos contaré tu gloria
y en la asamblea alabaré tu nombre.
Que alaben al Señor los que lo temen.
Que el pueblo de Israel siempre lo adore. R.

SEGUNDA LECTURA

De la carta del apóstol san Pablo a los filipenses
2, 6-11

Cristo Jesús, siendo Dios,
no consideró que debía aferrarse
a las prerrogativas de su condición divina,
sino que, por el contrario, se anonadó a sí mismo
tomando la condición de siervo,
y se hizo semejante a los hombres.
Así, hecho uno de ellos, se humilló a sí mismo
y por obediencia aceptó incluso la muerte,
y una muerte de cruz.
  Por eso Dios lo exaltó sobre todas las cosas
y le otorgó el nombre que está sobre todo nombre,
para que, al nombre de Jesús, todos doblen la rodilla
en el cielo, en la tierra y en los abismos,
y todos reconozcan públicamente que Jesucristo es el Señor,
para gloria de Dios Padre.

Palabra de Dios. R. **Te alabamos, Señor.**

ACLAMACIÓN ANTES DEL EVANGELIO
Flp 2, 8-9

B.P. 1050 - B. Carrillo

Ho-nor y glo-ria a ti,___ Se-ñor Je - sús.___

R. **Honor y gloria a ti, Señor Jesús.**
Cristo se humilló por nosotros
y por obediencia aceptó incluso la muerte,
y una muerte de cruz.
Por eso Dios lo exaltó sobre todas las cosas
y le otorgó el nombre que está sobre todo nombre.

R. **Honor y gloria a ti, Señor Jesús.**

14, 1–15, 47

Faltaban dos días para la fiesta de Pascua y de los panes Ázimos. Los sumos sacerdotes y los escribas andaban buscando una manera de apresar a Jesús a traición y darle muerte, pero decían: "No durante las fiestas, porque el pueblo podría amotinarse".

Estando Jesús sentado a la mesa, en casa de Simón el leproso, en Betania, llegó una mujer con un frasco de perfume muy caro, de nardo puro; quebró el frasco y derramó el perfume en la cabeza de Jesús. Algunos comentaron indignados: "¿A qué viene este derroche de perfume? Podía haberse vendido por más de trescientos denarios para dárselos a los pobres". Y criticaban a la mujer; pero Jesús replicó: "Déjenla. ¿Por qué la molestan? Lo que ha hecho conmigo está bien, porque a los pobres los tienen siempre con ustedes y pueden socorrerlos cuando quieran; pero a mí no me tendrán siempre. Ella ha hecho lo que podía. Se ha adelantado a embalsamar mi cuerpo para la sepultura. Yo les aseguro que en cualquier parte del mundo donde se predique el Evangelio, se recordará también en su honor lo que ella ha hecho conmigo".

Judas Iscariote, uno de los Doce, se presentó a los sumos sacerdotes para entregarles a Jesús. Al oírlo, se alegraron y le prometieron dinero; y él andaba buscando una buena ocasión para entregarlo.

El primer día de la fiesta de los panes Ázimos, cuando se sacrificaba el cordero pascual, le preguntaron a Jesús sus discípulos: "¿Dónde quieres que vayamos a prepararte la cena de Pascua?". Él les dijo a dos de ellos: "Vayan a la ciudad. Encontrarán a un hombre que lleva un cántaro de agua; síganlo y díganle al dueño de la casa en donde entre: 'El Maestro manda preguntar: ¿Dónde está la habitación en que voy a comer la Pascua con mis discípulos?'. Él les enseñará una sala en el segundo piso, arreglada con divanes. Prepárennos allí la cena". Los discípulos se fueron, llegaron a la ciudad, encontraron lo que Jesús les había dicho y prepararon la cena de Pascua.

Al atardecer, llegó Jesús con los Doce. Estando a la mesa, cenando, les dijo: "Yo les aseguro que uno de ustedes, uno que está comiendo conmigo, me va a entregar". Ellos, consternados, empezaron a preguntarle uno tras otro: "¿Soy yo?". Él respondió: "Uno de los Doce; alguien que moja su pan en el mismo plato que yo. El Hijo del hombre va a morir, como está escrito; pero, ¡ay del que va a entregar al Hijo del hombre! ¡Más le valiera no haber nacido!".

Mientras cenaban, Jesús tomó un pan, pronunció la bendición, lo partió y se lo dio a sus discípulos, diciendo: "Tomen: esto es mi cuerpo". Y tomando en sus manos una copa de vino, pronunció la acción de gracias, se la dio, todos bebieron y les dijo: "Ésta es mi sangre, sangre de la alianza, que se derrama por todos. Yo les aseguro que no volveré a beber del fruto de la vid hasta el día en que beba el vino nuevo en el Reino de Dios".

Después de cantar el himno, salieron hacia el monte de los Olivos y Jesús les dijo: "Todos ustedes se van a escandalizar por mi causa, como está escrito: *Heriré al pastor y se dispersarán las ovejas*; pero cuando resucite, iré por delante de ustedes a Galilea". Pedro replicó: "Aunque todos se escandalicen, yo no". Jesús le contestó: "Yo te aseguro que hoy, esta misma noche, antes de que el gallo cante dos veces, tú me negarás tres". Pero él insistía: "Aunque tenga que morir contigo, no te negaré". Y los demás decían lo mismo.

Fueron luego a un huerto, llamado Getsemaní, y Jesús dijo a sus discípulos: "Siéntense aquí mientras hago oración". Se llevó a Pedro, a Santiago y a Juan; empezó a sentir terror y angustia, y les dijo: "Tengo el alma llena de una tristeza mortal. Quédense aquí, velando". Se adelantó un poco, se postró en tierra y pedía que, si era posible, se alejara de él aquella hora. Decía: "Padre, tú lo puedes todo: aparta de mí este cáliz. Pero que no se haga lo que yo quiero, sino lo que tú quieres".

Volvió a donde estaban los discípulos, y al encontrarlos dormidos, dijo a Pedro: "Simón, ¿estás dormido? ¿No has podido velar ni una hora? Velen y oren, para que no caigan en la tentación. El espíritu está pronto, pero la carne es débil". De nuevo se retiró y se puso a orar, repitiendo las mismas palabras. Volvió y otra vez los encontró dormidos, porque tenían los ojos cargados de sueño; por eso no sabían qué contestarle. Él les dijo: "Ya pueden dormir y descansar. ¡Basta! Ha llegado la hora. Miren que el Hijo del hombre va a ser entregado en manos de los pecadores. ¡Levántense! ¡Vamos! Ya está cerca el traidor".

Todavía estaba hablando, cuando se presentó Judas, uno de los Doce, y con él, gente con espadas y palos, enviada por los sacerdotes, los escribas y los ancianos. El traidor les había dado una contraseña, diciéndoles: "Al que yo bese, ése es. Deténganlo y llévenselo bien sujeto". Llegó, se acercó y le dijo: "Maestro", y lo besó. Ellos le echaron mano y lo apresaron. Pero uno de los presentes desenvainó la espada y de un golpe le cortó la oreja a un criado del sumo sacerdote. Jesús tomó la palabra y les dijo: "¿Salieron ustedes a apresarme con espadas y palos, como si se tratara de un bandido? Todos los días he estado entre ustedes enseñando en el templo, y no me han apresado. Pero así tenía que ser para que se cumplieran las Escrituras". Todos lo abandonaron y huyeron. Lo iba siguiendo un muchacho, envuelto nada más con una sábana, y lo detuvieron; pero él soltó la sábana y se les escapó desnudo.

Condujeron a Jesús a casa del sumo sacerdote y se reunieron todos los pontífices, los escribas y los ancianos. Pedro lo fue siguiendo de lejos, hasta el interior del patio del sumo sacerdote y se sentó con los criados, cerca de la lumbre, para calentarse.

Los sumos sacerdotes y el sanedrín en pleno buscaban una acusación contra Jesús para condenarlo a muerte y no la encontraban. Pues, aunque muchos presentaban falsas acusaciones contra él, los testimonios no concordaban. Hubo unos que se pusieron de pie y dijeron: "Nosotros lo hemos oído decir: 'Yo destruiré este templo, edificado por hombres, y en tres días construiré otro, no edificado por hombres' ". Pero ni aun en esto concordaba su testimonio. Entonces el sumo sacerdote se puso de pie y le preguntó a Jesús: "¿No tienes nada que responder a todas esas acusaciones?". Pero él no le respondió nada. El sumo sacerdote le volvió a preguntar: "¿Eres tú el Mesías, el Hijo de Dios bendito?". Jesús contestó: "Sí lo soy. Y un día verán cómo el Hijo del hombre está sentado a la derecha del Todopoderoso y cómo viene entre las nubes del cielo". El sumo sacerdote se rasgó las vestiduras exclamando: "¿Qué falta hacen ya más testigos? Ustedes mismos han oído la blasfemia. ¿Qué les parece?". Y todos lo declararon reo de muerte. Algunos se pusieron a escupirle, y tapándole la cara, lo abofeteaban y le decían: "Adivina quién fue", y los criados también le daban de bofetadas.

Mientras tanto, Pedro estaba abajo, en el patio. Llegó una criada del sumo sacerdote, y al ver a Pedro calentándose, lo miró fijamente y le dijo: "Tú también andabas con Jesús Nazareno". Él lo negó, diciendo: "Ni sé ni entiendo lo que quieres decir". Salió afuera hacia el zaguán, y un gallo cantó. La criada, al verlo, se puso de nuevo a decir a los presentes: "Ése es uno de ellos". Pero él lo volvió a negar. Al poco rato, también los presentes dijeron a Pedro: "Claro que eres uno de ellos, pues eres galileo". Pero él se puso a echar maldiciones y a jurar: "No conozco a ese hombre del que hablan". Enseguida cantó el gallo por segunda vez. Pedro se acordó entonces de las palabras que le había dicho Jesús: 'Antes de que el gallo cante dos veces, tú me habrás negado tres', y rompió a llorar.

Luego que amaneció, se reunieron los sumos sacerdotes con los ancianos, los escribas y el sanedrín en pleno, para deliberar. Ataron a Jesús, se lo llevaron y lo entregaron a Pilato. Éste le preguntó: "¿Eres tú el rey de los judíos?". Él respondió: "Sí lo soy". Los sumos sacerdotes lo acusaban de muchas cosas. Pilato le preguntó de nuevo: "¿No contestas nada? Mira de cuántas cosas te acusan". Jesús ya no le contestó nada, de modo que Pilato estaba muy extrañado.

Durante la fiesta de Pascua, Pilato solía soltarles al preso que ellos pidieran. Estaba entonces en la cárcel un tal Barrabás, con los revoltosos que habían cometido un homicidio en un motín. Vino la gente y empezó a pedir el indulto de costumbre. Pilato les dijo: "¿Quieren que les suelte al rey de los judíos?". Porque sabía que los sumos sacerdotes se lo habían entregado por envidia. Pero los sumos sacerdotes incitaron a la gente para que pidieran la libertad de Barrabás. Pilato les volvió a preguntar: "¿Y qué voy a hacer con el que llaman rey de los judíos?". Ellos gritaron: "¡Crucifícalo!". Pilato les dijo: "Pues ¿qué mal ha hecho?". Ellos gritaron más fuerte: "¡Crucifícalo!". Pilato, queriendo dar gusto a la multitud, les soltó a Barrabás; y a Jesús, después de mandarlo azotar, lo entregó para que lo crucificaran.

Los soldados se lo llevaron al interior del palacio, al pretorio, y reunieron a todo el batallón. Lo vistieron con un manto de color púrpura, le pusieron una corona de espinas que habían trenzado, y comenzaron a burlarse de él, dirigiéndole este saludo: "¡Viva el rey de los judíos!". Le golpeaban la cabeza con una caña, le escupían y, doblando las rodillas, se postraban ante él. Terminadas las burlas, le quitaron aquel manto de color púrpura, le pusieron su ropa y lo sacaron para crucificarlo.

Entonces forzaron a cargar la cruz a un individuo que pasaba por ahí de regreso del campo, Simón de Cirene, padre de Alejandro y de Rufo, y llevaron a Jesús al Gólgota (que quiere decir "lugar de la Calavera"). Le ofrecieron vino con mirra, pero él no lo aceptó. Lo crucificaron y se repartieron sus ropas, echando suertes para ver qué le tocaba a cada uno.

Era media mañana cuando lo crucificaron. En el letrero de la acusación estaba escrito: "El rey de los judíos". Crucificaron con él a dos bandidos, uno a su derecha y otro a su izquierda. Así se cumplió la Escritura que dice: *Fue contado entre los malhechores.*

Los que pasaban por ahí lo injuriaban meneando la cabeza y gritándole: "¡Anda! Tú que destruías el templo y lo reconstruías en tres días, sálvate a ti mismo y baja de la cruz". Los sumos sacerdotes se burlaban también de él y le decían: "Ha salvado a otros, pero a sí mismo no se puede salvar. Que el Mesías, el rey de Israel, baje ahora de la cruz, para que lo veamos y creamos". Hasta los que estaban crucificados con él también lo insultaban.

Al llegar el mediodía, toda aquella tierra se quedó en tinieblas hasta las tres de la tarde. Y a las tres, Jesús gritó con voz potente: "*Eloí, Eloí, ¿lemá sabactaní?*" (que significa: Dios mío, Dios mío, ¿por qué me has abandonado?). Algunos de los presentes, al oírlo, decían: "Miren; está llamando a Elías". Uno corrió a empapar una esponja en vinagre, la sujetó a un carrizo y se la acercó para que bebiera, diciendo: "Vamos a ver si viene Elías a bajarlo". Pero Jesús, dando un fuerte grito, expiró.

Aquí todos se arrodillan y guardan silencio por unos instantes.

Entonces el velo del templo se rasgó en dos, de arriba abajo. El oficial romano que estaba frente a Jesús, al ver cómo había expirado, dijo: "De veras este hombre era Hijo de Dios".

Había también ahí unas mujeres que estaban mirando todo desde lejos; entre ellas María Magdalena, María (la madre de Santiago el menor y de José) y Salomé, que cuando Jesús estaba en Galilea, lo seguían para atenderlo; y además de ellas, otras muchas que habían venido con él a Jerusalén.

Al anochecer, como era el día de la preparación, víspera del sábado, vino José de Arimatea, miembro distinguido del sanedrín, que también esperaba el Reino de Dios. Se presentó con valor ante Pilato y le pidió el cuerpo de Jesús. Pilato se extrañó de que ya hubiera muerto, y llamando al oficial, le preguntó si hacía mucho tiempo que había muerto. Informado por el oficial, concedió el cadáver a José. Éste compró una sábana, bajó el cadáver, lo envolvió en la sábana y lo puso en un sepulcro excavado en una roca y tapó con una piedra la entrada del sepulcro. María Magdalena y María, la madre de José, se fijaron en dónde lo ponían.

Palabra del Señor.   R. **Gloria a ti, Señor Jesús.**

Se dice Credo.

ORACIÓN SOBRE LAS OFRENDAS
Que la pasión de tu Unigénito, Señor, nos atraiga tu perdón, y aunque no lo merecemos por nuestras obras, por la mediación de este sacrificio único, lo recibamos de tu misericordia. Por Jesucristo, nuestro Señor.

ANTÍFONA DE LA COMUNIÓN   Mt 26, 42
Padre mío, si no es posible evitar que yo beba este cáliz, hágase tu voluntad.

ORACIÓN DESPUÉS DE LA COMUNIÓN
Tú que nos has alimentado con esta Eucaristía, y por medio de la muerte de tu Hijo nos das la esperanza de alcanzar lo que la fe nos promete, concédenos, Señor, llegar, por medio de su resurrección, a la meta de nuestras esperanzas. Por Jesucristo, nuestro Señor.

ORACIÓN SOBRE EL PUEBLO

Dios y Padre nuestro, mira con bondad a esta familia tuya, por la cual nuestro Señor Jesucristo no dudó en entregarse a sus verdugos y padecer el tormento de la cruz. Por Jesucristo, nuestro Señor.

¿ACOMPAÑAREMOS A JESÚS?

Hoy iniciamos la Semana Santa.

♦ Jesús entra en la ciudad santa de Jerusalén, montado sobre un burrito; a su paso se despliegan mantos y ramas sobre el piso, se agitan palmas y se escuchan las aclamaciones del pueblo.

♦ Pero en menos de una semana se dará una situación diametralmente opuesta: Jesús será sometido a un juicio ilegal. Será humillado, flagelado, coronado de espinas, y recibirá burlas, golpes y empujones. Jesús llevará una cruz a cuestas por las mismas calles de Jerusalén, y finalmente será crucificado en el Gólgota.

♦ De sus doce discípulos:

– uno lo entregará a sus enemigos, por dinero;

– otro, que prometió serle fiel, terminará negándolo;

– los demás, a excepción de Juan, el discípulo amado, huirán, por temor a correr la misma suerte de Jesús.

¿Acompañaremos a Jesús, o lo dejaremos solo?

24 de marzo

123

28 de marzo   **Jueves Santo
de la Cena del Señor**
                                             (Blanco)

En la catedral, la mañana del Jueves Santo o de otro día de la semana, el obispo, rodeado de sus sacerdotes, bendice los óleos destinados a la celebración de los sacramentos. En esta ocasión se invita a los sacerdotes a renovar el compromiso que hicieron ante Dios durante su ordenación.

La celebración del Misterio Pascual comienza en la tarde con la Misa de la Cena.

SAGRADO TRIDUO PASCUAL
Misa vespertina

En la Eucaristía de esta tarde conmemoramos y revivimos la Última Cena: nuestro pan y nuestro vino, convertidos en el sacramento del Cuerpo y la Sangre de Cristo, nos hacen entrar en comunión con él y con nuestros hermanos, mediante la fe y el amor.

ANTÍFONA DE ENTRADA   Cfr. Gál 6, 14
Debemos gloriarnos en la cruz de nuestro Señor Jesucristo, porque en él está nuestra salvación, nuestra vida y nuestra resurrección, y por él fuimos salvados y redimidos.

Se dice Gloria.

ORACIÓN COLECTA

Dios nuestro, reunidos para celebrar la santísima Cena en la que tu Hijo unigénito, antes de entregarse a la muerte, confió a la Iglesia el nuevo y eterno sacrificio, banquete pascual de su amor, concédenos que, de tan sublime misterio, brote para nosotros la plenitud del amor y de la vida. Por nuestro Señor Jesucristo...

También Jesús celebró, como los otros judíos, la comida del cordero en la "noche del milagro", cuando el pueblo de Israel recordaba solemnemente su liberación del cautiverio de Egipto (PRIMERA LECTURA). Pero Jesús le dio un nuevo sentido a aquella celebración. Ante todo, quiso dar a sus discípulos una muestra del amor inmenso que les tenía y una lección de humildad y de servicio, al lavarles los pies y anunciarles su entrega para la salvación del mundo (EVANGELIO). Después, durante la cena, hizo Jesús el máximo acto de amor al instituir la Eucaristía, tal como nos lo relata san Pablo (SEGUNDA LECTURA).

PRIMERA LECTURA

Del libro del Éxodo
12, 1-8. 11-14

En aquellos días, el Señor les dijo a Moisés y a Aarón en tierra de Egipto: "Este mes será para ustedes el primero de todos los meses y el principio del año. Díganle a toda la comunidad de Israel: 'El día diez de este mes, tomará cada uno un cordero por familia, uno por casa. Si la familia es demasiado pequeña para comérselo, que se junte con los vecinos y elija un cordero adecuado al número de personas y a la cantidad que cada cual pueda comer. Será un animal sin defecto, macho, de un año, cordero o cabrito.

Lo guardarán hasta el día catorce del mes, cuando toda la comunidad de los hijos de Israel lo inmolará al atardecer. Tomarán la sangre y rociarán las dos jambas y el dintel de la puerta de la casa donde vayan a comer el cordero. Esa noche comerán la carne, asada a fuego; comerán panes sin levadura y hierbas amargas. Comerán así: con la cintura ceñida, las sandalias en los pies, un bastón en la mano y a toda prisa, porque es la Pascua, es decir, el paso del Señor.

Yo pasaré esa noche por la tierra de Egipto y heriré a todos los primogénitos del país de Egipto, desde los hombres hasta los ganados. Castigaré a todos los dioses de Egipto, yo, el Señor. La sangre les servirá de señal en las casas donde habitan ustedes. Cuando yo vea la sangre, pasaré de largo y no habrá entre ustedes plaga exterminadora, cuando hiera yo la tierra de Egipto.

Ese día será para ustedes un memorial y lo celebrarán como fiesta en honor del Señor. De generación en generación celebrarán esta festividad, como institución perpetua'".

Palabra de Dios.   R. **Te alabamos, Señor.**

SALMO RESPONSORIAL
Del salmo 115

B. Carrillo B.P. 1522

Gra - cias, Se - ñor, por tu san-gre que nos la - va.

R. **Gracias, Señor, por tu sangre que nos lava.**

¿Cómo le pagaré al Señor
todo el bien que me ha hecho?
Levantaré el cáliz de salvación
e invocaré el nombre del Señor. R.

A los ojos del Señor es muy penoso
que mueran sus amigos.
De la muerte, Señor, me has librado,
a mí, tu esclavo e hijo de tu esclava. R.

Te ofreceré con gratitud un sacrificio
e invocaré tu nombre.
Cumpliré mis promesas al Señor
ante todo su pueblo. R.

SEGUNDA LECTURA

De la primera carta del apóstol san Pablo a los corintios
11, 23-26

Hermanos: Yo recibí del Señor lo mismo que les he transmitido: que el Señor Jesús, la noche en que iba a ser entregado, tomó pan en sus manos, y pronunciando la acción de gracias, lo partió y dijo: "Esto es mi cuerpo, que se entrega por ustedes. Hagan esto en memoria mía".

Lo mismo hizo con el cáliz después de cenar, diciendo: "Este cáliz es la nueva alianza que se sella con mi sangre. Hagan esto en memoria mía siempre que beban de él".

Por eso, cada vez que ustedes comen de este pan y beben de este cáliz, proclaman la muerte del Señor, hasta que vuelva.

Palabra de Dios.   R. **Te alabamos, Señor.**

ACLAMACIÓN ANTES DEL EVANGELIO
Jn 13, 34

R. **Honor y gloria a ti, Señor Jesús.**
Les doy un mandamiento nuevo, dice el Señor,
que se amen los unos a los otros, como yo los he amado.
R. **Honor y gloria a ti, Señor Jesús.**

EVANGELIO

✠ Del santo Evangelio según san Juan
13, 1-15

R. **Gloria a ti, Señor.**

Antes de la fiesta de la Pascua, sabiendo Jesús que había llegado la hora de pasar de este mundo al Padre y habiendo amado a los suyos, que estaban en el mundo, los amó hasta el extremo.

28 de marzo

En el transcurso de la cena, cuando ya el diablo había puesto en el corazón de Judas Iscariote, hijo de Simón, la idea de entregarlo, Jesús, consciente de que el Padre había puesto en sus manos todas las cosas y sabiendo que había salido de Dios y a Dios volvía, se levantó de la mesa, se quitó el manto y tomando una toalla, se la ciñó; luego echó agua en una jofaina y se puso a lavarles los pies a los discípulos y a secárselos con la toalla que se había ceñido.

Cuando llegó a Simón Pedro, éste le dijo: "Señor, ¿me vas a lavar tú a mí los pies?". Jesús le replicó: "Lo que estoy haciendo tú no lo entiendes ahora, pero lo comprenderás más tarde". Pedro le dijo: "Tú no me lavarás los pies jamás". Jesús le contestó: "Si no te lavo, no tendrás parte conmigo". Entonces le dijo Simón Pedro: "En ese caso, Señor, no sólo los pies, sino también las manos y la cabeza". Jesús le dijo: "El que se ha bañado no necesita lavarse más que los pies, porque todo él está limpio. Y ustedes están limpios, aunque no todos". Como sabía quién lo iba a entregar, por eso dijo: 'No todos están limpios'.

Cuando acabó de lavarles los pies, se puso otra vez el manto, volvió a la mesa y les dijo: "¿Comprenden lo que acabo de hacer con ustedes? Ustedes me llaman Maestro y Señor, y dicen bien, porque lo soy. Pues si yo, que soy el Maestro y el Señor, les he lavado los pies, también ustedes deben lavarse los pies los unos a los otros. Les he dado ejemplo, para que lo que yo he hecho con ustedes, también ustedes lo hagan".

Palabra del Señor.   R. **Gloria a ti, Señor Jesús.**

Después de la homilía, donde lo aconseje el bien pastoral, se lleva a cabo el lavatorio de los pies. No se dice Credo.

ORACIÓN SOBRE LAS OFRENDAS

Concédenos, Señor, participar dignamente en estos misterios, porque cada vez que se celebra el memorial de este sacrificio, se realiza la obra de nuestra redención. Por Jesucristo, nuestro Señor.

ANTÍFONA DE LA COMUNIÓN 1 Cor 11, 24-25

Esto es mi Cuerpo, que se entrega por ustedes. Este cáliz es la nueva alianza establecida por mi Sangre; cuantas veces lo beban, háganlo en memoria mía, dice el Señor.

ORACIÓN DESPUÉS DE LA COMUNIÓN

Concédenos, Dios todopoderoso, que así como somos alimentados en esta vida con la Cena pascual de tu Hijo, así también merezcamos ser saciados en el banquete eterno. Por Jesucristo, nuestro Señor.

Terminada la Misa, el sacerdote traslada el Santísimo Sacramento al lugar donde va a ser depositado. Luego de unos momentos de adoración, el sacerdote se retira. Todos los fieles estamos invitados a dedicar alguna parte de nuestro tiempo, en la noche, a adorar al Santísimo.

"HAGAN ESTO EN MEMORIA MÍA"

Jesús es el Señor, y sabiendo "que había llegado la hora de pasar de este mundo al Padre y habiendo amado a los suyos, que estaban en el mundo, los amó hasta el extremo"; en la Última Cena les dejó a sus discípulos el mandato de celebrar la Eucaristía.

♦ Se trata de un mandato y de un don, ya que en este admirable sacramento nos deja una prenda de la vida eterna, y en cada celebración eucarística proclamamos "la muerte del Señor, hasta que vuelva".

♦ Participemos en cada Misa con gratitud y amor, porque Cristo lo entregó todo para salvarnos, por amor.

Apreciemos lo que Dios ha hecho por nosotros.

28 de marzo

129

29 de marzo

Viernes Santo
de la Pasión del Señor
(*Rojo*)

¿Qué vamos a responder ante la cruz, señal de amor universal?

El día de hoy no hay Misa. La celebración consta de tres partes: Liturgia de la Palabra, Adoración de la Cruz y Sagrada Comunión.

RITO DE ENTRADA

Concentrémonos, ante todo, en silencio, en la presencia de Dios y tomemos conciencia de nuestros pecados, que han causado la muerte de su Hijo en la cruz.

El sacerdote se dirige al altar en silencio. Luego se postra rostro en tierra y ora unos momentos en silencio, mientras los demás se arrodillan. Después el sacerdote se dirige a la sede y dice la oración.

ORACIÓN

Señor Dios, que por la Pasión de nuestro Señor Jesucristo nos libraste de la muerte heredada del antiguo pecado, concédenos asemejarnos a tu Hijo y haz que, así como naturalmente llevamos en nosotros la imagen del hombre terreno, por la gracia de la santificación, llevemos también la imagen del hombre celestial. Por Jesucristo, nuestro Señor.   R. Amén.

LITURGIA DE LA PALABRA

PRIMERA LECTURA

Del libro del profeta Isaías
52, 13–53, 12

He aquí que mi siervo prosperará,
será engrandecido y exaltado,
será puesto en alto.
Muchos se horrorizaron al verlo,
porque estaba desfigurado su semblante,
que no tenía ya aspecto de hombre;
pero muchos pueblos se llenaron de asombro.
Ante él los reyes cerrarán la boca,
porque verán lo que nunca se les había contado
y comprenderán lo que nunca se habían imaginado.

   ¿Quién habrá de creer lo que hemos anunciado?
¿A quién se le revelará el poder del Señor?
Creció en su presencia como planta débil,
como una raíz en el desierto.
No tenía gracia ni belleza.
No vimos en él ningún aspecto atrayente;
despreciado y rechazado por los hombres,
varón de dolores, habituado al sufrimiento;
como uno del cual se aparta la mirada,
despreciado y desestimado.

   Él soportó nuestros sufrimientos
y aguantó nuestros dolores;
nosotros lo tuvimos por leproso,
herido por Dios y humillado,
traspasado por nuestras rebeliones,
triturado por nuestros crímenes.
Él soportó el castigo que nos trae la paz.
Por sus llagas hemos sido curados.

   Todos andábamos errantes como ovejas,
cada uno siguiendo su camino,

y el Señor cargó sobre él todos nuestros crímenes.
Cuando lo maltrataban, se humillaba y no abría la boca,
como un cordero llevado a degollar;
como oveja ante el esquilador,
enmudecía y no abría la boca.

Inicuamente y contra toda justicia se lo llevaron.
¿Quién se preocupó de su suerte?
Lo arrancaron de la tierra de los vivos,
lo hirieron de muerte por los pecados de mi pueblo,
le dieron sepultura con los malhechores
a la hora de su muerte,
aunque no había cometido crímenes,
ni hubo engaño en su boca.

El Señor quiso triturarlo con el sufrimiento.
Cuando entregue su vida como expiación,
verá a sus descendientes, prolongará sus años
y por medio de él prosperarán los designios del Señor.
Por las fatigas de su alma, verá la luz y se saciará;
con sus sufrimientos justificará mi siervo a muchos,
cargando con los crímenes de ellos.

Por eso le daré una parte entre los grandes,
y con los fuertes repartirá despojos,
ya que indefenso se entregó a la muerte
y fue contado entre los malhechores,
cuando tomó sobre sí las culpas de todos
e intercedió por los pecadores.

Palabra de Dios.   R. **Te alabamos, Señor.**

SALMO RESPONSORIAL
Del salmo 30

E. Estrella B.P. 1606

Pa - dre, en tus ma - nos en - co - mien - do mi es - pí - ri - tu.

R. **Padre, en tus manos encomiendo mi espíritu.**

A ti, Señor, me acojo,
que no quede yo nunca defraudado.
En tus manos encomiendo mi espíritu
y tú, mi Dios leal, me librarás. R.

Se burlan de mí mis enemigos,
mis vecinos y parientes de mí se espantan,
los que me ven pasar huyen de mí.
Estoy en el olvido, como un muerto,
como un objeto tirado en la basura. R.

Pero yo, Señor, en ti confío.
Tú eres mi Dios,
y en tus manos está mi destino.
Líbrame de los enemigos que me persiguen. R.

Vuelve, Señor, tus ojos a tu siervo
y sálvame, por tu misericordia.
Sean fuertes y valientes de corazón,
ustedes, los que esperan en el Señor. R.

SEGUNDA LECTURA
De la carta a los hebreos
4, 14-16; 5, 7-9

Hermanos: Jesús, el Hijo de Dios, es nuestro sumo sacerdote, que ha entrado en el cielo. Mantengamos firme la profesión de nuestra fe. En efecto, no tenemos un sumo sacerdote que no sea capaz de compadecerse de nuestros sufrimientos, puesto que él mismo ha pasado por las mismas pruebas que nosotros, excepto el pecado. Acerquémonos, por lo tanto, con plena confianza al trono de la gracia, para recibir misericordia, hallar la gracia y obtener ayuda en el momento oportuno.

Precisamente por eso, Cristo, durante su vida mortal, ofreció oraciones y súplicas, con poderoso clamor y lágrimas, a aquel que podía librarlo de la muerte, y fue escuchado por su piedad. A pesar de que era el Hijo, aprendió a obedecer padeciendo, y llegado a su perfección, se convirtió en la causa de la salvación eterna para todos los que lo obedecen.

Palabra de Dios.   R. **Te alabamos, Señor.**

ACLAMACIÓN ANTES DEL EVANGELIO
Flp 2, 8-9

Ho-nor y glo-ria a ti,___ Se-ñor Je - sús.___

B.P. 1050 - B. Carrillo

R.   **Honor y gloria a ti, Señor Jesús.**
Cristo se humilló por nosotros
y por obediencia aceptó incluso la muerte,
y una muerte de cruz.
Por eso Dios lo exaltó sobre todas las cosas
y le otorgó el nombre que está sobre todo nombre.

R.   **Honor y gloria a ti, Señor Jesús.**

PASIÓN DE NUESTRO SEÑOR JESUCRISTO SEGÚN SAN JUAN
18, 1–19, 42

En aquel tiempo, Jesús fue con sus discípulos al otro lado del torrente Cedrón, donde había un huerto, y entraron allí él y sus discípulos. Judas, el traidor, conocía también el sitio, porque Jesús se reunía a menudo allí con sus discípulos.

Entonces Judas tomó un batallón de soldados y guardias de los sumos sacerdotes y de los fariseos y entró en el huerto con linternas, antorchas y armas.

Jesús, sabiendo todo lo que iba a suceder, se adelantó y les dijo: "¿A quién buscan?". Le contestaron: "A Jesús, el nazareno". Les dijo Jesús: "Yo soy". Estaba también con ellos Judas, el traidor. Al decirles 'Yo soy', retrocedieron y cayeron a tierra. Jesús les volvió a preguntar: "¿A quién buscan?". Ellos dijeron: "A Jesús, el nazareno". Jesús contestó: "Les he dicho que soy yo. Si me buscan a mí, dejen que éstos se vayan". Así se cumplió lo que Jesús había dicho: 'No he perdido a ninguno de los que me diste'.

Entonces Simón Pedro, que llevaba una espada, la sacó e hirió a un criado del sumo sacerdote y le cortó la oreja derecha. Este criado se llamaba Malco. Dijo entonces Jesús a Pedro: "Mete la espada en la vaina. ¿No voy a beber el cáliz que me ha dado mi Padre?".

El batallón, su comandante y los criados de los judíos apresaron a Jesús, lo ataron y lo llevaron primero ante Anás, porque era suegro de Caifás, sumo sacerdote aquel año. Caifás era el que había dado a los judíos este consejo: 'Conviene que muera un solo hombre por el pueblo'.

Simón Pedro y otro discípulo iban siguiendo a Jesús. Este discípulo era conocido del sumo sacerdote y entró con Jesús en el palacio del sumo sacerdote, mientras Pedro se quedaba fuera, junto a la puerta. Salió el otro discípulo, el conocido del sumo sacerdote, habló con la portera e hizo entrar a Pedro. La portera dijo entonces a Pedro: "¿No eres tú también uno de los discípulos de ese hombre?". Él dijo: "No lo soy". Los criados y los guardias habían encendido un brasero, porque hacía frío, y se calentaban. También Pedro estaba con ellos de pie, calentándose.

El sumo sacerdote interrogó a Jesús acerca de sus discípulos y de su doctrina. Jesús le contestó: "Yo he hablado abiertamente al mundo y he enseñado continuamente en la sinagoga y en el templo, donde se reúnen todos los judíos, y no he dicho nada a escondidas. ¿Por qué me interrogas a mí? Interroga a los que me han oído, sobre lo que les he hablado. Ellos saben lo que he dicho".

Apenas dijo esto, uno de los guardias le dio una bofetada a Jesús, diciéndole: "¿Así contestas al sumo sacerdote?". Jesús le respondió: "Si he faltado al hablar, demuestra en qué he faltado; pero si he hablado como se debe, ¿por qué me pegas?". Entonces Anás lo envió atado a Caifás, el sumo sacerdote.

Simón Pedro estaba de pie, calentándose, y le dijeron: "¿No eres tú también uno de sus discípulos?". Él lo negó diciendo: "No lo soy". Uno de los criados del sumo sacerdote, pariente de aquel a quien Pedro le había cortado la oreja, le dijo: "¿Qué no te vi yo con él en el huerto?". Pedro volvió a negarlo y enseguida cantó un gallo.

Llevaron a Jesús de casa de Caifás al pretorio. Era muy de mañana y ellos no entraron en el palacio para no incurrir en impureza y poder así comer la cena de Pascua.

Salió entonces Pilato a donde estaban ellos y les dijo: "¿De qué acusan a este hombre?". Le contestaron: "Si éste no fuera un malhechor, no te lo hubiéramos traído". Pilato les dijo: "Pues llévenselo y júzguenlo según su ley". Los judíos le respondieron: "No estamos autorizados para dar muerte a nadie". Así se cumplió lo que había dicho Jesús, indicando de qué muerte iba a morir.

Entró otra vez Pilato en el pretorio, llamó a Jesús y le dijo: "¿Eres tú el rey de los judíos?". Jesús le contestó: "¿Eso lo preguntas por tu cuenta o te lo han dicho otros?". Pilato le respondió: "¿Acaso soy yo judío? Tu pueblo y los sumos sacerdotes te han entregado a mí. ¿Qué es lo que has hecho?". Jesús le contestó: "Mi Reino no es de este mundo. Si mi Reino fuera de este mundo, mis servidores habrían luchado para que no cayera yo en manos de los judíos. Pero mi Reino no es de aquí". Pilato le dijo: "¿Conque tú eres rey?". Jesús le contestó: "Tú lo has dicho. Soy rey. Yo nací y vine al mundo para ser testigo de la verdad. Todo el que es de la verdad, escucha mi voz". Pilato le dijo: "¿Y qué es la verdad?".

Dicho esto, salió otra vez a donde estaban los judíos y les dijo: "No encuentro en él ninguna culpa. Entre ustedes es costumbre que por Pascua ponga en libertad a un preso.

¿Quieren que les suelte al rey de los judíos?". Pero todos ellos gritaron: "¡No, a ése no! ¡A Barrabás!". (El tal Barrabás era un bandido).

Entonces Pilato tomó a Jesús y lo mandó azotar. Los soldados trenzaron una corona de espinas, se la pusieron en la cabeza, le echaron encima un manto color púrpura, y acercándose a él, le decían: "¡Viva el rey de los judíos!", y le daban de bofetadas.

Pilato salió otra vez afuera y les dijo: "Aquí lo traigo para que sepan que no encuentro en él ninguna culpa". Salió, pues, Jesús, llevando la corona de espinas y el manto color púrpura. Pilato les dijo: "Aquí está el hombre". Cuando lo vieron los sumos sacerdotes y sus servidores, gritaron: "¡Crucifícalo, crucifícalo!". Pilato les dijo: "Llévenselo ustedes y crucifíquenlo, porque yo no encuentro culpa en él". Los judíos le contestaron: "Nosotros tenemos una ley y según esa ley tiene que morir, porque se ha declarado Hijo de Dios".

Cuando Pilato oyó estas palabras, se asustó aún más, y entrando otra vez en el pretorio, dijo a Jesús: "¿De dónde eres tú?". Pero Jesús no le respondió. Pilato le dijo entonces: "¿A mí no me hablas? ¿No sabes que tengo autoridad para soltarte y autoridad para crucificarte?". Jesús le contestó: "No tendrías ninguna autoridad sobre mí, si no te la hubieran dado de lo alto. Por eso, el que me ha entregado a ti tiene un pecado mayor".

Desde ese momento Pilato trataba de soltarlo, pero los judíos gritaban: "¡Si sueltas a ése, no eres amigo del César!; porque todo el que pretende ser rey, es enemigo del César". Al oír estas palabras, Pilato sacó a Jesús y lo sentó en el tribunal, en el sitio que llaman "el Enlosado" (en hebreo Gábbata). Era el día de la preparación de la Pascua, hacia el mediodía. Y dijo Pilato a los judíos: "Aquí tienen a su rey". Ellos gritaron: "¡Fuera, fuera! ¡Crucifícalo!". Pilato les dijo:

"¿A su rey voy a crucificar?". Contestaron los sumos sacerdotes: "No tenemos más rey que el César". Entonces se lo entregó para que lo crucificaran.

Tomaron a Jesús, y él, cargando con la cruz, se dirigió hacia el sitio llamado "la Calavera" (que en hebreo se dice Gólgota), donde lo crucificaron, y con él a otros dos, uno de cada lado, y en medio Jesús. Pilato mandó escribir un letrero y ponerlo encima de la cruz; en él estaba escrito: 'Jesús el nazareno, el rey de los judíos'. Leyeron el letrero muchos judíos, porque estaba cerca el lugar donde crucificaron a Jesús y estaba escrito en hebreo, latín y griego. Entonces los sumos sacerdotes de los judíos le dijeron a Pilato: "No escribas: 'El rey de los judíos', sino: 'Éste ha dicho: Soy rey de los judíos'". Pilato les contestó: "Lo escrito, escrito está".

Cuando crucificaron a Jesús, los soldados cogieron su ropa e hicieron cuatro partes, una para cada soldado, y apartaron la túnica. Era una túnica sin costura, tejida toda de una pieza de arriba abajo. Por eso se dijeron: "No la rasguemos, sino echemos suertes para ver a quién le toca". Así se cumplió lo que dice la Escritura: *Se repartieron mi ropa y echaron a suerte mi túnica*. Y eso hicieron los soldados.

Junto a la cruz de Jesús estaban su madre, la hermana de su madre, María la de Cleofás, y María Magdalena. Al ver a su madre y junto a ella al discípulo que tanto quería, Jesús dijo a su madre: "Mujer, ahí está tu hijo". Luego dijo al discípulo: "Ahí está tu madre". Y desde aquella hora el discípulo se la llevó a vivir con él.

Después de esto, sabiendo Jesús que todo había llegado a su término, para que se cumpliera la Escritura dijo: *Tengo sed*. Había allí un jarro lleno de vinagre. Los soldados sujetaron una esponja empapada en vinagre a una caña de hisopo y se la acercaron a la boca. Jesús probó el vinagre y dijo: "Todo está cumplido", e inclinando la cabeza, entregó el espíritu.

Aquí se arrodillan todos y se hace una breve pausa.

Entonces, los judíos, como era el día de la preparación de la Pascua, para que los cuerpos de los ajusticiados no se quedaran en la cruz el sábado, porque aquel sábado era un día muy solemne, pidieron a Pilato que les quebraran las piernas y los quitaran de la cruz. Fueron los soldados, le quebraron las piernas a uno y luego al otro de los que habían sido crucificados con él. Pero al llegar a Jesús, viendo que ya había muerto, no le quebraron las piernas, sino que uno de los soldados le traspasó el costado con una lanza e inmediatamente salió sangre y agua.

El que vio da testimonio de esto y su testimonio es verdadero y él sabe que dice la verdad, para que también ustedes crean. Esto sucedió para que se cumpliera lo que dice la Escritura: *No le quebrarán ningún hueso*; y en otro lugar la Escritura dice: *Mirarán al que traspasaron*.

Después de esto, José de Arimatea, que era discípulo de Jesús, pero oculto por miedo a los judíos, pidió a Pilato que lo dejara llevarse el cuerpo de Jesús. Y Pilato lo autorizó. Él fue entonces y se llevó el cuerpo.

Llegó también Nicodemo, el que había ido a verlo de noche, y trajo unas cien libras de una mezcla de mirra y áloe.

Tomaron el cuerpo de Jesús y lo envolvieron en lienzos con esos aromas, según se acostumbra enterrar entre los judíos. Había un huerto en el sitio donde lo crucificaron, y en el huerto, un sepulcro nuevo, donde nadie había sido enterrado todavía. Y como para los judíos era el día de la preparación de la Pascua y el sepulcro estaba cerca, allí pusieron a Jesús.

Palabra del Señor.   R. **Gloria a ti, Señor Jesús.**

1. Por la santa Iglesia

Oremos, queridos hermanos, por la santa Iglesia de Dios, para que nuestro Dios y Señor le conceda la paz y la unidad, se digne protegerla en toda la tierra y nos conceda glorificarlo, como Dios Padre omnipotente, con una vida pacífica y serena.

Se ora un momento en silencio. Luego prosigue el sacerdote:

Dios todopoderoso y eterno, que en Cristo revelaste tu gloria a todas las naciones, conserva la obra de tu misericordia, para que tu Iglesia, extendida por toda la tierra, persevere con fe inquebrantable en la confesión de tu nombre. Por Jesucristo, nuestro Señor. R. **Amén.**

2. Por el Papa

Oremos también por nuestro Santo Padre, el Papa N., para que Dios nuestro Señor, que lo escogió para el orden de los obispos, lo conserve a salvo y sin daño para bien de su santa Iglesia, a fin de que pueda gobernar al pueblo santo de Dios.

Se ora un momento en silencio. Luego prosigue el sacerdote:

Dios todopoderoso y eterno, cuya sabiduría gobierna el universo, atiende favorablemente nuestras súplicas y protege con tu amor al Papa que nos diste, para que el pueblo cristiano, que tú mismo pastoreas, progrese bajo su cuidado en la firmeza de su fe. Por Jesucristo, nuestro Señor. R. **Amén.**

3. Por el pueblo de Dios y sus ministros

Oremos también por nuestro obispo N., por todos los obispos, presbíteros y diáconos de la Iglesia, y por todo el pueblo santo de Dios.

Se ora un momento en silencio. Luego prosigue el sacerdote:

Dios todopoderoso y eterno, que con tu Espíritu santificas y gobiernas a toda la Iglesia, escucha nuestras súplicas por tus ministros, para que, con la ayuda de tu gracia, te sirvan con fidelidad. Por Jesucristo, nuestro Señor. R. **Amén.**

4. Por los catecúmenos

Oremos también por los (nuestros) catecúmenos, para que Dios nuestro Señor abra los oídos de sus corazones y les manifieste su misericordia, y para que, mediante el bautismo, se les perdonen todos sus pecados y queden incorporados a Cristo, Señor nuestro.

Se ora un momento en silencio. Luego prosigue el sacerdote:

Dios todopoderoso y eterno, que sin cesar concedes nuevos hijos a tu Iglesia, acrecienta la fe y el conocimiento a los (nuestros) catecúmenos, para que, renacidos en la fuente bautismal, los cuentes entre tus hijos de adopción. Por Jesucristo, nuestro Señor. R. **Amén.**

5. Por la unidad de los cristianos

Oremos también por todos los hermanos que creen en Cristo, para que Dios nuestro Señor se digne congregar y custodiar en la única Iglesia a quienes procuran vivir en la verdad.

Se ora un momento en silencio. Luego prosigue el sacerdote:

Dios todopoderoso y eterno, que reúnes a los que están dispersos y los mantienes en la unidad, mira benignamente la grey de tu Hijo, para que, a cuantos están consagrados por el único bautismo, también los una la integridad de la fe y los asocie el vínculo de la caridad. Por Jesucristo, nuestro Señor. R. **Amén.**

6. Por los judíos

Oremos también por los judíos, para que a quienes Dios nuestro Señor habló primero, les conceda progresar continuamente en el amor de su nombre y en la fidelidad a su alianza.

Se ora un momento en silencio. Luego prosigue el sacerdote:

Dios todopoderoso y eterno, que confiaste tus promesas a Abraham y a su descendencia, oye compasivo los ruegos de tu

Iglesia, para que el pueblo que adquiriste primero como tuyo, merezca llegar a la plenitud de la redención. Por Jesucristo, nuestro Señor. R. **Amén.**

7. Por los que no creen en Cristo

Oremos también por los que no creen en Cristo, para que, iluminados por el Espíritu Santo, puedan ellos encontrar el camino de la salvación.

Se ora un momento en silencio. Luego prosigue el sacerdote:

Dios todopoderoso y eterno, concede a quienes no creen en Cristo que, caminando en tu presencia con sinceridad de corazón, encuentren la verdad; y a nosotros concédenos crecer en el amor mutuo y en el deseo de comprender mejor los misterios de tu vida, a fin de que seamos testigos cada vez más auténticos de tu amor en el mundo. Por Jesucristo, nuestro Señor. R. **Amén.**

8. Por los que no creen en Dios

Oremos también por los que no conocen a Dios, para que, buscando con sinceridad lo que es recto, merezcan llegar hasta él.

Se ora un momento en silencio. Luego prosigue el sacerdote:

Dios todopoderoso y eterno, que creaste a todos los hombres para que deseándote te busquen, y para que al encontrarte descansen en ti; concédenos que, en medio de las dificultades de este mundo, al ver los signos de tu amor y el testimonio de las buenas obras de los creyentes, todos los hombres se alegren al confesarte como único Dios verdadero y Padre de todos. Por Jesucristo, nuestro Señor. R. **Amén.**

9. Por los gobernantes

Oremos también por todos los gobernantes de las naciones, para que Dios nuestro Señor guíe sus mentes y corazones, según su voluntad providente, hacia la paz verdadera y la libertad de todos.

Se ora un momento en silencio. Luego prosigue el sacerdote:

Dios todopoderoso y eterno, en cuyas manos están los corazones de los hombres y los derechos de las naciones, mira con bondad a nuestros gobernantes, para que, con tu ayuda, se afiance en toda la tierra un auténtico progreso social, una paz duradera y una verdadera libertad religiosa. Por Jesucristo, nuestro Señor. R. **Amén.**

10. Por los que se encuentran en alguna tribulación

Oremos, hermanos muy queridos, a Dios Padre todopoderoso, para que libre al mundo de todos sus errores, aleje las enfermedades, alimente a los que tienen hambre, libere a los encarcelados y haga justicia a los oprimidos, conceda seguridad a los que viajan, un buen retorno a los que se hallan lejos del hogar, la salud a los enfermos y la salvación a los moribundos.

Se ora un momento en silencio. Luego prosigue el sacerdote:

Dios todopoderoso y eterno, consuelo de los afligidos y fortaleza de los que sufren, escucha a los que te invocan en su tribulación, para que todos experimenten en sus necesidades la alegría de tu misericordia. Por Jesucristo, nuestro Señor. R. **Amén.**

Segunda parte
ADORACIÓN DE LA SANTA CRUZ

PRESENTACIÓN DE LA SANTA CRUZ

V. Miren el árbol de la Cruz, donde estuvo clavado el Salvador del mundo.

R. Vengan y adoremos.

143

V. Miren el árbol de la Cruz,
donde estuvo clavado el Salvador del mundo.

R. **Vengan y adoremos.**

ADORACIÓN DE LA SANTA CRUZ

El sacerdote, el clero, los ministros laicos y los fieles se acercan procesionalmente y adoran la cruz, haciendo delante de ella una genuflexión simple o algún otro signo de veneración (como el de besarla), según la costumbre del lugar.

Cuando el sacerdote nos presenta la cruz para venerarla, recordemos las palabras de Jesús: "Así como Moisés levantó la serpiente de bronce en el desierto, así tiene que ser levantado el Hijo del hombre, para que todo el que crea, tenga por él la vida eterna" (Jn 3, 14).

CANTOS PARA LA ADORACIÓN DE LA SANTA CRUZ

ANTÍFONA

Tu Cruz adoramos, Señor,
tu santa resurrección alabamos y glorificamos,
pues del árbol de la Cruz
ha venido la alegría al mundo entero.

Cfr. Sal 66, 2

Que el Señor se apiade de nosotros y nos bendiga,
que nos muestre su rostro radiante y misericordioso.

Se repite la antífona: Tu Cruz…

Improperios

Las partes que corresponden al primer coro se indican con el número 1; las que corresponden al segundo con el número 2; las que deben cantarse juntamente por los dos coros, con los números 1 y 2. Algunos versos también pueden cantarse por dos cantores.

I

1 y 2. Pueblo mío, ¿qué mal te he causado,
o en qué cosa te he ofendido? Respóndeme.

1. ¿Porque yo te saqué de Egipto,
tú le has preparado una cruz a tu Salvador?

2. Pueblo mío, ¿qué mal te he causado,
o en qué cosa te he ofendido? Respóndeme.

   1. Hágios o Theós.
   2. Santo Dios.
   1. Hágios Ischyrós.
   2. Santo fuerte.
   1. Hágios Athánatos, eléison himás.
   2. Santo inmortal, ten piedad de nosotros.

1 y 2. ¿Porque yo te guíe cuarenta años por el desierto,
te alimenté con el maná y te introduje en una tierra fértil,
tú le preparaste una cruz a tu Salvador?

   1. Hágios o Theós…

1 y 2. ¿Qué más pude hacer, o qué dejé sin hacer por ti?
Yo mismo te elegí y te planté, hermosa viña mía,
pero tú te has vuelto áspera y amarga conmigo,
porque en mi sed me diste de beber vinagre
y has plantado una lanza en el costado a tu Salvador.

   1. Hágios o Theós…

II

Se alternan los cantores (C) con la asamblea (1 y 2), que responde
con el estribillo.

C. Por ti yo azoté a Egipto y a sus primogénitos,
y tú me has entregado para que me azoten.

1 y 2. R. **Pueblo mío, ¿qué mal te he causado,
o en qué cosa te he ofendido? Respóndeme.**

C. Yo te saqué de Egipto y te libré del faraón en el Mar Rojo,
y tú me has entregado a los sumos sacerdotes. 1 y 2. R.

C. Yo te abrí camino por el mar,
y tú me has abierto el costado con tu lanza. 1 y 2. R.

C. Yo te serví de guía con una columna de nubes,
y tú me has conducido al pretorio de Pilato. 1 y 2. R.

29 de marzo

145

C. Yo te di de comer maná en el desierto,
y tú me has dado de bofetadas y azotes. 1 y 2. R.

C. Yo te di a beber el agua salvadora que brotó de la peña,
y tú me has dado a beber hiel y vinagre. 1 y 2. R.

C. Por ti yo herí a los reyes cananeos,
y tú, con una caña, me has herido en la cabeza. 1 y 2. R.

C. Yo puse en tus manos un cetro real,
y tú me has puesto en la cabeza
una corona de espinas. 1 y 2. R.

C. Yo te exalté con mi omnipotencia,
y tú me has hecho subir a la deshonra de la Cruz. 1 y 2. R.

Himno

Todos (T) dicen las estrofas en letra negrita, incluyendo R. 1 y R. 2. Los cantores (C) dicen las otras estrofas.

T. **Cruz amable y redentora,
árbol noble, espléndido.
Ningún árbol fue tan rico,
ni en sus frutos ni en su flor.
Dulce leño, dulces clavos,
dulce el fruto que nos dio.**

C. Canta, oh lengua jubilosa,
el combate singular
en que el Salvador del mundo,
inmolado en una cruz,
con su sangre redentora
a los hombres rescató.

R. 1. **Cruz amable y redentora,
árbol noble, espléndido.
Ningún árbol fue tan rico,
ni en sus frutos ni en su flor.**

C. Cuando Adán, movido a engaño,
comió el fruto del Edén,
el Creador, compadecido,
desde entonces decretó
que un árbol nos devolviera
lo que un árbol nos quitó.

R. 2. **Dulce leño, dulces clavos,
dulce el fruto que nos dio.**

C. Quiso, con sus propias armas,
vencer Dios al seductor,
la sabiduría a la astucia
fiero duelo le aceptó,
para hacer surgir la vida
donde la muerte brotó. R. 1.

C. Cuando el tiempo hubo llegado,
el Eterno nos envió
a su Hijo desde el cielo,
Dios eterno como él,
que en el seno de una Virgen
carne humana revistió. R. 2.

C. Hecho un niño está llorando,
de un pesebre en la estrechez.
En Belén, la Virgen madre
en pañales lo envolvió.
He allí al Dios potente,
pobre, débil, párvulo. R. 1.

C. Cuando el cuerpo
del Dios-Hombre
alcanzó su plenitud,
al tormento, libremente,
cual cordero, se entregó,
pues a ello vino al mundo
a morir en una cruz. R. 2.

C. Ya se enfrenta a las injurias,
a los golpes y al rencor,
ya la sangre está brotando
de la fuente de salud.

En qué río tan divino
se ha lavado la creación. R. 1.

C. Árbol santo, cruz excelsa,
tu dureza ablanda ya,
que tus ramas se dobleguen
al morir el Redentor
y en tu tronco suavizado,
lo sostengas con piedad. R. 2.

C. Feliz puerto preparaste
para el mundo náufrago
y el rescate presentaste
para nuestra redención,
pues la Sangre del Cordero
en tus brazos se ofrendó. R. 1.

Conclusión que nunca debe omitirse:
T. **Elevemos jubilosos**
a la augusta Trinidad,
nuestra gratitud inmensa,
por su amor y redención,
al eterno Padre, al Hijo,
y al Espíritu de amor. Amén.

Tercera parte
SAGRADA COMUNIÓN

Sacerdote:

Fieles a la recomendación del Salvador
y siguiendo su divina enseñanza,
nos atrevemos a decir:

El sacerdote, con las manos extendidas, dice junto con el pueblo:

Padre nuestro, que estás en el cielo,
santificado sea tu nombre;
venga a nosotros tu reino;
hágase tu voluntad en la tierra como en el cielo.

Danos hoy nuestro pan de cada día;
perdona nuestras ofensas,
como también nosotros perdonamos
a los que nos ofenden;
no nos dejes caer en la tentación,
y líbranos del mal.

El sacerdote, con las manos extendidas, prosigue él solo:

Líbranos de todos los males, Señor,
y concédenos la paz en nuestros días,
para que, ayudados por tu misericordia,
vivamos siempre libres de pecado
y protegidos de toda perturbación,
mientras esperamos la gloriosa venida
de nuestro Salvador Jesucristo.

El sacerdote junta las manos. El pueblo concluye la oración, aclamando:

Tuyo es el reino,
tuyo el poder y la gloria, por siempre, Señor.

A continuación el sacerdote, con las manos juntas, dice en secreto:

Señor Jesucristo,
la comunión de tu Cuerpo
no sea para mí un motivo de juicio y condenación,
sino que, por tu piedad,
me aproveche para defensa de alma y cuerpo
y como remedio saludable.

Enseguida hace genuflexión, toma una partícula, la mantiene un poco elevada sobre el copón, y dice con voz clara, de cara al pueblo:

Éste es el Cordero de Dios,
que quita el pecado del mundo.
Dichosos los invitados a la cena del Señor.

Y, juntamente con el pueblo, dice una sola vez:

**Señor, no soy digno de que entres en mi casa,
pero una palabra tuya bastará para sanarme.**

Y, vuelto hacia el altar, comulga reverentemente el Cuerpo de Cristo. Después distribuye la Comunión a los fieles. Durante la Comunión se puede cantar el salmo 21, u otro canto apropiado.

ORACIÓN DESPUÉS DE LA COMUNIÓN

Dios todopoderoso y eterno, que nos has redimido con la gloriosa muerte y resurrección de tu Hijo Jesucristo, prosigue en nosotros la obra de tu misericordia, para que, mediante nuestra participación en este misterio, permanezcamos dedicados a tu servicio. Por Jesucristo, nuestro Señor. R. **Amén.**

ORACIÓN SOBRE EL PUEBLO

Envía, Señor, sobre este pueblo tuyo, que ha conmemorado la muerte de tu Hijo, en espera de su resurrección, la abundancia de tu bendición; llegue a él tu perdón, reciba tu consuelo, se acreciente su fe santa y se consolide su eterna redención. Por Jesucristo, nuestro Señor. R. **Amén.**

NUESTRA SALVACIÓN NO ES COSA DE JUEGO

Los cristianos no podemos permitirnos considerar la Semana Santa como un simple "período de vacaciones", porque en realidad este tiempo nos fue concedido para dedicarlo a meditar sobre los misterios de nuestra salvación y para participar en las celebraciones de cada día.

◆ Dediquemos el día de hoy a considerar el amor con que Cristo se entregó en la cruz.

Porque quien muere con Cristo, resucitará con él.

29 de marzo

Tiempo Pascual

Aunque los evangelios no nos dicen la fecha del nacimiento del Señor, sí nos la dan para la Pascua: el día 14 del primer mes hebreo de Nisán. Como los hebreos seguían un calendario solar-lunar, la Pascua no se celebra en una fecha fija; lo hacemos el domingo siguiente a la primera luna llena de primavera.

Nuestros hermanos bizantinos, no siguen –como nosotros– el Calendario gregoriano con las correcciones astronómicas del Papa Gregorio XIII asesorado por los mejores astrónomos de su tiempo, sino el de Julio César –el Calendario juliano–, menos exacto.

El hecho pascual es el más importante de la Historia de la Salvación, y, por lo mismo, las celebraciones pascuales son las más solemnes de nuestro año litúrgico.

El Tiempo Pascual tiene una duración de cincuenta días, y por esto se llama Pentecostés a la festividad que cierra el periodo. Las celebraciones litúrgicas de este tiempo deberán realizarse con alegría y júbilo, como si se tratara de un solo y único día festivo, como "un gran domingo" (san Atanasio). Es característico el canto del Aleluya, que significa "alaben al Señor".

31 de marzo **Domingo de Pascua de la**
Resurrección del Señor
(Vigilia Pascual en la noche santa)
(*Blanco*)

¿Por qué nos reunimos en la noche?

Tratamos de buscar a Dios y la noche se presta. Nos ofrece recogimiento, tiene un atractivo especial para aquellos que quieren hablar con Dios. Es la hora en que el corazón vela esperando a su Señor.

Por otro lado, Jesucristo resucitó en la noche, a una hora en que nadie esperaba. Pero esta noche es la noche más importante para el mundo. Nosotros vivimos en una noche permanente. Noche de duda, noche de pecado, noche de falta de fe, noche de decepciones, de amores que no son fieles. En medio de esta noche nuestra, que es la "hora del poder de las tinieblas", resucitó Jesucristo, nuestra luz.

En esta noche acogemos en nuestro corazón:
a Cristo, nuestra única LUZ,
a Cristo, la PALABRA DE DIOS,
a Cristo, que es la VIDA,
a Cristo, que es el PAN y el VINO, alimento para el camino.

SOLEMNE INICIO DE LA VIGILIA, O "LUCERNARIO"

BENDICIÓN DEL FUEGO Y PREPARACIÓN DEL CIRIO

El sacerdote saluda, como de costumbre, al pueblo congregado y le hace una breve exhortación, con estas palabras u otras semejantes:

Hermanos: En esta noche santa, en que nuestro Señor Jesucristo pasó de la muerte a la vida, la Iglesia invita a todos sus hijos, diseminados por el mundo, a que se reúnan para velar en oración. Conmemoremos, pues, juntos la Pascua del Señor, escuchando su palabra y participando en sus sacramentos, con la esperanza cierta de participar también en su triunfo sobre la muerte y de vivir con él para siempre en Dios.

El fuego nuevo puede ser pequeño (en el interior de la iglesia) o imponente (en el atrio). En el segundo caso convendría que este momento se pareciera a una reunión popular, como a una fogata de campamento.

El fuego nuevo que brilla en medio de la oscuridad no debe distraer nuestra atención del símbolo principal, que es el cirio pascual.

Enseguida el sacerdote bendice el fuego, diciendo:

Oremos.

Dios nuestro, que por medio de tu Hijo comunicaste a tus fieles el fuego de tu luz, santifica ✠ este fuego nuevo y concédenos que, al celebrar estas fiestas pascuales, se encienda en nosotros el deseo de las cosas celestiales, para que podamos llegar con un espíritu renovado a las fiestas de la eterna claridad. Por Jesucristo, nuestro Señor. R. Amén.

Una vez bendecido el fuego nuevo, uno de los ministros lleva el cirio pascual ante el celebrante. Éste, con un punzón, graba una cruz en el cirio. Después, traza sobre él la letra griega Alfa y, debajo, la letra Omega; entre los brazos de la cruz traza los cuatro números del año en curso, mientras dice:

Cristo ayer y hoy,
Principio y fin, Alfa y Omega.
Suyo es el tiempo y la eternidad.
A él la gloria y el poder,
por los siglos de los siglos. Amén.

A

2 **0**

2 **4**

Ω

Por sus santas llagas gloriosas,
nos proteja y nos guarde
Jesucristo, nuestro Señor. Amén.

Que la luz de Cristo, resucitado y glorioso,
disipe las tinieblas de nuestro corazón
y de nuestro espíritu.

PROCESIÓN

La llama que avanza por en medio de la iglesia oscura, va iluminando progresivamente las cosas y las personas. De igual manera, Jesucristo, desde su resurrección en medio del silencio, no ha dejado de penetrar en el mundo para transfigurarlo.

El diácono, elevando el cirio, canta:

V. Luz de Cris - to.

Y todos responden:

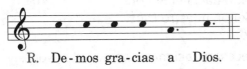

R. De - mos gra - cias a Dios.

Esto se canta en tres ocasiones. Después de la segunda vez, todos se comunican el fuego del cirio pascual, que es la luz de Cristo. Nos comunicamos unos a otros la fe y la esperanza. Todos participamos en la obra de la luz. Todos participamos en la única resurrección, que es la de Cristo.

A continuación el diácono pone el cirio pascual en el candelabro que está preparado en el presbiterio.

PREGÓN PASCUAL

El diácono (o algún otro ministro) proclama la alegría del mundo renovado: alegría para todos, aun para aquellos que están afligidos.

Alégrense, por fin, los coros de los ángeles, alégrense las jerarquías del cielo y, por la victoria de rey tan poderoso, que las trompetas anuncien la salvación.

Goce también la tierra, inundada de tanta claridad, y que, radiante con el fulgor del rey eterno, se sienta libre de la tiniebla que cubría el orbe entero.

Alégrese también nuestra madre la Iglesia, revestida de luz tan brillante; resuene este recinto con las aclamaciones del pueblo.

(Por eso, queridos hermanos, que asisten a la admirable claridad de esta luz santa, invoquen conmigo la misericordia de Dios omnipotente, para que aquel que, sin mérito mío, me agregó al número de los ministros, complete mi alabanza a este cirio, infundiendo el resplandor de su luz).

(V. El Señor esté con ustedes.
R. Y con tu espíritu).
V. Levantemos el corazón.
R. Lo tenemos levantado hacia el Señor.
V. Demos gracias al Señor, nuestro Dios.
R. Es justo y necesario.

En verdad es justo y necesario aclamar con nuestras voces y con todo el afecto del corazón, a Dios invisible, el Padre todopoderoso, y a su Hijo único, nuestro Señor Jesucristo.

Porque él ha pagado por nosotros al eterno Padre la deuda de Adán, y ha borrado con su sangre inmaculada la condena del antiguo pecado.

Porque éstas son las fiestas de Pascua, en las que se inmola el verdadero Cordero, cuya sangre consagra las puertas de los fieles.

Ésta es la noche en que sacaste de Egipto a los israelitas, nuestros padres, y los hiciste pasar a pie, sin mojarse, el Mar Rojo.

Ésta es la noche en que la columna de fuego esclareció las tinieblas del pecado.

Ésta es la noche que a todos los que creen en Cristo, por toda la tierra, los arranca de los vicios del mundo y de la oscuridad del pecado, los restituye a la gracia y los agrega a los santos.

Ésta es la noche en que, rotas las cadenas de la muerte, Cristo asciende victorioso del abismo.

¿De qué nos serviría haber nacido si no hubiéramos sido rescatados? ¡Qué asombroso beneficio de tu amor por nosotros! ¡Qué incomparable ternura y caridad! ¡Para rescatar al esclavo entregaste al Hijo!

Necesario fue el pecado de Adán, que ha sido borrado por la muerte de Cristo. ¡Feliz la culpa que mereció tal Redentor!

¡Qué noche tan dichosa! Sólo ella conoció el momento en que Cristo resucitó del abismo.

Ésta es la noche de la que estaba escrito: "Será la noche clara como el día, la noche iluminada por mi gozo".

Y así, esta noche santa ahuyenta los pecados, lava las culpas, devuelve la inocencia a los caídos, la alegría a los tristes, expulsa el odio, trae la concordia, doblega a los poderosos.

En esta noche de gracia, acepta, Padre santo, el sacrificio vespertino de alabanza, que la santa Iglesia te ofrece en la solemne ofrenda de este cirio, obra de las abejas.

Sabemos ya lo que anuncia esta columna de fuego, que arde en llama viva para la gloria de Dios. Y aunque distribuye su luz, no mengua al repartirla, porque se alimenta de cera fundida que elaboró la abeja fecunda para hacer esta lámpara preciosa.

¡Qué noche tan dichosa, en que se une el cielo con la tierra, lo humano con lo divino!

Te rogamos, Señor, que este cirio consagrado a tu nombre para destruir la oscuridad de esta noche, arda sin apagarse y, aceptado como perfume, se asocie a las lumbreras del cielo. Que el lucero matinal lo encuentre ardiendo, ese lucero que no conoce ocaso, Jesucristo, tu Hijo, que volviendo del abismo, brilla sereno para el linaje humano y vive y reina por los siglos de los siglos. R. **Amén.**

Segunda parte

LITURGIA DE LA PALABRA

A la luz de Cristo, simbolizado por el cirio pascual, escuchemos los relatos de las intervenciones de Dios en la historia de su pueblo. Es una historia que preparaba el camino de aquel que vino a salvarnos a todos.

Todos apagan sus velas y se sientan. Antes de las lecturas, el sacerdote dice:

Hermanos, habiendo iniciado solemnemente la Vigilia Pascual, escuchemos con recogimiento la palabra de Dios. Meditemos cómo, en la antigua alianza, Dios salvó a su pueblo y en la plenitud de los tiempos, envió al mundo a su Hijo para que nos redimiera. Oremos para que Dios lleve a su plenitud la obra de la redención realizada por el misterio pascual.

LECTURAS DEL ANTIGUO TESTAMENTO

Donde lo pidan circunstancias pastorales verdaderamente graves, puede reducirse el número de lecturas del Antiguo Testamento, que por lo menos han de ser tres. Aun en este caso, nunca se omita la tercera lectura, tomada del Éxodo, sobre el paso del Mar Rojo.

Todas las cosas que hizo Dios al principio de la creación eran muy buenas. Y el hombre, hecho a imagen y semejanza de Dios, fue la obra cumbre del Señor. Pero la desobediencia del hombre lo despojó de la grandeza que el Creador le había concedido. Entonces Dios inventó algo más maravilloso todavía: la redención o "re-creación" por medio de su Hijo, Jesucristo, que se hizo hombre, murió y resucitó por todos nosotros.

Del libro del Génesis
1, 1–2, 2

En el principio creó Dios el cielo y la tierra. La tierra era soledad y caos; y las tinieblas cubrían la faz del abismo. El espíritu de Dios se movía sobre la superficie de las aguas.

Dijo Dios: "Que exista la luz", y la luz existió. Vio Dios que la luz era buena, y separó la luz de las tinieblas. Llamó a la luz "día" y a las tinieblas, "noche". Fue la tarde y la mañana del primer día.

Dijo Dios: "Que haya una bóveda entre las aguas, que separe unas aguas de otras". E hizo Dios una bóveda y separó con ella las aguas de arriba, de las aguas de abajo. Y así fue. Llamó Dios a la bóveda "cielo". Fue la tarde y la mañana del segundo día.

Dijo Dios: "Que se junten las aguas de debajo del cielo en un solo lugar y que aparezca el suelo seco". Y así fue. Llamó Dios "tierra" al suelo seco y "mar" a la masa de las aguas. Y vio Dios que era bueno.

Dijo Dios: "Verdee la tierra con plantas que den semilla y árboles que den fruto y semilla, según su especie, sobre la tierra". Y así fue. Brotó de la tierra hierba verde, que producía semilla, según su especie, y árboles que daban fruto y llevaban semilla, según su especie. Y vio Dios que era bueno. Fue la tarde y la mañana del tercer día.

31 de marzo

Dijo Dios: "Que haya lumbreras en la bóveda del cielo, que separen el día de la noche, señalen las estaciones, los días y los años, y luzcan en la bóveda del cielo para iluminar la tierra". Y así fue. Hizo Dios las dos grandes lumbreras: la lumbrera mayor para regir el día y la menor, para regir la noche; y también hizo las estrellas. Dios puso las lumbreras en la bóveda del cielo para iluminar la tierra, para regir el día y la noche, y separar la luz de las tinieblas. Y vio Dios que era bueno. Fue la tarde y la mañana del cuarto día.

Dijo Dios: "Agítense las aguas con un hervidero de seres vivientes y revoloteen sobre la tierra las aves, bajo la bóveda del cielo". Creó Dios los grandes animales marinos y los vivientes que en el agua se deslizan y la pueblan, según su especie. Creó también el mundo de las aves, según sus especies. Vio Dios que era bueno y los bendijo, diciendo: "Sean fecundos y multiplíquense; llenen las aguas del mar; que las aves se multipliquen en la tierra". Fue la tarde y la mañana del quinto día.

Dijo Dios: "Produzca la tierra vivientes, según sus especies: animales domésticos, reptiles y fieras, según sus especies". Y así fue. Hizo Dios las fieras, los animales domésticos y los reptiles, cada uno según su especie. Y vio Dios que era bueno.

Dijo Dios: "Hagamos al hombre a nuestra imagen y semejanza; que domine a los peces del mar, a las aves del cielo, a los animales domésticos y a todo animal que se arrastra sobre la tierra".

Y creó Dios al hombre a su imagen;
a imagen suya lo creó;
hombre y mujer los creó.

Y los bendijo Dios y les dijo: "Sean fecundos y multiplíquense, llenen la tierra y sométanla; dominen a los peces del mar, a las aves del cielo y a todo ser viviente que se mueve sobre la tierra".

Y dijo Dios: "He aquí que les entrego todas las plantas de semilla que hay sobre la faz de la tierra, y todos los árboles que producen fruto y semilla, para que les sirvan de alimento. Y a todas las fieras de la tierra, a todas las aves del cielo, a todos los reptiles de la tierra, a todos los seres que respiran, también les doy por alimento las verdes plantas". Y así fue. Vio Dios todo lo que había hecho y lo encontró muy bueno. Fue la tarde y la mañana del sexto día.

Así quedaron concluidos el cielo y la tierra con todos sus ornamentos, y terminada su obra, descansó Dios el séptimo día de todo cuanto había hecho.

Palabra de Dios.   R. **Te alabamos, Señor.**

SALMO RESPONSORIAL
Del salmo 32

F. Nieto, B.P. 2000

La tie - rra lle - na es - tá de tus bon - da - des.

R. **La tierra llena está de tus bondades.**

Sincera es la palabra del Señor
y todas sus acciones son leales.
Él ama la justicia y el derecho,
la tierra llena está de sus bondades. R.

La palabra del Señor hizo los cielos
y su aliento, los astros.
Los mares encerró como en un odre
y como en una presa, los océanos. R.

Feliz la nación cuyo Dios es el Señor;
dichoso el pueblo que escogió por suyo.
Desde el cielo el Señor, atentamente,
mira a todos los hombres. R.

31 de marzo

[R. **La tierra llena está de tus bondades.**]

En el Señor está nuestra esperanza,
pues él es nuestra ayuda y nuestro amparo.
Muéstrate bondadoso con nosotros,
puesto que en ti, Señor, hemos confiado. R.

En lugar del salmo 32 se puede utilizar el salmo 103 con su respuesta
correspondiente, tal como aparece en el Leccionario.

ORACIÓN

Oremos. Dios todopoderoso y eterno, que en todas las obras
de tu amor te muestras admirable, concede a quienes has
redimido, comprender que el sacrificio de Cristo, nuestra
Pascua, en la plenitud de los tiempos, es una obra más maravillosa todavía que la misma creación del mundo. Por Jesucristo, nuestro Señor. R. **Amén.**

SEGUNDA LECTURA

Se puede decir que Abraham es una profecía de la acción de Dios,
quien, "para rescatar al esclavo, entregó a su Hijo". El Señor había
prometido a Abraham una numerosa descendencia, nacida de su
hijo único, Isaac. Pero el Señor quiso probar la fe de Abraham y
le ordenó sacrificar a su hijo. Abraham no dudó en sacrificarlo,
como Dios se lo ordenaba, pero el mismo Dios intervino para
impedir la muerte de Isaac. En esta forma, Abraham es "padre
de nuestra fe" y su hijo, Isaac, representa a Cristo, que muere y
resucita por nosotros.

Del libro del Génesis
22, 1-18

En aquel tiempo, Dios le puso una prueba a Abraham y le
dijo: "¡Abraham, Abraham!". Él respondió: "Aquí estoy". Y
Dios le dijo: "Toma a tu hijo único, Isaac, a quien tanto amas;
vete a la región de Moria y ofrécemelo en sacrificio, en el
monte que yo te indicaré".

Abraham madrugó, aparejó su burro, tomó consigo a dos de sus criados y a su hijo Isaac; cortó leña para el sacrificio y se encaminó al lugar que Dios le había indicado. Al tercer día divisó a lo lejos el lugar. Les dijo entonces a sus criados: "Quédense aquí con el burro; yo iré con el muchacho hasta allá, para adorar a Dios y después regresaremos".

Abraham tomó la leña para el sacrificio, se la cargó a su hijo Isaac y tomó en su mano el fuego y el cuchillo. Los dos caminaban juntos. Isaac dijo a su padre Abraham: "¡Padre!". Él respondió: "¿Qué quieres, hijo?". El muchacho contestó: "Ya tenemos fuego y leña, pero, ¿dónde está el cordero para el sacrificio?". Abraham le contestó: "Dios nos dará el cordero para el sacrificio, hijo mío". Y siguieron caminando juntos.

Cuando llegaron al sitio que Dios le había señalado, Abraham levantó un altar y acomodó la leña. Luego ató a su hijo Isaac, lo puso sobre el altar, encima de la leña, y tomó el cuchillo para degollarlo.

Pero el ángel del Señor lo llamó desde el cielo y le dijo: "¡Abraham, Abraham!". Él contestó: "Aquí estoy". El ángel le dijo: "No descargues la mano contra tu hijo, ni le hagas daño. Ya veo que temes a Dios, porque no le has negado a tu hijo único". Abraham levantó los ojos y vio un carnero, enredado por los cuernos en la maleza. Atrapó el carnero y lo ofreció en sacrificio en lugar de su hijo. Abraham puso por nombre a aquel sitio "el Señor provee", por lo que aun el día de hoy se dice: "el monte donde el Señor provee".

El ángel del Señor volvió a llamar a Abraham desde el cielo y le dijo: "Juro por mí mismo, dice el Señor, que por haber hecho esto y no haberme negado a tu hijo único, yo te bendeciré y multiplicaré tu descendencia como las estrellas del cielo y las arenas del mar. Tus descendientes conquistarán las ciudades enemigas. En tu descendencia serán bendecidos todos los pueblos de la tierra, porque obedeciste a mis palabras".

Palabra de Dios.　R. **Te alabamos, Señor.**

E. Estrella B.P. 1607

Pro - té - ge - me, Dios mí - o, que me re - fu - gio_en ti.

R. **Protégeme, Dios mío, porque me refugio en ti.**

El Señor es la parte que me ha tocado en herencia:
mi vida está en sus manos.
Tengo siempre presente al Señor
y con él a mi lado, jamás tropezaré. R.

Por eso se me alegran el corazón y el alma
y mi cuerpo vivirá tranquilo,
porque tú no me abandonarás a la muerte,
ni dejarás que sufra yo la corrupción. R.

Enséñame el camino de la vida,
sáciame de gozo en tu presencia
y de alegría perpetua junto a ti. R.

ORACIÓN

Oremos. Dios nuestro, excelso Padre de los creyentes, que
por medio de la gracia de la adopción y por el misterio pascual sigues cumpliendo la promesa hecha a Abraham de
multiplicar su descendencia por toda la tierra y de hacerlo el
padre de todas las naciones, concede a tu pueblo responder
dignamente a la gracia de tu llamada. Por Jesucristo, nuestro
Señor. R. **Amén.**

Los israelitas salen de Egipto y cruzan el Mar Rojo: éste es el nacimiento del pueblo de Israel y un símbolo del pueblo cristiano. Los egipcios perseguidores, que se hunden en las aguas del mar, y los israelitas liberados, son una de las maravillas que el Señor ha hecho por su pueblo. El agua del Mar Rojo prefigura el agua del bautismo. Y el pueblo que cruza las aguas del mar simboliza al pueblo cristiano, que, por medio del bautismo en el agua, queda libre del pecado y de la muerte, por la victoria de Cristo.

Del libro del Éxodo
14, 15–15, 1

En aquellos días, dijo el Señor a Moisés: "¿Por qué sigues clamando a mí? Diles a los israelitas que se pongan en marcha. Y tú, alza tu bastón, extiende tu mano sobre el mar y divídelo, para que los israelitas entren en el mar sin mojarse. Yo voy a endurecer el corazón de los egipcios para que los persigan, y me cubriré de gloria a expensas del faraón y de todo su ejército, de sus carros y jinetes. Cuando me haya cubierto de gloria a expensas del faraón, de sus carros y jinetes, los egipcios sabrán que yo soy el Señor".

El ángel del Señor, que iba al frente de las huestes de Israel, se colocó tras ellas. Y la columna de nubes que iba adelante, también se desplazó y se puso a sus espaldas, entre el campamento de los israelitas y el campamento de los egipcios. La nube era tinieblas para unos y claridad para otros, y así los ejércitos no trabaron contacto durante toda la noche.

Moisés extendió la mano sobre el mar, y el Señor hizo soplar durante toda la noche un fuerte viento del este, que secó el mar, y dividió las aguas. Los israelitas entraron en el mar y no se mojaban, mientras las aguas formaban una muralla a su derecha y a su izquierda. Los egipcios se lanzaron en su persecución y toda la caballería del faraón, sus carros y jinetes, entraron tras ellos en el mar.

Hacia el amanecer, el Señor miró desde la columna de fuego y humo al ejército de los egipcios y sembró entre ellos el pánico. Trabó las ruedas de sus carros, de suerte que no avanzaban sino pesadamente. Dijeron entonces los egipcios: "Huyamos de Israel, porque el Señor lucha en su favor contra Egipto".

Entonces el Señor le dijo a Moisés: "Extiende tu mano sobre el mar, para que vuelvan las aguas sobre los egipcios, sus carros y sus jinetes". Y extendió Moisés su mano sobre el mar, y al amanecer, las aguas volvieron a su sitio, de suerte que al huir, los egipcios se encontraron con ellas, y el Señor los derribó en medio del mar. Volvieron las aguas y cubrieron los carros, a los jinetes y a todo el ejército del faraón, que se había metido en el mar para perseguir a Israel. Ni uno solo se salvó.

Pero los hijos de Israel caminaban por lo seco en medio del mar. Las aguas les hacían muralla a derecha e izquierda. Aquel día salvó el Señor a Israel de las manos de Egipto. Israel vio a los egipcios, muertos en la orilla del mar. Israel vio la mano fuerte del Señor sobre los egipcios, y el pueblo temió al Señor y creyó en el Señor y en Moisés, su siervo. Entonces Moisés y los hijos de Israel cantaron este cántico al Señor:

Enseguida, sin decir nada, se pasa al cántico de Moisés (Éxodo 15).

SALMO RESPONSORIAL
Éxodo 15

E. Estrella B.P. 1686

R. **Alabemos al Señor por su victoria.**

Cantemos al Señor, sublime es su victoria:
caballos y jinetes arrojó en el mar.
Mi fortaleza y mi canto es el Señor,
él es mi salvación;

él es mi Dios, y yo lo alabaré,
es el Dios de mis padres, y yo le cantaré. R.

El Señor es un guerrero, su nombre es el Señor.
Precipitó en el mar los carros del faraón
y a sus guerreros;
ahogó en el Mar Rojo a sus mejores capitanes. R.

Las olas los cubrieron,
cayeron hasta el fondo, como piedras.
Señor, tu diestra brilla por su fuerza,
tu diestra, Señor, tritura al enemigo. R.

Tú llevas a tu pueblo
para plantarlo en el monte que le diste en herencia,
en el lugar que convertiste en tu morada,
en el santuario que construyeron tus manos.
Tú, Señor, reinarás para siempre. R.

ORACIÓN

Oremos. Dios nuestro, que manifestaste a la luz del Nuevo Testamento el sentido profundo de los prodigios realizados en los tiempos antiguos, dejándonos ver en el paso del Mar Rojo, una imagen del bautismo y en el pueblo liberado de la esclavitud, un anuncio de los sacramentos del pueblo cristiano, haz que todos los hombres, mediante la fe, participen del privilegio del pueblo elegido y sean regenerados por la acción santificadora de tu Espíritu. Por Jesucristo, nuestro Señor. R. **Amén.**

CUARTA LECTURA

Las lecturas anteriores han descrito la acción salvadora de Dios con su pueblo. Ahora vamos a responder a Dios con nuestra propia historia. Los profetas nos invitan a aceptar la salvación que Dios nos ofrece, es decir, a convertirnos. Esta lectura nos recuerda que el Señor, a pesar de nuestras infidelidades, está dispuesto a recibirnos y a renovar su amor por nosotros.

Del libro del profeta Isaías
54, 5-14

"El que te creó, te tomará por esposa;
su nombre es 'Señor de los ejércitos'.
Tu redentor es el Santo de Israel;
será llamado 'Dios de toda la tierra'.
Como a una mujer abandonada y abatida
te vuelve a llamar el Señor.
¿Acaso repudia uno a la esposa de la juventud?,
dice tu Dios.

Por un instante te abandoné,
pero con inmensa misericordia te volveré a tomar.
En un arrebato de ira
te oculté un instante mi rostro,
pero con amor eterno me he apiadado de ti,
dice el Señor, tu redentor.

Me pasa ahora como en los días de Noé:
entonces juré que las aguas del diluvio
no volverían a cubrir la tierra;
ahora juro no enojarme ya contra ti
ni volver a amenazarte.
Podrán desaparecer los montes
y hundirse las colinas,
pero mi amor por ti no desaparecerá
y mi alianza de paz quedará firme para siempre.
Lo dice el Señor, el que se apiada de ti.

Tú, la afligida, la zarandeada por la tempestad,
la no consolada:
He aquí que yo mismo coloco tus piedras sobre piedras finas,
tus cimientos sobre zafiros;
te pondré almenas de rubí
y puertas de esmeralda
y murallas de piedras preciosas.

Todos tus hijos serán discípulos del Señor,
y será grande su prosperidad.

Serás consolidada en la justicia.
Destierra la angustia,
pues ya nada tienes que temer;
olvida tu miedo,
porque ya no se acercará a ti".

Palabra de Dios.   R. **Te alabamos, Señor.**

SALMO RESPONSORIAL
Del salmo 29

B. Carrillo B.P. 1527

Te_a - la - ba - ré,   Se - ñor,   e - ter - na - men - te.

R.   **Te alabaré, Señor, eternamente.**

Te alabaré, Señor, pues no dejaste
que se rieran de mí mis enemigos.
Tú, Señor, me salvaste de la muerte
y a punto de morir, me reviviste. R.

    Alaben al Señor quienes lo aman,
den gracias a su nombre,
porque su ira dura un solo instante
y su bondad, toda la vida.
El llanto nos visita por la tarde;
por la mañana, el júbilo. R.

    Escúchame, Señor, y compadécete;
Señor, ven en mi ayuda.
Convertiste mi duelo en alegría,
te alabaré por eso eternamente. R.

ORACIÓN
Oremos. Dios todopoderoso y eterno, multiplica, en honor
a tu nombre, cuanto prometiste a nuestros padres en la fe y
acrecienta la descendencia por ti prometida mediante la santa adopción filial, para que aquello que los antiguos patriarcas no dudaron que habría de acontecer, tu Iglesia advierta

que ya está en gran parte cumplido. Por Jesucristo, nuestro Señor. R. **Amén.**

QUINTA LECTURA

En esta noche santa nacen en el seno de la Iglesia nuevos cristianos. También nosotros, que hemos seguido a Cristo, renovaremos las promesas de nuestro bautismo y nos propondremos vivir con valor la vida cristiana. A los nuevos cristianos y a los que vamos a renovar las promesas del bautismo, el profeta nos describe el camino y las riquezas de la salvación.

Del libro del profeta Isaías
55, 1-11

Esto dice el Señor:
"Todos ustedes, los que tienen sed, vengan por agua;
y los que no tienen dinero,
vengan, tomen trigo y coman;
tomen vino y leche sin pagar.
¿Por qué gastar el dinero en lo que no es pan
y el salario, en lo que no alimenta?

Escúchenme atentos y comerán bien,
saborearán platillos sustanciosos.
Préstenme atención, vengan a mí,
escúchenme y vivirán.

Sellaré con ustedes una alianza perpetua,
cumpliré las promesas que hice a David.
Como a él lo puse por testigo ante los pueblos,
como príncipe y soberano de las naciones,
así tú reunirás a un pueblo desconocido,
y las naciones que no te conocían acudirán a ti,
por amor del Señor, tu Dios,
por el Santo de Israel, que te ha honrado.

Busquen al Señor mientras lo pueden encontrar,
invóquenlo mientras está cerca;
que el malvado abandone su camino,

y el criminal, sus planes;
que regrese al Señor, y él tendrá piedad;
a nuestro Dios, que es rico en perdón.

Mis pensamientos no son los pensamientos de ustedes,
sus caminos no son mis caminos.
Porque así como aventajan los cielos a la tierra,
así aventajan mis caminos a los de ustedes
y mis pensamientos a sus pensamientos.

Como bajan del cielo la lluvia y la nieve
y no vuelven allá, sino después de empapar la tierra,
de fecundarla y hacerla germinar
a fin de que dé semilla para sembrar y pan para comer,
así será la palabra que sale de mi boca:
no volverá a mí sin resultado,
sino que hará mi voluntad
y cumplirá su misión".
Palabra de Dios.   R. **Te alabamos**, **Señor.**

SALMO RESPONSORIAL
Isaías 12

B. Carrillo B.P. 1528

R. **El Señor es mi Dios y salvador.**

El Señor es mi Dios y salvador,
con él estoy seguro y nada temo.
El Señor es mi protección y mi fuerza
y ha sido mi salvación.
Sacarán agua con gozo
de la fuente de salvación. R.

Den gracias al Señor,
invoquen su nombre,
cuenten a los pueblos sus hazañas,
proclamen que su nombre es sublime. R.

31 de marzo

Alaben al Señor por sus proezas,
anúncienlas a toda la tierra.
Griten jubilosos, habitantes de Sión,
porque el Dios de Israel
ha sido grande con ustedes. R.

ORACIÓN

Oremos. Dios todopoderoso y eterno, única esperanza del mundo, tú que anunciaste, por voz de los profetas, los misterios que estamos celebrando esta noche, multiplica en el corazón de tu pueblo los santos propósitos porque no podría ningún santo anhelo alcanzar crecimiento sin el impulso que procede de ti. Por Jesucristo, nuestro Señor. R. **Amén.**

SEXTA LECTURA

Con frecuencia nos sentimos decepcionados de nuestra propia vida, porque no hemos seguido el camino que nos habíamos propuesto, ni nos hemos entregado al Señor, como lo intentábamos. ¿Quizá nos hemos dejado cautivar por otra clase de sabiduría, diferente de la del Evangelio?... ¡No dejemos que unos ideales, contrarios al Evangelio, influyan en nosotros y nos dominen!

Del libro del profeta Baruc
3, 9-15. 32—4, 4

Escucha, Israel, los mandatos de vida,
presta oído para que adquieras prudencia.
¿A qué se debe, Israel, que estés aún en país enemigo,
que envejezcas en tierra extranjera,
que te hayas contaminado por el trato con los muertos,
que te veas contado entre los que descienden al abismo?
Es que abandonaste la fuente de la sabiduría.
Si hubieras seguido los senderos de Dios,
habitarías en paz eternamente.

Aprende dónde están la prudencia,
la inteligencia y la energía,
así aprenderás dónde se encuentra el secreto
de vivir larga vida,
y dónde la luz de los ojos y la paz.
¿Quién es el que halló el lugar de la sabiduría
y tuvo acceso a sus tesoros?
El que todo lo sabe, la conoce;
con su inteligencia la ha escudriñado.
El que cimentó la tierra para todos los tiempos,
y la pobló de animales cuadrúpedos;
el que envía la luz, y ella va,
la llama, y temblorosa le obedece;
llama a los astros, que brillan jubilosos
en sus puestos de guardia,
y ellos le responden: "Aquí estamos",
y refulgen gozosos para aquel que los hizo.
Él es nuestro Dios
y no hay otro como él;
él ha escudriñado los caminos de la sabiduría
y se la dio a su hijo Jacob,
a Israel, su predilecto.
Después de esto, ella apareció en el mundo
y convivió con los hombres.

La sabiduría es el libro de los mandatos de Dios,
la ley de validez eterna;
los que la guardan, vivirán,
los que la abandonan, morirán.

Vuélvete a ella, Jacob, y abrázala;
camina hacia la claridad de su luz;
no entregues a otros tu gloria,
ni tu dignidad a un pueblo extranjero.
Bienaventurados nosotros, Israel,

porque lo que agrada al Señor
nos ha sido revelado.

Palabra de Dios.   R. **Te alabamos, Señor.**

SALMO RESPONSORIAL
Del salmo 18

R. Morales B.P. 1601

Tú tie - nes, Se - ñor, pa - la - bras de
vi - da_e - ter - na, de vi - da_e - ter - na.

R. **Tú tienes, Señor, palabras de vida eterna.**

La ley del Señor es perfecta del todo
y reconforta el alma;
inmutables son las palabras del Señor
y hacen sabio al sencillo. R.

En los mandamientos del Señor hay rectitud
y alegría para el corazón;
son luz los preceptos del Señor
para alumbrar el camino. R.

La voluntad de Dios es santa
y para siempre estable;
los mandatos del Señor son verdaderos
y enteramente justos. R.

Más deseables que el oro y las piedras preciosas,
las normas del Señor,
y más dulces que la miel
de un panal que gotea. R.

ORACIÓN
Oremos. Dios nuestro, que haces crecer continuamente a tu
Iglesia con hijos llamados de todos los pueblos, dígnate pro-

Vigilia Pascual

teger siempre con tu gracia a quienes has purificado con el agua del bautismo. Por Jesucristo, nuestro Señor. R. **Amén.**

SÉPTIMA LECTURA

El pueblo de Israel estaba desterrado en Babilonia, pero el Señor le anunció la liberación. Las palabras del profeta se realizan más plenamente en nosotros: el Señor nos purifica por medio del Bautismo y de nuestros sacrificios cuaresmales, por medio de su Espíritu en la Confirmación y por medio de nuestra unión con la Iglesia, Pueblo de Dios.

Del libro del profeta Ezequiel
36, 16-28

En aquel tiempo, me fue dirigida la palabra del Señor en estos términos: "Hijo de hombre, cuando los de la casa de Israel habitaban en su tierra, la mancharon con su conducta y con sus obras; como inmundicia fue su proceder ante mis ojos. Entonces descargué mi furor contra ellos, por la sangre que habían derramado en el país y por haberlo profanado con sus idolatrías. Los dispersé entre las naciones y anduvieron errantes por todas las tierras. Los juzgué según su conducta, según sus acciones los sentencié. Y en las naciones a las que se fueron, desacreditaron mi santo nombre, haciendo que de ellos se dijera: 'Éste es el pueblo del Señor, y ha tenido que salir de su tierra'.

Pero, por mi santo nombre, que la casa de Israel profanó entre las naciones a donde llegó, me he compadecido. Por eso, dile a la casa de Israel: 'Esto dice el Señor: no lo hago por ustedes, casa de Israel. Yo mismo mostraré la santidad de mi nombre excelso, que ustedes profanaron entre las naciones. Entonces ellas reconocerán que yo soy el Señor, cuando por medio de ustedes les haga ver mi santidad.

Los sacaré a ustedes de entre las naciones, los reuniré de todos los países y los llevaré a su tierra. Los rociaré con agua pura y quedarán purificados; los purificaré de todas sus inmundicias e idolatrías.

Les daré un corazón nuevo y les infundiré un espíritu nuevo; arrancaré de ustedes el corazón de piedra y les daré un corazón de carne. Les infundiré mi espíritu y los haré vivir según mis preceptos y guardar y cumplir mis mandamientos. Habitarán en la tierra que di a sus padres; ustedes serán mi pueblo y yo seré su Dios'".

Palabra de Dios.   R. **Te alabamos, Señor.**

SALMO RESPONSORIAL
De los salmos 41 y 42

J. de Dios Delgado B.P. 1609

Es - toy se - dien - to del Dios que da la vi - da.

R. **Estoy sediento del Dios que da la vida.**

Como el venado busca
el agua de los ríos,
así, cansada, mi alma
te busca a ti, Dios mío. R.

Del Dios que da la vida
está mi ser sediento.
¿Cuándo será posible
ver de nuevo su templo? R.

Recuerdo cuando íbamos
a casa del Señor,
cantando, jubilosos,
alabanzas a Dios. R.

Envíame, Señor, tu luz y tu verdad;
que ellas se conviertan en mi guía
y hasta tu monte santo me conduzcan,
allí donde tú habitas. R.

Al altar del Señor me acercaré,
al Dios que es mi alegría,
y a mi Dios, el Señor, le daré gracias
al compás de la cítara. R.

ORACIÓN

Oremos. Señor Dios, que con las enseñanzas de ambos Testamentos nos instruyes para celebrar el sacramento de la Pascua, haz que comprendamos la hondura de tu misericordia, para que los dones que hoy recibimos afiancen en nosotros la esperanza de los bienes futuros. Por Jesucristo, nuestro Señor. R. **Amén.**

Después de la última oración, todos cantan el himno Gloria a Dios en el cielo (p. 8).

ORACIÓN COLECTA

Oremos. Dios nuestro, que haces resplandecer esta noche con la gloria de la resurrección del Señor, aviva en tu Iglesia el espíritu de adopción filial, para que, renovados en cuerpo y alma, nos entreguemos fielmente a tu servicio. Por nuestro Señor Jesucristo…

EPÍSTOLA

De la carta del apóstol san Pablo a los romanos
6, 3-11

Hermanos: ¿No saben ustedes que todos los que hemos sido incorporados a Cristo Jesús por medio del bautismo, hemos sido incorporados a él en su muerte? En efecto, por el bautismo fuimos sepultados con él en su muerte, para que, así como Cristo resucitó de entre los muertos por la gloria del Padre, así también nosotros llevemos una vida nueva.

Porque, si hemos estado íntimamente unidos a él por una muerte semejante a la suya, también lo estaremos en su

resurrección. Sabemos que nuestro hombre viejo fue crucificado con Cristo, para que el cuerpo del pecado quedara
destruido, a fin de que ya no sirvamos al pecado, pues el que
ha muerto queda libre del pecado.

Por lo tanto, si hemos muerto con Cristo, estamos seguros
de que también viviremos con él; pues sabemos que Cristo,
una vez resucitado de entre los muertos, ya no morirá nunca.
La muerte ya no tiene dominio sobre él, porque al morir, murió
al pecado de una vez para siempre; y al resucitar, vive ahora
para Dios. Lo mismo ustedes, considérense muertos al pecado y vivos para Dios en Cristo Jesús, Señor nuestro.

Palabra de Dios.   R. **Te alabamos, Señor.**

SALMO RESPONSORIAL
Del salmo 117

B. Carrillo, B.P. 1531

R.   **Aleluya, aleluya.**

Te damos gracias, Señor, porque eres bueno,
porque tu misericordia es eterna.
Diga la casa de Israel:
"Su misericordia es eterna". R.

La diestra del Señor es poderosa,
la diestra del Señor es nuestro orgullo.
No moriré, continuaré viviendo,
para contar lo que el Señor ha hecho. R.

La piedra que desecharon los constructores,
es ahora la piedra angular.
Esto es obra de la mano del Señor,
es un milagro patente. R.

EVANGELIO

✠ Del santo Evangelio según san Marcos
16, 1-7

R. **Gloria a ti, Señor.**

Transcurrido el sábado, María Magdalena, María (la madre de Santiago) y Salomé, compraron perfumes para ir a embalsamar a Jesús. Muy de madrugada, el primer día de la semana, a la salida del sol, se dirigieron al sepulcro. Por el camino se decían unas a otras: "¿Quién nos quitará la piedra de la entrada del sepulcro?". Al llegar, vieron que la piedra ya estaba quitada, a pesar de ser muy grande.

Entraron en el sepulcro y vieron a un joven, vestido con una túnica blanca, sentado en el lado derecho, y se llenaron de miedo. Pero él les dijo: "No se espanten. Buscan a Jesús de Nazaret, el que fue crucificado. No está aquí; ha resucitado. Miren el sitio donde lo habían puesto. Ahora vayan a decirles a sus discípulos y a Pedro: 'Él irá delante de ustedes a Galilea. Allá lo verán, como él les dijo' ".

Palabra del Señor.   R. **Gloria a ti, Señor Jesús.**

Tercera parte
LITURGIA BAUTISMAL

Si están presentes los que se van a bautizar:

Hermanos, acompañemos con nuestra oración a quienes anhelan renacer a una nueva vida en la fuente del bautismo, para que Dios, nuestro Padre, les otorgue su protección y amor.

Si se bendice la fuente, pero no hay bautismos:

Hermanos, pidamos a Dios todopoderoso, que con su poder santifique esta fuente bautismal, para que cuantos en el bautismo van a ser regenerados en Cristo, sean agregados al número de hijos adoptivos de Dios.

31 de marzo

LETANÍAS DE LOS SANTOS

En las letanías se pueden añadir algunos nombres de santos, especialmente el del titular de la iglesia, el de los patronos del lugar y el de los patronos de quienes serán bautizados.

Señor, ten piedad de nosotros.	Señor, ten piedad de nosotros.
Cristo, ten piedad de nosotros.	Cristo, ten piedad de nosotros.
Señor, ten piedad de nosotros.	Señor, ten piedad de nosotros.

Santa María, Madre de Dios,	ruega por nosotros.
San Miguel,	ruega por nosotros.
Santos ángeles de Dios,	rueguen por nosotros.
San Juan Bautista,	ruega por nosotros.
San José,	ruega por nosotros.
San Pedro y san Pablo,	rueguen por nosotros.
San Andrés,	ruega por nosotros.
San Juan,	ruega por nosotros.
Santa María Magdalena,	ruega por nosotros.
San Esteban,	ruega por nosotros.
San Ignacio de Antioquía,	ruega por nosotros.
San Lorenzo,	ruega por nosotros.
San Felipe de Jesús,	ruega por nosotros.
Santos Cristóbal Magallanes y compañeros, mártires,	rueguen por nosotros.
Santas Perpetua y Felícitas,	rueguen por nosotros.
Santa Inés,	ruega por nosotros.
San Gregorio,	ruega por nosotros.
San Agustín,	ruega por nosotros.
San Atanasio,	ruega por nosotros.
San Basilio,	ruega por nosotros.
San Martín,	ruega por nosotros.
San Benito,	ruega por nosotros.
San Francisco y santo Domingo,	rueguen por nosotros.
San Francisco Javier,	ruega por nosotros.
San Juan María Vianney,	ruega por nosotros.
San Rafael Guízar y Valencia,	ruega por nosotros.
San José María de Yermo y Parres,	ruega por nosotros.
Santa Catalina de Siena,	ruega por nosotros.

Santa Teresa de Jesús,	ruega por nosotros.
Santa Teresa del Niño Jesús,	ruega por nosotros.
Santa María de Jesús Sacramentado Venegas,	ruega por nosotros.
Santa María Guadalupe García Zavala,	ruega por nosotros.
San Juan Diego,	ruega por nosotros.
Todos los santos y santas de Dios,	rueguen por nosotros.

Muéstrate propicio,	líbranos, Señor.
De todo mal,	líbranos, Señor.
De todo pecado,	líbranos, Señor.
De la muerte eterna,	líbranos, Señor.
Por tu encarnación,	líbranos, Señor.
Por tu muerte y resurrección,	líbranos, Señor.
Por el don del Espíritu Santo,	líbranos, Señor.

Nosotros, que somos pecadores, te rogamos, óyenos.

Si hay bautismos:
Para que estos elegidos renazcan a la
vida nueva por medio del bautismo, te rogamos, óyenos.

Si no hay bautismos:
Para que santifiques esta fuente bautismal
por la que renacerán tus hijos
a la vida nueva, te rogamos, óyenos.
Jesús, Hijo de Dios vivo, te rogamos, óyenos.

Cristo, óyenos. Cristo, óyenos.
Cristo, escúchanos. Cristo, escúchanos.

Si hay bautismos, el sacerdote, con las manos extendidas, dice esta oración:

Derrama, Señor, tu infinita bondad en este sacramento del bautismo y envía tu santo Espíritu, para que haga renacer de la fuente bautismal a estos nuevos hijos tuyos, que van a ser santificados por tu gracia, mediante nuestra humilde colaboración en este ministerio. Por Jesucristo, nuestro Señor. R. Amén.

31 de marzo

BENDICIÓN DEL AGUA BAUTISMAL

En las iglesias donde se celebran bautismos, el sacerdote bendice el agua bautismal, diciendo:

Dios nuestro, que con tu poder invisible realizas obras admirables por medio de los signos sacramentales y has hecho que tu creatura, el agua, signifique de muchas maneras la gracia del bautismo;

Dios nuestro, cuyo Espíritu aleteaba sobre la superficie de las aguas en los mismos principios del mundo, para que ya desde entonces el agua recibiera el poder de dar la vida;

Dios nuestro, que incluso en las aguas torrenciales del diluvio prefiguraste el nuevo nacimiento de los hombres, al hacer que de una manera misteriosa, un mismo elemento diera fin al pecado y origen a la virtud;

Dios nuestro, que hiciste pasar a pie, sin mojarse, el Mar Rojo a los hijos de Abraham, a fin de que el pueblo, liberado de la esclavitud del faraón, prefigurara al pueblo de los bautizados;

Dios nuestro, cuyo Hijo, al ser bautizado por el Precursor en el agua del Jordán, fue ungido por el Espíritu Santo; suspendido en la cruz, quiso que brotaran de su costado sangre y agua; y después de su resurrección mandó a sus apóstoles: "Vayan y enseñen a todas las naciones, bautizándolas en el nombre del Padre, y del Hijo y del Espíritu Santo": mira ahora a tu Iglesia en oración y abre para ella la fuente del bautismo.

Que por obra del Espíritu Santo esta agua adquiera la gracia de tu Unigénito, para que el hombre, creado a tu imagen, limpio de su antiguo pecado, por el sacramento del bautismo, renazca a la vida nueva por el agua y el Espíritu Santo.

Si es oportuno, introduce el cirio pascual en el agua, una o tres veces, diciendo:

Te pedimos, Señor, que por tu Hijo, descienda sobre el agua de esta fuente el poder del Espíritu Santo,

Manteniendo el cirio dentro del agua, prosigue:

para que todos, sepultados con Cristo en su muerte por el bautismo, resuciten también con él a la vida nueva. Él, que vive y reina contigo… R. **Amén.**

Enseguida saca el cirio del agua, y el pueblo dice la siguiente aclamación:

Fuentes del Señor, bendigan al Señor,
alábenlo y glorifíquenlo por los siglos.

BENDICIÓN DEL AGUA

Si no hay bautismos ni tampoco se bendice la fuente bautismal, el sacerdote prepara a los fieles para la bendición del agua, diciendo:

Pidamos, queridos hermanos, a Dios nuestro Señor, que se digne bendecir esta agua, con la cual seremos rociados en memoria de nuestro bautismo, y que nos renueve interiormente, para que permanezcamos fieles al Espíritu que hemos recibido.

Y después de una breve pausa en silencio, dice la siguiente oración, con las manos extendidas:

Señor, Dios nuestro, mira con bondad a este pueblo tuyo, que vela en oración en esta noche santísima, recordando la obra admirable de nuestra creación y la obra más admirable todavía, de nuestra redención. Dígnate bendecir ✠ esta agua, que tú creaste para dar fertilidad a la tierra, frescura y limpieza a nuestros cuerpos.

Tú, además, convertiste el agua en un instrumento de tu misericordia: por ella liberaste a tu pueblo de la esclavitud y en el desierto saciaste su sed; con la imagen del agua viva los profetas anunciaron la nueva alianza que deseabas establecer con los hombres; por ella, finalmente, santificada por Cristo en el Jordán, renovaste, mediante el bautismo que nos da la vida nueva, nuestra naturaleza, corrompida por el pecado.

Que esta agua nos recuerde ahora nuestro bautismo y nos haga participar en la alegría de nuestros hermanos, que han sido bautizados en esta Pascua. Por Jesucristo, nuestro Señor. R. **Amén.**

RENOVACIÓN DE LAS PROMESAS BAUTISMALES

Todos, de pie y teniendo en sus manos las velas encendidas, hacen la renovación de las promesas del bautismo, junto con los bautizandos, a no ser que ya se hubieran hecho.

El sacerdote se dirige a los fieles, con estas palabras u oras semejantes:

Hermanos, por medio del bautismo, hemos sido hechos partícipes del misterio pascual de Cristo; es decir, por medio del bautismo, hemos sido sepultados con él en su muerte para resucitar con él a la vida nueva. Por eso, culminado nuestro camino cuaresmal, es muy conveniente que renovemos las promesas de nuestro bautismo, con las cuales un día renunciamos a Satanás y a sus obras y nos comprometimos a servir a Dios, en la santa Iglesia católica. Por consiguiente:

Sacerdote: ¿Renuncian ustedes a Satanás? Todos: **Sí, renuncio.**
Sacerdote: ¿Renuncian a todas sus obras? Todos: **Sí, renuncio.**
Sacerdote: ¿Renuncian a todas sus seducciones?
Todos: **Sí, renuncio.**

O bien:

Sacerdote: ¿Renuncian ustedes al pecado, para vivir en la libertad de los hijos de Dios? Todos: **Sí, renuncio.**
Sacerdote: ¿Renuncian a todas las seducciones del mal, para que el pecado no los esclavice? Todos: **Sí, renuncio.**
Sacerdote: ¿Renuncian a Satanás, padre y autor de todo pecado?
Todos: **Sí, renuncio.**

Prosigue el sacerdote:

¿Creen ustedes en Dios, Padre todopoderoso, creador del cielo y de la tierra? Todos: **Sí, creo.**

Sacerdote:

¿Creen en Jesucristo, su Hijo único y Señor nuestro, que nació de la Virgen María, padeció y murió por nosotros, resucitó y está sentado a la derecha del Padre? Todos: **Sí, creo.**

Sacerdote:

¿Creen en el Espíritu Santo, en la santa Iglesia católica, en la comunión de los santos, en el perdón de los pecados, en la resurrección de los muertos y en la vida eterna? Todos: **Sí, creo.**

Y el sacerdote concluye:

Que Dios todopoderoso, Padre de nuestro Señor Jesucristo, que nos liberó del pecado y nos ha hecho renacer por el agua y el Espíritu Santo, nos conserve con su gracia unidos a Jesucristo, nuestro Señor, hasta la vida eterna. R. **Amén.**

El sacerdote rocía al pueblo con el agua bendita, mientras todos cantan:

Vi brotar agua del lado derecho del templo, aleluya.
Vi que en todos aquellos que recibían el agua,
surgía una vida nueva y cantaban con gozo:
Aleluya, aleluya.

Se puede entonar también algún otro canto de índole bautismal.

Cuarta parte
LITURGIA EUCARÍSTICA

El sacerdote va al altar y comienza la liturgia eucarística en la forma acostumbrada.

ORACIÓN SOBRE LAS OFRENDAS

Recibe, Señor, las súplicas de tu pueblo, junto con los dones que te presentamos, para que los misterios de la Pascua, que hemos comenzado a celebrar, nos obtengan, con tu ayuda, el remedio para conseguir la vida eterna. Por Jesucristo, nuestro Señor.

ANTÍFONA DE LA COMUNIÓN 1 Cor 5, 7-8

Cristo, nuestro Cordero Pascual, ha sido inmolado. Aleluya. Celebremos, pues, la Pascua, con el pan sin levadura, que es de sinceridad y verdad. Aleluya.

Conviene cantar el salmo 117.

ORACIÓN DESPUÉS DE LA COMUNIÓN

Infúndenos, Señor, el espíritu de tu caridad, para que, saciados con los sacramentos pascuales, vivamos siempre unidos en tu amor. Por Jesucristo, nuestro Señor.

DESPEDIDA

Anuncien a todos la alegría del Señor resucitado.
Vayan en paz, aleluya, aleluya.

O bien:

Pueden ir en paz, aleluya, aleluya.

R. **Demos gracias a Dios, aleluya, aleluya.**

CRISTO YA VENCIÓ A LA MUERTE

La muerte no es una persona, sino una deficiencia: es la cesación o término de la vida.

✳ Cristo entregó libremente
su vida en la cruz,
para salvarnos a todos.
Hoy nos alegramos
porque resucitó.

✳ Así como el anuncio de
su Resurrección se cumplió,
así se cumplirán
todas sus promesas.

**¡Aleluya! ¡Venció Jesús
y ahora vive para siempre!
¡Demos gracias a Dios!**

31 de marzo **Domingo de Pascua de la Resurrección del Señor**

(Misa del día)

(B*lanco*)

ANTÍFONA DE ENTRADA Lc 24, 34; cfr. Apoc 1, 6

El Señor ha resucitado verdaderamente, aleluya. A él la gloria y el poder por toda la eternidad, aleluya, aleluya.

Se dice Gloria.

ORACIÓN COLECTA

Señor Dios, que por medio de tu Unigénito, vencedor de la muerte, nos has abierto hoy las puertas de la vida eterna, concede a quienes celebramos la solemnidad de la resurrección del Señor, resucitar también en la luz de la vida eterna, por la acción renovadora de tu Espíritu. Por nuestro Señor Jesucristo…

El mensaje de Pascua: ¡Cristo ha resucitado!, se repite en cada una de las lecturas de la Misa. San Juan nos lleva a la entrada del sepulcro vacío, que es la garantía de nuestra fe, o bien, san Lucas nos habla del encuentro con el Resucitado en el camino a Emaús (EVANGELIO). San Pedro afirma que ha comido y bebido con Jesús después de su resurrección y, por lo tanto, puede afirmar con seguridad que Dios resucitó a su Hijo (PRIMERA LECTURA). San Pablo nos habla del cordero pascual sacrificado, que es Cristo, y nos recuerda que si hemos resucitado con él por el bautismo, debemos vivir de su nueva vida, en espera de su regreso (SEGUNDA LECTURA).

PRIMERA LECTURA

Del libro de los Hechos de los Apóstoles
10, 34. 37-43

En aquellos días, Pedro tomó la palabra y dijo: "Ya saben ustedes lo sucedido en toda Judea, que tuvo principio en Galilea, después del bautismo predicado por Juan: cómo Dios ungió con el poder del Espíritu Santo a Jesús de Nazaret, y cómo éste pasó haciendo el bien, sanando a todos los oprimidos por el diablo, porque Dios estaba con él.

Nosotros somos testigos de cuanto él hizo en Judea y en Jerusalén. Lo mataron colgándolo de la cruz, pero Dios lo resucitó al tercer día y concedió verlo, no a todo el pueblo, sino únicamente a los testigos que él, de antemano, había escogido: a nosotros, que hemos comido y bebido con él después de que resucitó de entre los muertos.

Él nos mandó predicar al pueblo y dar testimonio de que Dios lo ha constituido juez de vivos y muertos. El testimonio de los profetas es unánime: que cuantos creen en él reciben, por su medio, el perdón de los pecados".

Palabra de Dios. R. **Te alabamos, Señor.**

SALMO RESPONSORIAL
Del salmo 117

P. Ernesto Estrella B.P. 1611

Éste es el día del triunfo del Señor. Aleluya, aleluya.

R. **Éste es el día del triunfo del Señor. Aleluya.**

Te damos gracias, Señor, porque eres bueno,
porque tu misericordia es eterna.
Diga la casa de Israel:
"Su misericordia es eterna". R.
      La diestra del Señor es poderosa,
la diestra del Señor es nuestro orgullo.
No moriré, continuaré viviendo
para contar lo que el Señor ha hecho. R.
      La piedra que desecharon los constructores,
es ahora la piedra angular.
Esto es obra de la mano del Señor,
es un milagro patente. R.

SEGUNDA LECTURA

De la primera carta del apóstol san Pablo a los corintios
5, 6-8

Hermanos: ¿No saben ustedes que un poco de levadura hace fermentar toda la masa? Tiren la antigua levadura, para que sean ustedes una masa nueva, ya que son pan sin levadura, pues Cristo, nuestro cordero pascual, ha sido inmolado.

Celebremos, pues, la fiesta de la Pascua, no con la antigua levadura, que es de vicio y maldad, sino con el pan sin levadura, que es de sinceridad y verdad.

Palabra de Dios.   R. **Te alabamos, Señor.**

En lugar de la segunda lectura de 1 Corintios 5, 6-8, se puede utilizar la de Colosenses 3, 1-4, tal como aparece en el Leccionario.

31 de marzo

SECUENCIA

(Sólo el día de hoy es obligatoria; durante la octava es opcional)

Ofrezcan los cristianos
ofrendas de alabanza
a gloria de la Víctima
propicia de la Pascua.

los ángeles testigos,
sudarios y mortaja.
¡Resucitó de veras
mi amor y mi esperanza!

Cordero sin pecado,
que a las ovejas salva,
a Dios y a los culpables
unió con nueva alianza.

Venid a Galilea,
allí el Señor aguarda;
allí veréis los suyos
la gloria de la Pascua".

Lucharon vida y muerte
en singular batalla,
y, muerto el que es la vida,
triunfante se levanta.

Primicia de los muertos,
sabemos por tu gracia
que estás resucitado;
la muerte en ti no manda.

"¿Qué has visto de camino,
María, en la mañana?".
"A mi Señor glorioso,
la tumba abandonada,

Rey vencedor, apiádate
de la miseria humana
y da a tus fieles parte
en tu victoria santa.

ACLAMACIÓN ANTES DEL EVANGELIO
1 Cor 5, 7-8

B.P. 1610 - Estrella

A-le-lu - ya, a-le-lu - ya, a-le-lu-ya._

R. **Aleluya, aleluya.**
Cristo, nuestro cordero pascual, ha sido inmolado;
celebremos, pues, la Pascua.
R. **Aleluya, aleluya.**

✠ Del santo Evangelio según san Juan
20, 1-9

E l primer día después del sábado, estando todavía oscuro, fue María Magdalena al sepulcro y vio removida la piedra que lo cerraba. Echó a correr, llegó a la casa donde estaban Simón Pedro y el otro discípulo, a quien Jesús amaba, y les dijo: "Se han llevado del sepulcro al Señor y no sabemos dónde lo habrán puesto".

Salieron Pedro y el otro discípulo camino del sepulcro. Los dos iban corriendo juntos, pero el otro discípulo corrió más aprisa que Pedro y llegó primero al sepulcro, e inclinándose, miró los lienzos puestos en el suelo, pero no entró.

En eso llegó también Simón Pedro, que lo venía siguiendo, y entró en el sepulcro. Contempló los lienzos puestos en el suelo y el sudario, que había estado sobre la cabeza de Jesús, puesto no con los lienzos en el suelo, sino doblado en sitio aparte. Entonces entró también el otro discípulo, el que había llegado primero al sepulcro, y vio y creyó, porque hasta entonces no habían entendido las Escrituras, según las cuales Jesús debía resucitar de entre los muertos.

Palabra del Señor.   R. **Gloria a ti, Señor Jesús.**

En lugar del evangelio de Juan 20, 1-9, se puede utilizar el de Marcos 16, 1-7, tal como apareció en la Vigilia Pascual (p. 177).

O bien, en las Misas vespertinas:

✠ Del santo Evangelio según san Lucas
24, 13-35

E l mismo día de la resurrección, iban dos de los discípulos hacia un pueblo llamado Emaús, situado a unos once kilómetros de Jerusalén, y comentaban todo lo que había sucedido.

   Mientras conversaban y discutían, Jesús se les acercó y comenzó a caminar con ellos; pero los ojos de los dos discí-

31 de marzo

pulos estaban velados y no lo reconocieron. Él les preguntó: "¿De qué cosas vienen hablando, tan llenos de tristeza?".

Uno de ellos, llamado Cleofás, le respondió: "¿Eres tú el único forastero que no sabe lo que ha sucedido estos días en Jerusalén?". Él les preguntó: "¿Qué cosa?". Ellos le respondieron: "Lo de Jesús el nazareno, que era un profeta poderoso en obras y palabras, ante Dios y ante todo el pueblo. Cómo los sumos sacerdotes y nuestros jefes lo entregaron para que lo condenaran a muerte, y lo crucificaron. Nosotros esperábamos que él sería el libertador de Israel, y sin embargo, han pasado ya tres días desde que estas cosas sucedieron. Es cierto que algunas mujeres de nuestro grupo nos han desconcertado, pues fueron de madrugada al sepulcro, no encontraron el cuerpo y llegaron contando que se les habían aparecido unos ángeles, que les dijeron que estaba vivo. Algunos de nuestros compañeros fueron al sepulcro y hallaron todo como habían dicho las mujeres, pero a él no lo vieron".

Entonces Jesús les dijo: "¡Qué insensatos son ustedes y qué duros de corazón para creer todo lo anunciado por los profetas! ¿Acaso no era necesario que el Mesías padeciera todo esto y así entrara en su gloria?". Y comenzando por Moisés y siguiendo con todos los profetas, les explicó todos los pasajes de la Escritura que se referían a él.

Ya cerca del pueblo a donde se dirigían, él hizo como que iba más lejos; pero ellos le insistieron, diciendo: "Quédate con nosotros, porque ya es tarde y pronto va a oscurecer". Y entró para quedarse con ellos. Cuando estaban a la mesa, tomó un pan, pronunció la bendición, lo partió y se lo dio. Entonces se les abrieron los ojos y lo reconocieron, pero él se les desapareció. Y ellos se decían el uno al otro: "¡Con razón nuestro corazón ardía, mientras nos hablaba por el camino y nos explicaba las Escrituras!".

Se levantaron inmediatamente y regresaron a Jerusalén, donde encontraron reunidos a los Once con sus compañeros, los cuales les dijeron: "De veras ha resucitado el Señor y se le ha aparecido a Simón". Entonces ellos contaron lo que les había pasado en el camino y cómo lo habían reconocido al partir el pan.

Palabra del Señor.   R. **Gloria a ti, Señor Jesús.**

Se dice Credo.

ORACIÓN SOBRE LAS OFRENDAS
Llenos de júbilo por el gozo pascual te ofrecemos, Señor, este sacrificio, mediante el cual admirablemente renace y se nutre tu Iglesia. Por Jesucristo, nuestro Señor.

ANTÍFONA DE LA COMUNIÓN   1 Cor 5, 7-8
Cristo, nuestro Cordero Pascual, ha sido inmolado. Aleluya. Celebremos, pues, la Pascua, con el pan sin levadura, que es de sinceridad y verdad. Aleluya.

ORACIÓN DESPUÉS DE LA COMUNIÓN
Dios de bondad, protege paternalmente con amor incansable a tu Iglesia, para que, renovada por los misterios pascuales, pueda llegar a la gloria de la resurrección. Por Jesucristo, nuestro Señor.

DESPEDIDA
Anuncien a todos la alegría del Señor resucitado.
Vayan en paz, aleluya, aleluya.

O bien:

Pueden ir en paz, aleluya, aleluya.
R. **Demos gracias a Dios, aleluya, aleluya.**

JESÚS YA NUNCA VOLVERÁ A MORIR

¡Cristo resucitó!
¡Verdaderamente resucitó!,
es el saludo de quienes se
gozan por el triunfo pascual
del Hijo de Dios.

✳ Cristo se sometió a la
muerte de cruz, no porque
fuera algo inevitable para
él, sino porque quiso vencer
en el árbol de la cruz
a quien venció al hombre
en un árbol del paraíso.

✳ El Hijo de Dios se hizo
hombre, pero esto no fue
una simulación: él asumió la
naturaleza humana

por toda la eternidad.
¡El Resucitado vivirá
"por años sin término"!

✳ Nos alegramos porque, con
nuestro Bautismo, fuimos
hechos partícipes del
Cuerpo Místico de Cristo, y
lo que ocurrió con la Cabeza
ocurrirá con el Cuerpo:
si Cristo resucitó, nosotros
también estamos llamados
a resucitar con él.

✳ Pero tenemos que estar
conscientes de que esto
no ocurrirá de un modo
"automático".

✳ Los discípulos que
dejaron solo a Jesús el
Viernes Santo, tuvieron la
oportunidad de reparar por
su falta, y compartieron la
cruz del Señor a su debido
tiempo: todos, excepto
Juan, murieron mártires.

**"Rey vencedor, apiádate
de la miseria humana
y da a tus fieles parte
en tu victoria santa".**

7 de abril

2º Domingo de Pascua o de la Divina Misericordia

(*Blanco*)

ANTÍFONA DE ENTRADA 4 Esd 2, 36-37
Abran el corazón con alegría, y den gracias a Dios, que los ha llamado al Reino de los cielos. Aleluya.

Se dice Gloria.

ORACIÓN COLECTA

Dios de eterna misericordia, que reanimas la fe de este pueblo a ti consagrado con la celebración anual de las fiestas pascuales, aumenta en nosotros los dones de tu gracia, para que todos comprendamos mejor la excelencia del bautismo que nos ha purificado, la grandeza del Espíritu que nos ha regenerado y el precio de la Sangre que nos ha redimido. Por nuestro Señor Jesucristo…

En este domingo de la octava de Pascua, Cristo se hace presente en medio de los hermanos, que se habían reunido en memoria de la resurrección, y suscita en ellos la fe (EVANGELIO). Por esa fe en Cristo resucitado, la multitud de los creyentes piensan y sienten lo mismo (PRIMERA LECTURA). Es la misma fe por la cual consigue el cristiano la victoria sobre todas las fuerzas de desintegración y de rechazo, a las que san Juan llama "el mundo" (SEGUNDA LECTURA).

PRIMERA LECTURA

Del libro de los Hechos de los Apóstoles
4, 32-35

La multitud de los que habían creído tenía un solo corazón y una sola alma; todo lo poseían en común y nadie consideraba suyo nada de lo que tenía.

Con grandes muestras de poder, los apóstoles daban testimonio de la resurrección del Señor Jesús y todos gozaban de gran estimación entre el pueblo. Ninguno pasaba necesidad, pues los que poseían terrenos o casas, los vendían, llevaban el dinero y lo ponían a disposición de los apóstoles, y luego se distribuía según lo que necesitaba cada uno.

Palabra de Dios.   R. **Te alabamos, Señor.**

SALMO RESPONSORIAL
Del salmo 117

B. Vega B.P. 1612

La misericordia del Señor es eterna. Aleluya.

R. **La misericordia del Señor es eterna. Aleluya.**

Diga la casa de Israel: "Su misericordia es eterna".
Diga la casa de Aarón: "Su misericordia es eterna".
Digan los que temen al Señor: "Su misericordia es eterna". R.
    La diestra del Señor es poderosa,
la diestra del Señor es nuestro orgullo.

No moriré, continuaré viviendo
para contar lo que el Señor ha hecho.
Me castigó, me castigó el Señor;
pero no me abandonó a la muerte. R.

La piedra que desecharon los constructores,
es ahora la piedra angular.
Esto es obra de la mano del Señor,
es un milagro patente.
Éste es el día del triunfo del Señor,
día de júbilo y de gozo. R.

SEGUNDA LECTURA

De la primera carta del apóstol san Juan
5, 1-6

Queridos hijos: Todo el que cree que Jesús es el Mesías, ha nacido de Dios. Todo el que ama a un padre, ama también a los hijos de éste. Conocemos que amamos a los hijos de Dios en que amamos a Dios y cumplimos sus mandamientos, pues el amor de Dios consiste en que cumplamos sus preceptos. Y sus mandamientos no son pesados, porque todo el que ha nacido de Dios vence al mundo. Y nuestra fe es la que nos ha dado la victoria sobre el mundo. Porque, ¿quién es el que vence al mundo? Sólo el que cree que Jesús es el Hijo de Dios.

Jesucristo es el que vino por medio del agua y de la sangre; él vino, no sólo con agua, sino con agua y con sangre. Y el Espíritu es el que da testimonio, porque el Espíritu es la verdad.

Palabra de Dios.   R. **Te alabamos, Señor.**

SECUENCIA opcional, p. 188.

Jn 20, 29

B.P. 1610 - Estrella

A - le - lu - ya, a - le - lu - ya, a - le - lu - ya.___

R. **Aleluya, aleluya.**
Tomás, tú crees porque me has visto;
dichosos los que creen sin haberme visto, dice el Señor.
R. **Aleluya, aleluya.**

EVANGELIO

✠ Del santo Evangelio según san Juan
20, 19-31

R. **Gloria a ti, Señor.**

Al anochecer del día de la resurrección, estando cerradas las puertas de la casa donde se hallaban los discípulos, por miedo a los judíos, se presentó Jesús en medio de ellos y les dijo: "La paz esté con ustedes". Dicho esto, les mostró las manos y el costado. Cuando los discípulos vieron al Señor, se llenaron de alegría.

De nuevo les dijo Jesús: "La paz esté con ustedes. Como el Padre me ha enviado, así también los envío yo". Después de decir esto, sopló sobre ellos y les dijo: "Reciban el Espíritu Santo. A los que les perdonen los pecados, les quedarán perdonados; y a los que no se los perdonen, les quedarán sin perdonar".

Tomás, uno de los Doce, a quien llamaban el Gemelo, no estaba con ellos cuando vino Jesús, y los otros discípulos le decían: "Hemos visto al Señor". Pero él les contestó: "Si no veo en sus manos la señal de los clavos y si no meto mi dedo en los agujeros de los clavos y no meto mi mano en su costado, no creeré".

Ocho días después, estaban reunidos los discípulos a puerta cerrada y Tomás estaba con ellos. Jesús se presentó de nuevo en medio de ellos y les dijo: "La paz esté con ustedes". Luego le dijo a Tomás: "Aquí están mis manos, acerca tu dedo. Trae acá tu mano, métela en mi costado y no sigas dudando, sino cree". Tomás le respondió: "¡Señor mío y Dios mío!". Jesús añadió: "Tú crees porque me has visto; dichosos los que creen sin haber visto".

Otros muchos signos hizo Jesús en presencia de sus discípulos, pero no están escritos en este libro. Se escribieron éstos para que ustedes crean que Jesús es el Mesías, el Hijo de Dios, y para que, creyendo, tengan vida en su nombre.

Palabra del Señor. R. **Gloria a ti, Señor Jesús.**

Se dice Credo.

ORACIÓN SOBRE LAS OFRENDAS
Recibe, Señor, las ofrendas de tu pueblo (y de los recién bautizados), para que, renovados por la confesión de tu nombre y por el bautismo, consigamos la felicidad eterna. Por Jesucristo, nuestro Señor.

ANTÍFONA DE LA COMUNIÓN Cfr. Jn 20, 27
Jesús dijo a Tomás: Acerca tu mano, toca los agujeros que dejaron los clavos y no seas incrédulo, sino creyente. Aleluya.

ORACIÓN DESPUÉS DE LA COMUNIÓN
Dios todopoderoso, concédenos que la gracia recibida en este sacramento pascual permanezca siempre en nuestra vida. Por Jesucristo, nuestro Señor.

LA SANGRE Y EL AGUA QUE NOS DAN LA VIDA ETERNA

Este segundo domingo del Tiempo Pascual fue designado "Domingo de la Divina Misericordia" por el Papa san Juan Pablo II, en el año 2000, durante la canonización de santa Faustina Kowalska.

✳ Estamos dentro de la Cincuentena pascual, alegres por la Resurrección del Señor, pero nada obsta para reconocer que la obra salvífica de Jesucristo proviene de la Misericordia de Dios.

✳ El *Catecismo de la Iglesia católica*, en su número 1225, nos dice: "La sangre y el agua que brotaron del costado traspasado de Jesús crucificado (cfr. Jn 19, 34) son figuras del Bautismo y de la Eucaristía, sacramentos de la vida nueva (cfr. 1 Jn 5, 6-8): desde entonces, es posible 'nacer del agua y del Espíritu' para entrar en el Reino de Dios (Jn 3, 5)".

✳ En la Pasión, Muerte y Resurrección del Señor se derramó su Misericordia sobre la humanidad.

Cantemos, llenos de gozo: "La misericordia del Señor es eterna. Aleluya".

8 de abril
Lunes

Anunciación del Señor
(B*lanco*)

ANTÍFONA DE ENTRADA   Heb 10, 5. 7

Cristo dijo, al entrar en el mundo: Aquí estoy, Dios mío; vengo para cumplir tu voluntad.

Se dice Gloria.

ORACIÓN COLECTA

Dios nuestro, que quisiste que tu Palabra asumiera la realidad de nuestra carne en el seno de la Virgen María, concede, a quienes proclamamos a nuestro Redentor como verdadero Dios y verdadero hombre, que merezcamos participar de su naturaleza divina. Por nuestro Señor Jesucristo…

Esta solemnidad por largo tiempo fue considerada la mayor de las fiestas de María, celebración de su maternidad del divino Niño. En la actualidad es claramente una fiesta del Señor, pero con el apropiado enfoque a María. El papel de la Madre de Dios se explica en el EVANGELIO. Dios no entró al mundo por la fuerza; quiso ser aceptado. El "sí" de María es la realización definitiva de la alianza. En ella está presente todo el pueblo de la promesa: el antiguo (Israel) y el nuevo (la Iglesia). "El Señor está con ella", es decir, Dios es nuestro Dios y nosotros somos para siempre su pueblo. La victoria de Dios sobre el mal es definitiva (PRIMERA LECTURA).

PRIMERA LECTURA

Del libro del Apocalipsis del apóstol san Juan

12, 7-12

En el cielo se trabó una gran batalla: Miguel y sus ángeles pelearon contra el dragón. El dragón y sus ángeles lucharon ferozmente, pero fueron vencidos y arrojados del cielo para siempre. Así, el dragón, que es la antigua serpiente, la que se llama Diablo y Satanás, la que engaña al mundo entero, fue precipitado a la tierra, junto con sus ángeles.

Entonces yo, Juan, oí en el cielo una voz poderosa, que decía: "Ha sonado la hora de la victoria de nuestro Dios, de su dominio y de su reinado, y del poder de su Mesías, porque ha sido reducido a la impotencia el que de día y de noche acusaba a nuestros hermanos, delante de Dios. Pero ellos lo han vencido por medio de la sangre del Cordero y por el testimonio que dieron, pues su amor a la vida no les impidió aceptar la muerte. Por eso, alégrense los cielos y todos los que en ellos habitan".

Palabra de Dios.   R. **Te alabamos, Señor.**

SALMO RESPONSORIAL

Del salmo 137

F. Nieto R., B.P. 800

De to-do co-ra-zón___ te da-mos gra-cias, Se-ñor. A-le-lu-ya. *Fin*

R. **De todo corazón te damos gracias, Señor. Aleluya.**

De todo corazón te damos gracias,
Señor, porque escuchaste nuestros ruegos.
Te cantaremos delante de tus ángeles,
te adoraremos en tu templo. R.

Señor, te damos gracias
por tu lealtad y por tu amor:
siempre que te invocamos nos oíste
y nos llenaste de valor. R.

Que todos los reyes de la tierra te reconozcan,
al escuchar tus prodigios.
Que alaben tus caminos,
porque tu gloria es inmensa. R.

SEGUNDA LECTURA
De la carta a los hebreos
10, 4-10

H ermanos: Es imposible que la sangre de toros y machos cabríos pueda borrar los pecados. Por eso, al entrar al mundo, Cristo dijo, conforme al salmo: *No quisiste víctimas ni ofrendas; en cambio, me has dado un cuerpo. No te agradaron los holocaustos ni los sacrificios por el pecado; entonces dije –porque a mí se refiere la Escritura–: "Aquí estoy, Dios mío; vengo para hacer tu voluntad".*

Comienza por decir: *No quisiste víctimas ni ofrendas, no te agradaron los holocaustos ni los sacrificios por el pecado* –siendo así que eso es lo que pedía la ley–; y luego añade: "*Aquí estoy, Dios mío; vengo para hacer tu voluntad*".

Con esto, Cristo suprime los antiguos sacrificios, para establecer el nuevo. Y en virtud de esta voluntad, todos quedamos santificados por la ofrenda del cuerpo de Jesucristo, hecha una vez por todas.

Palabra de Dios.   R. **Te alabamos, Señor.**

ACLAMACIÓN ANTES DEL EVANGELIO
Jn 1, 14

B.P. 1610 - Estrella

A-le-lu - ya, a - le-lu - ya, a - le - lu - ya.____

R.   **Aleluya, aleluya.**

Aquel que es la Palabra se hizo hombre
y habitó entre nosotros y hemos visto su gloria.

R.   **Aleluya, aleluya.**

EVANGELIO

✠ Del santo Evangelio según san Lucas
1, 26-38

R.   **Gloria a ti, Señor.**

En aquel tiempo, el ángel Gabriel fue enviado por Dios a una ciudad de Galilea, llamada Nazaret, a una virgen desposada con un varón de la estirpe de David, llamado José. La virgen se llamaba María.

Entró el ángel a donde ella estaba y le dijo: "Alégrate, llena de gracia, el Señor está contigo". Al oír estas palabras, ella se preocupó mucho y se preguntaba qué querría decir semejante saludo.

El ángel le dijo: "No temas, María, porque has hallado gracia ante Dios. Vas a concebir y a dar a luz un hijo y le pondrás por nombre Jesús. Él será grande y será llamado Hijo del Altísimo; el Señor Dios le dará el trono de David, su padre, y él reinará sobre la casa de Jacob por los siglos y su reinado no tendrá fin".

María le dijo entonces al ángel: "¿Cómo podrá ser esto, puesto que yo permanezco virgen?". El ángel le contestó: "El Espíritu Santo descenderá sobre ti y el poder del Altísimo te cubrirá con su sombra. Por eso, el Santo, que va a nacer de ti, será llamado Hijo de Dios. Ahí tienes a tu parienta Isabel, que a pesar de su vejez, ha concebido un hijo y ya va en el sexto mes la que llamaban estéril, porque no hay nada imposible para Dios". María contestó: "Yo soy la esclava del Señor; cúmplase en mí lo que me has dicho". Y el ángel se retiró de su presencia.

Palabra del Señor.   R.   **Gloria a ti, Señor Jesús.**

Se dice Credo. Todos se arrodillan a las palabras y por obra…

ORACIÓN SOBRE LAS OFRENDAS

Dios todopoderoso, dígnate aceptar los dones de tu Iglesia, que reconoce su origen en la encarnación de tu Unigénito, y concédele celebrar con gozo sus misterios en esta solemnidad. Por Jesucristo, nuestro Señor.

ANTÍFONA DE LA COMUNIÓN   Is 7, 14

Miren: la Virgen concebirá y dará a luz un hijo, a quien le pondrá el nombre de Emmanuel.

ORACIÓN DESPUÉS DE LA COMUNIÓN

Señor, por esta comunión fortalece en nosotros la verdadera fe, para que, cuantos proclamamos que el Hijo de la Virgen María es verdadero Dios y verdadero hombre, lleguemos a la alegría eterna por el poder salvador de su resurrección. Por Jesucristo, nuestro Señor.

"NO HAY NADA IMPOSIBLE PARA DIOS"

Dios quiso encarnarse para reconciliar al mundo consigo, pero para esto también quiso la participación humana.

✽ La humilde Virgen de Nazaret, si bien fue elegida de antemano para esta misión, actuó siempre con plena libertad. Dios respetó su libertad, como lo hace con cada uno de nosotros.

✽ Dios confió en María, y ella confió en él.

Imitemos a esta gran mujer y abandonémonos confiadamente en las manos paternas de Dios.

14 de abril 3er Domingo de Pascua

(Blanco)

ANTÍFONA DE ENTRADA Cfr. Sal 65, 1-2

Aclama a Dios, tierra entera. Canten todos un himno a su nombre, denle gracias y alábenlo. Aleluya.

Se dice Gloria.

ORACIÓN COLECTA

Dios nuestro, que tu pueblo se regocije siempre al verse renovado y rejuvenecido, para que, al alegrarse hoy por haber recobrado la dignidad de su adopción filial, aguarde seguro con gozosa esperanza el día de la resurrección. Por nuestro Señor Jesucristo…

En el relato sobre la aparición de Jesús resucitado a sus discípulos, al anochecer del día de Pascua (EVANGELIO), se insiste en el dato de que Jesús se dejó tocar por los suyos y comió con ellos. Aquella prueba indiscutible de la resurrección, sirvió de fundamento a la fe de los apóstoles, como lo dice Pedro al dirigirse al pueblo (PRIMERA LECTURA). Juan asegura (SEGUNDA LECTURA) que Cristo es la víctima de expiación por nuestros pecados.

PRIMERA LECTURA
Del libro de los Hechos de los Apóstoles
3, 13-15. 17-19

En aquellos días, Pedro tomó la palabra y dijo: "El Dios de Abraham, de Isaac y de Jacob, el Dios de nuestros padres, ha glorificado a su siervo Jesús, a quien ustedes entregaron a Pilato, y a quien rechazaron en su presencia, cuando él ya había decidido ponerlo en libertad. Rechazaron al santo, al justo, y pidieron el indulto de un asesino; han dado muerte al autor de la vida, pero Dios lo resucitó de entre los muertos y de ello nosotros somos testigos.

Ahora bien, hermanos, yo sé que ustedes han obrado por ignorancia, de la misma manera que sus jefes; pero Dios cumplió así lo que había predicho por boca de los profetas: que su Mesías tenía que padecer. Por lo tanto, arrepiéntanse y conviértanse, para que se les perdonen sus pecados".

Palabra de Dios.   R. **Te alabamos, Señor.**

SALMO RESPONSORIAL
Del salmo 4

E. Estrella B.P. 1613

R. **En ti, Señor, confío. Aleluya.**

Tú que conoces lo justo de mi causa,
Señor, responde a mi clamor.
Tú que me has sacado con bien de mis angustias,
apiádate y escucha mi oración. R.

    Admirable en bondad
ha sido el Señor para conmigo,
y siempre que lo invoco me ha escuchado;
por eso en él confío. R.

14 de abril

205

[R. **En ti, Señor, confío. Aleluya.**]

En paz, Señor, me acuesto
y duermo en paz,
pues sólo tú, Señor,
eres mi tranquilidad. R.

SEGUNDA LECTURA

De la primera carta del apóstol san Juan
2, 1-5

Hijitos míos: Les escribo esto para que no pequen. Pero, si alguien peca, tenemos como intercesor ante el Padre, a Jesucristo, el justo. Porque él se ofreció como víctima de expiación por nuestros pecados, y no sólo por los nuestros, sino por los del mundo entero.

En esto tenemos una prueba de que conocemos a Dios, en que cumplimos sus mandamientos. El que dice: "Yo lo conozco", pero no cumple sus mandamientos, es un mentiroso y la verdad no está en él. Pero en aquel que cumple su palabra, el amor de Dios ha llegado a su plenitud, y precisamente en esto conocemos que estamos unidos a él.

Palabra de Dios.   R. **Te alabamos, Señor.**

ACLAMACIÓN ANTES DEL EVANGELIO
Cfr. Lc 24, 32

B.P. 1610 - Estrella

A - le - lu - ya, a - le - lu - ya, a - le - lu - ya.

R. **Aleluya, aleluya.**
Señor Jesús, haz que comprendamos las Escrituras.
Enciende nuestro corazón mientras nos hablas.
R. **Aleluya, aleluya.**

EVANGELIO

✝ Del santo Evangelio según san Lucas
24, 35-48

R. **Gloria a ti, Señor.**

Cuando los dos discípulos regresaron de Emaús y llegaron al sitio donde estaban reunidos los apóstoles, les contaron lo que les había pasado en el camino y cómo habían reconocido a Jesús al partir el pan.

Mientras hablaban de esas cosas, se presentó Jesús en medio de ellos y les dijo: "La paz esté con ustedes". Ellos, desconcertados y llenos de temor, creían ver un fantasma. Pero él les dijo: "No teman; soy yo. ¿Por qué se espantan? ¿Por qué surgen dudas en su interior? Miren mis manos y mis pies. Soy yo en persona. Tóquenme y convénzanse: un fantasma no tiene ni carne ni huesos, como ven que tengo yo". Y les mostró las manos y los pies. Pero como ellos no acababan de creer de pura alegría y seguían atónitos, les dijo: "¿Tienen aquí algo de comer?". Le ofrecieron un trozo de pescado asado; él lo tomó y se puso a comer delante de ellos.

Después les dijo: "Lo que ha sucedido es aquello de que les hablaba yo, cuando aún estaba con ustedes: que tenía que cumplirse todo lo que estaba escrito de mí en la ley de Moisés, en los profetas y en los salmos".

Entonces les abrió el entendimiento para que comprendieran las Escrituras y les dijo: "Está escrito que el Mesías tenía que padecer y había de resucitar de entre los muertos al tercer día, y que en su nombre se había de predicar a todas las naciones, comenzando por Jerusalén, la necesidad de volverse a Dios para el perdón de los pecados. Ustedes son testigos de esto".

Palabra del Señor. R. **Gloria a ti, Señor Jesús.**

Se dice Credo.

ORACIÓN SOBRE LAS OFRENDAS

Recibe, Señor, los dones que, jubilosa, tu Iglesia te presenta, y puesto que es a ti a quien debe su alegría, concédele también disfrutar de la felicidad eterna. Por Jesucristo, nuestro Señor

ANTÍFONA DE LA COMUNIÓN   Lc 24, 46-47

Era necesario que Cristo padeciera y resucitara de entre los muertos al tercer día y que, en su nombre, se predicara a todos los pueblos el arrepentimiento para el perdón de los pecados. Aleluya.

ORACIÓN DESPUÉS DE LA COMUNIÓN

Dirige, Señor, tu mirada compasiva sobre tu pueblo, al que te has dignado renovar con estos misterios de vida eterna, y concédele llegar un día a la gloria incorruptible de la resurrección. Por Jesucristo, nuestro Señor.

ES NECESARIO
QUE NOS VOLVAMOS A DIOS

Los discípulos de Emaús, luego de su encuentro con el Resucitado, regresaron a Jerusalén para contarles a los Once la feliz noticia.

❖ Entonces Jesús se les apareció y les dio claras muestras de que estaba vivo, y les explicó que tenía que cumplirse todo lo que estaba escrito de él "en la ley de Moisés, en los profetas y en los salmos".

Que el Señor nos abra el entendimiento, para que comprendamos las Escrituras y la necesidad de volvernos a Dios para el perdón de nuestros pecados.

21 de abril

4º Domingo de Pascua

(*Blanco*)

ANTÍFONA DE ENTRADA   Cfr. Sal 32, 5-6
La tierra está llena del amor del Señor y su palabra hizo los cielos. Aleluya.

Se dice Gloria.

ORACIÓN COLECTA
Dios todopoderoso y eterno, te pedimos que nos lleves a gozar de las alegrías celestiales, para que tu rebaño, a pesar de su fragilidad, llegue también a donde lo precedió su glorioso Pastor. Él, que vive y reina contigo…

La parábola del buen pastor (EVANGELIO) adquiere mayor importancia durante estas semanas, en las que recordamos que Jesús derramó su sangre y entregó su vida por sus ovejas. También recordamos que recuperó la vida al resucitar y, en nombre del que venció a la muerte, Pedro hizo caminar al paralítico (PRIMERA LECTURA). Asimismo es Jesús quien nos introduce a la intimidad de Dios, hoy en la fe y mañana cara a cara, cuando "lo veremos tal cual es" (SEGUNDA LECTURA).

PRIMERA LECTURA

Del libro de los Hechos de los Apóstoles

4, 8-12

En aquellos días, Pedro, lleno del Espíritu Santo, dijo: "Jefes del pueblo y ancianos, puesto que hoy se nos interroga acerca del beneficio hecho a un hombre enfermo, para saber cómo fue curado, sépanlo ustedes y sépalo todo el pueblo de Israel: este hombre ha quedado sano en el nombre de Jesús de Nazaret, a quien ustedes crucificaron y a quien Dios resucitó de entre los muertos. Este mismo Jesús *es la piedra que ustedes, los constructores, han desechado y que ahora es la piedra angular.* Ningún otro puede salvarnos, porque no hay bajo el cielo otro nombre dado a los hombres por el que nosotros debamos salvarnos".

Palabra de Dios.   R. **Te alabamos, Señor.**

SALMO RESPONSORIAL

Del salmo 117

B. Carrillo B.P. 1614

La pie - dra que de - se - cha - ron los cons - truc - to - res
es a - ho - ra la pie - dra an - gu - lar. A - le - lu - ya.

R. **La piedra que desecharon los constructores es ahora la piedra angular. Aleluya.**

Te damos gracias, Señor, porque eres bueno,
porque tu misericordia es eterna.
Más vale refugiarse en el Señor,
que poner en los hombres la confianza;
más vale refugiarse en el Señor,
que buscar con los fuertes una alianza. R.

Te doy gracias, Señor, pues me escuchaste
y fuiste para mí la salvación.
La piedra que desecharon los constructores,
es ahora la piedra angular.
Esto es obra de la mano del Señor,
es un milagro patente. R.

Bendito el que viene en nombre del Señor.
Que Dios desde su templo nos bendiga.
Tú eres mi Dios, y te doy gracias.
Tú eres mi Dios, y yo te alabo.
Te damos gracias, Señor, porque eres bueno,
porque tu misericordia es eterna. R.

SEGUNDA LECTURA

De la primera carta del apóstol san Juan
3, 1-2

Queridos hijos: Miren cuánto amor nos ha tenido el Padre, pues no sólo nos llamamos hijos de Dios, sino que lo somos. Si el mundo no nos reconoce, es porque tampoco lo ha reconocido a él.

Hermanos míos, ahora somos hijos de Dios, pero aún no se ha manifestado cómo seremos al fin. Y ya sabemos que, cuando él se manifieste, vamos a ser semejantes a él, porque lo veremos tal cual es.

Palabra de Dios.   R. **Te alabamos, Señor.**

ACLAMACIÓN ANTES DEL EVANGELIO
Jn 10, 14

B.P. 1610 - Estrella

A-le-lu - ya, a-le-lu - ya, a - le - lu - ya.___

R. **Aleluya, aleluya.**

Yo soy el buen pastor, dice el Señor;

yo conozco a mis ovejas y ellas me conocen a mí.

R. **Aleluya, aleluya.**

EVANGELIO

✠ Del santo Evangelio según san Juan
10, 11-18

R. **Gloria a ti, Señor.**

En aquel tiempo, Jesús dijo a los fariseos: "Yo soy el buen pastor. El buen pastor da la vida por sus ovejas. En cambio, el asalariado, el que no es el pastor ni el dueño de las ovejas, cuando ve venir al lobo, abandona las ovejas y huye; el lobo se arroja sobre ellas y las dispersa, porque a un asalariado no le importan las ovejas.

Yo soy el buen pastor, porque conozco a mis ovejas y ellas me conocen a mí, así como el Padre me conoce a mí y yo conozco al Padre. Yo doy la vida por mis ovejas. Tengo además otras ovejas que no son de este redil y es necesario que las traiga también a ellas; escucharán mi voz y habrá un solo rebaño y un solo pastor.

El Padre me ama porque doy mi vida para volverla a tomar. Nadie me la quita; yo la doy porque quiero. Tengo poder para darla y lo tengo también para volverla a tomar. Éste es el mandato que he recibido de mi Padre''.

Palabra del Señor.   R. **Gloria a ti, Señor Jesús.**

Se dice Credo.

ORACIÓN SOBRE LAS OFRENDAS

Concédenos, Señor, vivir siempre llenos de gratitud por estos misterios pascuales que celebramos, para que, continuamente renovados por su acción, se conviertan para nosotros en causa de eterna felicidad. Por Jesucristo, nuestro Señor.

Ha resucitado el Buen Pastor, que dio la vida por sus ovejas y se entregó a la muerte por su rebaño. Aleluya.

ORACIÓN DESPUÉS DE LA COMUNIÓN

Buen Pastor, vela con solicitud por tu rebaño y dígnate conducir a las ovejas que redimiste con la preciosa sangre de tu Hijo, a las praderas eternas. Por Jesucristo, nuestro Señor.

EL BUEN PASTOR NO ES COBARDE

Jesús es el verdadero Buen Pastor; él dio la vida por sus ovejas, ¡y de qué manera!

✠ Pero el Señor nos confía a cada uno de nosotros, de un modo o de otro, alguna o algunas ovejas para que las cuidemos.

✠ Dar la vida por ellas será, con la ayuda de Dios, la disponibilidad para atenderlas, para ver por su verdadero bien y evitar que se pierdan por oscuros caminos y sean devoradas por lobos feroces.

"El buen pastor da la vida por sus ovejas".

21 de abril

213

28 de abril

5º Domingo de Pascua
(*Blanco*)

ANTÍFONA DE ENTRADA   Cfr. Sal 97, 1-2
Canten al Señor un cántico nuevo, porque ha hecho maravillas y todos los pueblos han presenciado su victoria. Aleluya.

Se dice Gloria.

ORACIÓN COLECTA
Dios todopoderoso y eterno, lleva a su plenitud en nosotros el sacramento pascual, para que, a quienes te dignaste renovar por el santo bautismo, les hagas posible, con el auxilio de tu protección, abundar en frutos buenos, y alcanzar los gozos de la vida eterna. Por nuestro Señor Jesucristo...

Después de su conversión en el camino de Damasco, san Pablo se presentó a los apóstoles para que su misión fuera auténtica en el seno de la Iglesia (PRIMERA LECTURA). San Juan nos habla después de la esencia de esta misión de apostolado, cifrada en la intimidad con Jesús: "que creamos en la persona de Jesucristo [...] y nos amemos los unos a los otros, conforme al precepto que nos dio" (SEGUNDA LECTURA). Luego, el mismo san Juan nos relata la parábola de la viña (EVANGELIO), en la que Jesús dice: "Yo soy la vid, ustedes los sarmientos", para indicarnos que vivimos de su vida.

PRIMERA LECTURA

Del libro de los Hechos de los Apóstoles
9, 26-31

Cuando Pablo regresó a Jerusalén, trató de unirse a los discípulos, pero todos le tenían miedo, porque no creían que se hubiera convertido en discípulo.

Entonces, Bernabé lo presentó a los apóstoles y les refirió cómo Saulo había visto al Señor en el camino, cómo el Señor le había hablado y cómo él había predicado en Damasco, con valentía, en el nombre de Jesús. Desde entonces, vivió con ellos en Jerusalén, iba y venía, predicando abiertamente en el nombre del Señor, hablaba y discutía con los judíos de habla griega y éstos intentaban matarlo. Al enterarse de esto, los hermanos condujeron a Pablo a Cesarea y lo despacharon a Tarso.

En aquellos días, las comunidades cristianas gozaban de paz en toda Judea, Galilea y Samaria, con lo cual se iban consolidando, progresaban en la fidelidad a Dios y se multiplicaban, animadas por el Espíritu Santo.

Palabra de Dios.   R. **Te alabamos, Señor.**

SALMO RESPONSORIAL

Del salmo 21

B. Carrillo B.P. 1615

Ben - di - to se - a el Se - ñor. A - le - lu - ya.

28 de abril

215

R. **Bendito sea el Señor. Aleluya.**

Le cumpliré mis promesas al Señor
delante de sus fieles.
Los pobres comerán hasta saciarse
y alabarán al Señor los que lo buscan:
su corazón ha de vivir para siempre. R.

Recordarán al Señor y volverán a él
desde los últimos lugares del mundo;
en su presencia se postrarán
todas las familias de los pueblos.
Sólo ante él se postrarán todos los que mueren. R.

Mi descendencia lo servirá
y le contará a la siguiente generación,
al pueblo que ha de nacer,
la justicia del Señor
y todo lo que él ha hecho. R.

SEGUNDA LECTURA

De la primera carta del apóstol san Juan
3, 18-24

Hijos míos: No amemos solamente de palabra, amemos
de verdad y con las obras. En esto conoceremos que somos de la verdad y delante de Dios tranquilizaremos nuestra
conciencia de cualquier cosa que ella nos reprochare, porque Dios es más grande que nuestra conciencia y todo lo
conoce. Si nuestra conciencia no nos remuerde, entonces,
hermanos míos, nuestra confianza en Dios es total.

Puesto que cumplimos los mandamientos de Dios y hacemos lo que le agrada, ciertamente obtendremos de él todo
lo que le pidamos. Ahora bien, éste es su mandamiento: que
creamos en la persona de Jesucristo, su Hijo, y nos amemos
los unos a los otros, conforme al precepto que nos dio. Quien
cumple sus mandamientos permanece en Dios y Dios en él.

En esto conocemos, por el Espíritu que él nos ha dado, que él permanece en nosotros.

Palabra de Dios.   R. **Te alabamos, Señor.**

ACLAMACIÓN ANTES DEL EVANGELIO
Jn 15, 4. 5

B.P. 1610 - Estrella

A-le-lu - ya, a-le-lu - ya, a - le - lu - ya.___

R. **Aleluya, aleluya.**
Permanezcan en mí y yo en ustedes, dice el Señor;
el que permanece en mí da fruto abundante.
R. **Aleluya, aleluya.**

EVANGELIO

✠ Del santo Evangelio según san Juan
15, 1-8

R. **Gloria a ti, Señor.**

En aquel tiempo, Jesús dijo a sus discípulos: "Yo soy la verdadera vid y mi Padre es el viñador. Al sarmiento que no da fruto en mí, él lo arranca, y al que da fruto lo poda para que dé más fruto.

Ustedes ya están purificados por las palabras que les he dicho. Permanezcan en mí y yo en ustedes. Como el sarmiento no puede dar fruto por sí mismo, si no permanece en la vid, así tampoco ustedes, si no permanecen en mí. Yo soy la vid, ustedes los sarmientos; el que permanece en mí y yo en él, ése da fruto abundante, porque sin mí nada pueden hacer. Al que no permanece en mí se le echa fuera, como al sarmiento, y se seca; luego lo recogen, lo arrojan al fuego y arde.

Si permanecen en mí y mis palabras permanecen en ustedes, pidan lo que quieran y se les concederá. La gloria de mi Padre consiste en que den mucho fruto y se manifiesten así como discípulos míos''.

Palabra del Señor. R. **Gloria a ti, Señor Jesús.**

Se dice Credo.

ORACIÓN SOBRE LAS OFRENDAS

Dios nuestro, que por el santo valor de este sacrificio nos hiciste participar de tu misma y gloriosa vida divina, concédenos que, así como hemos conocido tu verdad, de igual manera vivamos de acuerdo con ella. Por Jesucristo, nuestro Señor.

ANTÍFONA DE LA COMUNIÓN   Cfr. Jn 15, 1. 5

Yo soy la vid verdadera y ustedes los sarmientos, dice el Señor; si permanecen en mí y yo en ustedes darán fruto abundante. Aleluya.

ORACIÓN DESPUÉS DE LA COMUNIÓN

Señor, muéstrate benigno con tu pueblo, y ya que te dignaste alimentarlo con los misterios celestiales, hazlo pasar de su antigua condición de pecado a una vida nueva. Por Jesucristo, nuestro Señor.

"SIN MÍ NADA PUEDEN HACER"

Por nuestro Bautismo fuimos injertados en Jesús, en su Vida, Pasión, Muerte y Resurrección.

✳ Libremente tenemos que optar por mantenernos unidos a Jesús, mediante los sacramentos y la oración.

✳ Sólo con la ayuda de Dios tendremos la luz y la fuerza para realizar buenas obras.

Podremos dar frutos de vida eterna únicamente si estamos unidos a Jesús.

5 de mayo

6° Domingo de Pascua

ANTÍFONA DE ENTRADA Cfr. Is 48, 20

Con voz de júbilo, anúncienlo; que se oiga. Que llegue a todos los rincones de la tierra: el Señor ha liberado a su pueblo. Aleluya.

Se dice Gloria.

ORACIÓN COLECTA

Dios todopoderoso, concédenos continuar celebrando con incansable amor estos días de tanta alegría en honor del Señor resucitado, y que los misterios que hemos venido conmemorando se manifiesten siempre en nuestras obras. Por nuestro Señor Jesucristo…

Los Hechos de los Apóstoles (PRIMERA LECTURA) nos refieren hoy el bautismo del oficial romano Cornelio, efectuado por san Pedro. La Iglesia de Jesús, al acoger por primera vez a un pagano en su seno, afirma su catolicidad. San Juan nos presenta a esa misma Iglesia, llena del Espíritu, como una fraternidad. Es la Iglesia del amor, de acuerdo con el mandato que recibió de su Señor (EVANGELIO). Es también ése el principio de vida que recibió de Dios y que lo orienta hacia él, porque Dios es amor (SEGUNDA LECTURA).

PRIMERA LECTURA

Del libro de los Hechos de los Apóstoles
10, 25-26. 34-35. 44-48

En aquel tiempo, entró Pedro en la casa del oficial Cornelio, y éste le salió al encuentro y se postró ante él en señal de adoración. Pedro lo levantó y le dijo: "Ponte de pie, pues soy un hombre como tú". Luego añadió: "Ahora caigo en la cuenta de que Dios no hace distinción de personas, sino que acepta al que lo teme y practica la justicia, sea de la nación que fuere".

Todavía estaba hablando Pedro, cuando el Espíritu Santo descendió sobre todos los que estaban escuchando el mensaje. Al oírlos hablar en lenguas desconocidas y proclamar la grandeza de Dios, los creyentes judíos que habían venido con Pedro, se sorprendieron de que el don del Espíritu Santo se hubiera derramado también sobre los paganos.

Entonces Pedro sacó esta conclusión: "¿Quién puede negar el agua del bautismo a los que han recibido el Espíritu Santo lo mismo que nosotros?". Y los mandó bautizar en el nombre de Jesucristo. Luego le rogaron que se quedara con ellos algunos días.

Palabra de Dios.   R. **Te alabamos, Señor.**

SALMO RESPONSORIAL

Del salmo 97

J.J. García B.P. 1616

El Señor nos ha mostrado su amor y su lealtad. Aleluya.

R. **El Señor nos ha mostrado su amor y su lealtad. Aleluya.**

Cantemos al Señor un canto nuevo,
pues ha hecho maravillas.
Su diestra y su santo brazo
le han dado la victoria. **R.**

El Señor ha dado a conocer su victoria
y ha revelado a las naciones su justicia.
Una vez más ha demostrado Dios
su amor y su lealtad hacia Israel. **R.**

La tierra entera ha contemplado
la victoria de nuestro Dios.
Que todos los pueblos y naciones
aclamen con júbilo al Señor. **R.**

SEGUNDA LECTURA

De la primera carta del apóstol san Juan
4, 7-10

Queridos hijos: Amémonos los unos a los otros, porque el amor viene de Dios; y todo el que ama ha nacido de Dios y conoce a Dios. El que no ama, no conoce a Dios, porque Dios es amor. El amor que Dios nos tiene se ha manifestado en que envió al mundo a su Hijo unigénito, para que vivamos por él.

El amor consiste en esto: no en que nosotros hayamos amado a Dios, sino en que él nos amó primero y nos envió a su Hijo, como víctima de expiación por nuestros pecados.

Palabra de Dios.   **R.** **Te alabamos, Señor.**

ACLAMACIÓN ANTES DEL EVANGELIO
Jn 14, 23

B.P. 1610 - Estrella

A-le-lu - ya, a-le-lu - ya, a-le-lu-ya.___

R. **Aleluya, aleluya.**

El que me ama, cumplirá mi palabra, dice el Señor;
y mi Padre lo amará y vendremos a él.

R. **Aleluya, aleluya.**

EVANGELIO

✠ Del santo Evangelio según san Juan 15, 9-17

R. **Gloria a ti, Señor.**

En aquel tiempo, Jesús dijo a sus discípulos: "Como el Padre me ama, así los amo yo. Permanezcan en mi amor. Si cumplen mis mandamientos, permanecen en mi amor; lo mismo que yo cumplo los mandamientos de mi Padre y permanezco en su amor. Les he dicho esto para que mi alegría esté en ustedes y su alegría sea plena.

Éste es mi mandamiento: que se amen los unos a los otros como yo los he amado. Nadie tiene amor más grande a sus amigos que el que da la vida por ellos. Ustedes son mis amigos, si hacen lo que yo les mando. Ya no los llamo siervos, porque el siervo no sabe lo que hace su amo; a ustedes los llamo amigos, porque les he dado a conocer todo lo que le he oído a mi Padre.

No son ustedes los que me han elegido, soy yo quien los ha elegido y los ha destinado para que vayan y den fruto y su fruto permanezca, de modo que el Padre les conceda cuanto le pidan en mi nombre. Esto es lo que les mando: que se amen los unos a los otros''.

Palabra del Señor. R. **Gloria a ti, Señor Jesús.**

Se dice Credo.

ORACIÓN SOBRE LAS OFRENDAS

Suba hasta ti, Señor, nuestra oración, acompañada por estas ofrendas, para que, purificados por tu bondad, nos dispongas para celebrar el sacramento de tu inmenso amor. Por Jesucristo, nuestro Señor.

Si me aman, cumplirán mis mandamientos, dice el Señor; y yo rogaré al Padre, y él les dará otro Abogado, que permanecerá con ustedes para siempre. Aleluya.

ORACIÓN DESPUÉS DE LA COMUNIÓN

Dios todopoderoso y eterno, que, por la resurrección de Cristo, nos has hecho renacer a la vida eterna, multiplica en nosotros el efecto de este sacramento pascual, e infunde en nuestros corazones el vigor que comunica este alimento de salvación. Por Jesucristo, nuestro Señor.

¿SERÁ POSIBLE AMARNOS COMO CRISTO NOS HA AMADO?

En el evangelio de hoy, Jesús nos invita a permanecer en su amor, y la forma de hacer esto él nos la da: "Si cumplen mis mandamientos, permanecen en mi amor".

✱ Ciertamente que, como afirma el apóstol san Juan, el amor consiste en que Dios "nos amó primero y nos envió a su Hijo, como víctima de expiación por nuestros pecados".

✱ Pero Dios no nos manda hacer cosas imposibles. Para lograr lo que nos pide, necesitamos orar y recibir los sacramentos. No olvidemos que, sin la gracia de Dios, no podemos hacer nada, ni dar buenos frutos.

Tenemos que llenarnos del amor de Cristo, para que podamos amar a los demás como él nos ama.

5 de mayo

12 de mayo
Domingo

La Ascensión del Señor
(Misa del día)

(*Blanco*)

ANTÍFONA DE ENTRADA   Hech 1, 11

Hombres de Galilea, ¿qué hacen allí parados mirando al cielo? Ese mismo Jesús, que los ha dejado para subir al cielo, volverá como lo han visto marcharse. Aleluya.

Se dice Gloria.

ORACIÓN COLECTA

Te rogamos nos concedas, Dios todopoderoso, que al reafirmar, en este día, nuestra fe en la ascensión a los cielos de tu Unigénito, nuestro Redentor, nosotros vivamos también con nuestros pensamientos puestos en los bienes del cielo. Por nuestro Señor Jesucristo…

Al principio del libro de los Hechos (PRIMERA LECTURA), se describe la Ascensión del Señor al cielo, mientras que san Marcos (EVANGE-LIO) nos habla de las últimas instrucciones que Jesús resucitado dio a sus discípulos antes de subir al cielo. Por su parte, san Pablo (SEGUN-DA LECTURA), también menciona que el Señor subió a las alturas, y además nos recuerda que él dio su gracia a cada uno de nosotros, en diversa medida, para desempeñar diversas funciones en la edificación de la Iglesia, hasta que alcancemos la plenitud de Cristo mismo.

PRIMERA LECTURA

Del libro de los Hechos de los Apóstoles

1, 1-11

En mi primer libro, querido Teófilo, escribí acerca de todo lo que Jesús hizo y enseñó, hasta el día en que ascendió al cielo, después de dar sus instrucciones, por medio del Espíritu Santo, a los apóstoles que había elegido. A ellos se les apareció después de la pasión, les dio numerosas pruebas de que estaba vivo y durante cuarenta días se dejó ver por ellos y les habló del Reino de Dios.

Un día, estando con ellos a la mesa, les mandó: "No se alejen de Jerusalén. Aguarden aquí a que se cumpla la promesa de mi Padre, de la que ya les he hablado: Juan bautizó con agua; dentro de pocos días ustedes serán bautizados con el Espíritu Santo".

Los ahí reunidos le preguntaban: "Señor, ¿ahora sí vas a restablecer la soberanía de Israel?". Jesús les contestó: "A ustedes no les toca conocer el tiempo y la hora que el Padre ha determinado con su autoridad; pero cuando el Espíritu Santo descienda sobre ustedes, los llenará de fortaleza y serán mis testigos en Jerusalén, en toda Judea, en Samaria y hasta los últimos rincones de la tierra".

Dicho esto, se fue elevando a la vista de ellos, hasta que una nube lo ocultó a sus ojos. Mientras miraban fijamente al cielo, viéndolo alejarse, se les presentaron dos hombres vestidos de blanco, que les dijeron: "Galileos, ¿qué hacen allí parados, mirando al cielo? Ese mismo Jesús que los ha dejado para subir al cielo, volverá como lo han visto alejarse".

Palabra de Dios.   R. **Te alabamos, Señor.**

SALMO RESPONSORIAL
Del salmo 46

E. Estrella B.P. 1617

En-tre vo-ces de jú-bi-lo, Dios as-cien-de a su tro-no. A-le-lu-ya, a-le-lu-ya.

R. **Entre voces de júbilo, Dios asciende a su trono. Aleluya.**

Aplaudan, pueblos todos;
aclamen al Señor, de gozo llenos;
que el Señor, el Altísimo, es terrible
y de toda la tierra, rey supremo. R.

    Entre voces de júbilo y trompetas,
Dios, el Señor, asciende hasta su trono.
Cantemos en honor de nuestro Dios,
al rey honremos y cantemos todos. R.

    Porque Dios es el rey del universo,
cantemos el mejor de nuestros cantos.
Reina Dios sobre todas las naciones
desde su trono santo. R.

SEGUNDA LECTURA
De la carta del apóstol san Pablo a los efesios
4, 1-13

Hermanos: Yo, Pablo, prisionero por la causa del Señor,
los exhorto a que lleven una vida digna del llamamiento
que han recibido. Sean siempre humildes y amables; sean
comprensivos y sopórtense mutuamente con amor; esfuércense en mantenerse unidos en el Espíritu con el vínculo de
la paz.

    Porque no hay más que un solo cuerpo y un solo Espí-
ritu, como es también sólo una la esperanza del llamamiento

226

que ustedes han recibido. Un solo Señor, una sola fe, un solo bautismo, un solo Dios y Padre de todos, que reina sobre todos, actúa a través de todos y vive en todos.

Cada uno de nosotros ha recibido la gracia en la medida en que Cristo se la ha dado. Por eso dice la Escritura: *Subiendo a las alturas, llevó consigo a los cautivos y dio dones a los hombres.*

¿Y qué quiere decir "subió"? Que primero bajó a lo profundo de la tierra. Y el que bajó es el mismo que subió a lo más alto de los cielos, para llenarlo todo.

Él fue quien concedió a unos ser apóstoles; a otros, ser profetas; a otros, ser evangelizadores; a otros, ser pastores y maestros. Y esto, para capacitar a los fieles, a fin de que, desempeñando debidamente su tarea, construyan el cuerpo de Cristo, hasta que todos lleguemos a estar unidos en la fe y en el conocimiento del Hijo de Dios, y lleguemos a ser hombres perfectos, que alcancemos en todas sus dimensiones la plenitud de Cristo.

Palabra de Dios.   R. **Te alabamos, Señor.**

ACLAMACIÓN ANTES DEL EVANGELIO
Mt 28, 19. 20

B.P. 1610 - Estrella

A - le - lu - ya, a - le - lu - ya, a - le - lu - ya.

R. **Aleluya, aleluya.**
Vayan y hagan discípulos a todos los pueblos, dice el Señor, y sepan que yo estoy con ustedes todos los días, hasta el fin del mundo.
R. **Aleluya, aleluya.**

12 de mayo

EVANGELIO

✠ Del santo Evangelio según san Marcos
16, 15-20

R. **Gloria a ti, Señor.**

En aquel tiempo, se apareció Jesús a los Once y les dijo: "Vayan por todo el mundo y prediquen el Evangelio a toda creatura. El que crea y se bautice, se salvará; el que se resista a creer, será condenado. Éstos son los milagros que acompañarán a los que hayan creído: arrojarán demonios en mi nombre, hablarán lenguas nuevas, cogerán serpientes en sus manos, y si beben un veneno mortal, no les hará daño; impondrán las manos a los enfermos y éstos quedarán sanos".

El Señor Jesús, después de hablarles, subió al cielo y está sentado a la derecha de Dios. Ellos fueron y proclamaron el Evangelio por todas partes, y el Señor actuaba con ellos y confirmaba su predicación con los milagros que hacían.

Palabra del Señor.   R. **Gloria a ti, Señor Jesús.**

Se dice Credo.

ORACIÓN SOBRE LAS OFRENDAS

Al ofrecerte, Señor, este sacrificio en la gloriosa festividad de la ascensión, concédenos que por este santo intercambio, nos elevemos también nosotros a los bienes del cielo. Por Jesucristo, nuestro Señor.

ANTÍFONA DE LA COMUNIÓN   Mt 28, 20
Yo estaré con ustedes todos los días, hasta el fin del mundo. Aleluya.

ORACIÓN DESPUÉS DE LA COMUNIÓN

Dios todopoderoso y eterno, que nos permites participar en la tierra de los misterios divinos, concede que nuestro fervor cristiano nos oriente hacia el cielo, donde ya nuestra naturaleza humana está contigo. Por Jesucristo, nuestro Señor.

HOY JESÚS SUBE AL CIELO;
¿QUÉ NOS TOCA HACER A NOSOTROS?

Después de su Resurrección, Jesús se estuvo manifestando a sus amigos durante cuarenta días, como se relata en los evangelios, y finalmente volvió al Padre, para ser glorificado por él: "está sentado a la derecha del Padre".

↑ Antes de subir, Jesús envió a los Once apóstoles para que fueran por todo el mundo y predicaran la Buena Noticia de la salvación.

↑ Aunque ya no lo veían, el Señor "actuaba con ellos", porque les transmitió el poder de realizar milagros "a los que hayan creído": arrojar demonios en su nombre, hablar lenguas nuevas, sanar a los enfermos…

↑ Los apóstoles llevaron el mensaje de Jesús a diversos lugares del mundo, y este mismo mensaje llegó hasta nosotros por medio de los misioneros (franciscanos, dominicos, agustinos, jesuitas…), gracias a quienes recibimos la fe en Jesucristo y la gracia de su salvación.

Hoy nos toca a nosotros predicar el Evangelio, para que haya muchos que crean, se bauticen y se salven.

12 de mayo

19 de mayo

Domingo de Pentecostés
(Misa del día) *(Rojo)*

ANTÍFONA DE ENTRADA   Rom 5, 5; cfr. 8, 11

El amor de Dios ha sido infundido en nuestros corazones por el Espíritu Santo, que habita en nosotros. Aleluya.

Se dice Gloria.

ORACIÓN COLECTA

Dios nuestro, que por el misterio de la festividad de Pentecostés que hoy celebramos santificas a tu Iglesia, extendida por todas las naciones, concede al mundo entero los dones del Espíritu Santo y continúa obrando en el corazón de tus fieles las maravillas que te dignaste realizar en los comienzos de la predicación evangélica. Por nuestro Señor Jesucristo...

En el pasaje de los Hechos de los Apóstoles (PRIMERA LECTURA), se nos describe en detalle el acontecimiento del día de Pentecostés, cuando el Espíritu descendió sobre los apóstoles para que cumplieran con la misión que se les había encomendado. Nuestro Señor Jesucristo da a sus discípulos el Espíritu Santo, al tiempo que les da el poder para perdonar los pecados (EVANGELIO). También san Pablo se refiere a la venida del Espíritu Santo como principio de la unidad de la Iglesia en la diversidad de sus ministerios (SEGUNDA LECTURA).

Del libro de los Hechos de los Apóstoles
2, 1-11

El día de Pentecostés, todos los discípulos estaban reunidos en un mismo lugar. De repente se oyó un gran ruido que venía del cielo, como cuando sopla un viento fuerte, que resonó por toda la casa donde se encontraban. Entonces aparecieron lenguas de fuego, que se distribuyeron y se posaron sobre ellos; se llenaron todos del Espíritu Santo y empezaron a hablar en otros idiomas, según el Espíritu los inducía a expresarse.

En esos días había en Jerusalén judíos devotos, venidos de todas partes del mundo. Al oír el ruido, acudieron en masa y quedaron desconcertados, porque cada uno los oía hablar en su propio idioma.

Atónitos y llenos de admiración, preguntaban: "¿No son galileos todos estos que están hablando? ¿Cómo, pues, los oímos hablar en nuestra lengua nativa? Entre nosotros hay medos, partos y elamitas; otros vivimos en Mesopotamia, Judea, Capadocia, en el Ponto y en Asia, en Frigia y en Panfilia, en Egipto o en la zona de Libia que limita con Cirene. Algunos somos visitantes, venidos de Roma, judíos y prosélitos; también hay cretenses y árabes. Y sin embargo, cada quien los oye hablar de las maravillas de Dios en su propia lengua".

Palabra de Dios. R. **Te alabamos, Señor.**

SALMO RESPONSORIAL
Del salmo 103

J. González B.P. 1619

Envía, Señor, tu Espíritu a renovar la tierra. Aleluya, aleluya, aleluya, aleluya.

19 de mayo

231

R. **Envía, Señor, tu Espíritu a renovar la tierra. Aleluya.**

Bendice al Señor, alma mía;
Señor y Dios mío, inmensa es tu grandeza.
¡Qué numerosas son tus obras, Señor!
La tierra está llena de tus creaturas. R.

    Si retiras tu aliento,
toda creatura muere y vuelve al polvo.
Pero envías tu espíritu, que da vida,
y renuevas el aspecto de la tierra. R.

    Que Dios sea glorificado para siempre
y se goce en sus creaturas.
Ojalá que le agraden mis palabras
y yo me alegraré en el Señor. R.

SEGUNDA LECTURA

De la primera carta del apóstol san Pablo a los corintios
12, 3-7. 12-13

Hermanos: Nadie puede llamar a Jesús "Señor", si no es bajo la acción del Espíritu Santo.

Hay diferentes dones, pero el Espíritu es el mismo. Hay diferentes servicios, pero el Señor es el mismo. Hay diferentes actividades, pero Dios, que hace todo en todos, es el mismo.

En cada uno se manifiesta el Espíritu para el bien común. Porque así como el cuerpo es uno y tiene muchos miembros y todos ellos, a pesar de ser muchos, forman un solo cuerpo, así también es Cristo. Porque todos nosotros, seamos judíos o no judíos, esclavos o libres, hemos sido bautizados en un mismo Espíritu para formar un solo cuerpo, y a todos se nos ha dado a beber del mismo Espíritu.

Palabra de Dios. R. **Te alabamos, Señor.**

En lugar de la segunda lectura de 1 Corintios 12, 3-7. 12-13, se puede utilizar la de Gálatas 5, 16-25, tal como aparece en el Leccionario.

SECUENCIA

Ven, Dios Espíritu Santo,
y envíanos desde el cielo
tu luz, para iluminarnos.

Ven ya, padre de los pobres,
luz que penetra en las almas,
dador de todos los dones.

Fuente de todo consuelo,
amable huésped del alma,
paz en las horas de duelo.

Eres pausa en el trabajo;
brisa, en un clima de fuego;
consuelo, en medio del llanto.

Ven, luz santificadora,
y entra hasta el fondo del alma
de todos los que te adoran.

Sin tu inspiración divina
los hombres nada podemos
y el pecado nos domina.

Lava nuestras inmundicias,
fecunda nuestros desiertos
y cura nuestras heridas.

Doblega nuestra soberbia,
calienta nuestra frialdad,
endereza nuestras sendas.

Concede a aquellos que ponen
en ti su fe y su confianza
tus siete sagrados dones.

Danos virtudes y méritos,
danos una buena muerte
y contigo el gozo eterno.

ACLAMACIÓN ANTES DEL EVANGELIO

B.P. 1034 - Palazón

A - le - lu - ya, a - le - lu - ya, a - le - lu - ya.

R. **Aleluya, aleluya.**
Ven, Espíritu Santo, llena los corazones de tus fieles
y enciende en ellos el fuego de tu amor.
R. **Aleluya, aleluya.**

EVANGELIO

✠ Del santo Evangelio según san Juan
20, 19-23

R. **Gloria a ti, Señor.**

Al anochecer del día de la resurrección, estando cerradas
las puertas de la casa donde se hallaban los discípulos,

por miedo a los judíos, se presentó Jesús en medio de ellos y les dijo: "La paz esté con ustedes". Dicho esto, les mostró las manos y el costado. Cuando los discípulos vieron al Señor, se llenaron de alegría.

De nuevo les dijo Jesús: "La paz esté con ustedes. Como el Padre me ha enviado, así también los envío yo". Después de decir esto, sopló sobre ellos y les dijo: "Reciban el Espíritu Santo. A los que les perdonen los pecados, les quedarán perdonados; y a los que no se los perdonen, les quedarán sin perdonar".

Palabra del Señor.   R. **Gloria a ti, Señor Jesús.**

En lugar del evangelio de Juan 20, 19-23, se puede utilizar el de Juan 15, 26-27; 16, 12-15, tal como aparece en el Leccionario.

Se dice Credo.

ORACIÓN SOBRE LAS OFRENDAS
Concédenos, Señor, que, conforme a la promesa de tu Hijo, el Espíritu Santo nos haga comprender con más plenitud el misterio de este sacrificio, y haz que nos descubra toda su verdad. Por Jesucristo, nuestro Señor.

ANTÍFONA DE LA COMUNIÓN   Hech 2, 4. 11
Todos quedaron llenos del Espíritu Santo, y proclamaban las maravillas de Dios. Aleluya.

ORACIÓN DESPUÉS DE LA COMUNIÓN
Dios nuestro, tú que concedes a tu Iglesia dones celestiales, consérvale la gracia que le has dado, para que permanezca siempre vivo en ella el don del Espíritu Santo que le infundiste; y que este alimento espiritual nos sirva para alcanzar la salvación eterna. Por Jesucristo, nuestro Señor.

DESPEDIDA

Anuncien a todos la alegría del Señor resucitado.
Vayan en paz, aleluya, aleluya.

O bien:

Pueden ir en paz, aleluya, aleluya.

R. **Demos gracias a Dios, aleluya, aleluya.**

EL ESPÍRITU SANTO
DA VIDA A LA IGLESIA

Hoy es el último día del Tiempo Pascual. Durante cincuenta días hemos estado celebrando que Jesús está vivo, y que venció a la muerte y a los poderes del mal.

✳ Cristo anunció a sus discípulos que el Espíritu Santo, el mismo que "habló por los profetas", vendría sobre ellos, su Iglesia naciente, para hacerles comprender muchas cosas.

✳ La Iglesia recibió el don del Espíritu Santo el día de Pentecostés, como fruto de la Resurrección.

✳ "Él es el Espíritu de vida o la fuente de agua que salta hasta la vida eterna (cfr. Jn 4, 14; 7, 38-39), por quien el Padre vivifica a los hombres, muertos por el pecado, hasta que resucite sus cuerpos mortales en Cristo (cfr. Rom 8, 10-11)" (*Lumen gentium*, n. 4).

Pidamos la gracia de vivir conforme al mismo Espíritu.

19 de mayo

26 de mayo — La Santísima Trinidad

(*Blanco*)

ANTÍFONA DE ENTRADA

Bendito sea Dios, Padre, Hijo y Espíritu Santo, porque ha tenido misericordia con nosotros.

Se dice Gloria.

ORACIÓN COLECTA

Dios Padre, que al enviar al mundo la Palabra de verdad y el Espíritu santificador, revelaste a todos los hombres tu misterio admirable, concédenos que, profesando la fe verdadera, reconozcamos la gloria de la eterna Trinidad y adoremos la Unidad de su majestad omnipotente. Por nuestro Señor Jesucristo…

El libro del Deuteronomio nos dice (PRIMERA LECTURA) que al revelarse Dios a Moisés, se dio a conocer como el "único", el que habla en medio de las llamas y, a la vez, el que está muy cerca de su pueblo y camina con él. Posteriormente, los hombres descubrieron en Jesucristo que Dios tenía un Hijo igual a él y que este Hijo nos dio el Espíritu, que nos hace ser hijos del Padre y herederos de Dios (SEGUNDA LECTURA). Por eso, de acuerdo con lo ordenado por Jesús, la Iglesia bautiza a los creyentes en el nombre del Padre y del Hijo y del Espíritu Santo (EVANGELIO).

Del libro del Deuteronomio
4, 32-34. 39-40

En aquellos días, habló Moisés al pueblo y le dijo: "Pregunta a los tiempos pasados, investiga desde el día en que Dios creó al hombre sobre la tierra. ¿Hubo jamás, desde un extremo al otro del cielo, una cosa tan grande como ésta? ¿Se oyó algo semejante? ¿Qué pueblo ha oído sin perecer, que Dios le hable desde el fuego, como tú lo has oído? ¿Hubo algún dios que haya ido a buscarse un pueblo en medio de otro pueblo, a fuerza de pruebas, de milagros y de guerras, con mano fuerte y brazo poderoso? ¿Hubo acaso hechos tan grandes como los que, ante sus propios ojos, hizo por ustedes en Egipto el Señor su Dios?

Reconoce, pues, y graba hoy en tu corazón que el Señor es el Dios del cielo y de la tierra y que no hay otro. Cumple sus leyes y mandamientos, que yo te prescribo hoy, para que seas feliz tú y tu descendencia, y para que vivas muchos años en la tierra que el Señor, tu Dios, te da para siempre".

Palabra de Dios. R. **Te alabamos, Señor.**

SALMO RESPONSORIAL
Del salmo 32

M.T. Carrasco B.P. 1652

Di - cho - so el pue - blo es - co - gi - do por Dios.

R. **Dichoso el pueblo escogido por Dios.**

Sincera es la palabra del Señor
y todas sus acciones son leales.
Él ama la justicia y el derecho,
la tierra llena está de sus bondades. R.

[R. **Dichoso el pueblo escogido por Dios.**]

La palabra del Señor hizo los cielos
y su aliento, los astros;
pues el Señor habló y fue hecho todo;
lo mandó con su voz y surgió el orbe. R.

Cuida el Señor de aquellos que lo temen
y en su bondad confían;
los salva de la muerte
y en épocas de hambre les da vida. R.

En el Señor está nuestra esperanza,
pues él es nuestra ayuda y nuestro amparo.
Muéstrate bondadoso con nosotros,
puesto que en ti, Señor, hemos confiado. R.

SEGUNDA LECTURA

De la carta del apóstol san Pablo a los romanos
8, 14-17

Hermanos: Los que se dejan guiar por el Espíritu de Dios, ésos son hijos de Dios. No han recibido ustedes un espíritu de esclavos, que los haga temer de nuevo, sino un espíritu de hijos, en virtud del cual podemos llamar Padre a Dios.

El mismo Espíritu Santo, a una con nuestro propio espíritu, da testimonio de que somos hijos de Dios. Y si somos hijos, somos también herederos de Dios y coherederos con Cristo, puesto que sufrimos con él para ser glorificados junto con él.

Palabra de Dios. R. **Te alabamos, Señor.**

ACLAMACIÓN ANTES DEL EVANGELIO

Cfr. Apoc 1, 8

B.P. 1032 - Sosa
F Dm Gm C7 F C7 F
A-le-lu - ya, a-le-lu - ya, a-le-lu - ya.

R. **Aleluya, aleluya.**
Gloria al Padre y al Hijo y al Espíritu Santo.
Al Dios que es, que era y que vendrá.
R. **Aleluya, aleluya.**

EVANGELIO

✠ Del santo Evangelio según san Mateo
28, 16-20

R. **Gloria a ti, Señor.**

En aquel tiempo, los once discípulos se fueron a Galilea y subieron al monte en el que Jesús los había citado. Al ver a Jesús, se postraron, aunque algunos titubeaban.

Entonces, Jesús se acercó a ellos y les dijo: "Me ha sido dado todo poder en el cielo y en la tierra. Vayan, pues, y hagan discípulos a todos los pueblos, bautizándolos en el nombre del Padre y del Hijo y del Espíritu Santo, y enseñándoles a cumplir todo cuanto yo les he mandado; y sepan que yo estoy con ustedes todos los días, hasta el fin del mundo".

Palabra del Señor. R. **Gloria a ti, Señor Jesús.**

Se dice Credo.

ORACIÓN SOBRE LAS OFRENDAS
Por la invocación de tu nombre, santifica, Señor, estos dones que te presentamos y transfórmanos por ellos en una continua oblación a ti. Por Jesucristo, nuestro Señor.

ANTÍFONA DE LA COMUNIÓN   Gál 4, 6
Porque ustedes son hijos de Dios, Dios infundió en sus corazones el Espíritu de su Hijo, que clama: Abbá, Padre.

ORACIÓN DESPUÉS DE LA COMUNIÓN
Que la recepción de este sacramento y nuestra profesión de fe en la Trinidad santa y eterna, y en su Unidad indivisible, nos aprovechen, Señor, Dios nuestro, para la salvación de cuerpo y alma. Por Jesucristo, nuestro Señor.

EL ÚNICO DIOS VERDADERO ES PADRE, HIJO Y ESPÍRITU SANTO

Hay un solo Dios verdadero, el Dios Uno y Trino. El Padre, el Hijo y el Espíritu Santo son tres Personas distintas que tienen la misma naturaleza y dignidad y son el Dios único.

⌃ Cuando Cristo manda a su Iglesia a hacer discípulos y a bautizar en el nombre de la Santísima Trinidad, expresa la voluntad divina de que la familia de los hijos adoptivos de Dios se incremente. Por puro amor, él quiere que su pueblo santo participe de su misma vida divina.

⌃ Por eso es importante que, como Iglesia, anunciemos la Buena nueva de la salvación a todo el mundo, porque Dios "quiere que todos los hombres se salven y todos lleguen al conocimiento de la verdad" (1 Tim 2, 4).

⌃ Jesús es claro al señalar que a los nuevos discípulos hay que enseñarles a cumplir cuanto él nos ha mandado.

El misterio de la Santísima Trinidad es el misterio central de la fe y de la vida cristiana.

30 de mayo
El Cuerpo y la Sangre de Cristo

Jueves   (*Blanco*)

ANTÍFONA DE ENTRADA   Cfr. Sal 80, 17

Alimentó a su pueblo con lo mejor del trigo y lo sació con miel sacada de la roca.

Se dice Gloria.

ORACIÓN COLECTA

Señor nuestro Jesucristo, que en este admirable sacramento nos dejaste el memorial de tu pasión, concédenos venerar de tal modo los sagrados misterios de tu Cuerpo y de tu Sangre, que experimentemos continuamente en nosotros el fruto de tu redención. Tú que vives y reinas…

En la Misa de hoy se nos pide que reflexionemos sobre el misterio de la Sangre de Cristo. Vemos a Jesús ofreciendo la copa de vino a sus discípulos (EVANGELIO), mientras declara: "Ésta es mi sangre, sangre de la alianza". Con estas palabras evocaba el sacrificio de la alianza sellada entre Dios y su pueblo en el Sinaí (PRIMERA LECTURA), una alianza que prefiguraba el sacrificio de Cristo en la cruz. Por eso se nos pide (SEGUNDA LECTURA) que meditemos sobre el alcance del sacrificio ofrecido por Cristo.

PRIMERA LECTURA

Del libro del Éxodo

24, 3-8

En aquellos días, Moisés bajó del monte Sinaí y refirió al pueblo todo lo que el Señor le había dicho y los mandamientos que le había dado. Y el pueblo contestó a una voz: "Haremos todo lo que dice el Señor".

Moisés puso por escrito todas las palabras del Señor. Se levantó temprano, construyó un altar al pie del monte y puso al lado del altar doce piedras conmemorativas, en representación de las doce tribus de Israel.

Después mandó a algunos jóvenes israelitas a ofrecer holocaustos e inmolar novillos, como sacrificios pacíficos en honor del Señor. Tomó la mitad de la sangre, la puso en vasijas y derramó sobre el altar la otra mitad.

Entonces tomó el libro de la alianza y lo leyó al pueblo, y el pueblo respondió: "Obedeceremos. Haremos todo lo que manda el Señor".

Luego Moisés roció al pueblo con la sangre, diciendo: "Ésta es la sangre de la alianza que el Señor ha hecho con ustedes, conforme a las palabras que han oído".

Palabra de Dios. R. **Te alabamos, Señor.**

SALMO RESPONSORIAL

Del salmo 115

B. Carrillo B.P. 1653

R. **Levantaré el cáliz de la salvación.**

¿Cómo le pagaré al Señor
todo el bien que me ha hecho?
Levantaré el cáliz de salvación
e invocaré el nombre del Señor. R.

242

A los ojos del Señor es muy penoso
que mueran sus amigos.
De la muerte, Señor, me has librado,
a mí, tu esclavo e hijo de tu esclava. R.

Te ofreceré con gratitud un sacrificio
e invocaré tu nombre.
Cumpliré mis promesas al Señor
ante todo su pueblo. R.

SEGUNDA LECTURA

De la carta a los hebreos
9, 11-15

H ermanos: Cuando Cristo se presentó como sumo sacerdote que nos obtiene los bienes definitivos, penetró una sola vez y para siempre en el "lugar santísimo", a través de una tienda, que no estaba hecha por mano de hombres, ni pertenecía a esta creación. No llevó consigo sangre de animales, sino su propia sangre, con la cual nos obtuvo una redención eterna.

Porque si la sangre de los machos cabríos y de los becerros y las cenizas de una ternera, cuando se esparcían sobre los impuros, eran capaces de conferir a los israelitas una pureza legal, meramente exterior, ¡cuánto más la sangre de Cristo purificará nuestra conciencia de todo pecado, a fin de que demos culto al Dios vivo, ya que a impulsos del Espíritu Santo, se ofreció a sí mismo como sacrificio inmaculado a Dios, y así podrá purificar nuestra conciencia de las obras que conducen a la muerte, para servir al Dios vivo!

Por eso, Cristo es el mediador de una alianza nueva. Con su muerte hizo que fueran perdonados los delitos cometidos durante la antigua alianza, para que los llamados por Dios pudieran recibir la herencia eterna que él les había prometido.

Palabra de Dios.   R. **Te alabamos, Señor.**

SECUENCIA

(Puede omitirse o puede recitarse en forma abreviada, comenzando por la estrofa: *"El pan que del cielo baja...")

Al Salvador alabemos,
que es nuestro pastor y guía.
Alabémoslo con himnos
y canciones de alegría.

Alabémoslo sin límites
y con nuestras fuerzas todas;
pues tan grande es el Señor,
que nuestra alabanza es poca.

Gustosos hoy aclamamos
a Cristo, que es nuestro pan,
pues él es el pan de vida,
que nos da vida inmortal.

Doce eran los que cenaban
y les dio pan a los doce.
Doce entonces lo comieron,
y, después, todos los hombres.

Sea plena la alabanza
y llena de alegres cantos;
que nuestra alma se desborde
en todo un concierto santo.

Hoy celebramos con gozo
la gloriosa institución
de este banquete divino,
el banquete del Señor.

Ésta es la nueva Pascua,
Pascua del único Rey,
que termina con la alianza
tan pesada de la ley.

Esto nuevo, siempre nuevo,
es la luz de la verdad,
que sustituye a lo viejo
con reciente claridad.

En aquella última cena
Cristo hizo la maravilla
de dejar a sus amigos
el memorial de su vida.

Enseñados por la Iglesia,
consagramos pan y vino,
que a los hombres nos redimen,
y dan fuerza en el camino.

Es un dogma del cristiano
que el pan se convierte en carne,
y lo que antes era vino
queda convertido en sangre.

Hay cosas que no entendemos,
pues no alcanza la razón;
mas si las vemos con fe,
entrarán al corazón.

Bajo símbolos diversos
y en diferentes figuras,
se esconden ciertas verdades
maravillosas, profundas.

Su sangre es nuestra bebida;
su carne, nuestro alimento;
pero en el pan o en el vino
Cristo está todo completo.

Quien lo come no lo rompe,
no lo parte ni divide;
él es el todo y la parte;
vivo está en quien lo recibe.

Puede ser tan sólo uno
el que se acerca al altar,
o pueden ser multitudes:
Cristo no se acabará.

Lo comen buenos y malos,
con provecho diferente;
no es lo mismo tener vida
que ser condenado a muerte.

A los malos les da muerte
y a los buenos les da vida.
¡Qué efecto tan diferente
tiene la misma comida!

Si lo parten, no te apures;
sólo parten lo exterior;
en el mínimo fragmento
entero late el Señor.

Cuando parten lo exterior
sólo parten lo que has visto;
no es una disminución
de la persona de Cristo.

* El pan que del cielo baja
es comida de viajeros.
Es un pan para los hijos.
¡No hay que tirarlo a los perros!

Isaac, el inocente,
es figura de este pan,
con el cordero de Pascua
y el misterioso maná.

Ten compasión de nosotros,
buen pastor, pan verdadero.
Apaciéntanos y cuídanos
y condúcenos al cielo.

Todo lo puedes y sabes,
pastor de ovejas, divino.
Concédenos en el cielo
gozar la herencia contigo.
Amén.

ACLAMACIÓN ANTES DEL EVANGELIO
Jn 6, 51

B.P. 1034 - Palazón

A-le-lu-ya, a-le-lu-ya, a-le-lu - ya.

R. **Aleluya, aleluya.**
Yo soy el pan vivo que ha bajado del cielo, dice el Señor;
el que coma de este pan vivirá para siempre.
R. **Aleluya, aleluya.**

EVANGELIO

✠ Del santo Evangelio según san Marcos
14, 12-16. 22-26

R. **Gloria a ti, Señor.**

El primer día de la fiesta de los panes Ázimos, cuando se sacrificaba el cordero pascual, le preguntaron a Jesús sus discípulos: "¿Dónde quieres que vayamos a prepararte la cena de Pascua?". Él les dijo a dos de ellos: "Vayan a la ciudad. Encontrarán a un hombre que lleva un cántaro de agua; síganlo y díganle al dueño de la casa en donde entre: 'El Maestro manda preguntar: ¿Dónde está la habitación en que voy a comer la Pascua con mis discípulos?'. Él les enseñará una sala en el segundo piso, arreglada con divanes. Prepárennos allí la cena". Los discípulos se fueron, llegaron a la ciudad, encontraron lo que Jesús les había dicho y prepararon la cena de Pascua.

Mientras cenaban, Jesús tomó un pan, pronunció la bendición, lo partió y se lo dio a sus discípulos, diciendo: "Tomen: esto es mi cuerpo". Y tomando en sus manos una copa de vino, pronunció la acción de gracias, se la dio, todos bebieron y les dijo: "Ésta es mi sangre, sangre de la alianza, que se derrama por todos. Yo les aseguro que no volveré a beber del fruto de la vid hasta el día en que beba el vino nuevo en el Reino de Dios".

Después de cantar el himno, salieron hacia el monte de los Olivos.

Palabra del Señor.   R. **Gloria a ti, Señor Jesús.**

Se dice Credo.

ORACIÓN SOBRE LAS OFRENDAS

Señor, concede, bondadoso, a tu Iglesia, los dones de la unidad y de la paz, significados místicamente en las ofrendas que te presentamos. Por Jesucristo, nuestro Señor.

El que come mi carne y bebe mi sangre, permanece en mí y yo en él, dice el Señor.

ORACIÓN DESPUÉS DE LA COMUNIÓN

Concédenos, Señor Jesucristo, disfrutar eternamente del gozo de tu divinidad que ahora pregustamos, en la comunión de tu Cuerpo y de tu Sangre. Tú que vives y reinas por los siglos de los siglos.

NO SEAMOS INDIFERENTES ANTE JESÚS EUCARISTÍA

En su Encíclica sobre la Eucaristía en relación con la Iglesia, *Ecclesia de Eucharistia,* en el número 25, san Juan Pablo II expresó:

"El culto que se da a la Eucaristía fuera de la Misa es de un valor inestimable en la vida de la Iglesia. Dicho culto está estrechamente unido a la celebración del Sacrificio

eucarístico. La presencia de Cristo bajo las sagradas especies que se conservan después de la Misa –presencia que dura mientras subsistan las especies del pan y del vino–, deriva de la celebración del Sacrificio y tiende a la comunión sacramental y espiritual. Corresponde a los Pastores animar, incluso con el testimonio personal, el culto eucarístico, particularmente la exposición del Santísimo Sacramento y la adoración de Cristo presente bajo las especies eucarísticas.

Es hermoso estar con él y, reclinados sobre su pecho como el discípulo predilecto (cfr. Jn 13, 25), palpar el amor infinito de su corazón".

30 de mayo

247

2 de junio   9° Domingo del T. Ordinario
(*Verde*)

ANTÍFONA DE ENTRADA   Cfr. Sal 24, 16. 18

Mírame, Señor, y ten piedad de mí, que estoy solo y afligido. Ve mi pequeñez y mis trabajos, y perdona todos mis pecados, Dios mío.

Se dice Gloria.

ORACIÓN COLECTA

Señor Dios, cuya providencia no se equivoca en sus designios, te rogamos humildemente que apartes de nosotros todo lo que pueda causarnos algún daño y nos concedas lo que pueda sernos de provecho. Por nuestro Señor Jesucristo...

La ley que prescribía el descanso del día del sábado, había sido promulgada solemnemente por Dios (PRIMERA LECTURA). Jesús, mostrándose como dueño de esa ley fundamental, afirma su soberana autoridad de Hijo de Dios, de igual manera que tiene autoridad sobre toda clase de enfermedades (EVANGELIO). En la SEGUNDA LECTURA, san Pablo nos pinta un retrato conmovedor del verdadero apóstol de Cristo: entregado por entero a los demás, participa de la agonía de Jesús en su debilidad, pero al mismo tiempo, manifiesta la fuerza del Señor resucitado en la Pascua.

PRIMERA LECTURA

Del libro del Deuteronomio

5, 12-15

Esto dice el Señor: "Santifica el día sábado, como el Señor, tu Dios, te lo manda. Tienes seis días para trabajar y hacer tus quehaceres, pero el séptimo es día de descanso, dedicado al Señor, tu Dios. No harán trabajo alguno ni tú, ni tu hijo, ni tu hija, ni tu esclavo, ni tu esclava, ni tu buey, ni tu asno, ni tu ganado, ni el extranjero que hospedes en tu casa; tu esclavo y tu esclava descansarán igual que tú.

Recuerda que fuiste esclavo en Egipto y que te sacó de allá el Señor, tu Dios, con mano fuerte y brazo poderoso. Por eso te manda el Señor, tu Dios, guardar el día sábado".

Palabra de Dios.   R. **Te alabamos, Señor.**

SALMO RESPONSORIAL

Del salmo 80

B. Vega B.P. 1627

El Se - ñor es nues - tra for - ta - le - za.

R. **El Señor es nuestra fortaleza.**

Entonemos un canto
al son de las guitarras y del arpa.
Que suene la trompeta en esta fiesta,
que conmemora nuestra alianza. R.

Porque ésta es una ley en Israel,
es un precepto que el Dios de Jacob
estableció para su pueblo,
cuando lo rescató de Egipto. R.

Oyó Israel palabras nunca oídas:
"He quitado la carga de tus hombros
y el pesado canasto de tus manos.
Clamaste en la aflicción y te libré. R.

[R. **El Señor es nuestra fortaleza.**]

No tendrás otro Dios, fuera de mí,
ni adorarás a dioses extranjeros.
Pues yo, el Señor, soy el Dios tuyo,
el que te sacó de Egipto, tu destierro". R.

SEGUNDA LECTURA

De la segunda carta del apóstol san Pablo a los corintios
4, 6-11

Hermanos: El mismo Dios que dijo: *Brille la luz en medio de las tinieblas*, es el que ha hecho brillar su luz en nuestros corazones, para dar a conocer el resplandor de la gloria de Dios, que se manifiesta en el rostro de Cristo.

Pero llevamos este tesoro en vasijas de barro, para que se vea que esta fuerza tan extraordinaria proviene de Dios y no de nosotros mismos. Por eso sufrimos toda clase de pruebas, pero no nos angustiamos. Nos abruman las preocupaciones, pero no nos desesperamos. Nos vemos perseguidos, pero no desamparados; derribados, pero no vencidos.

Llevamos siempre y por todas partes la muerte de Jesús en nuestro cuerpo, para que en este mismo cuerpo se manifieste también la vida de Jesús. Nuestra vida es un continuo estar expuestos a la muerte por causa de Jesús, para que también la vida de Jesús se manifieste en nuestra carne mortal.

Palabra de Dios.   R. **Te alabamos, Señor.**

ACLAMACIÓN ANTES DEL EVANGELIO
Cfr. Jn 17, 17

B.P. 1036

A-le-lu-ya, a-le-lu-ya, a-le-lu - ya.

R. **Aleluya, aleluya.**
Tu palabra, Señor, es la verdad;
santifícanos en la verdad.
R. **Aleluya, aleluya.**

EVANGELIO

✠ Del santo Evangelio según san Marcos
2, 23–3, 6

R. **Gloria a ti, Señor.**

Un sábado, Jesús iba caminando entre los sembrados, y sus discípulos comenzaron a arrancar espigas al pasar. Entonces los fariseos le preguntaron: "¿Por qué hacen tus discípulos algo que no está permitido hacer en sábado?".

Él les respondió: "¿No han leído acaso lo que hizo David una vez que tuvo necesidad y padecían hambre él y sus compañeros? Entró en la casa de Dios, en tiempos del sumo sacerdote Abiatar, comió de los panes sagrados, que sólo podían comer los sacerdotes, y les dio también a sus compañeros".

Luego añadió Jesús: "El sábado se hizo para el hombre, y no el hombre para el sábado. Y el Hijo del hombre también es dueño del sábado".

Entró Jesús en la sinagoga, donde había un hombre que tenía tullida una mano. Los fariseos estaban espiando a Jesús para ver si curaba en sábado y poder acusarlo. Jesús le dijo al tullido: "Levántate y ponte allí en medio". Después les preguntó: "¿Qué es lo que está permitido hacer en sábado, el bien o el mal? ¿Se le puede salvar la vida a un hombre en sábado o hay que dejarlo morir?". Ellos se quedaron callados. Entonces, mirándolos con ira y con tristeza, porque no querían entender, le dijo al hombre: "Extiende tu mano". La extendió, y su mano quedó sana.

Entonces se salieron los fariseos y comenzaron a hacer planes, con los del partido de Herodes, para matar a Jesús.
Palabra del Señor. R. **Gloria a ti, Señor Jesús.**

Se dice Credo.

ORACIÓN SOBRE LAS OFRENDAS

Llenos de confianza en tu bondad, acudimos, Señor, ante tu santo altar trayéndote nuestros dones, a fin de que, purificados por tu gracia, quedemos limpios por los mismos misterios que celebramos. Por Jesucristo, nuestro Señor.

ANTÍFONA DE LA COMUNIÓN   Mc 11, 23. 24

Cualquier cosa que pidan en la oración, crean ustedes que ya se la han concedido, y la obtendrán, dice el Señor.

ORACIÓN DESPUÉS DE LA COMUNIÓN

Dirige, Señor, con tu Espíritu, a quienes nutres con el Cuerpo y la Sangre de tu Hijo, para que, dando testimonio de ti, no sólo de palabra, sino con las obras y de verdad, merezcamos entrar en el reino de los cielos. Por Jesucristo, nuestro Señor.

QUE EN NUESTRO CUERPO SE MANIFIESTE LA VIDA DE JESÚS

En diversos lugares del planeta se persigue a muchos hermanos cristianos, tan sólo por declarar que creen que Jesucristo es Dios y hombre verdadero.

En realidad a quien se persigue en ellos es al mismo Jesús, porque el mundo se resiste a aceptar su mensaje de salvación. No olvidemos que los bautizados formamos el Cuerpo Místico de Cristo.

Gracias a Dios, en este país podemos profesar nuestra fe, pero no por eso nos olvidemos de aquellos hermanos que sufren.

Pidamos hoy por los cristianos perseguidos.

7 de junio
Viernes

El Sagrado Corazón de Jesús
(Blanco)

ANTÍFONA DE ENTRADA   Sal 32, 11. 19

Los proyectos de su corazón subsisten de generación en generación, para librar de la muerte a sus fieles y reanimarlos en tiempo de hambre.

Se dice Gloria.

ORACIÓN COLECTA

Señor Dios, que en tu misericordia te dignas enriquecernos con los infinitos tesoros del amor del Corazón de tu Hijo, traspasado por nuestros pecados, concédenos que al presentarte el fervoroso homenaje de nuestra devoción, cumplamos también con el deber de una digna reparación. Por nuestro Señor Jesucristo, tu Hijo…

Cuando Jesús estaba muerto en la cruz, le abrieron el costado de una lanzada (EVANGELIO). Ésa fue la suprema revelación del amor de Dios. Ya desde antes, por boca del profeta Oseas, había hablado Dios a su pueblo con honda ternura (PRIMERA LECTURA). Esta ternura de Dios no alcanza sólo a la descendencia de Abraham, sino a todos los hombres en Jesucristo, que los salvó por su sangre. De ese misterio nos habla san Pablo, al invitarnos a contemplar "la anchura y

253

la longitud, la altura y la profundidad del amor de Cristo" (SEGUNDA LECTURA).

PRIMERA LECTURA

Del libro del profeta Oseas
11, 1. 3-4. 8-9

"Cuando Israel era niño, yo lo amé,
y de Egipto llamé a mi hijo, dice el Señor.
Yo fui quien enseñó a andar a Efraín,
yo, quien lo llevaba en brazos;
pero no comprendieron que yo cuidaba de ellos.
Yo los atraía hacia mí con los lazos del cariño,
con las cadenas del amor.
Yo fui para ellos como un padre
que estrecha a su criatura
y se inclina hacia ella para darle de comer.
	Mi corazón se conmueve dentro de mí
y se inflama toda mi compasión.
No cederé al ardor de mi cólera,
no volveré a destruir a Efraín,
pues yo soy Dios y no hombre,
santo en medio de ti
y no enemigo a la puerta''.

Palabra de Dios.   R. **Te alabamos, Señor.**

SALMO RESPONSORIAL
Isaías 12

R. **Sacarán agua con gozo de la fuente de salvación.**

El Señor es mi Dios y salvador,
con él estoy seguro y nada temo.
El Señor es mi protección y mi fuerza
y ha sido mi salvación.
Sacarán agua con gozo
de la fuente de salvación. R.

Den gracias al Señor,
invoquen su nombre,
cuenten a los pueblos sus hazañas,
proclamen que su nombre es sublime. R.

Alaben al Señor por sus proezas,
anúncienlas a toda la tierra.
Griten jubilosos, habitantes de Sión,
porque el Dios de Israel
ha sido grande con ustedes. R.

SEGUNDA LECTURA

De la carta del apóstol san Pablo a los efesios
3, 8-12. 14-19

Hermanos: A mí, el más insignificante de todos los fieles, se me ha dado la gracia de anunciar a los paganos la incalculable riqueza que hay en Cristo, y dar a conocer a todos cómo va cumpliéndose este designio de salvación, oculto desde el principio de los siglos en Dios, creador de todo.

Él lo dispuso así, para que la multiforme sabiduría de Dios sea dada a conocer ahora, por medio de la Iglesia, a los espíritus celestiales, según el designio eterno realizado en Cristo Jesús, nuestro Señor, por quien podemos acercarnos libre y confiadamente a Dios, por medio de la fe en Cristo.

Me arrodillo ante el Padre, de quien procede toda paternidad en el cielo y en la tierra, para que, conforme a los tesoros de su bondad, les conceda que su Espíritu los fortalezca interiormente y que Cristo habite por la fe en sus corazones. Así, arraigados y cimentados en el amor, podrán comprender con todo el pueblo de Dios, la anchura y la longitud, la altura y la profundidad del amor de Cristo, y experimentar ese amor que sobrepasa todo conocimiento humano, para que así queden ustedes colmados con la plenitud misma de Dios.

Palabra de Dios.   R. **Te alabamos, Señor.**

ACLAMACIÓN ANTES DEL EVANGELIO
1 Jn 4, 10

B.P. 1032 - Sosa

A-le - lu - ya, a-le-lu - ya, a-le-lu - ya.

R. **Aleluya, aleluya.**
Dios nos amó y nos envió a su Hijo,
como víctima de expiación por nuestros pecados.
R. **Aleluya, aleluya.**

EVANGELIO

✠ Del santo Evangelio según san Juan
19, 31-37

R. **Gloria a ti, Señor.**

Como era el día de la preparación de la Pascua, para que los cuerpos de los ajusticiados no se quedaran en la cruz el sábado, porque aquel sábado era un día muy solemne, los judíos pidieron a Pilato que les quebraran las piernas y los quitaran de la cruz.

Fueron los soldados, le quebraron las piernas a uno y luego al otro de los que habían sido crucificados con Jesús. Pero al llegar a él, viendo que ya había muerto, no le quebraron las piernas, sino que uno de los soldados le traspasó el costado con una lanza e inmediatamente salió sangre y agua.

El que vio da testimonio de esto y su testimonio es verdadero y él sabe que dice la verdad, para que también ustedes crean. Esto sucedió para que se cumpliera lo que dice la Escritura: *No le quebrarán ningún hueso*; y en otro lugar la Escritura dice: *Mirarán al que traspasaron*.

Palabra del Señor.   R. **Gloria a ti, Señor Jesús.**

Se dice Credo.

ORACIÓN SOBRE LAS OFRENDAS
Mira, Señor, el inefable amor del Corazón de tu Hijo amado, para que este don que te ofrecemos sea agradable a tus ojos y sirva como expiación de nuestros pecados. Por Jesucristo, nuestro Señor.

ANTÍFONA DE LA COMUNIÓN   Jn 19, 34
Uno de los soldados le traspasó el costado con su lanza, e inmediatamente salió sangre y agua.

ORACIÓN DESPUÉS DE LA COMUNIÓN
Señor y Padre nuestro, que este sacramento de amor nos haga arder en santo afecto, de modo que, atraídos siempre hacia tu Hijo, sepamos reconocerlo en nuestros hermanos. Él, que vive y reina por los siglos de los siglos.

SAGRADO CORAZÓN DE JESÚS, EN TI CONFÍO

"... precisamente del Corazón del Hijo de Dios, muerto en la cruz, ha brotado la fuente perenne de la vida que da esperanza a todo hombre. Del Corazón de Cristo crucificado nace la nueva humanidad, redimida del pecado".

(San Juan Pablo II)

9 de junio · 10° Domingo del T. Ordinario

(*Verde*)

ANTÍFONA DE ENTRADA · Cfr. Sal 26, 1-2

El Señor es mi luz y mi salvación, ¿a quién temeré? El Señor es la defensa de mi vida, ¿quién me hará temblar? Cuando me asaltan mis enemigos, tropiezan y caen.

Se dice Gloria.

ORACIÓN COLECTA

Señor Dios, de quien todo bien procede, escucha nuestras súplicas y concédenos que, comprendiendo, por inspiración tuya, lo que es recto, eso mismo, bajo tu guía, lo hagamos realidad. Por nuestro Señor Jesucristo…

San Marcos, en el EVANGELIO, comienza a enumerar las oposiciones que va encontrando Jesús. Hoy lo acosan las calumnias. El Señor responde a ellas proclamando su victoria sobre Satanás. Esta victoria de Cristo sobre el demonio había sido ya profetizada en el relato del comienzo del mundo, cuando Dios anuncia que, aunque la mujer haya sucumbido a la tentación, su descendencia aplastará la cabeza de la serpiente (PRIMERA LECTURA). En la SEGUNDA LECTURA, san Pablo nos habla de sus miserias y sufrimientos y nos enseña cómo las supera, gracias a su fe en Cristo resucitado.

PRIMERA LECTURA

Del libro del Génesis

3, 9-15

Después de que el hombre y la mujer comieron del fruto del árbol prohibido, el Señor Dios llamó al hombre y le preguntó: "¿Dónde estás?". Éste le respondió: "Oí tus pasos en el jardín y tuve miedo, porque estoy desnudo, y me escondí". Entonces le dijo Dios: "¿Y quién te ha dicho que estabas desnudo? ¿Has comido acaso del árbol del que te prohibí comer?".

Respondió Adán: "La mujer que me diste por compañera me ofreció del fruto del árbol y comí". El Señor Dios dijo a la mujer: "¿Por qué has hecho esto?". Repuso la mujer: "La serpiente me engañó y comí".

Entonces dijo el Señor Dios a la serpiente:
"Porque has hecho esto,
serás maldita entre todos los animales
y entre todas las bestias salvajes.
Te arrastrarás sobre tu vientre y comerás polvo
todos los días de tu vida.
Pondré enemistad entre ti y la mujer,
entre tu descendencia y la suya;
y su descendencia te aplastará la cabeza,
mientras tú tratarás de morder su talón".

Palabra de Dios.   R. **Te alabamos, Señor.**

SALMO RESPONSORIAL

Del salmo 129

J.R. López B.P. 1628

Per - dó - na - nos, per - dó - na - nos, per - dó - na - nos, Se - ñor, y vi - vi - re - mos.

R. **Perdónanos, Señor, y viviremos.**

Desde el abismo de mis pecados clamo a ti;
Señor, escucha mi clamor;
que estén atentos tus oídos
a mi voz suplicante. R.

Si conservaras el recuerdo de las culpas,
¿quién habría, Señor, que se salvara?
Pero de ti procede el perdón,
por eso con amor te veneramos. R.

Confío en el Señor,
mi alma espera y confía en su palabra;
mi alma aguarda al Señor,
mucho más que a la aurora el centinela. R.

Como aguarda a la aurora el centinela,
aguarda Israel al Señor,
porque del Señor viene la misericordia
y la abundancia de la redención,
y él redimirá a su pueblo
de todas sus iniquidades. R.

SEGUNDA LECTURA

De la segunda carta del apóstol san Pablo a los corintios
4, 13–5, 1

Hermanos: Como poseemos el mismo espíritu de fe que se expresa en aquel texto de la Escritura: *Creo, por eso hablo*, también nosotros creemos y por eso hablamos, sabiendo que aquel que resucitó a Jesús nos resucitará también a nosotros con Jesús y nos colocará a su lado con ustedes. Y todo esto es para bien de ustedes, de manera que, al extenderse la gracia a más y más personas, se multiplique la acción de gracias para gloria de Dios.

Por esta razón no nos acobardamos; pues aunque nuestro cuerpo se va desgastando, nuestro espíritu se renueva de día en día. Nuestros sufrimientos momentáneos y ligeros nos producen una riqueza eterna, una gloria que los sobrepasa con exceso.

Nosotros no ponemos la mira en lo que se ve, sino en lo que no se ve, porque lo que se ve es transitorio y lo que no se ve es eterno. Sabemos que, aunque se desmorone esta morada terrena, que nos sirve de habitación, Dios nos tiene preparada en el cielo una morada eterna, no construida por manos humanas.

Palabra de Dios.   R. **Te alabamos, Señor.**

ACLAMACIÓN ANTES DEL EVANGELIO

Jn 12, 31-32

R. **Aleluya, aleluya.**
Ya va a ser arrojado el príncipe de este mundo.
Cuando yo sea levantado de la tierra,
atraeré a todos hacia mí, dice el Señor.
R. **Aleluya, aleluya.**

EVANGELIO

✠ Del santo Evangelio según san Marcos
3, 20-35

R. **Gloria a ti, Señor.**

En aquel tiempo, Jesús entró en una casa con sus discípulos y acudió tanta gente, que no los dejaban ni comer. Al enterarse sus parientes, fueron a buscarlo, pues decían que se había vuelto loco.

Los escribas que habían venido de Jerusalén, decían acerca de Jesús: "Este hombre está poseído por Satanás, príncipe de los demonios, y por eso los echa fuera".

Jesús llamó entonces a los escribas y les dijo en parábolas: "¿Cómo puede Satanás expulsar a Satanás? Porque si un reino está dividido en bandos opuestos, no puede subsistir. Una familia dividida tampoco puede subsistir. De la misma manera, si Satanás se rebela contra sí mismo y se divide, no podrá subsistir, pues ha llegado su fin. Nadie puede entrar en la casa de un hombre fuerte y llevarse sus cosas, si primero no lo ata. Sólo así podrá saquear la casa.

Yo les aseguro que a los hombres se les perdonarán todos sus pecados y todas sus blasfemias. Pero el que blasfeme contra el Espíritu Santo nunca tendrá perdón; será reo de un pecado eterno". Jesús dijo esto, porque lo acusaban de estar poseído por un espíritu inmundo.

Llegaron entonces su madre y sus parientes; se quedaron fuera y lo mandaron llamar. En torno a él estaba sentada una multitud, cuando le dijeron: "Ahí fuera están tu madre y tus hermanos, que te buscan".

Él les respondió: "¿Quién es mi madre y quiénes son mis hermanos?". Luego, mirando a los que estaban sentados a su alrededor, dijo: "Éstos son mi madre y mis hermanos. Porque el que cumple la voluntad de Dios, ése es mi hermano, mi hermana y mi madre".

Palabra del Señor.   R. **Gloria a ti, Señor Jesús.**

Se dice Credo.

ORACIÓN SOBRE LAS OFRENDAS

Mira, Señor, con bondad nuestro servicio para que esta ofrenda se convierta para ti en don aceptable y para nosotros en aumento de nuestra caridad. Por Jesucristo, nuestro Señor.

ANTÍFONA DE LA COMUNIÓN   1 Jn 4, 16

Dios es amor, y el que permanece en el amor permanece en Dios y Dios en él.

ORACIÓN DESPUÉS DE LA COMUNIÓN

Señor, que la virtud medicinal de este sacramento nos cure por tu bondad de nuestras maldades y nos haga avanzar por el camino recto. Por Jesucristo, nuestro Señor.

QUIEN CUMPLE LA VOLUNTAD DE DIOS ES DE LA FAMILIA DE JESÚS

El relato del libro del Génesis nos enseña que el pecado entró en la vida del ser humano por su desobediencia y su soberbia. Es lo que la Iglesia ha llamado "pecado original"; todos nacemos con esa triste herencia.

Cuando recibimos el sacramento del Bautismo, la mancha del pecado original fue borrada de nosotros; sin embargo, nuestra naturaleza quedó herida, y tendemos a cometer el pecado, que tanto nos daña y que ofende a Dios (ver *Catecismo de la Iglesia católica*, nn. 385-421).

Somos hijos adoptivos de Dios por el Bautismo, no porque fuera nuestro derecho, sino como un regalo de amor. Fuimos hechos "hijos en el Hijo", por pura voluntad de nuestro Padre Dios, y aún no sabemos las cosas maravillosas que él tiene preparadas para nosotros en la Patria eterna, que es el cielo.

A nosotros hoy nos toca vivir según esa dignidad de hijos de Dios que se nos ha otorgado inmerecidamente.

Porque Jesús nos dice: "el que cumple la voluntad de Dios, ése es mi hermano, mi hermana y mi madre".

9 de junio

indiferencia
pereza
egoísmo
falta de fe
odio
soberbia

16 de junio   11° Domingo del T. Ordinario

(Verde)

ANTÍFONA DE ENTRADA   Cfr. Sal 26, 7. 9

Oye, Señor, mi voz y mis clamores. Ven en mi ayuda, no me rechaces, ni me abandones, Dios, salvador mío.

Se dice Gloria.

ORACIÓN COLECTA

Señor Dios, fortaleza de los que en ti esperan, acude, bondadoso, a nuestro llamado y, puesto que sin ti nada puede nuestra humana debilidad, danos siempre la ayuda de tu gracia, para que, en el cumplimiento de tu voluntad, te agrademos siempre con nuestros deseos y acciones. Por nuestro Señor Jesucristo…

Las dos parábolas que leemos hoy (EVANGELIO): la de la semilla que germina lentamente y la del grano de mostaza que crece hasta convertirse en arbusto, evocan el estado glorioso del Reino futuro que sucederá al estado actual de humildad. Al narrar estas parábolas, Jesús se refería en forma directa a un texto del profeta Ezequiel (PRIMERA LECTURA).

Después de recordar las pruebas sufridas durante su ministerio (SEGUNDA LECTURA), san Pablo expresa su deseo del cielo y su preocupación por agradar al Señor caminando en la fe.

PRIMERA LECTURA

Del libro del profeta Ezequiel
17, 22-24

Esto dice el Señor Dios:
"Yo tomaré un renuevo de la copa de un gran cedro,
de su más alta rama cortaré un retoño.
Lo plantaré en la cima de un monte excelso y sublime.
Lo plantaré en la montaña más alta de Israel.
Echará ramas, dará fruto
y se convertirá en un cedro magnífico.
En él anidarán toda clase de pájaros
y descansarán al abrigo de sus ramas.

Así, todos los árboles del campo sabrán que yo, el Señor,
humillo los árboles altos
y elevo los árboles pequeños;
que seco los árboles lozanos
y hago florecer los árboles secos.
Yo, el Señor, lo he dicho y lo haré''.

Palabra de Dios.   R. **Te alabamos, Señor.**

SALMO RESPONSORIAL
Del salmo 91

C. Sánchez B.P. 1629

¡Qué bue-no_es dar-te gra-cias, Se-ñor! ¡Qué bue-no_es dar-te gra-cias, Se-ñor!

R. **¡Qué bueno es darte gracias, Señor!**

¡Qué bueno es darte gracias, Dios altísimo,
y celebrar tu nombre,
pregonando tu amor cada mañana
y tu fidelidad, todas las noches! R.

265

[R. **¡Qué bueno es darte gracias, Señor!**]

Los justos crecerán como las palmas,
como los cedros en los altos montes;
plantados en la casa del Señor,
en medio de sus atrios darán flores. R.

Seguirán dando fruto en su vejez,
frondosos y lozanos como jóvenes,
para anunciar que en Dios, mi protector,
ni maldad ni injusticia se conocen. R.

SEGUNDA LECTURA

De la segunda carta del apóstol san Pablo a los corintios
5, 6-10

Hermanos: Siempre tenemos confianza, aunque sabemos que, mientras vivimos en el cuerpo, estamos desterrados, lejos del Señor. Caminamos guiados por la fe, sin ver todavía. Estamos, pues, llenos de confianza y preferimos salir de este cuerpo para vivir con el Señor.

Por eso procuramos agradarle, en el destierro o en la patria. Porque todos tendremos que comparecer ante el tribunal de Cristo, para recibir el premio o el castigo por lo que hayamos hecho en esta vida.

Palabra de Dios.   R. **Te alabamos**, **Señor.**

ACLAMACIÓN ANTES DEL EVANGELIO

B.P. 1031 - Sosa

A - le - lu - ya,   a - le - lu - ya,   a - le - lu - ya.

R. **Aleluya, aleluya.**
La semilla es la palabra de Dios y el sembrador es Cristo;
todo aquel que lo encuentra vivirá para siempre.
R. **Aleluya, aleluya.**

EVANGELIO

✠ Del santo Evangelio según san Marcos
4, 26-34

R. **Gloria a ti, Señor.**

En aquel tiempo, Jesús dijo a la multitud: "El Reino de Dios se parece a lo que sucede cuando un hombre siembra la semilla en la tierra: que pasan las noches y los días, y sin que él sepa cómo, la semilla germina y crece; y la tierra, por sí sola, va produciendo el fruto: primero los tallos, luego las espigas y después los granos en las espigas. Y cuando ya están maduros los granos, el hombre echa mano de la hoz, pues ha llegado el tiempo de la cosecha".

Les dijo también: "¿Con qué compararemos el Reino de Dios? ¿Con qué parábola lo podremos representar? Es como una semilla de mostaza que, cuando se siembra, es la más pequeña de las semillas; pero una vez sembrada, crece y se convierte en el mayor de los arbustos y echa ramas tan grandes, que los pájaros pueden anidar a su sombra".

Y con otras muchas parábolas semejantes les estuvo exponiendo su mensaje, de acuerdo con lo que ellos podían entender. Y no les hablaba sino en parábolas; pero a sus discípulos les explicaba todo en privado.

Palabra del Señor.   R. **Gloria a ti, Señor Jesús.**

Se dice Credo.

ORACIÓN SOBRE LAS OFRENDAS

Tú que con este pan y este vino que te presentamos das al género humano el alimento que lo sostiene y el sacramento que lo renueva, concédenos, Señor, que nunca nos falte esta ayuda para el cuerpo y el alma. Por Jesucristo, nuestro Señor.

ANTÍFONA DE LA COMUNIÓN   Jn 17, 11

Padre santo, guarda en tu nombre a los que me has dado, para que, como nosotros, sean uno, dice el Señor.

ORACIÓN DESPUÉS DE LA COMUNIÓN

Señor, que esta santa comunión, que acabamos de recibir, así como significa la unión de los fieles en ti, así también lleve a efecto la unidad en tu Iglesia. Por Jesucristo, nuestro Señor.

INDEFECTIBLEMENTE LLEGARÁ EL TIEMPO DE LA COSECHA

Dios es el único dueño del tiempo y de la historia. Él nos ha creado por puro amor, pero él quiere de nosotros lo mejor; él ha querido hacernos partícipes de su obra de salvación y vida.

✳ El Señor ha sembrado su Palabra en nuestros corazones, para enseñarnos a vivir, para que crezcamos de acuerdo con nuestro único modelo, que es Cristo.

✳ Tenemos que madurar en la fe, para actuar según el plan de Dios, que nos quiere dar vida en abundancia.

El Señor espera mucho de nosotros, porque nos ha dotado con lo necesario para dar buenos frutos.

23 de junio   12° Domingo del T. Ordinario

(*Verde*)

ANTÍFONA DE ENTRADA   Cfr. Sal 27, 8-9

El Señor es la fuerza de su pueblo, defensa y salvación para su Ungido. Sálvanos, Señor, vela sobre nosotros y guíanos siempre.

Se dice Gloria.

ORACIÓN COLECTA

Señor, concédenos vivir siempre en el amor y respeto a tu santo nombre, ya que jamás dejas de proteger a quienes estableces en el sólido fundamento de tu amor. Por nuestro Señor Jesucristo...

El Señor le recuerda a su siervo Job que él es el único dueño de la creación (PRIMERA LECTURA). De igual manera, Jesús aprovecha la ocasión de aplacar la tempestad en medio del lago para que sus discípulos mediten en el origen divino de su Maestro (EVANGELIO).

San Pablo nos revela que el amor de Cristo lo ha conquistado por completo y ha hecho de él una creatura nueva, con una visión renovada del mundo: todo lo viejo ha pasado. Ya todo es nuevo (SEGUNDA LECTURA).

PRIMERA LECTURA

Del libro de Job
38, 1. 8-11

El Señor habló a Job desde la tormenta y le dijo:
"Yo le puse límites al mar,
cuando salía impetuoso del seno materno;
yo hice de la niebla sus mantillas
y de las nubes sus pañales;
yo le impuse límites con puertas y cerrojos y le dije:
'Hasta aquí llegarás, no más allá.
Aquí se romperá la arrogancia de tus olas' ".
Palabra de Dios.   R. **Te alabamos, Señor.**

SALMO RESPONSORIAL

Del salmo 106

E. Estrella B.P. 1630

De - mos   gra - cias   al   Se - ñor   por   sus   bon - da - des.

R.   **Demos gracias al Señor por sus bondades.**

Los que la mar surcaban con sus naves,
por las aguas inmensas negociando,
el poder del Señor y sus prodigios
en medio del abismo contemplaron. R.

    Habló el Señor y un viento huracanado
las olas encrespó;
al cielo y al abismo eran lanzados,
sobrecogidos de terror. R.

    Clamaron al Señor en tal apuro
y él los libró de sus congojas.
Cambió la tempestad en suave brisa
y apaciguó las olas. R.

Se alegraron al ver la mar tranquila
y el Señor los llevó al puerto anhelado.
Den gracias al Señor por los prodigios
que su amor por el hombre ha realizado. R.

SEGUNDA LECTURA

De la segunda carta del apóstol san Pablo a los corintios
5, 14-17

Hermanos: El amor de Cristo nos apremia, al pensar que si uno murió por todos, todos murieron. Cristo murió por todos para que los que viven ya no vivan para sí mismos, sino para aquel que murió y resucitó por ellos.

Por eso nosotros ya no juzgamos a nadie con criterios humanos. Si alguna vez hemos juzgado a Cristo con tales criterios, ahora ya no lo hacemos. El que vive según Cristo es una creatura nueva; para él todo lo viejo ha pasado. Ya todo es nuevo.

Palabra de Dios.   R. **Te alabamos, Señor.**

ACLAMACIÓN ANTES DEL EVANGELIO

Lc 7, 16

B.P. 1259

A - le - lu - ya, a - le - lu - ya, a - le - lu - ya.

R. **Aleluya, aleluya.**
Un gran profeta ha surgido entre nosotros.
Dios ha visitado a su pueblo.
R. **Aleluya, aleluya.**

EVANGELIO

✠ Del santo Evangelio según san Marcos
4, 35-41

R. **Gloria a ti, Señor.**

Un día, al atardecer, Jesús dijo a sus discípulos: "Vamos a la otra orilla del lago". Entonces los discípulos despidieron a la gente y condujeron a Jesús en la misma barca en que estaba. Iban además otras barcas.

De pronto se desató un fuerte viento y las olas se estrellaban contra la barca y la iban llenando de agua. Jesús dormía en la popa, reclinado sobre un cojín. Lo despertaron y le dijeron: "Maestro, ¿no te importa que nos hundamos?". Él se despertó, reprendió al viento y dijo al mar: "¡Cállate, enmudece!". Entonces el viento cesó y sobrevino una gran calma. Jesús les dijo: "¿Por qué tenían tanto miedo? ¿Aún no tienen fe?". Todos se quedaron espantados y se decían unos a otros: "¿Quién es éste, a quien hasta el viento y el mar obedecen?".

Palabra del Señor.   R. **Gloria a ti, Señor Jesús.**

Se dice Credo.

ORACIÓN SOBRE LAS OFRENDAS

Recibe, Señor, este sacrificio de reconciliación y alabanza y concédenos que, purificados por su eficacia, podamos ofrecerte el entrañable afecto de nuestro corazón. Por Jesucristo, nuestro Señor.

ANTÍFONA DE LA COMUNIÓN   Jn 10, 11. 15
Yo soy el buen pastor, y doy la vida por mis ovejas, dice el Señor.

ORACIÓN DESPUÉS DE LA COMUNIÓN

Renovados, Señor, por el alimento del sagrado Cuerpo y la preciosa Sangre de tu Hijo, concédenos que lo que realizamos con asidua devoción lo recibamos convertido en certeza de redención. Por Jesucristo, nuestro Señor.

"¿AÚN NO TIENEN FE?"

El evangelio de este domingo nos habla de la tormenta que enfrentaron los discípulos, mientras viajaban con Jesús, que iba dormido en una barca. Ellos se asustan, y lo despiertan, preguntándole: "¿no te importa que nos hundamos?".

◇ Jesús reprende al viento y ordena al mar: "¡Cállate, enmudece!", y de inmediato todo se puso tranquilo; enseguida, Jesús les dice: "¿Por qué tenían tanto miedo? ¿Aún no tienen fe?", mientras ellos, sin salir de su espanto, se preguntan: "¿Quién es éste, a quien hasta el viento y el mar obedecen?".

◇ Nosotros hemos enfrentado, y enfrentamos, momentos difíciles en nuestra vida. A veces parece que todo va a terminar mal.

◇ Pero, si creemos en Cristo, tenemos que mantener siempre viva la esperanza, porque toda nuestra vida está en las manos de Dios.

Que nunca cese nuestra oración, porque Jesús es Dios, y él tiene el poder para venir en nuestro auxilio.

24 de junio
Lunes

Natividad de san Juan Bautista

(Misa del día)
(*Blanco*)

ANTÍFONA DE ENTRADA   Jn 1, 6-7; Lc 1, 17

Vino un hombre enviado por Dios, que se llamaba Juan. Él vino para dar testimonio de la luz y prepararle al Señor un pueblo dispuesto a recibirlo.

Se dice Gloria.

ORACIÓN COLECTA

Dios nuestro, que suscitaste a san Juan Bautista para prepararle a Cristo, el Señor, un pueblo dispuesto a recibirlo, concede ahora a tu Iglesia el don de la alegría espiritual, y guía a tus fieles por el camino de la salvación y de la paz. Por nuestro Señor Jesucristo…

Con el fin de comprender mejor la vocación de Juan el Bautista, en la PRIMERA LECTURA se nos recuerda la vocación de Isaías. Por su parte, en la SEGUNDA LECTURA, san Pablo afirma claramente que la misión de Juan el Bautista es preparar la venida de Jesús, el Salvador. El EVANGELIO, que relata el nacimiento de Juan, nos deja entrever la austera formación a la que quiso someterlo el Señor, haciéndolo vivir en el desierto "hasta el día en que se dio a conocer al pueblo de Israel".

Del libro del profeta Isaías

49, 1-6

Escúchenme, islas;
pueblos lejanos, atiéndanme.
El Señor me llamó desde el vientre de mi madre;
cuando aún estaba yo en el seno materno,
él pronunció mi nombre.

    Hizo de mi boca una espada filosa,
me escondió en la sombra de su mano,
me hizo flecha puntiaguda,
me guardó en su aljaba y me dijo:
"Tú eres mi siervo, Israel;
en ti manifestaré mi gloria".
Entonces yo pensé: "En vano me he cansado,
inútilmente he gastado mis fuerzas;
en realidad mi causa estaba en manos del Señor,
mi recompensa la tenía mi Dios".

    Ahora habla el Señor,
el que me formó desde el seno materno,
para que fuera su servidor,
para hacer que Jacob volviera a él
y congregar a Israel en torno suyo
–tanto así me honró el Señor
y mi Dios fue mi fuerza–.
Ahora, pues, dice el Señor:
"Es poco que seas mi siervo
sólo para restablecer a las tribus de Jacob
y reunir a los sobrevivientes de Israel;
te voy a convertir en luz de las naciones,
para que mi salvación llegue
hasta los últimos rincones de la tierra".

Palabra de Dios.   R. **Te alabamos, Señor.**

24 de junio

275

SALMO RESPONSORIAL
Del salmo 138

B.P. 1497   J. Martínez-Ramírez

Te doy gra-cias, Se- ñor, por-que me_has for-ma-do ma - ra - vi-llo-sa- men-te.

R. **Te doy gracias, Señor, porque me has formado maravillosamente.**

Tú me conoces, Señor, profundamente:
Tú conoces cuándo me siento y me levanto;
desde lejos sabes mis pensamientos,
tú observas mi camino y mi descanso,
todas mis sendas te son familiares. R.

 Tú formaste mis entrañas,
me tejiste en el seno materno.
Te doy gracias por tan grandes maravillas;
soy un prodigio y tus obras son prodigiosas. R.

 Conocías plenamente mi alma;
no se te escondía mi organismo,
cuando en lo oculto me iba formando
y entretejiendo en lo profundo de la tierra. R.

SEGUNDA LECTURA
Del libro de los Hechos de los Apóstoles
13, 22-26

En aquellos días, Pablo les dijo a los judíos: "Hermanos: Dios les dio a nuestros padres como rey a David, de quien hizo esta alabanza: *He hallado a David, hijo de Jesé, hombre según mi corazón, quien realizará todos mis designios*.

Del linaje de David, conforme a la promesa, Dios hizo nacer para Israel un Salvador, Jesús. Juan preparó su venida, predicando a todo el pueblo de Israel un bautismo de penitencia, y hacia el final de su vida, Juan decía: 'Yo no soy el que ustedes piensan. Después de mí viene uno a quien no merezco desatarle las sandalias'.

Hermanos míos, descendientes de Abraham, y cuantos temen a Dios: Este mensaje de salvación les ha sido enviado a ustedes".

Palabra de Dios.   R. **Te alabamos, Señor.**

B.P. 1034 - Palazón

ACLAMACIÓN ANTES DEL EVANGELIO
Lc 1, 76

A - le - lu - ya, a - le - lu - ya, a - le - lu - ya.

R. **Aleluya, aleluya.**
Y a ti, niño, te llamarán profeta del Altísimo,
porque irás delante del Señor a preparar sus caminos.
R. **Aleluya, aleluya.**

EVANGELIO
✠ Del santo Evangelio según san Lucas
1, 57-66. 80

R. **Gloria a ti, Señor.**

Por aquellos días, le llegó a Isabel la hora de dar a luz y tuvo un hijo. Cuando sus vecinos y parientes se enteraron de que el Señor le había manifestado tan grande misericordia, se regocijaron con ella.

A los ocho días fueron a circuncidar al niño y le querían poner Zacarías, como su padre; pero la madre se opuso, diciéndoles: "No. Su nombre será Juan". Ellos le decían: "Pero si ninguno de tus parientes se llama así".

Entonces le preguntaron por señas al padre cómo quería que se llamara el niño. Él pidió una tablilla y escribió: "Juan es su nombre". Todos se quedaron extrañados. En ese momento a Zacarías se le soltó la lengua, recobró el habla y empezó a bendecir a Dios.

24 de junio

Un sentimiento de temor se apoderó de los vecinos, y en toda la región montañosa de Judea se comentaba este suceso. Cuantos se enteraban de ello se preguntaban impresionados: "¿Qué va a ser de este niño?". Esto lo decían, porque realmente la mano de Dios estaba con él.

El niño se iba desarrollando físicamente y su espíritu se iba fortaleciendo, y vivió en el desierto hasta el día en que se dio a conocer al pueblo de Israel.

Palabra del Señor.   R. **Gloria a ti, Señor Jesús.**

Se dice Credo.

ORACIÓN SOBRE LAS OFRENDAS
Presentamos, Señor, en tu altar estos dones, al celebrar con el debido honor el nacimiento de aquel que no sólo anunció al Salvador que habría de venir, sino, además, lo mostró ya presente. Él, que vive y reina por los siglos de los siglos.

ANTÍFONA DE LA COMUNIÓN   Cfr. Lc 1, 78
Por la entrañable misericordia de nuestro Dios, nos ha visitado el sol que nace de lo alto.

ORACIÓN DESPUÉS DE LA COMUNIÓN
Renovados por el banquete celestial del Cordero, te rogamos, Señor, que tu Iglesia, llena de alegría por el nacimiento de Juan el Bautista, reconozca en aquel que Juan anunció que habría de venir al autor de la salvación. Por Jesucristo, nuestro Señor.

¿PODEMOS SER PROFETAS DEL ALTÍSIMO, COMO SAN JUAN BAUTISTA?

Hoy la Iglesia celebra el nacimiento de este santo, a quien le tocó vivir el paso del Antiguo al Nuevo Testamento, y de quien nuestro Señor se expresó tan bellamente: "Yo les digo que no hay nadie más grande que Juan entre todos los que han nacido de una mujer" (Lc 7, 28).

✓ Tal vez nosotros no seamos capaces de vivir la austeridad como lo hizo este gran santo: vestir con piel de camello, comer saltamontes y miel silvestre, y vivir en el desierto, pero a lo que sí estamos llamados es a ejercer nuestra función de profetas, que adquirimos al recibir el Bautismo.

✓ Porque Jesús también dijo, refiriéndose al Bautista: "Y con todo, el más pequeño en el Reino de Dios es mayor que él" (Lc 7, 28).

Pidamos a san Juan Bautista que interceda por nosotros, para que proclamemos con la vida que Jesús es el único Salvador del mundo.

29 de junio
Sábado

Santos Pedro y Pablo, apóstoles
(Misa del día)
(Rojo)

ANTÍFONA DE ENTRADA
Éstos son los que, viviendo en nuestra carne, con su sangre fecundaron a la Iglesia, bebieron del cáliz del Señor, y fueron hechos amigos suyos.

Se dice Gloria.

ORACIÓN COLECTA
Dios nuestro, tú que nos llenas de una venerable y santa alegría en la solemnidad de tus santos apóstoles Pedro y Pablo, concede a tu Iglesia que se mantenga siempre fiel a todas las enseñanzas de aquellos por quienes comenzó la propagación de la fe. Por nuestro Señor Jesucristo…

Los Hechos de los Apóstoles cuentan la liberación milagrosa de Pedro, como respuesta a la oración de toda la Iglesia, cuando el apóstol se hallaba preso en Jerusalén (PRIMERA LECTURA). San Mateo, por su parte, nos muestra cómo la fe inquebrantable en Cristo, convierte a Simón Pedro en la "piedra fundamental de la Iglesia" (EVANGELIO). Se reproduce también (SEGUNDA LECTURA) el último mensaje de san Pablo a su discípulo Timoteo, cuando estaba prisionero en Roma, dispuesto a recibir el martirio.

Del libro de los Hechos de los Apóstoles

12, 1-11

En aquellos días, el rey Herodes mandó apresar a algunos miembros de la Iglesia para maltratarlos. Mandó pasar a cuchillo a Santiago, hermano de Juan, y viendo que eso agradaba a los judíos, también hizo apresar a Pedro. Esto sucedió durante los días de la fiesta de los panes Ázimos. Después de apresarlo, lo hizo encarcelar y lo puso bajo la vigilancia de cuatro turnos de guardia, de cuatro soldados cada turno. Su intención era hacerlo comparecer ante el pueblo después de la Pascua. Mientras Pedro estaba en la cárcel, la comunidad no cesaba de orar a Dios por él.

La noche anterior al día en que Herodes iba a hacerlo comparecer ante el pueblo, Pedro estaba durmiendo entre dos soldados, atado con dos cadenas y los centinelas cuidaban la puerta de la prisión. De pronto apareció el ángel del Señor y el calabozo se llenó de luz. El ángel tocó a Pedro en el costado, lo despertó y le dijo: "Levántate pronto". Entonces las cadenas que le sujetaban las manos se le cayeron. El ángel le dijo: "Cíñete la túnica y ponte las sandalias", y Pedro obedeció. Después le dijo: "Ponte el manto y sígueme". Pedro salió detrás de él, sin saber si era verdad o no lo que el ángel hacía, y le parecía más bien que estaba soñando. Pasaron el primero y el segundo puesto de guardia y llegaron a la puerta de hierro que daba a la calle. La puerta se abrió sola delante de ellos. Salieron y caminaron hasta la esquina de la calle y de pronto el ángel desapareció.

Entonces, Pedro se dio cuenta de lo que pasaba y dijo: "Ahora sí estoy seguro de que el Señor envió a su ángel para librarme de las manos de Herodes y de todo cuanto el pueblo judío esperaba que me hicieran".

Palabra de Dios.   R. **Te alabamos, Señor.**

29 de junio

SALMO RESPONSORIAL
Del salmo 33

J. Venegas B.P. 1741

El Se-ñor me li-bró de to-dos mis te - mo - res.

R. **El Señor me libró de todos mis temores.**

Bendeciré al Señor a todas horas,
no cesará mi boca de alabarlo.
Yo me siento orgulloso del Señor,
que se alegre su pueblo al escucharlo. R.

Proclamemos la grandeza del Señor
y alabemos todos juntos su poder.
Cuando acudí al Señor, me hizo caso
y me libró de todos mi temores. R.

Confía en el Señor y saltarás de gusto,
jamás te sentirás decepcionado,
porque el Señor escucha el clamor de los pobres
y los libra de todas sus angustias. R.

Junto a aquellos que temen al Señor
el ángel del Señor acampa y los protege.
Haz la prueba y verás qué bueno es el Señor.
Dichoso el hombre que se refugia en él. R.

SEGUNDA LECTURA

De la segunda carta del apóstol san Pablo a Timoteo
4, 6-8. 17-18

Querido hermano: Ha llegado para mí la hora del sacrificio y se acerca el momento de mi partida. He luchado bien en el combate, he corrido hasta la meta, he perseverado en la fe. Ahora sólo espero la corona merecida, con la que el Señor, justo juez, me premiará en aquel día, y no solamente a mí, sino a todos aquellos que esperan con amor su glorioso advenimiento.

Cuando todos me abandonaron, el Señor estuvo a mi lado y me dio fuerzas para que, por mi medio, se proclamara claramente el mensaje de salvación y lo oyeran todos los paganos. Y fui librado de las fauces del león. El Señor me seguirá librando de todos los peligros y me llevará sano y salvo a su Reino celestial.

Palabra de Dios. R. **Te alabamos, Señor.**

ACLAMACIÓN ANTES DEL EVANGELIO
Mt 16, 18

B.P. 1032 - Sosa

R. **Aleluya, aleluya.**
Tú eres Pedro y sobre esta piedra edificaré mi Iglesia,
y los poderes del infierno
no prevalecerán sobre ella, dice el Señor.
R. **Aleluya, aleluya.**

EVANGELIO
✠ Del santo Evangelio según san Mateo
16, 13-19

R. **Gloria a ti, Señor.**

En aquel tiempo, cuando llegó Jesús a la región de Cesarea de Filipo, hizo esta pregunta a sus discípulos: "¿Quién dice la gente que es el Hijo del hombre?". Ellos le respondieron: "Unos dicen que eres Juan el Bautista; otros, que Elías; otros, que Jeremías o alguno de los profetas".

Luego les preguntó: "Y ustedes, ¿quién dicen que soy yo?". Simón Pedro tomó la palabra y le dijo: "Tú eres el Mesías, el Hijo de Dios vivo".

Jesús le dijo entonces: "¡Dichoso tú, Simón, hijo de Juan, porque esto no te lo ha revelado ningún hombre, sino mi Padre, que está en los cielos! Y yo te digo a ti que tú eres Pedro y sobre esta piedra edificaré mi Iglesia. Los poderes del infierno no prevalecerán sobre ella. Yo te daré las llaves del Reino de los cielos; todo lo que ates en la tierra quedará atado en el cielo, y todo lo que desates en la tierra quedará desatado en el cielo".

Palabra del Señor.   R. **Gloria a ti**, **Señor Jesús.**

Se dice Credo.

ORACIÓN SOBRE LAS OFRENDAS

Haz, Señor, que la oración de tus santos Apóstoles acompañe la ofrenda que te presentamos, y nos permita celebrar con devoción este santo sacrificio. Por Jesucristo, nuestro Señor.

ANTÍFONA DE LA COMUNIÓN   Cfr. Mt 16, 16. 18

Dijo Pedro a Jesús: Tú eres el Mesías, el Hijo de Dios vivo. Jesús le respondió: Tú eres Pedro, y sobre esta piedra edificaré mi Iglesia.

ORACIÓN DESPUÉS DE LA COMUNIÓN

Renovados por este sacramento, Señor, concédenos vivir de tal manera en tu Iglesia que, perseverando en la fracción del pan y en la enseñanza de los Apóstoles, tengamos un solo corazón y un mismo espíritu, fortalecidos por tu amor. Por Jesucristo, nuestro Señor.

PERSEVEREMOS EN LA FE, COMUNICÁNDOLA, COMO LOS SANTOS PEDRO Y PABLO

Durante su homilía durante la celebración eucarística con motivo de la solemnidad de los santos apóstoles Pedro y Pablo, el 29 de junio de 2001, el Papa san Juan Pablo II dijo:

" 'He conservado la fe' (2 Tim 4, 7). Así afirma el apóstol san Pablo haciendo el balance de su vida. Y sabemos de qué modo la conservó: dándola, difundiéndola, haciéndola fructificar lo más posible. Hasta la muerte.

Del mismo modo, la Iglesia está llamada a conservar el 'depósito' de la fe, comunicándolo a todos los hombres y a todo el hombre. Para esto el Señor la envió al mundo, diciendo a los Apóstoles: 'Vayan, pues, y hagan discípulos a todas las naciones' (Mt 28, 19). […]. Si san Pablo viviera hoy, ¿cómo expresaría el anhelo misionero que distinguió su acción al servicio del Evangelio? Y san Pedro ciertamente no dejaría de animarlo en este generoso impulso apostólico, tendiéndole la mano en señal de comunión (cfr. Gál 2, 9)".

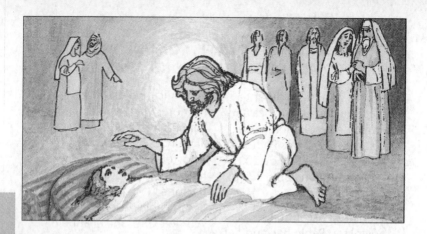

30 de junio 13er Domingo del T. Ordinario

(*Verde*)

ANTÍFONA DE ENTRADA Sal 46, 2

Pueblos todos, aplaudan y aclamen a Dios con gritos de júbilo.

Se dice Gloria.

ORACIÓN COLECTA

Señor Dios, que mediante la gracia de la adopción filial quisiste que fuéramos hijos de la luz, concédenos que no nos dejemos envolver en las tinieblas del error, sino que permanezcamos siempre vigilantes en el esplendor de la verdad. Por nuestro Señor Jesucristo...

La victoria de Cristo sobre la muerte, ilustrada en la resurrección de la hija de Jairo (EVANGELIO), se ilumina con las palabras del libro de la Sabiduría (PRIMERA LECTURA): "Dios no hizo la muerte", sino que por envidia del diablo entró la muerte en el mundo. De suerte que si hemos sido redimidos del pecado por la muerte de Cristo, somos ya unos resucitados en la esperanza en Cristo.

San Pablo pide a los cristianos de Corinto (SEGUNDA LECTURA) que ayuden a sus hermanos de Jerusalén, recordándoles que ayudar al pobre es imitar a Cristo.

PRIMERA LECTURA

Del libro de la Sabiduría
1, 13-15; 2, 23-24

Dios no hizo la muerte,
ni se recrea en la destrucción de los vivientes.
Todo lo creó para que subsistiera.
Las creaturas del mundo son saludables;
no hay en ellas veneno mortal.

Dios creó al hombre para que nunca muriera,
porque lo hizo a imagen y semejanza de sí mismo;
mas por envidia del diablo
entró la muerte en el mundo
y la experimentan quienes le pertenecen.

Palabra de Dios.   R. **Te alabamos, Señor.**

SALMO RESPONSORIAL

Del salmo 29

A. Gómez B.P. 1631

Te_a-la-ba - ré, Se - ñor, e - ter - na - men - te.   Te_a - la - ba - men - te.

R. **Te alabaré, Señor, eternamente.**

Te alabaré, Señor, pues no dejaste
que se rieran de mí mis enemigos.
Tú, Señor, me salvaste de la muerte
y a punto de morir, me reviviste. R.

Alaben al Señor quienes lo aman,
den gracias a su nombre,
porque su ira dura un solo instante
y su bondad, toda la vida.
El llanto nos visita por la tarde;
por la mañana, el júbilo. R.

[R. **Te alabaré, Señor, eternamente.**]

Escúchame, Señor, y compadécete;
Señor, ven en mi ayuda.
Convertiste mi duelo en alegría,
te alabaré por eso eternamente. R.

SEGUNDA LECTURA

De la segunda carta del apóstol san Pablo a los corintios
8, 7. 9. 13-15

Hermanos: Ya que ustedes se distinguen en todo: en fe,
en palabra, en sabiduría, en diligencia para todo y en
amor hacia nosotros, distínganse también ahora por su generosidad.

Bien saben lo generoso que ha sido nuestro Señor Jesucristo, que siendo rico, se hizo pobre por ustedes, para que
ustedes se hicieran ricos con su pobreza.

No se trata de que los demás vivan tranquilos, mientras
ustedes están sufriendo. Se trata, más bien, de aplicar durante
nuestra vida una medida justa; porque entonces la abundancia de ustedes remediará las carencias de ellos, y ellos,
por su parte, los socorrerán a ustedes en sus necesidades.
En esa forma habrá un justo medio, como dice la Escritura:
*Al que recogía mucho, nada le sobraba; al que recogía poco, nada le
faltaba.*

Palabra de Dios.   R. **Te alabamos, Señor.**

ACLAMACIÓN ANTES DEL EVANGELIO
Cfr. 2 Tim 1, 10

B.P. 1033 - Palazón

A-le-lu-ya, a-le-lu-ya, a-le-lu-ya.

R. **Aleluya, aleluya.**

Jesucristo, nuestro Salvador, ha vencido la muerte
y ha hecho resplandecer la vida por medio del Evangelio.

R. **Aleluya, aleluya.**

EVANGELIO

✠ Del santo Evangelio según san Marcos
5, 21-43

R. **Gloria a ti, Señor.**

En aquel tiempo, cuando Jesús regresó en la barca al otro lado del lago, se quedó en la orilla y ahí se le reunió mucha gente. Entonces se acercó uno de los jefes de la sinagoga, llamado Jairo. Al ver a Jesús, se echó a sus pies y le suplicaba con insistencia: "Mi hija está agonizando. Ven a imponerle las manos para que se cure y viva". Jesús se fue con él, y mucha gente lo seguía y lo apretujaba.

Entre la gente había una mujer que padecía flujo de sangre desde hacía doce años. Había sufrido mucho a manos de los médicos y había gastado en eso toda su fortuna, pero en vez de mejorar, había empeorado. Oyó hablar de Jesús, vino y se le acercó por detrás entre la gente y le tocó el manto, pensando que, con sólo tocarle el vestido, se curaría. Inmediatamente se le secó la fuente de su hemorragia y sintió en su cuerpo que estaba curada.

Jesús notó al instante que una fuerza curativa había salido de él, se volvió hacia la gente y les preguntó: "¿Quién ha tocado mi manto?". Sus discípulos le contestaron: "Estás viendo cómo te empuja la gente y todavía preguntas: '¿Quién me ha tocado?'". Pero él seguía mirando alrededor, para descubrir quién había sido. Entonces se acercó la mujer, asustada y temblorosa, al comprender lo que había pasado; se postró a sus pies y le confesó la verdad. Jesús la tranquilizó, diciendo: "Hija, tu fe te ha curado. Vete en paz y queda sana de tu enfermedad".

Todavía estaba hablando Jesús, cuando unos criados llegaron de casa del jefe de la sinagoga para decirle a éste: "Ya se murió tu hija. ¿Para qué sigues molestando al Maestro?". Jesús alcanzó a oír lo que hablaban y le dijo al jefe de la sinagoga: "No temas, basta que tengas fe". No permitió que lo acompañaran más que Pedro, Santiago y Juan, el hermano de Santiago.

Al llegar a la casa del jefe de la sinagoga, vio Jesús el alboroto de la gente y oyó los llantos y los alaridos que daban. Entró y les dijo: "¿Qué significa tanto llanto y alboroto? La niña no está muerta, está dormida". Y se reían de él.

Entonces Jesús echó fuera a la gente, y con los padres de la niña y sus acompañantes, entró a donde estaba la niña. La tomó de la mano y le dijo: "¡Talitá, kum!", que significa: "¡Óyeme, niña, levántate!". La niña, que tenía doce años, se levantó inmediatamente y se puso a caminar. Todos se quedaron asombrados. Jesús les ordenó severamente que no lo dijeran a nadie y les mandó que le dieran de comer a la niña.

Palabra del Señor.   R. **Gloria a ti, Señor Jesús.**

Se dice Credo.

ORACIÓN SOBRE LAS OFRENDAS

Señor Dios, que bondadosamente realizas el fruto de tus sacramentos, concédenos que seamos capaces de servirte como corresponde a tan santos misterios. Por Jesucristo, nuestro Señor.

ANTÍFONA DE LA COMUNIÓN   Jn 17, 20-21

Padre, te ruego por ellos, para que sean uno en nosotros y el mundo pueda creer que tú me has enviado, dice el Señor.

ORACIÓN DESPUÉS DE LA COMUNIÓN

Que la víctima divina que te hemos ofrecido y que acabamos de recibir, nos vivifique, Señor, para que, unidos a ti con perpetuo amor, demos frutos que permanezcan para siempre. Por Jesucristo, nuestro Señor.

"DIOS CREÓ AL HOMBRE PARA QUE NUNCA MURIERA"

Lamentablemente, en Adán y Eva el género humano desobedeció a Dios, cayó en el pecado, y a partir de esa desgracia tuvo que experimentar la enfermedad y la muerte.

✳ Pero Dios tuvo misericordia de nosotros y envió a su Hijo amado, quien nació de la Virgen María, y por su obediencia a la voluntad del Padre venció en la Cruz al pecado, al demonio y a la muerte. Por eso esperamos "la resurrección de los muertos y la vida del mundo futuro", "la resurrección de la carne y la vida eterna", como decimos en el Credo.

✳ En el evangelio de este domingo encontramos el pasaje en el que se manifiesta el poder de Jesús sobre la enfermedad y la muerte: sana a la mujer que padecía flujo de sangre y devuelve la vida a la hija de Jairo.

Si se lo permitimos, Cristo también está dispuesto a sanar nuestros corazones y a resucitarnos a una vida nueva de gracia.

7 de julio   14° Domingo del T. Ordinario

(*Verde*)

ANTÍFONA DE ENTRADA   Cfr. Sal 47, 10-11

Meditamos, Señor, los dones de tu amor, en medio de tu templo. Tu alabanza llega hasta los confines de la tierra como tu fama. Tu diestra está llena de justicia.

Se dice Gloria.

ORACIÓN COLECTA

Señor Dios, que por medio de la humillación de tu Hijo reconstruiste el mundo derrumbado, concede a tus fieles una santa alegría para que, a quienes rescataste de la esclavitud del pecado, nos hagas disfrutar del gozo que no tiene fin. Por nuestro Señor Jesucristo...

La doctrina de Jesús y sus milagros, provocaban la admiración de las muchedumbres; pero los conciudadanos del Maestro se endurecían en su incredulidad (EVANGELIO). De la misma manera había resistido con frecuencia el pueblo de Dios a su Señor (PRIMERA LECTURA).

San Pablo nos confiesa (SEGUNDA LECTURA) que, a pesar de haber sido objeto de revelaciones extraordinarias por parte de su Señor, sentía intensamente su debilidad, esa debilidad que lo lleva a ponerse enteramente en manos de Cristo.

Del libro del profeta Ezequiel
2, 2-5

E n aquellos días, el espíritu entró en mí, hizo que me pusiera en pie y oí una voz que me decía:

"Hijo de hombre, yo te envío a los israelitas, a un pueblo rebelde, que se ha sublevado contra mí. Ellos y sus padres me han traicionado hasta el día de hoy. También sus hijos son testarudos y obstinados. A ellos te envío para que les comuniques mis palabras. Y ellos, te escuchen o no, porque son una raza rebelde, sabrán que hay un profeta en medio de ellos".

Palabra de Dios.   R. **Te alabamos, Señor.**

SALMO RESPONSORIAL
Del salmo 122

M. Íñiguez B.P. 1632

Ten pie - dad de no - so - tros, ten pie -
dad de no - so - tros, ten pie - dad.

R.   **Ten piedad de nosotros, ten piedad.**

En ti, Señor, que habitas en lo alto,
fijos los ojos tengo,
como fijan sus ojos en las manos
de su señor, los siervos. R.

　　Así como la esclava en su señora
tiene fijos los ojos,
fijos en el Señor están los nuestros,
hasta que Dios se apiade de nosotros. R.

7 de julio

[R. **Ten piedad de nosotros, ten piedad.**]

Ten piedad de nosotros, ten piedad,
porque estamos, Señor, hartos de injurias;
saturados estamos de desprecios,
de insolencias y burlas. R.

SEGUNDA LECTURA

De la segunda carta del apóstol san Pablo a los corintios
12, 7-10

Hermanos: Para que yo no me llene de soberbia por la sublimidad de las revelaciones que he tenido, llevo una espina clavada en mi carne, un enviado de Satanás, que me abofetea para humillarme. Tres veces le he pedido al Señor que me libre de esto, pero él me ha respondido: "Te basta mi gracia, porque mi poder se manifiesta en la debilidad".

Así pues, de buena gana prefiero gloriarme de mis debilidades, para que se manifieste en mí el poder de Cristo. Por eso me alegro de las debilidades, los insultos, las necesidades, las persecuciones y las dificultades que sufro por Cristo, porque cuando soy más débil, soy más fuerte.

Palabra de Dios.   R. **Te alabamos, Señor.**

ACLAMACIÓN ANTES DEL EVANGELIO
Cfr. Lc 4, 18

B.P. 1035 - Palazón

A - le - lu - ya, a - le - lu - ya, a - le - lu - ya.

R. **Aleluya, aleluya.**
El Espíritu del Señor está sobre mí;
él me ha enviado para llevar a los pobres la buena nueva.
R. **Aleluya, aleluya.**

EVANGELIO

✠ Del santo Evangelio según san Marcos
6, 1-6

R. **Gloria a ti, Señor.**

En aquel tiempo, Jesús fue a su tierra en compañía de sus discípulos. Cuando llegó el sábado, se puso a enseñar en la sinagoga, y la multitud que lo escuchaba se preguntaba con asombro: "¿Dónde aprendió este hombre tantas cosas? ¿De dónde le viene esa sabiduría y ese poder para hacer milagros? ¿Qué no es éste el carpintero, el hijo de María, el hermano de Santiago, José, Judas y Simón? ¿No viven aquí, entre nosotros, sus hermanas?". Y estaban desconcertados.

Pero Jesús les dijo: "Todos honran a un profeta, menos los de su tierra, sus parientes y los de su casa". Y no pudo hacer allí ningún milagro, sólo curó a algunos enfermos imponiéndoles las manos. Y estaba extrañado de la incredulidad de aquella gente. Luego se fue a enseñar en los pueblos vecinos.

Palabra del Señor.   R. **Gloria a ti, Señor Jesús.**

Se dice Credo.

ORACIÓN SOBRE LAS OFRENDAS
La oblación que te ofrecemos, Señor, nos purifique, y nos haga participar, de día en día, de la vida del reino glorioso. Por Jesucristo, nuestro Señor.

ANTÍFONA DE LA COMUNIÓN   Mt 11, 28
Vengan a mí, todos los que están fatigados y agobiados por la carga, y yo los aliviaré, dice el Señor.

ORACIÓN DESPUÉS DE LA COMUNIÓN
Señor, que nos has colmado con tantas gracias, concédenos alcanzar los dones de la salvación y que nunca dejemos de alabarte. Por Jesucristo, nuestro Señor.

"MI PODER SE MANIFIESTA EN LA DEBILIDAD"

Cuando somos niños nos gusta soñar que tenemos "superpoderes"; personajes como Supermán, Iron Man, Batman, la Mujer Maravilla y muchos otros, nos hacen imaginar que, si pudiéramos volar, ser fuertes y veloces, podríamos resolver los grandes problemas de nuestro mundo.

✓ Hay quien nunca madura, y busca afanosamente el poder ya siendo adulto, pero no para hacer el bien a los demás, sino para

sentirse seguro y protegido, para estar por encima de los otros y gozar sin medida de los placeres del mundo.

✓ Sin embargo, las enfermedades y las desgracias que hemos visto en diferentes lugares nos demuestran, de un modo lamentable, que somos muy frágiles.

✓ Muchos no creyeron en Jesús porque era "el carpintero, el hijo de María".

✓ Pero él, "siendo Dios, no consideró que debía aferrarse a las prerrogativas de su condición divina, sino que, por el contrario, se anonadó a sí mismo tomando la condición de siervo, y se hizo semejante a los hombres" (Flp 2, 6-7).

El Señor nos dice lo mismo que a san Pablo: "Te basta mi gracia, porque mi poder se manifiesta en la debilidad".

14 de julio   15° Domingo del T. Ordinario

(*Verde*)

ANTÍFONA DE ENTRADA   Cfr. Sal 16, 15

Por serte fiel, yo contemplaré tu rostro, Señor, y al despertar, espero saciarme de gloria.

Se dice Gloria.

ORACIÓN COLECTA

Señor Dios, que muestras la luz de tu verdad a los que andan extraviados, para que puedan volver al buen camino, concede a cuantos se profesan como cristianos rechazar lo que sea contrario al nombre que llevan y cumplir lo que ese nombre significa. Por nuestro Señor Jesucristo…

La actitud de Jesús al enviar a sus apóstoles en misión para continuar su obra (EVANGELIO), se relaciona con lo que relata el profeta Amós sobre su vocación, diciendo que el Señor elige por mensajero suyo a quien él quiere y cuando él quiere (PRIMERA LECTURA).

En la carta a los efesios (SEGUNDA LECTURA), san Pablo nos habla sobre el plan de Dios, que nos ha destinado desde toda la eternidad a convertirnos en hijos suyos por Jesucristo, para alabanza de su gloria.

PRIMERA LECTURA

Del libro del profeta Amós

7, 12-15

En aquel tiempo, Amasías, sacerdote de Betel, le dijo al profeta Amós: "Vete de aquí, visionario, y huye al país de Judá; gánate allá el pan, profetizando; pero no vuelvas a profetizar en Betel, porque es santuario del rey y templo del reino".

Respondió Amós:

"Yo no soy profeta ni hijo de profeta,
sino pastor y cultivador de higos.
El Señor me sacó de junto al rebaño y me dijo:
'Ve y profetiza a mi pueblo, Israel' ".

Palabra de Dios.   R. **Te alabamos, Señor.**

SALMO RESPONSORIAL

Del salmo 84

C. Gálvez B.P. 1633

Mués - tra - nos, Se - ñor, tu mi - se - ri - cor - dia.

R. **Muéstranos, Señor, tu misericordia.**

Escucharé las palabras del Señor,
palabras de paz para su pueblo santo.
Está ya cerca nuestra salvación
y la gloria del Señor habitará en la tierra. R.

La misericordia y la verdad se encontraron,
la justicia y la paz se besaron;
la fidelidad brotó en la tierra
y la justicia vino del cielo. R.

Cuando el Señor nos muestre su bondad,
nuestra tierra producirá su fruto.
La justicia le abrirá camino al Señor
e irá siguiendo sus pisadas. R.

De la carta del apóstol san Pablo a los efesios

1, 3-14

Bendito sea Dios, Padre de nuestro Señor Jesucristo,
que nos ha bendecido en él
con toda clase de bienes espirituales y celestiales.
Él nos eligió en Cristo, antes de crear el mundo,
para que fuéramos santos
e irreprochables a sus ojos, por el amor,
y determinó, porque así lo quiso,
que, por medio de Jesucristo, fuéramos sus hijos,
para que alabemos y glorifiquemos la gracia
con que nos ha favorecido por medio de su Hijo amado.

Pues por Cristo, por su sangre,
hemos recibido la redención,
el perdón de los pecados.
Él ha prodigado sobre nosotros el tesoro de su gracia,
con toda sabiduría e inteligencia,
dándonos a conocer el misterio de su voluntad.
Éste es el plan que había proyectado realizar por Cristo,
cuando llegara la plenitud de los tiempos:
hacer que todas las cosas, las del cielo y las de la tierra,
tuvieran a Cristo por cabeza.

Con Cristo somos herederos también nosotros. Para esto estábamos destinados, por decisión del que lo hace todo según su voluntad: para que fuéramos una alabanza continua de su gloria, nosotros, los que ya antes esperábamos en Cristo.

En él, también ustedes, después de escuchar la palabra de la verdad, el Evangelio de su salvación, y después de creer, han sido marcados con el Espíritu Santo prometido. Este Espíritu es la garantía de nuestra herencia, mientras llega la liberación del pueblo adquirido por Dios, para alabanza de su gloria.

Palabra de Dios.   R. **Te alabamos, Señor.**

ACLAMACIÓN ANTES DEL EVANGELIO
Cfr. Ef 1, 17-18

B.P. 1036

A - le - lu - ya, a - le - lu - ya, a - le - lu - ya.

R. **Aleluya, aleluya.**

Que el Padre de nuestro Señor Jesucristo
ilumine nuestras mentes,
para que podamos comprender cuál es la esperanza
que nos da su llamamiento.

R. **Aleluya, aleluya.**

EVANGELIO
✠ Del santo Evangelio según san Marcos
6, 7-13

R. **Gloria a ti, Señor.**

En aquel tiempo, llamó Jesús a los Doce, los envió de dos en dos y les dio poder sobre los espíritus inmundos. Les mandó que no llevaran nada para el camino: ni pan, ni mochila, ni dinero en el cinto, sino únicamente un bastón, sandalias y una sola túnica.

Y les dijo: "Cuando entren en una casa, quédense en ella hasta que se vayan de ese lugar. Si en alguna parte no los reciben ni los escuchan, al abandonar ese lugar, sacúdanse el polvo de los pies, como una advertencia para ellos".

Los discípulos se fueron a predicar la conversión. Expulsaban a los demonios, ungían con aceite a los enfermos y los curaban.

Palabra del Señor. R. **Gloria a ti, Señor Jesús.**

Se dice Credo.

ORACIÓN SOBRE LAS OFRENDAS

Mira, Señor, los dones de tu Iglesia suplicante, y concede que, al recibirlos, sirvan a tus fieles para crecer en santidad. Por Jesucristo, nuestro Señor.

ANTÍFONA DE LA COMUNIÓN

Jn 6, 56

El que come mi carne y bebe mi sangre, permanece en mí y yo en él, dice el Señor.

ORACIÓN DESPUÉS DE LA COMUNIÓN

Alimentados con los dones que hemos recibido, te suplicamos, Señor, que, participando frecuentemente de este sacramento, crezcan los efectos de nuestra salvación. Por Jesucristo, nuestro Señor.

¿PARA QUÉ ESTAMOS EN ESTE MUNDO?

Jesús envió a los discípulos a predicar la conversión. Ellos hacían un llamado a la gente para que volvieran su mente y su corazón hacia Dios.

✤ Es necesario que siempre tengamos en mente que "estamos en la tierra para conocer y amar a Dios, para hacer el bien según su voluntad y para ir un día al cielo".

✤ Para conocer mejor a Dios tenemos que acercarnos a las Sagradas Escrituras, al *Catecismo de la Iglesia católica* y a lo que han dicho de él los santos, sus mejores amigos.

✤ Si conocemos más a Dios, más lo amaremos.

Sirvámoslo hasta en las cosas más sencillas de cada día.

21 de julio   16° Domingo del T. Ordinario

(*Verde*)

ANTÍFONA DE ENTRADA   Sal 53, 6. 8

El Señor es mi auxilio y el único apoyo en mi vida. Te ofreceré de corazón un sacrificio y daré gracias a tu nombre, Señor, porque eres bueno.

Se dice Gloria.

ORACIÓN COLECTA

Sé propicio, Señor, con tus siervos y multiplica, bondadoso, sobre ellos los dones de tu gracia, para que, fervorosos en la fe, la esperanza y la caridad, perseveren siempre fieles en el cumplimiento de tus mandatos. Por nuestro Señor Jesucristo…

La muchedumbre que seguía al Maestro se encontró de pronto fatigada, hambrienta y desamparada, como un rebaño de ovejas sin pastor (EVANGELIO) y Jesús se compadeció de ellos. Así tenía que ser, porque Jesús es el verdadero pastor; no sólo el rey pastor, hijo de David, que Dios había prometido a su pueblo (PRIMERA LECTURA), sino el único pastor de Israel.

San Pablo nos expone el plan de Dios, en el cual todos los hombres se unen a Cristo para formar con él un solo cuerpo (SEGUNDA LECTURA).

PRIMERA LECTURA
Del libro del profeta Jeremías
23, 1-6

¡Ay de los pastores que dispersan y dejan perecer a las ovejas de mi rebaño!, dice el Señor.

Por eso habló así el Señor, Dios de Israel, contra los pastores que apacientan a mi pueblo: "Ustedes han rechazado y dispersado a mis ovejas y no las han cuidado. Yo me encargaré de castigar la maldad de las acciones de ustedes. Yo mismo reuniré al resto de mis ovejas de todos los países a donde las había expulsado y las volveré a traer a sus pastos, para que ahí crezcan y se multipliquen. Les pondré pastores que las apacienten. Ya no temerán ni se espantarán y ninguna se perderá.

Miren: Viene un tiempo, dice el Señor,
en que haré surgir un renuevo en el tronco de David:
será un rey justo y prudente
y hará que en la tierra se observen la ley y la justicia.
En sus días será puesto a salvo Judá,
Israel habitará confiadamente
y a él lo llamarán con este nombre:
'El Señor es nuestra justicia' ".

Palabra de Dios.   R. **Te alabamos, Señor.**

SALMO RESPONSORIAL
Del salmo 22

V.M. Amaral B.P. 1736

El Se - ñor es mi pas - tor, na - da me fal - ta - rá.

R. **El Señor es mi pastor, nada me faltará.**

El Señor es mi pastor, nada me falta;
en verdes praderas me hace reposar
y hacia fuentes tranquilas me conduce
para reparar mis fuerzas. R.

[R. **El Señor es mi pastor, nada me faltará.**]

Por ser un Dios fiel a sus promesas,
me guía por el sendero recto;
así, aunque camine por cañadas oscuras,
nada temo, porque tú estás conmigo.
Tu vara y tu cayado me dan seguridad. R.

Tú mismo me preparas la mesa,
a despecho de mis adversarios;
me unges la cabeza con perfume
y llenas mi copa hasta los bordes. R.

Tu bondad y tu misericordia me acompañarán
todos los días de mi vida;
y viviré en la casa del Señor
por años sin término. R.

SEGUNDA LECTURA

De la carta del apóstol san Pablo a los efesios
2, 13-18

Hermanos: Ahora, unidos a Cristo Jesús, ustedes, que antes estaban lejos, están cerca, en virtud de la sangre de Cristo.

Porque él es nuestra paz; él hizo de los judíos y de los no judíos un solo pueblo; él destruyó, en su propio cuerpo, la barrera que los separaba: el odio; él abolió la ley, que consistía en mandatos y reglamentos, para crear en sí mismo, de los dos pueblos, un solo hombre nuevo, estableciendo la paz, y para reconciliar a ambos, hechos un solo cuerpo, con Dios, por medio de la cruz, dando muerte en sí mismo al odio.

Vino para anunciar la buena nueva de la paz, tanto a ustedes, los que estaban lejos, como a los que estaban cerca.

Así, unos y otros podemos acercarnos al Padre, por la acción de un mismo Espíritu.

Palabra de Dios.   R. **Te alabamos, Señor.**

Jn 10, 27

B.P. 1258 - Sosa

A - le - lu - ya, a - le - lu - ya.

R. **Aleluya, aleluya.**
Mis ovejas escuchan mi voz, dice el Señor;
yo las conozco y ellas me siguen.
R. **Aleluya, aleluya.**

EVANGELIO

✠ Del santo Evangelio según san Marcos
6, 30-34

R. **Gloria a ti, Señor.**

E n aquel tiempo, los apóstoles volvieron a reunirse con Jesús y le contaron todo lo que habían hecho y enseñado. Entonces él les dijo: "Vengan conmigo a un lugar solitario, para que descansen un poco". Porque eran tantos los que iban y venían, que no les dejaban tiempo ni para comer.

Jesús y sus apóstoles se dirigieron en una barca hacia un lugar apartado y tranquilo. La gente los vio irse y los reconoció; entonces de todos los poblados fueron corriendo por tierra a aquel sitio y se les adelantaron.

Cuando Jesús desembarcó, vio una numerosa multitud que lo estaba esperando y se compadeció de ellos, porque andaban como ovejas sin pastor, y se puso a enseñarles muchas cosas.

Palabra del Señor.   R. **Gloria a ti, Señor Jesús.**

Se dice Credo.

ORACIÓN SOBRE LAS OFRENDAS
Dios nuestro, que con la perfección de un único sacrificio pusiste fin a la diversidad de sacrificios de la antigua ley,

21 de julio

305

recibe las ofrendas de tus fieles, y santifícalas como bendijiste la ofrenda de Abel, para que aquello que cada uno te ofrece en honor de tu gloria, sea de provecho para la salvación de todos. Por Jesucristo, nuestro Señor.

ANTÍFONA DE LA COMUNIÓN   Apoc 3, 20
Miren que estoy a la puerta y llamo, dice el Señor: Si alguien oye mi voz y me abre, entraré en su casa y cenaremos juntos.

ORACIÓN DESPUÉS DE LA COMUNIÓN
Señor, muéstrate benigno con tu pueblo, y ya que te dignaste alimentarlo con los misterios celestiales, hazlo pasar de su antigua condición de pecado a una vida nueva. Por Jesucristo, nuestro Señor.

SOMOS OVEJAS CON PASTOR

Mucha gente seguía a Jesús porque, al escucharlo, su corazón se llenaba de paz y de esperanza. A pesar del esfuerzo que le implicaba atenderlos, a tal grado de que "no les dejaban tiempo ni para comer" ni a él ni a sus discípulos, Jesús se compadeció de aquella gente, porque "andaban como ovejas sin pastor".

que Cristo está en medio de nosotros, aunque no lo veamos por el momento.

✳ Nosotros tenemos la fortuna de haber recibido el don de la fe, los Sacramentos (de acuerdo con nuestra edad y estado de vida), y de saber

No dejemos de buscar el tiempo y el sitio adecuados para encontrarnos con Jesús, nuestro único Pastor.

28 de julio 17° Domingo del T. Ordinario

(Verde)

ANTÍFONA DE ENTRADA Cfr. Sal 67, 6-7. 36

Dios habita en su santuario; él nos hace habitar juntos en su casa; es la fuerza y el poder de su pueblo.

Se dice Gloria.

ORACIÓN COLECTA

Señor Dios, protector de los que en ti confían, sin ti nada es fuerte ni santo; multiplica sobre nosotros tu misericordia para que, bajo tu dirección, de tal modo nos sirvamos ahora de los bienes pasajeros, que nuestro corazón esté puesto en los bienes eternos. Por nuestro Señor Jesucristo...

San Juan nos relata hoy la milagrosa multiplicación de los panes (EVANGELIO), como una introducción al sermón de Jesús acerca del pan de la vida, que el mismo evangelista nos presentará durante los cinco domingos siguientes. Por eso, en el segundo libro de los Reyes (PRIMERA LECTURA) se nos recuerda un milagro semejante realizado por el profeta Eliseo.

San Pablo nos recuerda que, si somos un solo cuerpo con Cristo (SEGUNDA LECTURA), debemos vivir este misterio de unidad en nuestra vida diaria.

PRIMERA LECTURA
Del segundo libro de los Reyes
4, 42-44

En aquellos días, llegó de Baal-Salisá un hombre que traía para el siervo de Dios, Eliseo, como primicias, veinte panes de cebada y grano tierno en espiga.

Entonces Eliseo dijo a su criado: "Dáselos a la gente para que coman". Pero él le respondió: "¿Cómo voy a repartir estos panes entre cien hombres?".

Eliseo insistió: "Dáselos a la gente para que coman, porque esto dice el Señor: 'Comerán todos y sobrará' ".

El criado repartió los panes a la gente; todos comieron y todavía sobró, como había dicho el Señor.

Palabra de Dios.   R. **Te alabamos, Señor.**

SALMO RESPONSORIAL
Del salmo 144

M. Pacheco B.P. 1635

Ben - de - ci - ré al Se - ñor e - ter - na - men - te.

R.   **Bendeciré al Señor eternamente.**

Que te alaben, Señor, todas tus obras
y que todos tus fieles te bendigan.
Que proclamen la gloria de tu reino
y den a conocer tus maravillas. R.

A ti, Señor, sus ojos vuelven todos
y tú los alimentas a su tiempo.
Abres, Señor, tus manos generosas
y cuantos viven quedan satisfechos. R.

Siempre es justo el Señor en sus designios
y están llenas de amor todas sus obras.
No está lejos de aquellos que lo buscan;
muy cerca está el Señor, de quien lo invoca. R.

SEGUNDA LECTURA
De la carta del apóstol san Pablo a los efesios
4, 1-6

Hermanos: Yo, Pablo, prisionero por la causa del Señor, los exhorto a que lleven una vida digna del llamamiento que han recibido. Sean siempre humildes y amables; sean comprensivos y sopórtense mutuamente con amor; esfuércense en mantenerse unidos en el Espíritu con el vínculo de la paz.

Porque no hay más que un solo cuerpo y un solo Espíritu, como también una sola es la esperanza del llamamiento que ustedes han recibido. Un solo Señor, una sola fe, un solo bautismo, un solo Dios y Padre de todos, que reina sobre todos, actúa a través de todos y vive en todos.

Palabra de Dios. R. **Te alabamos, Señor.**

ACLAMACIÓN ANTES DEL EVANGELIO
Lc 7, 16

R. **Aleluya, aleluya.**
Un gran profeta ha surgido entre nosotros.
Dios ha visitado a su pueblo.
R. **Aleluya, aleluya.**

EVANGELIO
✠ Del santo Evangelio según san Juan
6, 1-15

R. **Gloria a ti, Señor.**

En aquel tiempo, Jesús se fue a la otra orilla del mar de Galilea o lago de Tiberíades. Lo seguía mucha gente, porque habían visto los signos que hacía curando a los enfermos. Jesús subió al monte y se sentó allí con sus discípulos.

Estaba cerca la Pascua, festividad de los judíos. Viendo Jesús que mucha gente lo seguía, le dijo a Felipe: "¿Cómo compraremos pan para que coman éstos?". Le hizo esta pregunta para ponerlo a prueba, pues él bien sabía lo que iba a hacer. Felipe le respondió: "Ni doscientos denarios de pan bastarían para que a cada uno le tocara un pedazo de pan". Otro de sus discípulos, Andrés, el hermano de Simón Pedro, le dijo: "Aquí hay un muchacho que trae cinco panes de cebada y dos pescados. Pero, ¿qué es eso para tanta gente?". Jesús le respondió: "Díganle a la gente que se siente". En aquel lugar había mucha hierba. Todos, pues, se sentaron ahí; y tan sólo los hombres eran unos cinco mil.

Enseguida tomó Jesús los panes, y después de dar gracias a Dios, se los fue repartiendo a los que se habían sentado a comer. Igualmente les fue dando de los pescados todo lo que quisieron. Después de que todos se saciaron, dijo a sus discípulos: "Recojan los pedazos sobrantes, para que no se desperdicien". Los recogieron y con los pedazos que sobraron de los cinco panes llenaron doce canastos.

Entonces la gente, al ver el signo que Jesús había hecho, decía: "Éste es, en verdad, el profeta que habría de venir al mundo". Pero Jesús, sabiendo que iban a llevárselo para proclamarlo rey, se retiró de nuevo a la montaña, él solo.

Palabra del Señor.   R. **Gloria a ti, Señor Jesús.**

Se dice Credo.

ORACIÓN SOBRE LAS OFRENDAS
Recibe, Señor, los dones que por tu generosidad te presentamos, para que, por el poder de tu gracia, estos sagrados misterios santifiquen toda nuestra vida y nos conduzcan a la felicidad eterna. Por Jesucristo, nuestro Señor.

ANTÍFONA DE LA COMUNIÓN   Mt 5, 7-8
Dichosos los misericordiosos, porque alcanzarán misericordia. Dichosos los limpios de corazón, porque verán a Dios.

ORACIÓN DESPUÉS DE LA COMUNIÓN

Habiendo recibido, Señor, el sacramento celestial, memorial perpetuo de la pasión de tu Hijo, concédenos que este don, que él mismo nos dio con tan inefable amor, nos aproveche para nuestra salvación eterna. Él, que vive y reina por los siglos de los siglos.

EL PAN QUE SE REPARTE Y NO SE ACABA

Jesús se compadece de aquella multitud que, atraída por los signos que él realizaba al curar a los enfermos, lo siguió hasta aquel lugar.

○ Sabiendo lo que iba a realizar, Jesús le pregunta a Felipe acerca de cómo comprar pan para que todos comieran.

○ Eran tantas personas, que no resultaba posible comprar pan para que tuvieran lo suficiente.

○ Andrés les presenta un muchacho que ofrece "cinco panes de cebada y dos pescados", pero sabe que eso tampoco puede alcanzar para tanta gente.

○ Jesús realiza el milagro de multiplicar los panes y los peces y, al final, para no desperdiciar, reúnen doce canastos de pan.

○ Hoy Jesús se hace presente en cada Misa, y se nos da como alimento verdadero.

**Jesús es el
Pan vivo que se reparte
y no se acaba.
Comamos todos de él,
con un corazón limpio.**

28 de julio

4 de agosto — 18° Domingo del T. Ordinario

(*Verde*)

ANTÍFONA DE ENTRADA — Sal 69, 2. 6

Dios mío, ven en mi ayuda; Señor, date prisa en socorrerme. Tú eres mi auxilio y mi salvación; Señor, no tardes.

Se dice Gloria.

ORACIÓN COLECTA

Ayuda, Señor, a tus siervos, que imploran tu continua benevolencia, y ya que se glorían de tenerte como su creador y su guía, renueva en ellos tu obra creadora y consérvales los dones de tu redención. Por nuestro Señor Jesucristo...

Al multiplicar los panes, Jesús se presentó como un nuevo Moisés. Éste había conseguido que Dios enviara del cielo un alimento para el pueblo hambriento en el desierto, como nos lo dice el libro del Éxodo (PRIMERA LECTURA). Jesús nos da el pan de vida, o sea que se nos da él mismo y nos invita a comerlo, ante todo, por medio de la fe (EVANGELIO).

San Pablo nos recuerda que el cristiano es un hombre nuevo, ya que, por ser discípulo de Cristo, tiene que abandonar su modo de vida anterior y "revestirse" de Cristo, que es el hombre nuevo (SEGUNDA LECTURA).

PRIMERA LECTURA
Del libro del Éxodo
16, 2-4. 12-15

En aquellos días, toda la comunidad de los hijos de Israel murmuró contra Moisés y Aarón en el desierto, diciendo: "Ojalá hubiéramos muerto a manos del Señor en Egipto, cuando nos sentábamos junto a las ollas de carne y comíamos pan hasta saciarnos. Ustedes nos han traído a este desierto para matar de hambre a toda esta multitud".

Entonces dijo el Señor a Moisés: "Voy a hacer que llueva pan del cielo. Que el pueblo salga a recoger cada día lo que necesita, pues quiero probar si guarda mi ley o no. He oído las murmuraciones de los hijos de Israel. Diles de parte mía: 'Por la tarde comerán carne y por la mañana se hartarán de pan, para que sepan que yo soy el Señor, su Dios' ".

Aquella misma tarde, una bandada de codornices cubrió el campamento. A la mañana siguiente había en torno a él una capa de rocío que, al evaporarse, dejó el suelo cubierto con una especie de polvo blanco, semejante a la escarcha. Al ver eso, los israelitas se dijeron unos a otros: "¿Manhú?" (es decir: "¿Qué es esto?"), pues no sabían lo que era. Moisés les dijo: "Éste es el pan que el Señor les da por alimento".

Palabra de Dios.   R. **Te alabamos, Señor.**

SALMO RESPONSORIAL
Del salmo 77

U. Ochoa B.P. 1636

El Se - ñor les dio pan del cie - lo.

R. **El Señor les dio pan del cielo.**

Cuanto hemos escuchado y conocemos
del poder del Señor y de su gloria,
cuanto nos han narrado nuestros padres,
nuestros hijos lo oirán de nuestra boca. R.

[R. **El Señor les dio pan del cielo.**]

A las nubes mandó desde lo alto
que abrieran las compuertas de los cielos;
hizo llover maná sobre su pueblo,
trigo celeste envió como alimento. R.

Así el hombre comió pan de los ángeles;
Dios le dio de comer en abundancia
y luego los condujo hasta la tierra
y el monte que su diestra conquistara. R.

SEGUNDA LECTURA
De la carta del apóstol san Pablo a los efesios
4, 17. 20-24

Hermanos: Declaro y doy testimonio en el Señor, de que
no deben ustedes vivir como los paganos, que proceden
conforme a lo vano de sus criterios. Esto no es lo que ustedes
han aprendido de Cristo; han oído hablar de él y en él han
sido adoctrinados, conforme a la verdad de Jesús. Él les ha
enseñado a abandonar su antiguo modo de vivir, ese viejo yo,
corrompido por deseos de placer.

Dejen que el Espíritu renueve su mente y revístanse del
nuevo yo, creado a imagen de Dios, en la justicia y en la santidad de la verdad.

Palabra de Dios.   R. **Te alabamos, Señor.**

ACLAMACIÓN ANTES DEL EVANGELIO
Mt 4, 4

B.P. 1259

R. **Aleluya, aleluya.**
No sólo de pan vive el hombre,
sino también de toda palabra que sale de la boca de Dios.
R. **Aleluya, aleluya.**

EVANGELIO

✠ Del santo Evangelio según san Juan 6, 24-35

R. **Gloria a ti, Señor.**

En aquel tiempo, cuando la gente vio que en aquella parte del lago no estaban Jesús ni sus discípulos, se embarcaron y fueron a Cafarnaúm para buscar a Jesús.

Al encontrarlo en la otra orilla del lago, le preguntaron: "Maestro, ¿cuándo llegaste acá?". Jesús les contestó: "Yo les aseguro que ustedes no me andan buscando por haber visto signos, sino por haber comido de aquellos panes hasta saciarse. No trabajen por ese alimento que se acaba, sino por el alimento que dura para la vida eterna y que les dará el Hijo del hombre; porque a éste, el Padre Dios lo ha marcado con su sello".

Ellos le dijeron: "¿Qué debemos hacer para realizar las obras de Dios?". Respondió Jesús: "La obra de Dios consiste en que crean en aquel a quien él ha enviado". Entonces la gente le preguntó a Jesús: "¿Qué signo vas a realizar tú, para que lo veamos y podamos creerte? ¿Cuáles son tus obras? Nuestros padres comieron el maná en el desierto, como está escrito: *Les dio a comer pan del cielo*".

Jesús les respondió: "Yo les aseguro: No fue Moisés quien les dio pan del cielo; es mi Padre quien les da el verdadero pan del cielo. Porque el pan de Dios es aquel que baja del cielo y da la vida al mundo".

Entonces le dijeron: "Señor, danos siempre de ese pan". Jesús les contestó: "Yo soy el pan de la vida. El que viene a mí no tendrá hambre, y el que cree en mí nunca tendrá sed".

Palabra del Señor. R. **Gloria a ti, Señor Jesús.**

Se dice Credo.

ORACIÓN SOBRE LAS OFRENDAS

Santifica, Señor, por tu piedad, estos dones y, al recibir en oblación este sacrificio espiritual, conviértenos para ti en una perenne ofrenda. Por Jesucristo, nuestro Señor.

ANTÍFONA DE LA COMUNIÓN
Jn 6, 35

Yo soy el pan de vida, dice el Señor. Quien venga a mí no tendrá hambre, y quien crea en mí no tendrá sed.

ORACIÓN DESPUÉS DE LA COMUNIÓN

Acompaña, Señor, con tu permanente auxilio, a quienes renuevas con el don celestial, y, a quienes no dejas de proteger, concédeles ser cada vez más dignos de la eterna redención. Por Jesucristo, nuestro Señor.

"NO DEBEN USTEDES VIVIR COMO LOS PAGANOS"

O, lo que es lo mismo, como si Dios no existiera:
- rindiendo culto a dioses falsos como el dinero, los placeres ilícitos, el poder, el egoísmo, las drogas, etc.;
- acudiendo a cualquier forma de adivinación o invocación de muertos, cualquier práctica de magia o hechicería, creyendo en la reencarnación, el reiki, el feng shui, el yoga o la metafísica de la Nueva Era, acudiendo a que les hagan una "limpia", utilizando amuletos o talismanes, etc.;
- quitándole la vida a los indefensos bebés en el vientre materno, negándoles así el derecho fundamental a la vida que ellos tienen;
- negando a Dios, el Señor, la adoración que merece.

"Revístanse del nuevo yo, creado a imagen de Dios".

11 de agosto   19º Domingo del T. Ordinario

ANTÍFONA DE ENTRADA   Cfr. Sal 73, 20. 19. 22. 23
Acuérdate, Señor, de tu alianza, no olvides por más tiempo la suerte de tus pobres. Levántate, Señor, a defender tu causa, no olvides las voces de los que te buscan.

Se dice Gloria.

ORACIÓN COLECTA
Dios todopoderoso y eterno, a quien, enseñados por el Espíritu Santo, invocamos con el nombre de Padre, intensifica en nuestros corazones el espíritu de hijos adoptivos tuyos, para que merezcamos entrar en posesión de la herencia que nos tienes prometida. Por nuestro Señor Jesucristo…

La principal enseñanza en la Misa de hoy, es que Jesús se nos ha entregado como pan de vida, no solamente en la fe, sino también en la Eucaristía (EVANGELIO). Nuestra fe y la Eucaristía restituyen constantemente nuestras fuerzas en el camino hacia Dios, así como el pan que el ángel del Señor le llevó al profeta Elías (PRIMERA LECTURA).

San Pablo nos indica que, si llevamos en nosotros la señal del Espíritu Santo, hemos de imitar a Dios y vivir como Cristo en el amor (SEGUNDA LECTURA).

PRIMERA LECTURA
Del primer libro de los Reyes
19, 4-8

En aquellos tiempos, caminó Elías por el desierto un día entero y finalmente se sentó bajo un árbol de retama, sintió deseos de morir y dijo: "Basta ya, Señor. Quítame la vida, pues yo no valgo más que mis padres". Después se recostó y se quedó dormido.

Pero un ángel del Señor llegó a despertarlo y le dijo: "Levántate y come". Elías abrió los ojos y vio a su cabecera un pan cocido en las brasas y un jarro de agua. Después de comer y beber, se volvió a recostar y se durmió.

Por segunda vez, el ángel del Señor lo despertó y le dijo: "Levántate y come, porque aún te queda un largo camino". Se levantó Elías. Comió y bebió. Y con la fuerza de aquel alimento, caminó cuarenta días y cuarenta noches hasta el Horeb, el monte de Dios.

Palabra de Dios.   R. **Te alabamos, Señor.**

SALMO RESPONSORIAL
Del salmo 33

U. Ochoa B.P. 1637

Haz la prue-ba y ve-rás qué bue-no_es el Se - ñor.

R. **Haz la prueba y verás qué bueno es el Señor.**

Bendeciré al Señor a todas horas,
no cesará mi boca de alabarlo.
Yo me siento orgulloso del Señor,
que se alegre su pueblo al escucharlo. R.

   Proclamemos la grandeza del Señor
y alabemos todos juntos su poder.
Cuando acudí al Señor, me hizo caso
y me libró de todos mis temores. R.

Confía en el Señor y saltarás de gusto;
jamás te sentirás decepcionado,
porque el Señor escucha el clamor de los pobres
y los libra de todas sus angustias. R.

Junto a aquellos que temen al Señor
el ángel del Señor acampa y los protege.
Haz la prueba y verás qué bueno es el Señor.
Dichoso el hombre que se refugia en él. R.

SEGUNDA LECTURA

De la carta del apóstol san Pablo a los efesios
4, 30–5, 2

Hermanos: No le causen tristeza al Espíritu Santo, con el que Dios los ha marcado para el día de la liberación final.

Destierren de ustedes la aspereza, la ira, la indignación, los insultos, la maledicencia y toda clase de maldad. Sean buenos y comprensivos, y perdónense los unos a los otros, como Dios los perdonó, por medio de Cristo.

Imiten, pues, a Dios como hijos queridos. Vivan amando como Cristo, que nos amó y se entregó por nosotros, como ofrenda y víctima de fragancia agradable a Dios.

Palabra de Dios.   R. **Te alabamos, Señor.**

11 de agosto

ACLAMACIÓN ANTES DEL EVANGELIO

Jn 6, 51

B.P. 1032 - Sosa

A-le - lu - ya, a-le - lu - ya, a-le - lu - ya.

R. **Aleluya, aleluya.**
Yo soy el pan vivo que ha bajado del cielo, dice el Señor;
el que coma de este pan vivirá para siempre.
R. **Aleluya, aleluya.**

EVANGELIO

✠ Del santo Evangelio según san Juan
6, 41-51

R. **Gloria a ti, Señor.**

En aquel tiempo, los judíos murmuraban contra Jesús, porque había dicho: "Yo soy el pan vivo que ha bajado del cielo", y decían: "¿No es éste, Jesús, el hijo de José? ¿Acaso no conocemos a su padre y a su madre? ¿Cómo nos dice ahora que ha bajado del cielo?".

Jesús les respondió: "No murmuren. Nadie puede venir a mí, si no lo atrae el Padre, que me ha enviado; y a ése yo lo resucitaré el último día. Está escrito en los profetas: *Todos serán discípulos de Dios.* Todo aquel que escucha al Padre y aprende de él, se acerca a mí. No es que alguien haya visto al Padre, fuera de aquel que procede de Dios. Ése sí ha visto al Padre.

Yo les aseguro: el que cree en mí, tiene vida eterna. Yo soy el pan de la vida. Sus padres comieron el maná en el desierto y sin embargo, murieron. Éste es el pan que ha bajado del cielo para que, quien lo coma, no muera. Yo soy el pan vivo que ha bajado del cielo; el que coma de este pan vivirá para siempre. Y el pan que yo les voy a dar es mi carne para que el mundo tenga vida".

Palabra del Señor. R. **Gloria a ti, Señor Jesús.**

Se dice Credo.

ORACIÓN SOBRE LAS OFRENDAS

Recibe benignamente, Señor, los dones de tu Iglesia, y, al concederle en tu misericordia que te los pueda ofrecer, haces al mismo tiempo que se conviertan en sacramento de nuestra salvación. Por Jesucristo, nuestro Señor.

ANTÍFONA DE LA COMUNIÓN   Cfr. Jn 6, 51
El pan que yo les daré, es mi carne para la vida del mundo, dice el Señor.

ORACIÓN DESPUÉS DE LA COMUNIÓN

La comunión de tus sacramentos que hemos recibido, Señor, nos salven y nos confirmen en la luz de tu verdad. Por Jesucristo, nuestro Señor.

¿PODEMOS APRENDER DE DIOS EN LA ÉPOCA ACTUAL?

Ya es tiempo de que despertemos del sueño; cerrarnos a las enseñanzas de Dios es vana soberbia.

✢ Podemos alcanzar grandes niveles de conocimiento, pero si no crecemos en las auténticas virtudes, ese mismo conocimiento se revertirá contra nosotros.

✢ No podemos prescindir del único Dios verdadero, él es nuestro origen y destino; él nos da la vida.

✢ Todos vamos a morir algún día, eso lo sabemos, pero aún no lo asumimos.

✢ Estamos de paso por este mundo, y tenemos que encaminar nuestros pasos hacia la Patria definitiva, que es el cielo.

✢ En la Eucaristía, Jesús se nos da como el alimento que nos dará la fuerza necesaria para el camino que aún nos queda por recorrer. Aprendamos a recibirla.

"Yo soy el pan vivo que ha bajado del cielo; el que coma de este pan vivirá para siempre".

11 de agosto

15 de agosto
Jueves

Asunción de la santísima Virgen María
(Misa del día)
(*Blanco*)

ANTÍFONA DE ENTRADA

Alegrémonos en el Señor y alabemos al Hijo de Dios, junto con los ángeles, al celebrar hoy la Asunción al cielo de nuestra Madre, la Virgen María.

Se dice Gloria.

ORACIÓN COLECTA

Dios todopoderoso y eterno, que elevaste a la gloria celestial en cuerpo y alma a la inmaculada Virgen María, Madre de tu Hijo, concédenos tender siempre hacia los bienes eternos, para que merezcamos participar de su misma gloria. Por nuestro Señor Jesucristo…

El pasaje del Apocalipsis se refiere al combate de la Iglesia de Cristo contra las fuerzas del mal. Nos habla de la señal de la mujer, porque es en la Virgen María en donde la Iglesia ha triunfado sobre el pecado y sobre la muerte (PRIMERA LECTURA). San Pablo nos recuerda la resurrección de Cristo y nuestra resurrección (SEGUNDA LECTURA), y nos ha sido revelado que entre una y otra se encuentra María, nuestra medianera y la primogénita de los cristianos. Después oímos el cántico de la propia María que, al saber que es Madre de Dios, exclama: "Ha hecho en mí grandes cosas el que todo lo puede" (EVANGELIO).

PRIMERA LECTURA

Del libro del Apocalipsis del apóstol san Juan
11, 19; 12, 1-6. 10

Se abrió el templo de Dios en el cielo y dentro de él se vio el arca de la alianza. Apareció entonces en el cielo una figura prodigiosa: una mujer envuelta por el sol, con la luna bajo sus pies y con una corona de doce estrellas en la cabeza. Estaba encinta y a punto de dar a luz y gemía con los dolores del parto.

Pero apareció también en el cielo otra figura: un enorme dragón, color de fuego, con siete cabezas y diez cuernos, y una corona en cada una de sus siete cabezas. Con su cola barrió la tercera parte de las estrellas del cielo y las arrojó sobre la tierra. Después se detuvo delante de la mujer que iba a dar a luz, para devorar a su hijo, en cuanto éste naciera. La mujer dio a luz un hijo varón, destinado a gobernar todas las naciones con cetro de hierro; y su hijo fue llevado hasta Dios y hasta su trono. Y la mujer huyó al desierto, a un lugar preparado por Dios.

Entonces oí en el cielo una voz poderosa, que decía: "Ha sonado la hora de la victoria de nuestro Dios, de su dominio y de su reinado, y del poder de su Mesías".

Palabra de Dios.   R. **Te alabamos, Señor.**

SALMO RESPONSORIAL

Del salmo 44

E. Estrella B.P. 1660

De pie, a tu de - re - cha, es - tá la
rei - na, es - tá la rei - na.

15 de agosto

323

R. **De pie, a tu derecha, está la reina.**

Hijas de reyes salen a tu encuentro.
De pie, a tu derecha, está la reina,
enjoyada con oro de Ofir. R.

Escucha, hija, mira y pon atención:
olvida a tu pueblo y la casa paterna;
el rey está prendado de tu belleza;
ríndele homenaje, porque él es tu señor. R.

Entre alegría y regocijo
van entrando en el palacio real.
A cambio de tus padres, tendrás hijos,
que nombrarás príncipes por toda la tierra. R.

SEGUNDA LECTURA

De la primera carta del apóstol san Pablo a los corintios
15, 20-27

Hermanos: Cristo resucitó, y resucitó como la primicia de todos los muertos. Porque si por un hombre vino la muerte, también por un hombre vendrá la resurrección de los muertos.

En efecto, así como en Adán todos mueren, así en Cristo todos volverán a la vida; pero cada uno en su orden: primero Cristo, como primicia; después, a la hora de su advenimiento, los que son de Cristo.

Enseguida será la consumación, cuando, después de haber aniquilado todos los poderes del mal, Cristo entregue el Reino a su Padre. Porque él tiene que reinar hasta que el Padre ponga bajo sus pies a todos sus enemigos. El último de los enemigos en ser aniquilado, será la muerte, porque todo lo ha sometido Dios bajo los pies de Cristo.

Palabra de Dios.   R. **Te alabamos, Señor.**

ACLAMACIÓN ANTES DEL EVANGELIO

B.P. 1032 - Sosa

A - le - lu - ya, a - le - lu - ya, a - le - lu - ya.

R. **Aleluya, aleluya.**
María fue llevada al cielo
y todos los ángeles se alegran.
R. **Aleluya, aleluya.**

EVANGELIO

✠ Del santo Evangelio según san Lucas
1, 39-56

R. **Gloria a ti, Señor.**

En aquellos días, María se encaminó presurosa a un pueblo de las montañas de Judea, y entrando en la casa de Zacarías, saludó a Isabel. En cuanto ésta oyó el saludo de María, la criatura saltó en su seno.

Entonces Isabel quedó llena del Espíritu Santo, y levantando la voz, exclamó: "¡Bendita tú entre las mujeres y bendito el fruto de tu vientre! ¿Quién soy yo, para que la madre de mi Señor venga a verme? Apenas llegó tu saludo a mis oídos, el niño saltó de gozo en mi seno. Dichosa tú, que has creído, porque se cumplirá cuanto te fue anunciado de parte del Señor".

Entonces dijo María:
"Mi alma glorifica al Señor
y mi espíritu se llena de júbilo en Dios, mi salvador,
porque *puso sus ojos en la humildad de su esclava.*

Desde ahora me llamarán dichosa todas las generaciones, porque ha hecho en mí grandes cosas el que todo lo puede.

15 de agosto

Santo es su nombre,
y su misericordia llega de generación en generación
a los que lo temen.

Él hace sentir el poder de su brazo:
dispersa a los de corazón altanero,
destrona a los potentados
y exalta a los humildes.
A *los hambrientos los colma de bienes*
y a los ricos los despide sin nada.

Acordándose de su misericordia,
viene en ayuda de Israel, su siervo,
como lo había prometido a nuestros padres,
a Abraham y a su descendencia,
para siempre".

María permaneció con Isabel unos tres meses, y luego regresó a su casa.

Palabra del Señor.　R. **Gloria a ti, Señor Jesús.**

Se dice Credo.

ORACIÓN SOBRE LAS OFRENDAS
Suba hasta ti, Señor, nuestra ofrenda fervorosa y, por intercesión de la santísima Virgen María, elevada al cielo, haz que nuestros corazones tiendan hacia ti, inflamados en el fuego de tu amor. Por Jesucristo, nuestro Señor.

ANTÍFONA DE LA COMUNIÓN
Lc 1, 48-49
Desde ahora me llamarán dichosa todas las generaciones, porque ha hecho en mí grandes cosas el que todo lo puede.

ORACIÓN DESPUÉS DE LA COMUNIÓN
Habiendo recibido el sacramento de la salvación, te pedimos, Señor, nos concedas que, por intercesión de santa María Virgen, elevada al cielo, seamos llevados a la gloria de la resurrección. Por Jesucristo, nuestro Señor.

APARECIÓ EN EL CIELO
UNA FIGURA PRODIGIOSA

Hoy la Iglesia se alegra por la gloriosa Asunción de nuestra Madre Inmaculada a los cielos; ella es la primicia de los resucitados, ella participa ahora de la resurrección de su bendito Hijo: está en cuerpo y alma en el cielo.

Y no sólo eso, el próximo 22 de agosto también la Iglesia celebra a la santísima Virgen María –asociada a su divino Hijo– como Reina del cielo y de la tierra.

En la segunda lectura del Oficio correspondiente de la Liturgia de las Horas, aparece un fragmento de una de las homilías de san Amadeo de Lausana, obispo, que dice lo siguiente:

✴ "… cuando la Virgen de las vírgenes fue llevada al cielo por el que era su Dios y su Hijo, el rey de reyes, en medio de la alegría y exultación de los ángeles y arcángeles y de la aclamación de todos los bienaventurados, entonces se cumplió la profecía del Salmista, que decía al Señor: *De pie a tu derecha está la reina enjoyada con oro de Ofir"*.

✴ No se trata de una sencilla devoción popular. ¿Qué lugar le damos en nuestra vida diaria al hecho de que la Virgen María es nuestra Reina?

"Una mujer envuelta por el sol, con la luna bajo sus pies y con una corona de doce estrellas en la cabeza".

18 de agosto　　20° Domingo del T. Ordinario

(*Verde*)

ANTÍFONA DE ENTRADA　　　　　　　　Sal 83, 10-11

Dios, protector nuestro, mira el rostro de tu Ungido. Un solo día en tu casa es más valioso que mil días en cualquier otra parte.

Se dice Gloria.

ORACIÓN COLECTA

Señor Dios, que has preparado bienes invisibles para los que te aman, infunde en nuestros corazones el anhelo de amarte, para que, amándote en todo y sobre todo, consigamos tus promesas, que superan todo deseo. Por nuestro Señor Jesucristo…

Jesús expone con precisión su doctrina sobre la Eucaristía, frente a las protestas y objeciones de sus oyentes (EVANGELIO). Por esa doctrina entramos y nos quedamos en la intimidad del Señor, mientras dispone dentro de nosotros un germen de vida eterna. Gracias al banquete eucarístico, la sabiduría de Dios hace que el hombre aspire a participar en el festín que se anuncia (PRIMERA LECTURA).

Sin referirse directamente a la Eucaristía, san Pablo (SEGUNDA LECTURA) nos relata la alegría con la que las primeras comunidades cristianas celebraban sus asambleas.

PRIMERA LECTURA

Del libro de los Proverbios
9, 1-6

La sabiduría se ha edificado una casa,
ha preparado un banquete,
ha mezclado el vino
y puesto la mesa.
Ha enviado a sus criados para que,
desde los puntos que dominan la ciudad, anuncien esto:
"Si alguno es sencillo, que venga acá".

Y a los faltos de juicio les dice:
"Vengan a comer de mi pan
y a beber del vino que he preparado.
Dejen su ignorancia y vivirán;
avancen por el camino de la prudencia".

Palabra de Dios.   R. **Te alabamos, Señor.**

SALMO RESPONSORIAL

Del salmo 33

Uriel Ochoa, B.P. 1638

R. **Haz la prueba y verás qué bueno es el Señor.**

Bendeciré al Señor a todas horas,
no cesará mi boca de alabarlo.
Yo me siento orgulloso del Señor;
que se alegre su pueblo al escucharlo. R.

Que amen al Señor todos sus fieles,
pues nada faltará a los que lo aman.
El rico empobrece y pasa hambre;
a quien busca al Señor, nada le falta. R.

[R. **Haz la prueba y verás qué bueno es el Señor.**]

Escúchame, hijo mío:
voy a enseñarte cómo amar al Señor.
¿Quieres vivir y disfrutar la vida?
Guarda del mal tu lengua
y aleja de tus labios el engaño.
Apártate del mal y haz el bien;
busca la paz y ve tras ella. R.

SEGUNDA LECTURA

De la carta del apóstol san Pablo a los efesios
5, 15-20

Hermanos: Tengan cuidado de portarse no como insensatos, sino como prudentes, aprovechando el momento presente, porque los tiempos son malos.

No sean irreflexivos, antes bien, traten de entender cuál es la voluntad de Dios. No se embriaguen, porque el vino lleva al libertinaje. Llénense, más bien, del Espíritu Santo; expresen sus sentimientos con salmos, himnos y cánticos espirituales, cantando con todo el corazón las alabanzas al Señor. Den continuamente gracias a Dios Padre por todas las cosas, en el nombre de nuestro Señor Jesucristo.

Palabra de Dios. R. **Te alabamos, Señor.**

ACLAMACIÓN ANTES DEL EVANGELIO
Jn 6, 56

B.P. 1033 - Palazón

A - le - lu - ya, a-le-lu - ya, a-le-lu - ya.

R. **Aleluya, aleluya.**
El que come mi carne y bebe mi sangre,
permanece en mí y yo en él, dice el Señor.
R. **Aleluya, aleluya.**

EVANGELIO

✠ Del santo Evangelio según san Juan
6, 51-58

R. **Gloria a ti, Señor.**

En aquel tiempo, Jesús dijo a los judíos: "Yo soy el pan vivo, que ha bajado del cielo; el que coma de este pan vivirá para siempre. Y el pan que yo les voy a dar es mi carne, para que el mundo tenga vida".

Entonces los judíos se pusieron a discutir entre sí: "¿Cómo puede éste darnos a comer su carne?".

Jesús les dijo: "Yo les aseguro: Si no comen la carne del Hijo del hombre y no beben su sangre, no podrán tener vida en ustedes. El que come mi carne y bebe mi sangre, tiene vida eterna y yo lo resucitaré el último día.

Mi carne es verdadera comida y mi sangre es verdadera bebida. El que come mi carne y bebe mi sangre, permanece en mí y yo en él. Como el Padre, que me ha enviado, posee la vida y yo vivo por él, así también el que me come vivirá por mí.

Éste es el pan que ha bajado del cielo; no es como el maná que comieron sus padres, pues murieron. El que come de este pan vivirá para siempre".

Palabra del Señor. R. **Gloria a ti, Señor Jesús.**

Se dice Credo.

ORACIÓN SOBRE LAS OFRENDAS

Recibe, Señor, nuestros dones, con los que se realiza tan glorioso intercambio, para que, al ofrecerte lo que tú nos diste, merezcamos recibirte a ti mismo. Por Jesucristo, nuestro Señor.

ANTÍFONA DE LA COMUNIÓN   Jn 6, 51-52
Yo soy el pan vivo, que ha bajado del cielo, dice el Señor: quien coma de este pan, vivirá eternamente.

18 de agosto

ORACIÓN DESPUÉS DE LA COMUNIÓN

Unidos a Cristo por este sacramento, suplicamos humildemente, Señor, tu misericordia, para que, hechos semejantes a él aquí en la tierra, merezcamos gozar de su compañía en el cielo. Él, que vive y reina por los siglos de los siglos.

"EL QUE COMA DE ESTE PAN VIVIRÁ PARA SIEMPRE"

Cada vez que participamos en la Santa Misa, los bautizados somos invitados a alimentarnos tanto del Pan de la Palabra como del Pan eucarístico.

❖ El *Catecismo de la Iglesia católica,* en su número 1374, nos enseña: "En el Santísimo Sacramento de la Eucaristía están 'contenidos *verdadera, real y substancialmente* el Cuerpo y la Sangre junto con el alma y la divinidad de nuestro Señor Jesucristo, y, por consiguiente, *Cristo entero*' ", de modo que cuando comulgamos recibimos al Señor como verdadera comida y como verdadera bebida.

❖ Sin embargo, "si el cristiano tiene conciencia de un pecado grave está obligado a seguir el itinerario penitencial, mediante el sacramento de la Reconciliación, para acercarse a la plena participación en el Sacrificio eucarístico" (san Juan Pablo II, *Ecclesia de Eucharistia,* n. 37).

"Si alguno es sencillo, que venga acá... Dejen su ignorancia y vivirán".

25 de agosto   21ᵉʳ Domingo del T. Ordinario

(*Verde*)

ANTÍFONA DE ENTRADA   Cfr. Sal 85, 1-3

Inclina tu oído, Señor, y escúchame. Salva a tu siervo, que confía en ti. Ten piedad de mí, Dios mío, pues sin cesar te invoco.

Se dice Gloria.

ORACIÓN COLECTA

Señor Dios, que unes en un mismo sentir los corazones de tus fieles, impulsa a tu pueblo a amar lo que mandas y a desear lo que prometes, para que, en medio de la inestabilidad del mundo, estén firmemente anclados nuestros corazones donde se halla la verdadera felicidad. Por nuestro Señor Jesucristo…

El anuncio de la Eucaristía hizo que muchos de los discípulos se apartaran de Jesús; sólo quedaron los verdaderamente fieles, con Pedro a la cabeza, después de renovar su profesión de fe (EVANGELIO). Las palabras que en aquella ocasión dijo Pedro, son iguales a las que había pronunciado el pueblo de Dios al entrar en la tierra prometida para reiterar su decisión de servir al Señor (PRIMERA LECTURA).

San Pablo nos habla del amor conyugal como un signo del amor de Cristo a su Iglesia y señala que debemos tomar ese amor de Cristo como modelo del amor humano (SEGUNDA LECTURA).

333

PRIMERA LECTURA

Del libro de Josué
24, 1-2. 15-17. 18

En aquellos días, Josué convocó en Siquem a todas las tribus de Israel y reunió a los ancianos, a los jueces, a los jefes y a los escribas. Cuando todos estuvieron en presencia del Señor, Josué le dijo al pueblo: "Si no les agrada servir al Señor, digan aquí y ahora a quién quieren servir: ¿a los dioses a los que sirvieron sus antepasados al otro lado del río Éufrates, o a los dioses de los amorreos, en cuyo país ustedes habitan? En cuanto a mí toca, mi familia y yo serviremos al Señor".

El pueblo respondió: "Lejos de nosotros abandonar al Señor para servir a otros dioses, porque el Señor es nuestro Dios; él fue quien nos sacó de la esclavitud de Egipto, el que hizo ante nosotros grandes prodigios, nos protegió por todo el camino que recorrimos y en los pueblos por donde pasamos. Así pues, también nosotros serviremos al Señor, porque él es nuestro Dios".

Palabra de Dios.   R. **Te alabamos, Señor.**

SALMO RESPONSORIAL

Del salmo 33

M.J. Pacheco B.P. 1639

R. **Haz la prueba y verás qué bueno es el Señor.**

Bendeciré al Señor a todas horas,
no cesará mi boca de alabarlo.
Yo me siento orgulloso del Señor,
que se alegre su pueblo al escucharlo. R.

Los ojos del Señor cuidan al justo,
y a su clamor están atentos sus oídos.
Contra el malvado, en cambio, está el Señor,
para borrar de la tierra su recuerdo. R.

Escucha el Señor al hombre justo
y lo libra de todas sus congojas.
El Señor no está lejos de sus fieles
y levanta a las almas abatidas. R.

Muchas tribulaciones pasa el justo,
pero de todas ellas Dios lo libra.
Por los huesos del justo vela Dios,
sin dejar que ninguno se le quiebre.
Salva el Señor la vida de sus siervos;
no morirán quienes en él esperan. R.

SEGUNDA LECTURA
De la carta del apóstol san Pablo a los efesios
5, 21-32

Hermanos: Respétense unos a otros, por reverencia a Cristo: que las mujeres respeten a sus maridos, como si se tratara del Señor, porque el marido es cabeza de la mujer, como Cristo es cabeza y salvador de la Iglesia, que es su cuerpo. Por lo tanto, así como la Iglesia es dócil a Cristo, así también las mujeres sean dóciles a sus maridos en todo.

Maridos, amen a sus esposas como Cristo amó a su Iglesia y se entregó por ella para santificarla, purificándola con el agua y la palabra, pues él quería presentársela a sí mismo toda resplandeciente, sin mancha ni arruga ni cosa semejante, sino santa e inmaculada.

Así los maridos deben amar a sus esposas, como cuerpos suyos que son. El que ama a su esposa se ama a sí mismo, pues nadie jamás ha odiado a su propio cuerpo, sino que le da alimento y calor, como Cristo hace con la Iglesia, porque somos miembros de su cuerpo. *Por eso abandonará el hombre a su padre y a su madre, se unirá a su mujer y serán los dos una sola carne.* Éste es un gran misterio, y yo lo refiero a Cristo y a la Iglesia.

Palabra de Dios.   R. **Te alabamos, Señor.**

ACLAMACIÓN ANTES DEL EVANGELIO
Cfr. Jn 6, 63. 68

A - le - lu - ya, a - le - lu - ya, a - le - lu - ya.

R. **Aleluya, aleluya.**
Tus palabras, Señor, son espíritu y vida.
Tú tienes palabras de vida eterna.
R. **Aleluya, aleluya.**

EVANGELIO
✠ Del santo Evangelio según san Juan
6, 55. 60-69

R. **Gloria a ti, Señor.**

En aquel tiempo, Jesús dijo a los judíos: "Mi carne es verdadera comida y mi sangre es verdadera bebida". Al oír sus palabras, muchos discípulos de Jesús dijeron: "Este modo de hablar es intolerable, ¿quién puede admitir eso?".

Dándose cuenta Jesús de que sus discípulos murmuraban, les dijo: "¿Esto los escandaliza? ¿Qué sería si vieran al Hijo del hombre subir a donde estaba antes? El Espíritu es quien da la vida; la carne para nada aprovecha. Las palabras que les he dicho son espíritu y vida, y a pesar de esto, algunos de ustedes no creen". (En efecto, Jesús sabía desde el principio quiénes no creían y quién lo habría de traicionar). Después añadió: "Por eso les he dicho que nadie puede venir a mí, si el Padre no se lo concede".

Desde entonces, muchos de sus discípulos se echaron para atrás y ya no querían andar con él. Entonces Jesús les dijo a los Doce: "¿También ustedes quieren dejarme?". Simón Pedro le respondió: "Señor, ¿a quién iremos? Tú tienes palabras de vida eterna; y nosotros creemos y sabemos que tú eres el Santo de Dios".

Palabra del Señor. R. **Gloria a ti, Señor Jesús.**

Se dice Credo.

ORACIÓN SOBRE LAS OFRENDAS
Señor, que con un mismo y único sacrificio adquiriste para ti un pueblo de adopción, concede, propicio, a tu Iglesia, los dones de la unidad y de la paz. Por Jesucristo, nuestro Señor.

ANTÍFONA DE LA COMUNIÓN
Jn 6, 54
El que come mi carne y bebe mi sangre, tiene vida eterna, dice el Señor; y yo lo resucitaré en el último día.

ORACIÓN DESPUÉS DE LA COMUNIÓN
Te pedimos, Señor, que la obra salvadora de tu misericordia fructifique plenamente en nosotros, y haz que, con la ayuda continua de tu gracia, de tal manera tendamos a la perfección, que podamos siempre agradarte en todo. Por Jesucristo, nuestro Señor.

25 de agosto

"CREEMOS Y SABEMOS QUE TÚ ERES EL SANTO DE DIOS"

Muchos de los seguidores de Jesús no pudieron creer lo que les dijo: "Mi carne es verdadera comida y mi sangre es verdadera bebida", y aunque las palabras de Jesús "son espíritu y vida", ellos decidieron abandonarlo.

✓ Jesús no hizo nada por detenerlos, ya que él respeta nuestra libertad, aunque siempre le duele que nos alejemos de él.

✓ Entonces Jesús se dirigió a los Doce y les preguntó que si también ellos querían dejarlo, a lo que Pedro respondió, en nombre del grupo: "Señor, ¿a quién iremos? Tú tienes palabras de vida eterna; y nosotros creemos y sabemos que tú eres el Santo de Dios".

✓ Para Dios no hay imposibles, y hoy sabemos que el que creó los cielos y la tierra es capaz de realizar, en cada Misa, el milagro de la transubstanciación. Jesús se nos da como alimento, de una manera sacramental, pero real.

✓ "La Iglesia ha recibido la Eucaristía de Cristo, su Señor, no sólo como un don entre otros muchos, aunque sea muy valioso, sino como *el don por excelencia*, porque es don de sí mismo, de su persona en su santa humanidad y, además, de su obra de salvación. Ésta no queda relegada al pasado" (san Juan Pablo II, *Ecclesia de Eucharistia* [EE], n. 11).

"La incorporación a Cristo, que tiene lugar por el Bautismo, se renueva y se consolida continuamente con la participación en el Sacrificio eucarístico, sobre todo cuando ésta es plena mediante la comunión sacramental" (EE 22).

1 de septiembre   22° Domingo del T. Ordinario

(Verde)

ANTÍFONA DE ENTRADA   Cfr. Sal 85, 3. 5
Dios mío, ten piedad de mí, pues sin cesar te invoco: Tú eres bueno y clemente, y rico en misericordia con quien te invoca.

Se dice Gloria.

ORACIÓN COLECTA
Dios de toda virtud, de quien procede todo lo que es bueno, infunde en nuestros corazones el amor de tu nombre, y concede que, haciendo más religiosa nuestra vida, hagas crecer el bien que hay en nosotros y lo conserves con solicitud amorosa. Por nuestro Señor Jesucristo…

Hoy leemos cómo Moisés transmitió al pueblo hebreo la ley del Señor para que todos la pusieran en práctica (PRIMERA LECTURA). San Marcos nos repite las palabras de Jesús sobre lo que es verdaderamente esencial, porque Dios no juzga al hombre por la cantidad de observancias externas, sino por "lo que sale de dentro", que es la orientación profunda de la vida del hombre (EVANGELIO).

El apóstol Santiago añade que el verdadero culto a Dios consiste en ayudar a los más desprovistos y en "guardarse de este mundo corrompido" (SEGUNDA LECTURA).

339

PRIMERA LECTURA

Del libro del Deuteronomio

4, 1-2. 6-8

En aquellos días, habló Moisés al pueblo, diciendo: "Ahora, Israel, escucha los mandatos y preceptos que te enseño, para que los pongas en práctica y puedas así vivir y entrar a tomar posesión de la tierra que el Señor, Dios de tus padres, te va a dar.

No añadirán nada ni quitarán nada a lo que les mando: Cumplan los mandamientos del Señor que yo les enseño, como me ordena el Señor, mi Dios. Guárdenlos y cúmplanlos porque ellos son su sabiduría y su prudencia a los ojos de los pueblos. Cuando tengan noticias de todos estos preceptos, se dirán: 'En verdad esta gran nación es un pueblo sabio y prudente'.

Porque, ¿cuál otra nación hay tan grande que tenga dioses tan cercanos como lo está nuestro Dios, siempre que lo invocamos? ¿Cuál es la gran nación cuyos mandatos y preceptos sean tan justos como toda esta ley que ahora les doy?''.

Palabra de Dios.   R. **Te alabamos, Señor.**

SALMO RESPONSORIAL

Del salmo 14

U. Ochoa B.P. 1640

¿Quién se-rá gra-to_a tus o-jos, Se-ñor?

R.   **¿Quién será grato a tus ojos, Señor?**

El hombre que procede honradamente
y obra con justicia;
el que es sincero en sus palabras
y con su lengua a nadie desprestigia. R.

Quien no hace mal al prójimo
ni difama al vecino;
quien no ve con aprecio a los malvados,
pero honra a quienes temen al Altísimo. R.

Quien presta sin usura
y quien no acepta soborno en perjuicio de inocentes,
ése será agradable
a los ojos de Dios eternamente. R.

SEGUNDA LECTURA
De la carta del apóstol Santiago
1, 17-18. 21-22. 27

H ermanos: Todo beneficio y todo don perfecto viene de lo alto, del creador de la luz, en quien no hay ni cambios ni sombras. Por su propia voluntad nos engendró mediante la palabra de la verdad, para que fuéramos, en cierto modo, primicias de sus creaturas.

Acepten dócilmente la palabra que ha sido sembrada en ustedes y es capaz de salvarlos. Pongan en práctica esa palabra y no se limiten a escucharla, engañándose a ustedes mismos. La religión pura e intachable a los ojos de Dios Padre, consiste en visitar a los huérfanos y a las viudas en sus tribulaciones, y en guardarse de este mundo corrompido.

Palabra de Dios.   R. **Te alabamos, Señor.**

ACLAMACIÓN ANTES DEL EVANGELIO
Sant 1, 18

B.P. 1258 - Sosa

A - le - lu - ya, a - le - lu - ya.

R. **Aleluya, aleluya.**

Por su propia voluntad el Padre nos engendró
mediante la palabra de la verdad,
para que fuéramos, en cierto modo,
primicias de sus creaturas.

R. **Aleluya, aleluya.**

EVANGELIO

✠ Del santo Evangelio según san Marcos
7, 1-8. 14-15. 21-23

R. **Gloria a ti, Señor.**

En aquel tiempo, se acercaron a Jesús los fariseos y algunos escribas venidos de Jerusalén. Viendo que algunos de los discípulos de Jesús comían con las manos impuras, es decir, sin habérselas lavado, los fariseos y los escribas le preguntaron: "¿Por qué tus discípulos comen con manos impuras y no siguen la tradición de nuestros mayores?". (Los fariseos y los judíos, en general, no comen sin lavarse antes las manos hasta el codo, siguiendo la tradición de sus mayores; al volver del mercado, no comen sin hacer primero las abluciones, y observan muchas otras cosas por tradición, como purificar los vasos, las jarras y las ollas).

Jesús les contestó: "¡Qué bien profetizó Isaías sobre ustedes, hipócritas, cuando escribió: *Este pueblo me honra con los labios, pero su corazón está lejos de mí. Es inútil el culto que me rinden, porque enseñan doctrinas que no son sino preceptos humanos!* Ustedes dejan a un lado el mandamiento de Dios, para aferrarse a las tradiciones de los hombres".

Después, Jesús llamó a la gente y les dijo: "Escúchenme todos y entiéndanme. Nada que entre de fuera puede manchar al hombre; lo que sí lo mancha es lo que sale de dentro; porque del corazón del hombre salen las intenciones malas, las fornicaciones, los robos, los homicidios, los adulterios, las codicias, las injusticias, los fraudes, el desenfreno, las envidias, la difamación, el orgullo y la frivolidad. Todas estas maldades salen de dentro y manchan al hombre".

Palabra del Señor.   R. **Gloria a ti, Señor Jesús.**

Se dice Credo.

ORACIÓN SOBRE LAS OFRENDAS

Que esta ofrenda sagrada, Señor, nos traiga siempre tu bendición salvadora, para que dé fruto en nosotros lo que realiza el misterio. Por Jesucristo, nuestro Señor.

ANTÍFONA DE LA COMUNIÓN   Mt 5, 9-10

Dichosos los que trabajan por la paz, porque serán llamados hijos de Dios. Dichosos los perseguidos por causa de la justicia, porque de ellos es el reino de los cielos.

ORACIÓN DESPUÉS DE LA COMUNIÓN

Saciados con el pan de esta mesa celestial, te suplicamos, Señor, que este alimento de caridad fortalezca nuestros corazones, para que nos animemos a servirte en nuestros hermanos. Por Jesucristo, nuestro Señor.

¿QUIÉN SERÁ GRATO A LOS OJOS DEL SEÑOR?

Dios nos ama, y esto nos lo ha demostrado de muchas maneras, especialmente en su Hijo Jesucristo. Pero ¿quién será grato para él?:

- Quien cumple sus Mandamientos, que son "su sabiduría y su prudencia".
- Quien acepta dócilmente su Palabra, que es capaz de salvarnos.
- Quien humildemente se acerca a él para que purifique su corazón.

Busquemos hacer sólo lo que agrada a Dios.

8 de septiembre   23er Domingo del T. Ordinario

(*Verde*)

ANTÍFONA DE ENTRADA   Sal 118, 137. 124

Eres justo, Señor, y rectos son tus mandamientos; muéstrate bondadoso con tu siervo.

Se dice Gloria.

ORACIÓN COLECTA

Señor Dios, de quien nos viene la redención y a quien debemos la filiación adoptiva, protege con bondad a los hijos que tanto amas, para que todos los que creemos en Cristo obtengamos la verdadera libertad y la herencia eterna. Por nuestro Señor Jesucristo…

San Marcos nos relata el asombro y la admiración que causaban en la multitud los milagros de Jesús, que hacía "oír a los sordos y hablar a los mudos" (EVANGELIO). Sin duda que el pueblo veía en ellos la intervención divina y recordaba las profecías que hiciera Isaías, al anunciar esos milagros como señal de los tiempos en que aparecerá el Mesías (PRIMERA LECTURA).

El apóstol Santiago (SEGUNDA LECTURA) nos habla de la dignidad altísima de los pobres en la Iglesia, porque Dios los ama con amor de predilección, lo que los convierte en ricos en la fe.

PRIMERA LECTURA

Del libro del profeta Isaías

35, 4-7

Esto dice el Señor:
"Digan a los de corazón apocado:
'¡Ánimo! No teman.
He aquí que su Dios,
vengador y justiciero,
viene ya para salvarlos'.
    Se iluminarán entonces los ojos de los ciegos
y los oídos de los sordos se abrirán.
Saltará como un venado el cojo
y la lengua del mudo cantará.
    Brotarán aguas en el desierto
y correrán torrentes en la estepa.
El páramo se convertirá en estanque
y la tierra sedienta, en manantial''.

Palabra de Dios.   R. **Te alabamos, Señor.**

SALMO RESPONSORIAL

Del salmo 145

U. Ochoa B.P. 1641

R. **Alaba, alma mía, al Señor.**

El Señor siempre es fiel a su palabra,
y es quien hace justicia al oprimido;
él proporciona pan a los hambrientos
y libera al cautivo. R.
    Abre el Señor los ojos de los ciegos
y alivia al agobiado.
Ama el Señor al hombre justo
y toma al forastero a su cuidado. R.

345

[R. **Alaba, alma mía, al Señor.**]

A la viuda y al huérfano sustenta
y trastorna los planes del inicuo.
Reina el Señor eternamente,
reina tu Dios, oh Sión, reina por siglos. R.

SEGUNDA LECTURA

De la carta del apóstol Santiago
2, 1-5

Hermanos: Puesto que ustedes tienen fe en nuestro Señor Jesucristo glorificado, no tengan favoritismos. Supongamos que entran al mismo tiempo en su reunión un hombre con un anillo de oro, lujosamente vestido, y un pobre andrajoso, y que fijan ustedes la mirada en el que lleva el traje elegante y le dicen: "Tú, siéntate aquí, cómodamente". En cambio, le dicen al pobre: "Tú, párate allá o siéntate aquí en el suelo, a mis pies". ¿No es esto tener favoritismos y juzgar con criterios torcidos?

Queridos hermanos, ¿acaso no ha elegido Dios a los pobres de este mundo para hacerlos ricos en la fe y herederos del Reino que prometió a los que lo aman?

Palabra de Dios.   R. **Te alabamos, Señor.**

ACLAMACIÓN ANTES DEL EVANGELIO

Cfr. Mt 4, 23

R. **Aleluya, aleluya.**
Jesús predicaba la buena nueva del Reino
y curaba a la gente de toda enfermedad.
R. **Aleluya, aleluya.**

EVANGELIO

✠ Del santo Evangelio según san Marcos
7, 31-37

R. **Gloria a ti, Señor.**

En aquel tiempo, salió Jesús de la región de Tiro y vino de nuevo, por Sidón, al mar de Galilea, atravesando la región de Decápolis. Le llevaron entonces a un hombre sordo y tartamudo, y le suplicaban que le impusiera las manos. Él lo apartó a un lado de la gente, le metió los dedos en los oídos y le tocó la lengua con saliva. Después, mirando al cielo, suspiró y le dijo: "¡Effetá!" (que quiere decir "¡Ábrete!"). Al momento se le abrieron los oídos, se le soltó la traba de la lengua y empezó a hablar sin dificultad.

Él les mandó que no lo dijeran a nadie; pero cuanto más se lo mandaba, ellos con más insistencia lo proclamaban; y todos estaban asombrados y decían: "¡Qué bien lo hace todo! Hace oír a los sordos y hablar a los mudos".

Palabra del Señor. R. **Gloria a ti, Señor Jesús.**

Se dice Credo.

ORACIÓN SOBRE LAS OFRENDAS
Señor Dios, fuente de toda devoción sincera y de la paz, concédenos honrar de tal manera, con estos dones, tu divina majestad, que, al participar en estos santos misterios, todos quedemos unidos en un mismo sentir. Por Jesucristo, nuestro Señor.

ANTÍFONA DE LA COMUNIÓN
Jn 8, 12

Yo soy la luz del mundo, dice el Señor; el que me sigue, no camina en tinieblas, sino que tendrá la luz de la vida.

ORACIÓN DESPUÉS DE LA COMUNIÓN
Concede, Señor, a tus fieles, a quienes alimentas y vivificas con tu palabra y el sacramento del cielo, aprovechar de tal

manera tan grandes dones de tu Hijo amado, que merezcamos ser siempre partícipes de su vida. Él, que vive y reina por los siglos de los siglos.

ESCUCHEMOS LA VOZ DE DIOS Y PROCLAMEMOS SUS MARAVILLAS

En aquel tiempo, Jesús sanó con su poder a un hombre sordo y tartamudo, a quien "se le abrieron los oídos, se le soltó la traba de la lengua y empezó a hablar sin dificultad".

⌖ En nuestros días, muchos de nosotros, hijos de Dios por el Bautismo, hemos olvidado que por este sacramento fuimos constituidos "sacerdotes, profetas y reyes".

⌖ Es necesario que le supliquemos a Jesús que nos cure de esa sordera voluntaria que nos impide escuchar la Palabra de Dios, que nos da vida y es lámpara para caminar sin tropiezos en medio de la oscuridad de este mundo.

⌖ Requerimos que Jesús nos ayude a soltar esas trabas que no dejan que nuestra lengua hable de él, para que otros lo conozcan, lo amen y encuentren la salvación que nos obtuvo con su Sangre.

Señor Jesús, libéranos de todo aquello que nos impide escucharte y proclamar las maravillas que haces por nosotros cada día.

15 de septiembre 24º Domingo del T. Ordinario

(Verde)

ANTÍFONA DE ENTRADA Cfr. Sir 36, 18

Concede, Señor, la paz a los que esperan en ti, y cumple así las palabras de tus profetas; escucha las plegarias de tu siervo, y de tu pueblo Israel.

Se dice Gloria.

ORACIÓN COLECTA

Señor Dios, creador y soberano de todas las cosas, vuelve a nosotros tus ojos y concede que te sirvamos de todo corazón, para que experimentemos los efectos de tu misericordia. Por nuestro Señor Jesucristo...

Oímos a Pedro proclamar su fe en Jesús y lamentarse, enseguida, porque su Señor le hablaba de su próxima pasión y muerte (EVANGELIO). Pero Jesús es el "Siervo del Señor" y es necesario que sufra sin más consuelo que su confianza en Dios, como nos lo recuerda el profeta Isaías (PRIMERA LECTURA).

El apóstol Santiago nos recuerda que la fe del cristiano se manifiesta en las obras y, en especial, en el servicio de los hermanos más desheredados (SEGUNDA LECTURA).

PRIMERA LECTURA

Del libro del profeta Isaías
50, 5-9

En aquel entonces, dijo Isaías:
"El Señor Dios me ha hecho oír sus palabras
y yo no he opuesto resistencia,
ni me he echado para atrás.
Ofrecí la espalda a los que me golpeaban,
la mejilla a los que me tiraban de la barba.
No aparté mi rostro de los insultos y salivazos.
    Pero el Señor me ayuda,
por eso no quedaré confundido,
por eso endurecí mi rostro como roca
y sé que no quedaré avergonzado.
Cercano está de mí el que me hace justicia,
¿quién luchará contra mí?
¿Quién es mi adversario? ¿Quién me acusa?
Que se me enfrente.
El Señor es mi ayuda,
¿quién se atreverá a condenarme?''.

Palabra de Dios.   R. **Te alabamos, Señor.**

SALMO RESPONSORIAL

Del salmo 114

J.J. García B.P. 1642

Ca - mi - na - ré   en   pre - sen - cia   del   Se - ñor.

R.   **Caminaré en la presencia del Señor.**

Amo al Señor porque escucha
el clamor de mi plegaria,
porque me prestó atención
cuando mi voz lo llamaba.   R.

Redes de angustia y de muerte
me alcanzaron y me ahogaban.
Entonces rogué al Señor
que la vida me salvara. R.

El Señor es bueno y justo,
nuestro Dios es compasivo.
A mí, débil, me salvó
y protege a los sencillos. R.

Mi alma libró de la muerte;
del llanto los ojos míos,
y ha evitado que mis pies
tropiecen por el camino.
Caminaré ante el Señor
por la tierra de los vivos. R.

SEGUNDA LECTURA

De la carta del apóstol Santiago
2, 14-18

Hermanos míos: ¿De qué le sirve a uno decir que tiene fe, si no la demuestra con obras? ¿Acaso podrá salvarlo esa fe?

Supongamos que algún hermano o hermana carece de ropa y del alimento necesario para el día, y que uno de ustedes le dice: "Que te vaya bien; abrígate y come", pero no le da lo necesario para el cuerpo, ¿de qué le sirve que le digan eso? Así pasa con la fe; si no se traduce en obras, está completamente muerta.

Quizás alguien podría decir: "Tú tienes fe y yo tengo obras. A ver cómo, sin obras, me demuestras tu fe; yo, en cambio, con mis obras te demostraré mi fe".

Palabra de Dios.   R. **Te alabamos, Señor.**

ACLAMACIÓN ANTES DEL EVANGELIO
Gál 6, 14

B.P. 1259

A - le - lu - ya, a - le - lu - ya, a - le - lu - ya.

R. **Aleluya, aleluya.**

No permita Dios que yo me gloríe en algo
que no sea la cruz de nuestro Señor Jesucristo,
por el cual el mundo está crucificado para mí
y yo para el mundo.

R. **Aleluya, aleluya.**

EVANGELIO

✠ Del santo Evangelio según san Marcos
8, 27-35

R. **Gloria a ti, Señor.**

En aquel tiempo, Jesús y sus discípulos se dirigieron a los poblados de Cesarea de Filipo. Por el camino les hizo esta pregunta: "¿Quién dice la gente que soy yo?". Ellos le contestaron: "Algunos dicen que eres Juan el Bautista; otros, que Elías; y otros, que alguno de los profetas".

Entonces él les preguntó: "Y ustedes, ¿quién dicen que soy yo?". Pedro le respondió: "Tú eres el Mesías". Y él les ordenó que no se lo dijeran a nadie.

Luego se puso a explicarles que era necesario que el Hijo del hombre padeciera mucho, que fuera rechazado por los ancianos, los sumos sacerdotes y los escribas, que fuera entregado a la muerte y resucitara al tercer día.

Todo esto lo dijo con entera claridad. Entonces Pedro se lo llevó aparte y trataba de disuadirlo. Jesús se volvió, y mirando a sus discípulos, reprendió a Pedro con estas palabras:

"¡Apártate de mí, Satanás! Porque tú no juzgas según Dios, sino según los hombres".

Después llamó a la multitud y a sus discípulos, y les dijo: "El que quiera venir conmigo, que renuncie a sí mismo, que cargue con su cruz y que me siga. Pues el que quiera salvar su vida, la perderá; pero el que pierda su vida por mí y por el Evangelio, la salvará".

Palabra del Señor. R. **Gloria a ti, Señor Jesús.**

Se dice Credo.

ORACIÓN SOBRE LAS OFRENDAS
Sé propicio, Señor, a nuestras plegarias y acepta benignamente estas ofrendas de tus siervos, para que aquello que cada uno ofrece en honor de tu nombre aproveche a todos para su salvación. Por Jesucristo, nuestro Señor.

ANTÍFONA DE LA COMUNIÓN   Cfr. 1 Cor 10, 16
El cáliz de bendición, por el que damos gracias, es la unión de todos en la Sangre de Cristo; y el pan que partimos es la participación de todos en el Cuerpo de Cristo.

ORACIÓN DESPUÉS DE LA COMUNIÓN
Que el efecto de este don celestial, Señor, transforme nuestro cuerpo y nuestro espíritu, para que sea su fuerza, y no nuestro sentir, lo que siempre inspire nuestras acciones. Por Jesucristo, nuestro Señor.

"EL QUE QUIERA SALVAR SU VIDA, LA PERDERÁ"

El evangelio de hoy inicia con la pregunta de Jesús a sus discípulos: "¿Quién dice la gente que soy yo?", de la cual obtuvo varias respuestas; pero la siguiente pregunta que les hizo nos atañe más a nosotros: "Y ustedes, ¿quién dicen que soy yo?".

† Muchas personas se hacen una idea de quién es Jesús, pero el problema es que en ocasiones se fabrican o compran una imagen de Jesús "a su medida", a su gusto.

† Pero Jesús no está sujeto a nuestros gustos y medidas.

Él se mostró a sus discípulos con toda su verdad, y es en la Sagrada Escritura, en la Tradición viva y en el Magisterio auténtico de la Iglesia donde podemos conocer quién es Jesús y qué pide de nosotros.

† Hay quienes consideran que conocer y seguir a Jesús es "perder la vida", e incluso esto ha favorecido la falta de vocaciones a la vida sacerdotal y religiosa.

† Por otro lado, hoy se le da demasiado peso a todos los asuntos tecnológicos, sin tomar en cuenta que la tecnología se puede revertir contra nosotros mismos.

† Querer "salvar nuestra vida" se refiere a evitar la cruz que nos toca llevar detrás de Jesús. Lo paradójico es que, si evitamos el camino de la cruz, encontraremos senderos de muerte.

Jesús es el camino seguro que nos lleva a la felicidad eterna en el cielo.

22 de septiembre   25° Domingo del T. Ordinario

(Verde)

ANTÍFONA DE ENTRADA
Yo soy la salvación de mi pueblo, dice el Señor. Los escucharé cuando me llamen en cualquier tribulación, y siempre seré su Dios.

Se dice Gloria.

ORACIÓN COLECTA
Señor Dios, que has hecho del amor a ti y a los hermanos la plenitud de todo lo mandado en tu santa ley, concédenos que, cumpliendo tus mandamientos, merezcamos llegar a la vida eterna. Por nuestro Señor Jesucristo…

Sigue Jesús anunciando su pasión, una pasión y una muerte que ya habían sido anunciadas siglos antes en el libro de la Sabiduría (PRIMERA LECTURA). Pero al mismo tiempo, Jesús dio a sus discípulos una lección de humildad y servicio, como para indicarles que todo cristiano tiene que hacerse servidor de sus hermanos, comenzando por los más pequeños: los niños (EVANGELIO). Servir a los niños, igual que servir a los pobres, es estar al servicio de Cristo.

El apóstol Santiago (SEGUNDA LECTURA) nos pinta un cuadro de la vida social, fundada en la justicia y la paz, pero quebrantada a menudo por las guerras, que son el producto de la codicia.

PRIMERA LECTURA

Del libro de la Sabiduría

2, 12. 17-20

Los malvados dijeron entre sí:
"Tendamos una trampa al justo,
porque nos molesta y se opone a lo que hacemos;
nos echa en cara nuestras violaciones a la ley,
nos reprende las faltas
contra los principios en que fuimos educados.

Veamos si es cierto lo que dice,
vamos a ver qué le pasa en su muerte.
Si el justo es hijo de Dios,
él lo ayudará y lo librará de las manos de sus enemigos.
Sometámoslo a la humillación y a la tortura,
para conocer su temple y su valor.
Condenémoslo a una muerte ignominiosa,
porque dice que hay quien mire por él''.

Palabra de Dios.   R. **Te alabamos, Señor.**

SALMO RESPONSORIAL

Del salmo 53

E. Estrella B.P. 1643

El Señor es quien me_a-yu-da.

R. **El Señor es quien me ayuda.**

Sálvame, Dios mío, por tu nombre;
con tu poder defiéndeme.
Escucha, Señor, mi oración
y a mis palabras atiende. R.

Gente arrogante y violenta
contra mí se ha levantado.
Andan queriendo matarme.
¡Dios los tiene sin cuidado! R.

Pero el Señor Dios es mi ayuda,
él, quien me mantiene vivo.
Por eso te ofreceré
con agrado un sacrificio,
y te agradeceré, Señor,
tu inmensa bondad conmigo. R.

SEGUNDA LECTURA

De la carta del apóstol Santiago
3, 16–4, 3

Hermanos míos: Donde hay envidias y rivalidades, ahí hay desorden y toda clase de obras malas. Pero los que tienen la sabiduría que viene de Dios son puros, ante todo. Además, son amantes de la paz, comprensivos, dóciles, están llenos de misericordia y buenos frutos, son imparciales y sinceros. Los pacíficos siembran la paz y cosechan frutos de justicia.

¿De dónde vienen las luchas y los conflictos entre ustedes? ¿No es, acaso, de las malas pasiones, que siempre están en guerra dentro de ustedes? Ustedes codician lo que no pueden tener y acaban asesinando. Ambicionan algo que no pueden alcanzar, y entonces combaten y hacen la guerra. Y si no lo alcanzan, es porque no se lo piden a Dios. O si se lo piden y no lo reciben, es porque piden mal, para derrocharlo en placeres.

Palabra de Dios.   R. **Te alabamos, Señor.**

ACLAMACIÓN ANTES DEL EVANGELIO

Cfr. 2 Tes 2, 14

22 de septiembre

357

R. **Aleluya, aleluya.**

Dios nos ha llamado, por medio del Evangelio,
a participar de la gloria de nuestro Señor Jesucristo.

R. **Aleluya, aleluya.**

EVANGELIO

✠ Del santo Evangelio según san Marcos
9, 30-37

R. **Gloria a ti, Señor.**

En aquel tiempo, Jesús y sus discípulos atravesaban Galilea, pero él no quería que nadie lo supiera, porque iba enseñando a sus discípulos. Les decía: "El Hijo del hombre va a ser entregado en manos de los hombres; le darán muerte, y tres días después de muerto, resucitará". Pero ellos no entendían aquellas palabras y tenían miedo de pedir explicaciones.

Llegaron a Cafarnaúm, y una vez en casa, les preguntó: "¿De qué discutían por el camino?". Pero ellos se quedaron callados, porque en el camino habían discutido sobre quién de ellos era el más importante. Entonces Jesús se sentó, llamó a los Doce y les dijo: "Si alguno quiere ser el primero, que sea el último de todos y el servidor de todos".

Después, tomando a un niño, lo puso en medio de ellos, lo abrazó y les dijo: "El que reciba en mi nombre a uno de estos niños, a mí me recibe. Y el que me reciba a mí, no me recibe a mí, sino a aquel que me ha enviado".

Palabra del Señor.   R. **Gloria a ti, Señor Jesús.**

Se dice Credo.

ORACIÓN SOBRE LAS OFRENDAS

Acepta benignamente, Señor, los dones de tu pueblo, para que recibamos, por este sacramento celestial, aquello mismo que el fervor de nuestra fe nos mueve a proclamar. Por Jesucristo, nuestro Señor.

Yo soy el buen pastor, dice el Señor; y conozco a mis ovejas, y ellas me conocen a mí.

ORACIÓN DESPUÉS DE LA COMUNIÓN
A quienes alimentas, Señor, con tus sacramentos, confórtanos con tu incesante ayuda, para que en estos misterios recibamos el fruto de la redención y la conversión de nuestra vida. Por Jesucristo, nuestro Señor.

¿QUIÉN ES EL MÁS IMPORTANTE?

Nos puede pasar a nosotros lo mismo que a los discípulos de Jesús, quienes, mientras su Maestro les iba diciendo por el camino que iba a ser entregado y muerto, y que resucitaría tres días después, ellos estaban ocupados en discutir quién de ellos era el más importante.

✤ Pero Jesús, que es la Sabiduría eterna y encarnada, les dijo a los Doce: "Si alguno quiere ser el primero, que sea el último de todos y el servidor de todos".

✤ Y, "tomando a un niño, lo puso en medio de ellos, lo abrazó y les dijo: 'El que reciba en mi nombre a uno de estos niños, a mí me recibe'".

Seamos humildes y sirvamos a Jesús en los demás, especialmente en los más pequeños.

22 de septiembre

29 de septiembre   26º Domingo del T. Ordinario

(*Verde*)

ANTÍFONA DE ENTRADA   Dn 3, 31. 29. 30. 43. 42

Todo lo que hiciste con nosotros, Señor, es verdaderamente justo, porque hemos pecado contra ti y hemos desobedecido tus mandatos; pero haz honor a tu nombre y trátanos conforme a tu inmensa misericordia.

Se dice Gloria.

ORACIÓN COLECTA

Señor Dios, que manifiestas tu poder de una manera admirable sobre todo cuando perdonas y ejerces tu misericordia, multiplica tu gracia sobre nosotros, para que, apresurándonos hacia lo que nos prometes, nos hagas partícipes de los bienes celestiales. Por nuestro Señor Jesucristo…

Jesús advierte con energía a sus discípulos contra el escándalo y les sugiere que si por el ojo o por la mano se comete pecado, vale más arrancarlos que no llegar al Reino de los cielos. También les dio a entender a sus apóstoles que más allá del grupo que lo sigue, hay muchos que creen en él y trabajan por él (EVANGELIO). De lo mismo habla el libro de los Números (PRIMERA LECTURA) al revelarnos que el Espíritu de Dios sopla donde quiere.

Santiago, por su parte, advierte a los ricos que todos los que hayan edificado sus fortunas sobre la explotación de los trabajadores, tendrán que sufrir el juicio de Dios (SEGUNDA LECTURA).

PRIMERA LECTURA

Del libro de los Números
11, 25-29

En aquellos días, el Señor descendió de la nube y habló con Moisés. Tomó del espíritu que reposaba sobre Moisés y se lo dio a los setenta ancianos. Cuando el espíritu se posó sobre ellos, se pusieron a profetizar.

Se habían quedado en el campamento dos hombres: uno llamado Eldad y otro, Medad. También sobre ellos se posó el espíritu, pues aunque no habían ido a la reunión, eran de los elegidos y ambos comenzaron a profetizar en el campamento.

Un muchacho corrió a contarle a Moisés que Eldad y Medad estaban profetizando en el campamento. Entonces Josué, hijo de Nun, que desde muy joven era ayudante de Moisés, le dijo: "Señor mío, prohíbeselo". Pero Moisés le respondió: "¿Crees que voy a ponerme celoso? Ojalá que todo el pueblo de Dios fuera profeta y descendiera sobre todos ellos el espíritu del Señor".

Palabra de Dios.   R. **Te alabamos, Señor.**

SALMO RESPONSORIAL
Del salmo 18

B. Vega B.P. 1644

Los man-da-mien-tos del Se-ñor a-le-gran el co-ra-zón.

R. **Los mandamientos del Señor alegran el corazón.**

La ley del Señor es perfecta del todo
y reconforta el alma;
inmutables son las palabras del Señor
y hacen sabio al sencillo. R.

La voluntad de Dios es santa
y para siempre estable;
los mandamientos del Señor son verdaderos
y enteramente justos. R.

Aunque tu servidor se esmera
en cumplir tus preceptos con cuidado,
¿quién no falta, Señor, sin advertirlo?
Perdona mis errores ignorados. R.

Presérvame, Señor, de la soberbia,
no dejes que el orgullo me domine;
así, del gran pecado
tu servidor podrá encontrarse libre. R.

SEGUNDA LECTURA
De la carta del apóstol Santiago
5, 1-6

Lloren y laméntense, ustedes, los ricos, por las desgracias que les esperan. Sus riquezas se han corrompido; la polilla se ha comido sus vestidos; enmohecidos están su oro y su plata, y ese moho será una prueba contra ustedes y consumirá sus carnes, como el fuego. Con esto ustedes han atesorado un castigo para los últimos días.

El salario que ustedes han defraudado a los trabajadores que segaron sus campos está clamando contra ustedes; los gritos de ellos han llegado hasta el oído del Señor de los ejércitos. Han vivido ustedes en este mundo entregados al lujo y al placer, engordando como reses para el día de la matanza. Han condenado a los inocentes y los han matado, porque no podían defenderse.

Palabra de Dios.   R. **Te alabamos, Señor.**

ACLAMACIÓN ANTES DEL EVANGELIO
Cfr. Jn 17, 17

B.P. 1035 - Palazón

A - le - lu - ya, a - le - lu - ya, a - le - lu - ya.

R. **Aleluya, aleluya.**
Tu palabra, Señor, es la verdad;
santifícanos en la verdad.
R. **Aleluya, aleluya.**

EVANGELIO

✠ Del santo Evangelio según san Marcos
9, 38-43. 45. 47-48

R. **Gloria a ti, Señor.**

En aquel tiempo, Juan le dijo a Jesús: "Hemos visto a uno que expulsaba a los demonios en tu nombre, y como no es de los nuestros, se lo prohibimos". Pero Jesús le respondió: "No se lo prohíban, porque no hay ninguno que haga milagros en mi nombre, que luego sea capaz de hablar mal de mí. Todo aquel que no está contra nosotros, está a nuestro favor.

Todo aquel que les dé a beber un vaso de agua por el hecho de que son de Cristo, les aseguro que no se quedará sin recompensa.

Al que sea ocasión de pecado para esta gente sencilla que cree en mí, más le valdría que le pusieran al cuello una de esas enormes piedras de molino y lo arrojaran al mar.

Si tu mano te es ocasión de pecado, córtatela; pues más te vale entrar manco en la vida eterna, que ir con tus dos manos al lugar de castigo, al fuego que no se apaga. Y si tu pie te es ocasión de pecado, córtatelo; pues más te vale entrar cojo en la vida eterna, que con tus dos pies ser arrojado al lugar de castigo. Y si tu ojo te es ocasión de pecado, sácatelo; pues más te vale entrar tuerto en el Reino de Dios, que ser arrojado con tus dos ojos al lugar de castigo, *donde el gusano no muere y el fuego no se apaga''*.

Palabra del Señor.   R. **Gloria a ti, Señor Jesús.**

Se dice Credo.

ORACIÓN SOBRE LAS OFRENDAS

Concédenos, Dios misericordioso, que nuestra ofrenda te sea aceptable y que por ella quede abierta para nosotros la fuente de toda bendición. Por Jesucristo, nuestro Señor.

ANTÍFONA DE LA COMUNIÓN   1 Jn 3, 16

En esto hemos conocido lo que es el amor de Dios: en que dio su vida por nosotros. Por eso también nosotros debemos dar la vida por los hermanos.

ORACIÓN DESPUÉS DE LA COMUNIÓN

Que este misterio celestial renueve, Señor, nuestro cuerpo y nuestro espíritu, para que seamos coherederos en la gloria de aquel cuya muerte, al anunciarla, la hemos compartido. Él, que vive y reina por los siglos de los siglos.

EVITEMOS LOS ANZUELOS DEL PECADO

El mundo en que vivimos nos presenta el pecado, que es una ofensa a Dios, bajo la apariencia de algo "bueno", "agradable", "atractivo", e incluso como un "derecho" del ser humano, pero, a final de cuentas –como nos enseña Jesús–, siempre es un acto que nos aleja de Dios y nos conduce a la muerte.

No nos vaya a ocurrir lo que dice el apóstol Santiago:
"Han condenado a los inocentes y los han matado, porque no podían defenderse".

6 de octubre 27º Domingo del T. Ordinario

(Verde)

ANTÍFONA DE ENTRADA

Cfr. Est 4, 17

En tu voluntad, Señor, está puesto el universo, y no hay quien pueda resistirse a ella. Tú hiciste todo, el cielo y la tierra, y todo lo que está bajo el firmamento; tú eres Señor del universo.

Se dice Gloria.

ORACIÓN COLECTA

Dios todopoderoso y eterno, que en la superabundancia de tu amor sobrepasas los méritos y aun los deseos de los que te suplican, derrama sobre nosotros tu misericordia para que libres nuestra conciencia de toda inquietud y nos concedas aun aquello que no nos atrevemos a pedir. Por nuestro Señor Jesucristo…

El Génesis nos habla de que Dios creó al hombre y a la mujer para que formaran una pareja con componentes de una misma naturaleza, la humana (PRIMERA LECTURA). Jesús se refirió a ese texto del Génesis, y a la pareja creada por Dios la unió con los lazos indisolubles del matrimonio, diciendo: "lo que Dios unió, que no lo separe el hombre" (EVANGELIO).

Por otra parte, en la carta a los hebreos (SEGUNDA LECTURA) se nos muestra a Jesús como el que se unió a todos los hombres en una misma condición, para conducirlos al Reino eterno al salvarlos por medio de su muerte.

PRIMERA LECTURA
Del libro del Génesis
2, 18-24

En aquel día, dijo el Señor Dios: "No es bueno que el hombre esté solo. Voy a hacerle a alguien como él, para que lo ayude". Entonces el Señor Dios formó de la tierra todas las bestias del campo y todos los pájaros del cielo, y los llevó ante Adán para que les pusiera nombre y así todo ser viviente tuviera el nombre puesto por Adán.

Así, pues, Adán les puso nombre a todos los animales domésticos, a los pájaros del cielo y a las bestias del campo; pero no hubo ningún ser semejante a Adán para ayudarlo.

Entonces el Señor Dios hizo caer al hombre en un profundo sueño, y mientras dormía, le sacó una costilla y cerró la carne sobre el lugar vacío. Y de la costilla que le había sacado al hombre, Dios formó una mujer. Se la llevó al hombre y éste exclamó:

"Ésta sí es hueso de mis huesos
y carne de mi carne.
Ésta será llamada mujer,
porque ha sido formada del hombre".

Por eso el hombre abandonará a su padre y a su madre, y se unirá a su mujer y serán los dos una sola carne.

Palabra de Dios.   R. **Te alabamos, Señor.**

SALMO RESPONSORIAL
Del salmo 127

B. Vega B.P. 1645

Di - cho - so   el que te - me al Se - ñor.

R. **Dichoso el que teme al Señor.**

Dichoso el que teme al Señor
y sigue sus caminos:
comerá del fruto de su trabajo,
será dichoso, le irá bien. R.

Su mujer, como vid fecunda,
en medio de su casa;
sus hijos, como renuevos de olivo,
alrededor de su mesa. R.

Ésta es la bendición del hombre que teme al Señor:
"Que el Señor te bendiga desde Sión,
que veas la prosperidad de Jerusalén
todos los días de tu vida". R.

SEGUNDA LECTURA

De la carta a los hebreos
2, 8-11

Hermanos: Es verdad que ahora todavía no vemos el universo entero sometido al hombre; pero sí vemos ya al que *por un momento* Dios *hizo inferior a los ángeles*, a Jesús, que por haber sufrido la muerte, está *coronado de gloria y honor*. Así, por la gracia de Dios, la muerte que él sufrió redunda en bien de todos.

En efecto, el creador y Señor de todas las cosas quiere que todos sus hijos tengan parte en su gloria. Por eso convenía que Dios consumara en la perfección, mediante el sufrimiento, a Jesucristo, autor y guía de nuestra salvación.

El santificador y los santificados tienen la misma condición humana. Por eso no se avergüenza de llamar hermanos a los hombres.

Palabra de Dios.   R. **Te alabamos, Señor.**

B.P. 1036

A - le - lu - ya, a - le - lu - ya, a - le - lu - ya.

R. **Aleluya, aleluya.**
Si nos amamos los unos a los otros,
Dios permanece en nosotros
y su amor ha llegado en nosotros a su plenitud.
R. **Aleluya, aleluya.**

EVANGELIO

Del santo Evangelio según san Marcos
10, 2-16

R. **Gloria a ti, Señor.**

En aquel tiempo, se acercaron a Jesús unos fariseos y le preguntaron, para ponerlo a prueba: "¿Le es lícito a un hombre divorciarse de su esposa?".

Él les respondió: "¿Qué les prescribió Moisés?". Ellos contestaron: "Moisés nos permitió el divorcio mediante la entrega de un acta de divorcio a la esposa". Jesús les dijo: "Moisés prescribió esto, debido a la dureza del corazón de ustedes. Pero desde el principio, al crearlos, Dios *los hizo hombre y mujer. Por eso dejará el hombre a su padre y a su madre y se unirá a su esposa y serán los dos una sola carne.* De modo que ya no son dos, sino una sola carne. Por eso, lo que Dios unió, que no lo separe el hombre".

Ya en casa, los discípulos le volvieron a preguntar sobre el asunto. Jesús les dijo: "Si uno se divorcia de su esposa y se casa con otra, comete adulterio contra la primera. Y si ella se divorcia de su marido y se casa con otro, comete adulterio".

Después de esto, la gente le llevó a Jesús unos niños para que los tocara, pero los discípulos trataban de impedirlo.

Al ver aquello, Jesús se disgustó y les dijo: "Dejen que los niños se acerquen a mí y no se lo impidan, porque el Reino de Dios es de los que son como ellos. Les aseguro que el que no reciba el Reino de Dios como un niño, no entrará en él".

Después tomó en brazos a los niños y los bendijo imponiéndoles las manos.

Palabra del Señor.   R. **Gloria a ti, Señor Jesús.**

Se dice Credo.

ORACIÓN SOBRE LAS OFRENDAS
Acepta, Señor, el sacrificio que tú mismo nos mandaste ofrecer, y, por estos sagrados misterios, que celebramos en cumplimiento de nuestro servicio, dígnate llevar a cabo en nosotros la santificación que proviene de tu redención. Por Jesucristo, nuestro Señor.

ANTÍFONA DE LA COMUNIÓN   Cfr. 1 Cor 10, 17
El pan es uno, y así nosotros, aunque somos muchos, formamos un solo cuerpo, porque todos participamos de un mismo pan y de un mismo cáliz.

ORACIÓN DESPUÉS DE LA COMUNIÓN
Dios omnipotente, saciados con este alimento y bebida celestiales, concédenos ser transformados en aquel a quien hemos recibido en este sacramento. Por Jesucristo, nuestro Señor.

6 de octubre

NO SEAMOS DUROS DE CORAZÓN

Es agradable saber que un varón y una mujer que conocemos van a casarse. Son dos personas que, por amor, se sienten llamadas a compartir el resto de sus vidas.

🍃 Pero, lamentablemente, llega a ocurrir que por alguna circunstancia ("incompatibilidad de caracteres", le llaman algunos) terminan por abandonar ese camino en común.

🍃 ¿No será, más bien, que por nuestro egoísmo dejamos que nuestro corazón se endurezca como piedra?

🍃 A Jesús le preguntaron si a un hombre le es lícito divorciarse de su esposa.

🍃 Jesús les dijo que Moisés permitió la entrega de un acta de divorcio a la esposa, "debido a la dureza del corazón de ustedes".

🍃 Jesús les dijo que Dios "*los hizo hombre y mujer*", que por eso "*dejará el hombre a su padre y a su madre y se unirá a su esposa y serán los dos una sola carne*".

Seamos fieles al proyecto de Dios, que quiere que lo que él unió, no lo separemos.

13 de octubre   28º Domingo del T. Ordinario

(Verde)

ANTÍFONA DE ENTRADA   Cfr. Sal 129, 3-4

Si conservaras el recuerdo de nuestras faltas, Señor, ¿quién podría resistir? Pero tú, Dios de Israel, eres Dios de perdón.

Se dice Gloria.

ORACIÓN COLECTA

Te pedimos, Señor, que tu gracia continuamente nos disponga y nos acompañe, de manera que estemos siempre dispuestos a obrar el bien. Por nuestro Señor Jesucristo…

La mejor de las cualidades del hombre es su voluntad de buscar la sabiduría (PRIMERA LECTURA). Para nosotros, los cristianos, la sabiduría es Jesucristo. Por eso, Jesús es el único que puede exigir al hombre que lo deje todo por seguirlo (EVANGELIO), y sólo él le da al hombre la fuerza necesaria para responder a su llamamiento.

En la carta a los hebreos se nos dice que ese llamamiento es muy eficaz, porque la Palabra de Dios es una fuerza viva, una luz y un atractivo, que penetra hasta lo más profundo del alma (SEGUNDA LECTURA).

PRIMERA LECTURA

Del libro de la Sabiduría

7, 7-11

Supliqué y se me concedió la prudencia;
invoqué y vino sobre mí el espíritu de sabiduría.
La preferí a los cetros y a los tronos,
y en comparación con ella tuve en nada la riqueza.
No se puede comparar con la piedra más preciosa,
porque todo el oro, junto a ella, es un poco de arena
y la plata es como lodo en su presencia.

La tuve en más que la salud y la belleza;
la preferí a la luz, porque su resplandor nunca se apaga.
Todos los bienes me vinieron con ella;
sus manos me trajeron riquezas incontables.

Palabra de Dios.   R. **Te alabamos, Señor.**

SALMO RESPONSORIAL

Del salmo 89

M. Íñiguez B.P. 1646

R. **Sácianos, Señor, de tu misericordia.**

Enséñanos a ver lo que es la vida,
y seremos sensatos.
¿Hasta cuándo, Señor, vas a tener
compasión de tus siervos? ¿Hasta cuándo? R.

Llénanos de tu amor por la mañana
y júbilo será la vida toda.
Alégranos ahora por los días
y los años de males y congojas. R.

Haz, Señor, que tus siervos y sus hijos
puedan mirar tus obras y tu gloria.
Que el Señor bondadoso nos ayude
y dé prosperidad a nuestras obras. R.

SEGUNDA LECTURA
De la carta a los hebreos
4, 12-13

Hermanos: La palabra de Dios es viva, eficaz y más penetrante que una espada de dos filos. Llega hasta lo más íntimo del alma, hasta la médula de los huesos y descubre los pensamientos e intenciones del corazón. Toda creatura es transparente para ella. Todo queda al desnudo y al descubierto ante los ojos de aquel a quien debemos rendir cuentas.

Palabra de Dios.   R. **Te alabamos, Señor.**

ACLAMACIÓN ANTES DEL EVANGELIO
Mt 5, 3

B.P. 1258 - Sosa

A-le-lu - ya, a-le-lu - ya.

R. **Aleluya, aleluya.**
Dichosos los pobres de espíritu,
porque de ellos es el Reino de los cielos.
R. **Aleluya, aleluya.**

EVANGELIO
✠ Del santo Evangelio según san Marcos
10, 17-30

R. **Gloria a ti, Señor.**

En aquel tiempo, cuando salía Jesús al camino, se le acercó corriendo un hombre, se arrodilló ante él y le preguntó: "Maestro bueno, ¿qué debo hacer para alcanzar la vida eterna?". Jesús le contestó: "¿Por qué me llamas bueno? Nadie es bueno sino sólo Dios. Ya sabes los mandamientos: *No matarás, no cometerás adulterio, no robarás, no levantarás falso testimonio*, no cometerás fraudes, *honrarás a tu padre y a tu madre"*.

Entonces él le contestó: "Maestro, todo eso lo he cumplido desde muy joven". Jesús lo miró con amor y le dijo: "Sólo una cosa te falta: Ve y vende lo que tienes, da el dinero a los pobres y así tendrás un tesoro en los cielos. Después, ven y sígueme". Pero al oír estas palabras, el hombre se entristeció y se fue apesadumbrado, porque tenía muchos bienes.

Jesús, mirando a su alrededor, dijo entonces a sus discípulos: "¡Qué difícil les va a ser a los ricos entrar en el Reino de Dios!". Los discípulos quedaron sorprendidos ante estas palabras; pero Jesús insistió: "Hijitos, ¡qué difícil es para los que confían en las riquezas, entrar en el Reino de Dios! Más fácil le es a un camello pasar por el ojo de una aguja, que a un rico entrar en el Reino de Dios".

Ellos se asombraron todavía más y comentaban entre sí: "Entonces, ¿quién puede salvarse?". Jesús, mirándolos fijamente, les dijo: "Es imposible para los hombres, mas no para Dios. Para Dios todo es posible".

Entonces Pedro le dijo a Jesús: "Señor, ya ves que nosotros lo hemos dejado todo para seguirte".

Jesús le respondió: "Yo les aseguro: Nadie que haya dejado casa, o hermanos o hermanas, o padre o madre, o hijos o tierras, por mí y por el Evangelio, dejará de recibir, en esta vida, el ciento por uno en casas, hermanos, hermanas, madres, hijos y tierras, junto con persecuciones, y en el otro mundo, la vida eterna".

Palabra del Señor.   R. **Gloria a ti, Señor Jesús.**

Se dice Credo.

ORACIÓN SOBRE LAS OFRENDAS

Recibe, Señor, las súplicas de tus fieles junto con estas ofrendas que te presentamos, para que, lo que celebramos con devoción, nos lleve a alcanzar la gloria del cielo. Por Jesucristo, nuestro Señor.

ANTÍFONA DE LA COMUNIÓN
1 Jn 3, 2

Cuando el Señor se manifieste, seremos semejantes a él, porque lo veremos tal cual es.

ORACIÓN DESPUÉS DE LA COMUNIÓN

Dios nuestro, te pedimos que así como nos nutres con el sagrado alimento del Cuerpo y de la Sangre de tu Hijo, nos hagas participar de tu naturaleza divina. Por Jesucristo, nuestro Señor.

CONFIAR EN DIOS, NO EN LAS RIQUEZAS

El hombre que le preguntó a Jesús acerca de lo que tenía que hacer para alcanzar la vida eterna, aun cuando había cumplido con los mandamientos de Dios "desde muy joven", fue incapaz de abandonar sus bienes –que eran muchos– para seguirlo como discípulo, a pesar de la promesa de obtener "un tesoro en los cielos".

❧ Cuando el hombre se retiró apesadumbrado, Jesús les dijo a sus discípulos: "Hijitos, ¡qué difícil es para los que confían en las riquezas, entrar en el Reino de Dios! Más fácil le es a un camello pasar por el ojo de una aguja, que a un rico entrar en el Reino de Dios".

Éste es un llamado para todos.

20 de octubre   29° Domingo del T. Ordinario
(O bien: **Domingo Mundial de las Misiones**)

(*Verde*)

ANTÍFONA DE ENTRADA   Cfr. Sal 16, 6. 8

Te invoco, Dios mío, porque tú me respondes; inclina tu oído y escucha mis palabras. Cuídame, Señor, como a la niña de tus ojos y cúbreme bajo la sombra de tus alas.

Se dice Gloria.

ORACIÓN COLECTA

Dios todopoderoso y eterno, haz que nuestra voluntad sea siempre dócil a la tuya y que te sirvamos con un corazón sincero. Por nuestro Señor Jesucristo...

Cristo nos enseña que una de las leyes de su Reino es el sufrimiento, el servicio a los demás (EVANGELIO). Sólo el Señor es capaz de compadecerse de nuestros sufrimientos (SEGUNDA LECTURA), puesto que él mismo ha pasado por las mismas pruebas que nosotros (o bien, si se celebra el DOMUND: san Pablo nos pide orar por todos los hombres, y en particular por las autoridades, ya que Dios quiere la salvación de todos, por Jesucristo, y que todos conozcan la verdad). Ya en la PRIMERA LECTURA anuncia Isaías: "Con sus sufrimientos justificará mi siervo a muchos".

PRIMERA LECTURA

Del libro del profeta Isaías
53, 10-11

El Señor quiso triturar a su siervo con el sufrimiento.
Cuando entregue su vida como expiación,
verá a sus descendientes, prolongará sus años
y por medio de él prosperarán los designios del Señor.
Por las fatigas de su alma, verá la luz y se saciará;
con sus sufrimientos justificará mi siervo a muchos,
cargando con los crímenes de ellos.

Palabra de Dios.   R. **Te alabamos, Señor.**

SALMO RESPONSORIAL
Del salmo 32

R. **Muéstrate bondadoso con nosotros, Señor.**

Sincera es la palabra del Señor
y todas sus acciones son leales.
Él ama la justicia y el derecho,
la tierra llena está de sus bondades. R.

  Cuida el Señor de aquellos que lo temen
y en su bondad confían;
los salva de la muerte
y en épocas de hambre les da vida. R.

  En el Señor está nuestra esperanza,
pues él es nuestra ayuda y nuestro amparo.
Muéstrate bondadoso con nosotros,
puesto que en ti, Señor, hemos confiado. R.

SEGUNDA LECTURA

De la carta a los hebreos
4, 14-16

Hermanos: Jesús, el Hijo de Dios, es nuestro sumo sacerdote, que ha entrado en el cielo. Mantengamos firme la profesión de nuestra fe. En efecto, no tenemos un sumo sacerdote que no sea capaz de compadecerse de nuestros sufrimientos, puesto que él mismo ha pasado por las mismas pruebas que nosotros, excepto el pecado.

Acerquémonos, por lo tanto, con plena confianza al trono de la gracia, para recibir misericordia, hallar la gracia y obtener ayuda en el momento oportuno.

Palabra de Dios.   R. **Te alabamos, Señor.**

O bien, cuando se celebra el Domingo Mundial de las Misiones:

De la primera carta del apóstol san Pablo a Timoteo
2, 1-8

Te ruego, hermano, que ante todo se hagan oraciones, plegarias, súplicas y acciones de gracias por todos los hombres, y en particular, por los jefes de Estado y las demás autoridades, para que podamos llevar una vida tranquila y en paz, entregada a Dios y respetable en todo sentido.

Esto es bueno y agradable a Dios, nuestro Salvador, pues él quiere que todos los hombres se salven y todos lleguen al conocimiento de la verdad, porque no hay sino un solo Dios y un solo mediador entre Dios y los hombres, Cristo Jesús, hombre él también, que se entregó como rescate por todos.

Él dio testimonio de esto a su debido tiempo y de esto yo he sido constituido, digo la verdad y no miento, pregonero y apóstol para enseñar la fe y la verdad.

Quiero, pues, que los hombres, libres de odios y divisiones, hagan oración dondequiera que se encuentren, levantando al cielo sus manos puras.

Palabra de Dios. R. **Te alabamos, Señor.**

ACLAMACIÓN ANTES DEL EVANGELIO
Mc 10, 45

B.P. 1031 - Sosa

R. **Aleluya, aleluya.**
El Hijo del hombre vino a servir
y a dar su vida por la redención de todos.
R. **Aleluya, aleluya.**

EVANGELIO

✠ Del santo Evangelio según san Marcos
10, 35-45

R. **Gloria a ti, Señor.**

En aquel tiempo, se acercaron a Jesús Santiago y Juan, los hijos de Zebedeo, y le dijeron: "Maestro, queremos que nos concedas lo que vamos a pedirte". Él les dijo: "¿Qué es lo que desean?". Le respondieron: "Concede que nos sentemos uno a tu derecha y otro a tu izquierda, cuando estés en tu gloria". Jesús les replicó: "No saben lo que piden. ¿Podrán pasar la prueba que yo voy a pasar y recibir el bautismo con que seré bautizado?". Le respondieron: "Sí podemos". Y Jesús les dijo: "Ciertamente pasarán la prueba que yo voy a pasar y recibirán el bautismo con que yo seré bautizado; pero eso de sentarse a mi derecha o a mi izquierda no me toca a mí concederlo; eso es para quienes está reservado".

Cuando los otros diez apóstoles oyeron esto, se indignaron contra Santiago y Juan. Jesús reunió entonces a los Doce y les dijo: "Ya saben que los jefes de las naciones las gobiernan como si fueran sus dueños y los poderosos las oprimen. Pero no debe ser así entre ustedes. Al contrario: el que quiera ser grande entre ustedes, que sea su servidor, y el que quiera ser el primero, que sea el esclavo de todos, así como el Hijo del hombre, que no ha venido a que lo sirvan, sino a servir y a dar su vida por la redención de todos".

Palabra del Señor.   R. **Gloria a ti, Señor Jesús.**

Se dice Credo.

ORACIÓN SOBRE LAS OFRENDAS
Concédenos, Señor, el don de poderte servir con libertad de espíritu, para que, por la acción purificadora de tu gracia, los mismos misterios que celebramos nos limpien de toda culpa. Por Jesucristo, nuestro Señor.

ANTÍFONA DE LA COMUNIÓN   Mc 10, 45
El Hijo del hombre ha venido a dar su vida como rescate por la humanidad, dice el Señor.

ORACIÓN DESPUÉS DE LA COMUNIÓN
Te rogamos, Señor, que la frecuente recepción de estos dones celestiales produzca fruto en nosotros y nos ayude a aprovechar los bienes temporales y alcanzar con sabiduría los eternos. Por Jesucristo, nuestro Señor.

SEAMOS HUMILDES, Y DEJEMOS QUE JESÚS NOS GUÍE

En el evangelio de hoy vemos que los discípulos Santiago y Juan le pidieron a Jesús algo que causó indignación en el resto del grupo de los Doce: pretendían sentarse a la derecha e izquierda de Jesús, respectivamente, cuando estuviera en su gloria.

✳ Es algo muy humano pretender grandezas que no nos corresponden, pero ante Dios tenemos que reconocer nuestra pequeñez, todo por amor, ya que no somos nada más que lo que somos a sus ojos. Eso es humildad.

✳ Lo que les dejó muy claro a los Doce es que los seguidores de Jesús no deben oprimir a los demás como si fuesen sus dueños, y que quien quiera ser grande tiene que ponerse al servicio de los demás.

✳ Nosotros corremos el riesgo de extraviarnos por los mares de la vida. Bajo la guía de Jesús, podremos llegar seguros al puerto del cielo, al que nos dirigimos.

Confiemos siempre en Jesús, porque él conoce el rumbo y quiere salvarnos.

20 de octubre

27 de octubre   30° Domingo del T. Ordinario

(*Verde*)

ANTÍFONA DE ENTRADA   Cfr. Sal 104, 3-4
Alégrese el corazón de los que buscan al Señor. Busquen al Señor y serán fuertes; busquen su rostro sin descanso.

Se dice Gloria.

ORACIÓN COLECTA
Dios todopoderoso y eterno, aumenta en nosotros la fe, la esperanza y la caridad, y, para que merezcamos alcanzar lo que nos prometes, concédenos amar lo que nos mandas. Por nuestro Señor Jesucristo…

Cuando el ciego de Jericó le gritó a Jesús, llamándolo "hijo de David", lo aclamó como el Mesías. Jesús le devolvió la vista como recompensa a su fe (EVANGELIO); pero al mismo tiempo como una confirmación de que habían llegado los tiempos del Mesías, los tiempos que verán acudir a Jerusalén a los ciegos y a los cojos, como dijo el profeta Jeremías (PRIMERA LECTURA).

La carta a los hebreos (SEGUNDA LECTURA) contiene una amplia disertación sobre el sacerdocio de Cristo: Jesús, Hijo de Dios y hermano de los hombres, es el sacerdote ante Dios en favor de la humanidad entera.

PRIMERA LECTURA

Del libro del profeta Jeremías

31, 7-9

Esto dice el Señor:
"Griten de alegría por Jacob,
regocíjense por el mejor de los pueblos;
proclamen, alaben y digan:
'El Señor ha salvado a su pueblo,
al grupo de los sobrevivientes de Israel'.

He aquí que yo los hago volver del país del norte
y los congrego desde los confines de la tierra.
Entre ellos vienen el ciego y el cojo,
la mujer encinta y la que acaba de dar a luz.

Retorna una gran multitud;
vienen llorando, pero yo los consolaré y los guiaré;
los llevaré a torrentes de agua
por un camino llano en el que no tropezarán.
Porque yo soy para Israel un padre
y Efraín es mi primogénito".

Palabra de Dios.   R. **Te alabamos, Señor.**

SALMO RESPONSORIAL

Del salmo 125

J.G. Negrete B.P. 1648

Gran - des   co - sas   has   he - cho,   Se - ñor,   gran - des
co - sas   has   he - cho   por   no - so -   tros.

R.   **Grandes cosas has hecho por nosotros, Señor.**

Cuando el Señor nos hizo volver del cautiverio,
creíamos soñar;
entonces no cesaba de reír nuestra boca
ni se cansaba entonces la lengua de cantar. R.

383

[R. **Grandes cosas has hecho por nosotros, Señor.**]

Aun los mismos paganos con asombro decían:
"¡Grandes cosas ha hecho por ellos el Señor!".
Y estábamos alegres,
pues ha hecho grandes cosas por su pueblo el Señor. R.

Como cambian los ríos la suerte del desierto,
cambia también ahora nuestra suerte, Señor,
y entre gritos de júbilo
cosecharán aquellos que siembran con dolor. R.

Al ir, iban llorando, cargando la semilla;
al regresar, cantando vendrán con sus gavillas. R.

SEGUNDA LECTURA

De la carta a los hebreos

5, 1-6

Hermanos: Todo sumo sacerdote es un hombre escogido entre los hombres y está constituido para intervenir en favor de ellos ante Dios, para ofrecer dones y sacrificios por los pecados. Él puede comprender a los ignorantes y extraviados, ya que él mismo está envuelto en debilidades. Por eso, así como debe ofrecer sacrificios por los pecados del pueblo, debe ofrecerlos también por los suyos propios.

Nadie puede apropiarse ese honor, sino sólo aquel que es llamado por Dios, como lo fue Aarón. De igual manera, Cristo no se confirió a sí mismo la dignidad de sumo sacerdote; se la otorgó quien le había dicho: *Tú eres mi Hijo, yo te he engendrado hoy.* O como dice otro pasaje de la Escritura: *Tú eres sacerdote eterno, como Melquisedec.*

Palabra de Dios.   R. **Te alabamos, Señor.**

ACLAMACIÓN ANTES DEL EVANGELIO
Cfr. 2 Tim 1, 10

B.P. 1259

A - le - lu - ya, a - le - lu - ya, a - le - lu - ya.

R. **Aleluya, aleluya.**
Jesucristo, nuestro Salvador, ha vencido la muerte
y ha hecho resplandecer la vida por medio del Evangelio.
R. **Aleluya, aleluya.**

EVANGELIO

✠ Del santo Evangelio según san Marcos
10, 46-52

En aquel tiempo, al salir Jesús de Jericó en compañía de sus discípulos y de mucha gente, un ciego, llamado Bartimeo, se hallaba sentado al borde del camino pidiendo limosna. Al oír que el que pasaba era Jesús Nazareno, comenzó a gritar: "¡Jesús, hijo de David, ten compasión de mí!". Muchos lo reprendían para que se callara, pero él seguía gritando todavía más fuerte: "¡Hijo de David, ten compasión de mí!".

Jesús se detuvo entonces y dijo: "Llámenlo". Y llamaron al ciego, diciéndole: "¡Ánimo! Levántate, porque él te llama". El ciego tiró su manto; de un salto se puso en pie y se acercó a Jesús. Entonces le dijo Jesús: "¿Qué quieres que haga por ti?". El ciego le contestó: "Maestro, que pueda ver". Jesús le dijo: "Vete; tu fe te ha salvado". Al momento recobró la vista y comenzó a seguirlo por el camino.

Palabra del Señor.   R. **Gloria a ti, Señor Jesús.**

Se dice Credo.

ORACIÓN SOBRE LAS OFRENDAS
Mira, Señor, los dones que presentamos a tu majestad, para que lo que hacemos en tu servicio esté siempre ordenado a tu mayor gloria. Por Jesucristo, nuestro Señor.

27 de octubre

ANTÍFONA DE LA COMUNIÓN   Ef 5, 2

Cristo nos amó y se entregó a sí mismo por nosotros, como ofrenda agradable a Dios.

ORACIÓN DESPUÉS DE LA COMUNIÓN

Que tus sacramentos, Señor, produzcan en nosotros todo lo que significan, para que lo que ahora celebramos en figura lo alcancemos en su plena realidad. Por Jesucristo, nuestro Señor.

"MAESTRO, QUE PUEDA VER"

Así como el ciego Bartimeo, yo te suplico: "¡Jesús, hijo de David, ten compasión de mí!". Porque aun cuando no carezca del sentido de la vista, no soy capaz de ver la realidad como tú la ves.

* Concédeme tu gracia, dame tu luz para que todo lo vea de acuerdo con la única verdad. Disipa las tinieblas que no me dejan ver.

* Y, en cuanto vea las cosas como tú lo haces, permíteme seguir por tu camino, y que yo acerque a otras personas para que también te busquen e ilumines su vida.

A quienes lloran, consuélalos, guíalos y llévalos a tus torrentes de agua por un camino llano en el que no tropiecen. Amén.

1 de noviembre
Viernes

Todos los Santos
(*Blanco*)

ANTÍFONA DE ENTRADA
Alegrémonos en el Señor y alabemos al Hijo de Dios, junto con los ángeles, al celebrar hoy esta solemnidad de Todos los Santos.

Se dice Gloria.

ORACIÓN COLECTA
Dios todopoderoso y eterno, que nos concedes venerar los méritos de todos tus santos en una sola fiesta, te rogamos, por las súplicas de tan numerosos intercesores, que en tu generosidad nos concedas la deseada abundancia de tu gracia. Por nuestro Señor Jesucristo…

La visión del Apocalipsis y el Evangelio de las bienaventuranzas son dos pilares sobre los que descansa la liturgia de esta fiesta. La enorme muchedumbre de los redimidos, descrita en el Apocalipsis (PRIMERA LECTURA), es a la vez una realidad presente, aunque invisible, y un futuro en pos del cual caminamos. El EVANGELIO de las bienaventuranzas nos señala el camino que hay que seguir: "Dichosos los limpios de corazón, porque verán a Dios". San Juan hace, en la

387

SEGUNDA LECTURA, un lazo de unión entre estas dos lecturas. Afirma nuestro presente: "ahora somos hijos de Dios", y predice el futuro: "lo veremos tal cual es".

PRIMERA LECTURA

Del libro del Apocalipsis del apóstol san Juan
7, 2-4. 9-14

Yo, Juan, vi a un ángel que venía del oriente. Traía consigo el sello del Dios vivo y gritaba con voz poderosa a los cuatro ángeles encargados de hacer daño a la tierra y al mar. Les dijo: "¡No hagan daño a la tierra, ni al mar, ni a los árboles, hasta que terminemos de marcar con el sello la frente de los servidores de nuestro Dios!". Y pude oír el número de los que habían sido marcados: eran ciento cuarenta y cuatro mil, procedentes de todas las tribus de Israel.

Vi luego una muchedumbre tan grande, que nadie podía contarla. Eran individuos de todas las naciones y razas, de todos los pueblos y lenguas. Todos estaban de pie, delante del trono y del Cordero; iban vestidos con una túnica blanca; llevaban palmas en las manos y exclamaban con voz poderosa: "La salvación viene de nuestro Dios, que está sentado en el trono, y del Cordero".

Y todos los ángeles que estaban alrededor del trono, de los ancianos y de los cuatro seres vivientes, cayeron rostro en tierra delante del trono y adoraron a Dios, diciendo: "Amén. La alabanza, la gloria, la sabiduría, la acción de gracias, el honor, el poder y la fuerza, se le deben para siempre a nuestro Dios".

Entonces uno de los ancianos me preguntó: "¿Quiénes son y de dónde han venido los que llevan la túnica blanca?". Yo le respondí: "Señor mío, tú eres quien lo sabe". Entonces él me dijo: "Son los que han pasado por la gran tribulación y han lavado y blanqueado su túnica con la sangre del Cordero".

Palabra de Dios.   R. **Te alabamos, Señor.**

H. Ramírez B.P. 1661

Es - ta es la cla - se de hom - bres que te bus - can, Se - ñor.

R. **Ésta es la clase de hombres que te buscan, Señor.**

Del Señor es la tierra y lo que ella tiene,
el orbe todo y los que en él habitan,
pues él lo edificó sobre los mares,
él fue quien lo asentó sobre los ríos. R.

¿Quién subirá hasta el monte del Señor?
¿Quién podrá entrar en su recinto santo?
El de corazón limpio y manos puras
y que no jura en falso. R.

Ése obtendrá la bendición de Dios,
y Dios, su salvador, le hará justicia.
Ésta es la clase de hombres que te buscan
y vienen ante ti, Dios de Jacob. R.

SEGUNDA LECTURA

De la primera carta del apóstol san Juan

3, 1-3

Queridos hijos: Miren cuánto amor nos ha tenido el Padre, pues no sólo nos llamamos hijos de Dios, sino que lo somos. Si el mundo no nos reconoce, es porque tampoco lo ha reconocido a él.

Hermanos míos, ahora somos hijos de Dios, pero aún no se ha manifestado cómo seremos al fin. Y ya sabemos que, cuando él se manifieste, vamos a ser semejantes a él, porque lo veremos tal cual es.

Todo el que tenga puesta en Dios esta esperanza, se purifica a sí mismo para ser tan puro como él.

Palabra de Dios. R. **Te alabamos, Señor.**

I de noviembre

389

ACLAMACIÓN ANTES DEL EVANGELIO
Mt 11, 28

B.P. 1034 - Palazón

A - le - lu - ya, a - le - lu - ya, a - le - lu - ya.

R. **Aleluya, aleluya.**

Vengan a mí, todos los que están fatigados
y agobiados por la carga,
y yo les daré alivio, dice el Señor.

R. **Aleluya, aleluya.**

EVANGELIO

✠ Del santo Evangelio según san Mateo
5, 1-12

R. **Gloria a ti, Señor.**

En aquel tiempo, cuando Jesús vio a la muchedumbre, subió al monte y se sentó. Entonces se le acercaron sus discípulos. Enseguida comenzó a enseñarles, y les dijo:

"Dichosos los pobres de espíritu,
porque de ellos es el Reino de los cielos.
Dichosos los que lloran,
porque serán consolados.
Dichosos los sufridos,
porque heredarán la tierra.
Dichosos los que tienen hambre y sed de justicia,
porque serán saciados.
Dichosos los misericordiosos,
porque obtendrán misericordia.
Dichosos los limpios de corazón,
porque verán a Dios.
Dichosos los que trabajan por la paz,
porque se les llamará hijos de Dios.
Dichosos los perseguidos por causa de la justicia,
porque de ellos es el Reino de los cielos.

Dichosos serán ustedes cuando los injurien, los persigan y digan cosas falsas de ustedes por causa mía. Alégrense y salten de contento, porque su premio será grande en los cielos''.

Palabra del Señor.   R. **Gloria a ti, Señor Jesús.**

Se dice Credo.

ORACIÓN SOBRE LAS OFRENDAS

Que te sean gratos, Señor, los dones que ofrecemos en honor de todos los santos, y concédenos experimentar la ayuda para obtener nuestra salvación, de aquellos que ya alcanzaron con certeza la felicidad eterna. Por Jesucristo, nuestro Señor.

ANTÍFONA DE LA COMUNIÓN   Mt 5, 8-10

Dichosos los limpios de corazón, porque verán a Dios. Dichosos los que trabajan por la paz, porque se les llamará hijos de Dios. Dichosos los perseguidos por causa de la justicia, porque de ellos es el Reino de los cielos.

ORACIÓN DESPUÉS DE LA COMUNIÓN

Dios nuestro, a quien adoramos, admirable y único Santo entre todos tus santos, imploramos tu gracia para que, al consumar nuestra santificación en la plenitud de tu amor, podamos pasar de esta mesa de la Iglesia peregrina, al banquete de la patria celestial. Por Jesucristo, nuestro Señor.

"ALÉGRENSE Y SALTEN DE CONTENTO"

Quienes llegan a la presencia de Dios en el cielo comprueban que las bienaventuranzas son verdaderas.

¡Gocemos con ellos, que ya participan del triunfo pascual de Jesucristo!

2 de noviembre
Sábado

Conmemoración de Todos los Fieles Difuntos
(*Morado*)

El sacerdote puede utilizar cualquiera de las tres Misas siguientes, aunque, para no repetir siempre el mismo formulario, para este año (Ciclo B) sugerimos la segunda Misa (p. 396).

Primera Misa

ANTÍFONA DE ENTRADA   Cfr. 1 Tes 4, 14; 1 Cor 15, 22

Así como Jesús murió y resucitó, de igual manera debemos creer que a los que mueren en Jesús, Dios los llevará con él. Y así como en Adán todos mueren, así en Cristo todos volverán a la vida.

ORACIÓN COLECTA

Escucha, Señor, benignamente nuestras súplicas, y concédenos que, al proclamar nuestra fe en la resurrección de tu Hijo de entre los muertos, se afiance también nuestra esperanza en la resurrección de tus hijos difuntos. Por nuestro Señor Jesucristo…

Ya en el Antiguo Testamento (PRIMERA LECTURA), Judas Macabeo ofrece a Dios un sacrificio de expiación por los pecados de los caídos en una batalla, y considera esto como una "acción santa y conveniente". Por su parte, san Pablo (SEGUNDA LECTURA) reafirma la confianza de que en Cristo resucitado "todos volverán a la vida", y que al final Dios será todo en todas las cosas. El EVANGELIO presenta el anuncio gozoso de la Resurrección.

PRIMERA LECTURA

Del segundo libro de los Macabeos
12, 43-46

En aquellos días, Judas Macabeo, jefe de Israel, hizo una colecta y recogió dos mil dracmas de plata, que envió a Jerusalén para que ofrecieran un sacrificio de expiación por los pecados de los que habían muerto en la batalla.

Obró con gran rectitud y nobleza, pensando en la resurrección, pues si no hubiera esperado la resurrección de sus compañeros, habría sido completamente inútil orar por los muertos. Pero él consideraba que, a los que habían muerto piadosamente, les estaba reservada una magnífica recompensa.

En efecto, orar por los difuntos para que se vean libres de sus pecados es una acción santa y conveniente.

Palabra de Dios.   R. **Te alabamos, Señor.**

SALMO RESPONSORIAL

Del salmo 102

J.J. García B.P. 1748

El Señor es compasivo y misericordioso.

R. **El Señor es compasivo y misericordioso.**

El Señor es compasivo y misericordioso,
lento para enojarse y generoso para perdonar.
No nos trata como merecen nuestras culpas,
ni nos paga según nuestros pecados. R.

[R. **El Señor es compasivo y misericordioso.**]

Como un padre es compasivo con sus hijos,
así es compasivo el Señor con quien lo ama,
pues bien sabe él de lo que estamos hechos
y de que somos barro, no se olvida. R.

La vida del hombre es como la hierba,
brota como una flor silvestre:
tan pronto la azota el viento, deja de existir
y nadie vuelve a saber nada de ella. R.

El amor del Señor a quien lo teme
es un amor eterno,
y entre aquellos que cumplen con su alianza,
pasa de hijos a nietos su justicia. R.

SEGUNDA LECTURA

De la primera carta del apóstol san Pablo a los corintios
15, 20-24. 25-28

Hermanos: Cristo resucitó, y resucitó como la primicia de todos los muertos. Porque si por un hombre vino la muerte, también por un hombre vendrá la resurrección de los muertos.

En efecto, así como en Adán todos mueren, así en Cristo todos volverán a la vida; pero cada uno en su orden: primero Cristo, como primicia; después, a la hora de su advenimiento, los que son de Cristo.

Enseguida será la consumación, cuando Cristo entregue el Reino a su Padre. Porque él tiene que reinar hasta que el Padre ponga bajo sus pies a todos sus enemigos. El último de los enemigos en ser aniquilado, será la muerte. Es claro que cuando la Escritura dice: *Todo lo sometió el Padre a los pies de Cristo*, no incluye a Dios, que es quien le sometió a Cristo todas las cosas.

Al final, cuando todo se le haya sometido, Cristo mismo se someterá al Padre, y así Dios será todo en todas las cosas.

Palabra de Dios.   R. **Te alabamos, Señor.**

ACLAMACIÓN ANTES DEL EVANGELIO
Jn 11, 25. 26

A - le - lu - ya, a - le - lu - ya, a - le - lu - ya.

R. **Aleluya, aleluya.**
Yo soy la resurrección y la vida, dice el Señor;
el que cree en mí, no morirá para siempre.
R. **Aleluya, aleluya.**

EVANGELIO

✠ Del santo Evangelio según san Lucas
23, 44-46. 50. 52-53; 24, 1-6

R. **Gloria a ti, Señor.**

Era casi el mediodía, cuando las tinieblas invadieron toda la región y se oscureció el sol hasta las tres de la tarde. El velo del templo se rasgó a la mitad. Jesús, clamando con voz potente, dijo: "¡Padre, en tus manos encomiendo mi espíritu!". Y dicho esto, expiró.

Un hombre llamado José, consejero del sanedrín, hombre bueno y justo, se presentó ante Pilato para pedirle el cuerpo de Jesús. Lo bajó de la cruz, lo envolvió en una sábana y lo colocó en un sepulcro excavado en la roca, donde no habían puesto a nadie todavía.

El primer día después del sábado, muy de mañana, llegaron las mujeres al sepulcro, llevando los perfumes que habían preparado. Encontraron que la piedra ya había sido retirada del sepulcro y entraron, pero no hallaron el cuerpo del Señor Jesús.

Estando ellas todas desconcertadas por esto, se les presentaron dos varones con vestidos resplandecientes. Como ellas se llenaron de miedo e inclinaron el rostro a tierra, los varones les dijeron: "¿Por qué buscan entre los muertos al que está vivo? No está aquí; ha resucitado".

Palabra del Señor.   R. **Gloria a ti, Señor Jesús.**

ORACIÓN SOBRE LAS OFRENDAS

Que te sean gratas, Señor, nuestras ofrendas, para que tus fieles difuntos sean recibidos en la gloria con tu Hijo, a quien nos unimos por este sacramento de su amor. Él, que vive y reina por los siglos de los siglos.

ANTÍFONA DE LA COMUNIÓN   Jn 11, 25-26
Yo soy la resurrección y la vida, dice el Señor. El que cree en mí, aunque haya muerto, vivirá; y todo aquel que está vivo y cree en mí, no morirá para siempre.

ORACIÓN DESPUÉS DE LA COMUNIÓN

Te rogamos, Señor, que tus fieles difuntos, por quienes hemos celebrado este sacrificio pascual, lleguen a la morada de la luz y de la paz. Por Jesucristo, nuestro Señor.

Segunda Misa

ANTÍFONA DE ENTRADA   Cfr. 4 Esd 2, 34-35
Dales, Señor, el descanso eterno y brille para ellos la luz perpetua.

ORACIÓN COLECTA

Señor Dios, gloria de los fieles y vida de los justos, que nos has redimido por la muerte y resurrección de tu Hijo, acoge con bondad a tus fieles difuntos, que creyeron en el misterio de nuestra resurrección, y concédeles alcanzar los gozos de la eterna bienaventuranza. Por nuestro Señor Jesucristo...

Dios revela a su profeta Daniel que Miguel, "el gran príncipe", ha sido puesto por él para proteger a su pueblo en tiempos de angustia (PRIMERA LECTURA). San Pablo confirma a la comunidad cristiana de Corinto que el Señor ha dispuesto para los suyos una morada en el cielo (SEGUNDA LECTURA), y que "todos tendremos que comparecer ante el tribunal de Cristo". En el EVANGELIO, mediante la imagen del grano de trigo que muere, Jesús habla de su misión redentora.

PRIMERA LECTURA

Del libro del profeta Daniel

12, 1-3

En aquel tiempo, se levantará Miguel, el gran príncipe que defiende a tu pueblo.

Será aquél un tiempo de angustia, como no lo hubo desde el principio del mundo. Entonces se salvará tu pueblo; todos aquellos que están escritos en el libro. Muchos de los que duermen en el polvo, despertarán: unos para la vida eterna, otros para el eterno castigo.

Los guías sabios brillarán como el esplendor del firmamento, y los que enseñan a muchos la justicia, resplandecerán como estrellas por toda la eternidad.

Palabra de Dios. R. **Te alabamos, Señor.**

SALMO RESPONSORIAL

Del salmo 121

J.J. García B.P. 1749

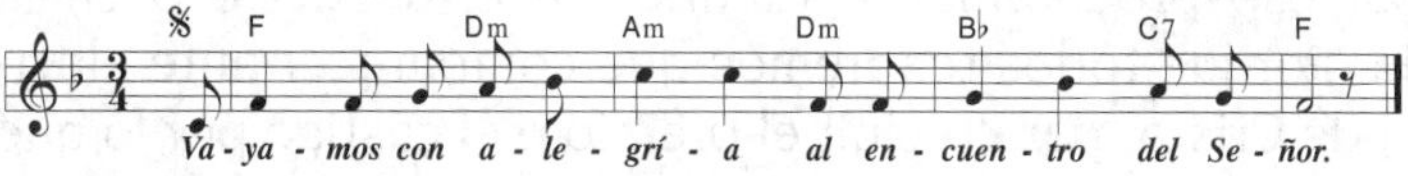

R. **Vayamos con alegría al encuentro del Señor.**

¡Qué alegría sentí, cuando me dijeron:
"Vayamos a la casa del Señor"!
Y hoy estamos aquí, Jerusalén,
jubilosos, delante de tus puertas. R.

[R. **Vayamos con alegría al encuentro del Señor.**]

A ti, Jerusalén, suben las tribus,
las tribus del Señor,
según lo que a Israel se le ha ordenado,
para alabar el nombre del Señor. R.

Digan de todo corazón: "Jerusalén,
que haya paz entre aquellos que te aman,
que haya paz dentro de tus murallas
y que reine la paz en cada casa". R.

Por el amor que tengo a mis hermanos,
voy a decir: "La paz esté contigo".
Y por la casa del Señor, mi Dios,
pediré para ti todos los bienes. R.

SEGUNDA LECTURA
De la segunda carta del apóstol san Pablo a los corintios
5, 1. 6-10

Hermanos: Sabemos que, aunque se desmorone esta morada terrena, que nos sirve de habitación, Dios nos tiene preparada en el cielo una morada eterna, no construida por manos humanas. Por eso siempre tenemos confianza, aunque sabemos que, mientras vivimos en el cuerpo, estamos desterrados, lejos del Señor. Caminamos guiados por la fe, sin ver todavía. Estamos, pues, llenos de confianza y preferimos salir de este cuerpo para vivir con el Señor.

Por eso procuramos agradarle, en el destierro o en la patria. Porque todos tendremos que comparecer ante el tribunal de Cristo, para recibir el premio o el castigo por lo que hayamos hecho en esta vida.

Palabra de Dios. R. **Te alabamos, Señor.**

ACLAMACIÓN ANTES DEL EVANGELIO
Apoc 14, 13

B.P. 1126 J. Sosa

A - le - lu - ya.   A - le - lu - ya.   A - le - lu - ya.

R. **Aleluya, aleluya.**
Dichosos los que mueren en el Señor;
que descansen ya de sus fatigas,
pues sus obras los acompañan.
R. **Aleluya, aleluya.**

EVANGELIO

✠ Del santo Evangelio según san Juan
12, 23-28

R. **Gloria a ti, Señor.**

En aquel tiempo, Jesús dijo a sus discípulos: "Ha llegado la hora de que el Hijo del hombre sea glorificado. Yo les aseguro que si el grano de trigo sembrado en la tierra no muere, queda infecundo; pero si muere, producirá mucho fruto. El que se ama a sí mismo, se pierde; el que se aborrece a sí mismo en este mundo, se asegura para la vida eterna.

El que quiera servirme, que me siga, para que donde yo esté, también esté mi servidor. El que me sirve será honrado por mi Padre.

Ahora que tengo miedo, ¿le voy a decir a mi Padre: 'Padre, líbrame de esta hora'? No, pues precisamente para esta hora he venido. Padre, dale gloria a tu nombre". Se oyó entonces una voz que decía: "Lo he glorificado y volveré a glorificarlo".

Palabra del Señor.   R. **Gloria a ti, Señor Jesús.**

2 de noviembre

399

ORACIÓN SOBRE LAS OFRENDAS

Por este sacrificio, Dios todopoderoso y eterno, te rogamos que laves de sus pecados en la sangre de Cristo a tus fieles difuntos, para que, a los que purificaste en el agua del bautismo, no dejes de purificarlos con la misericordia de tu amor. Por Jesucristo, nuestro Señor.

ANTÍFONA DE LA COMUNIÓN   Cfr. 4 Esd 2, 35. 34

Brille, Señor, para nuestros hermanos difuntos la luz perpetua y vivan para siempre en compañía de tus santos, ya que eres misericordioso.

ORACIÓN DESPUÉS DE LA COMUNIÓN

Habiendo recibido el sacramento de tu Unigénito, que se inmoló por nosotros y resucitó glorioso, te pedimos humildemente, Señor, por tus fieles difuntos, para que, ya purificados por este sacrificio pascual, alcancen la gloria de la futura resurrección. Por Jesucristo, nuestro Señor.

Tercera Misa

ANTÍFONA DE ENTRADA   Cfr. Rom 8, 11

El Padre, que resucitó a Jesús de entre los muertos, también dará vida a nuestros cuerpos mortales, por obra de su Espíritu, que habita en nosotros.

ORACIÓN COLECTA

Dios nuestro, tú que quisiste que tu Hijo único venciera la muerte y entrara victorioso en el cielo, concede a tus fieles difuntos que, venciendo también la muerte, puedan contemplarte a ti, creador y redentor, por toda la eternidad. Por nuestro Señor Jesucristo…

La PRIMERA LECTURA, tomada del libro de la Sabiduría, nos muestra la verdadera perspectiva del sufrimiento y de la muerte, que no son para el justo, por su esperanza de alcanzar la inmortalidad, ni un castigo, ni una completa destrucción. San Juan, en la SEGUNDA LECTURA, nos presenta el amor fraterno como la garantía única de la vida eterna, lo cual Cristo confirma en el EVANGELIO, al hacernos ver que las obras de misericordia van a ser el tema básico del examen final de todo ser humano.

PRIMERA LECTURA

Del libro de la Sabiduría

3, 1-9

Las almas de los justos están en las manos de Dios
y no los alcanzará ningún tormento.
Los insensatos pensaban que los justos habían muerto,
que su salida de este mundo era una desgracia
y su salida de entre nosotros, una completa destrucción.
Pero los justos están en paz.
La gente pensaba que sus sufrimientos eran un castigo,
pero ellos esperaban confiadamente la inmortalidad.
Después de breves sufrimientos
recibirán una abundante recompensa,
pues Dios los puso a prueba
y los halló dignos de sí.
Los probó como oro en el crisol
y los aceptó como un holocausto agradable.
En el día del juicio brillarán los justos
como chispas que se propagan en un cañaveral.
Juzgarán a las naciones y dominarán a los pueblos,
y el Señor reinará eternamente sobre ellos.
Los que confían en el Señor comprenderán la verdad
y los que son fieles a su amor permanecerán a su lado,
porque Dios ama a sus elegidos y cuida de ellos.

Palabra de Dios.   R. **Te alabamos, Señor.**

2 de noviembre

SALMO RESPONSORIAL
Del salmo 26

D. Rojas B.P. 1585

Es - pe - ro ver_____ la bon - dad del Se - ñor.

R. **Espero ver la bondad del Señor.**

El Señor es mi luz y mi salvación,
¿a quién voy a tenerle miedo?
El Señor es la defensa de mi vida,
¿quién podrá hacerme temblar? R.

 Lo único que pido, lo único que busco
es vivir en la casa del Señor toda mi vida,
para disfrutar las bondades del Señor
y estar continuamente en su presencia. R.

 Oye, Señor, mi voz y mis clamores
y tenme compasión.
El corazón me dice que te busque
y buscándote estoy.
No rechaces con cólera a tu siervo. R.

 La bondad del Señor espero ver
en esta misma vida.
Ármate de valor y fortaleza
y en el Señor confía. R.

SEGUNDA LECTURA

De la primera carta del apóstol san Juan
3, 14-16

Hermanos: Nosotros estamos seguros de haber pasado de la muerte a la vida, porque amamos a nuestros hermanos. El que no ama permanece en la muerte. El que odia a su hermano es un homicida y bien saben ustedes que ningún homicida tiene la vida eterna.

Conocemos lo que es el amor, en que Cristo dio su vida por nosotros. Así también debemos nosotros dar la vida por nuestros hermanos.

Palabra de Dios.   R. **Te alabamos, Señor.**

ACLAMACIÓN ANTES DEL EVANGELIO
Mt 25, 34

R. **Aleluya, aleluya.**
Vengan, benditos de mi Padre, dice el Señor;
tomen posesión del Reino preparado para ustedes
desde la creación del mundo.
R. **Aleluya, aleluya.**

EVANGELIO

✠ Del santo Evangelio según san Mateo
25, 31-46

R. **Gloria a ti, Señor.**

En aquel tiempo, Jesús dijo a sus discípulos: "Cuando venga el Hijo del hombre, rodeado de su gloria, acompañado de todos sus ángeles, se sentará en su trono de gloria. Entonces serán congregadas ante él todas las naciones, y él apartará a los unos de los otros, como aparta el pastor a las ovejas de los cabritos, y pondrá a las ovejas a su derecha y a los cabritos a su izquierda.

Entonces dirá el rey a los de su derecha: 'Vengan, benditos de mi Padre; tomen posesión del Reino preparado para ustedes desde la creación del mundo; porque estuve hambriento y me dieron de comer, sediento y me dieron de beber, era forastero y me hospedaron, estuve desnudo y me vistieron, enfermo y me visitaron, encarcelado y fueron a verme'. Los justos le contestarán entonces: 'Señor, ¿cuándo te vimos hambriento y te dimos de comer, sediento y te dimos de beber? ¿Cuándo te vimos de forastero y te hospedamos, o desnudo y te vestimos? ¿Cuándo te vimos enfermo o encarcelado y te fuimos a ver?'. Y el rey les dirá: 'Yo les aseguro que, cuando lo hicieron con el más insignificante de mis hermanos, conmigo lo hicieron'.

Entonces dirá también a los de la izquierda: 'Apártense de mí, malditos; vayan al fuego eterno, preparado para el diablo y sus ángeles; porque estuve hambriento y no me dieron de comer, sediento y no me dieron de beber, era forastero y no me hospedaron, estuve desnudo y no me vistieron, enfermo y encarcelado y no me visitaron'.

Entonces ellos le responderán: 'Señor, ¿cuándo te vimos hambriento o sediento, de forastero o desnudo, enfermo o encarcelado y no te asistimos?'. Y él les replicará: 'Yo les aseguro que, cuando no lo hicieron con uno de aquellos más insignificantes, tampoco lo hicieron conmigo'. Entonces irán éstos al castigo eterno y los justos a la vida eterna".

Palabra del Señor.   R. **Gloria a ti, Señor Jesús.**

ORACIÓN SOBRE LAS OFRENDAS

Recibe, Señor, con bondad la ofrenda que te presentamos por todos tus siervos que descansan en Cristo, para que, por este admirable sacrificio, libres de los lazos de la muerte, alcancen la vida eterna. Por Jesucristo, nuestro Señor.

ANTÍFONA DE LA COMUNIÓN   Cfr. Flp 3, 20-21
Esperamos como Salvador a nuestro Señor Jesucristo, el cual transformará nuestro cuerpo frágil en cuerpo glorioso como el suyo.

ORACIÓN DESPUÉS DE LA COMUNIÓN

Habiendo recibido este santo sacrificio, te pedimos, Señor, que derrames con abundancia tu misericordia sobre tus siervos difuntos, y a quienes diste la gracia del bautismo, concédeles la plenitud de los gozos eternos. Por Jesucristo, nuestro Señor.

QUE EL SEÑOR NOS CONSIDERE DIGNOS DE HABITAR EN SU CASA

El *Catecismo de la Iglesia católica*, que –en palabras de san Juan Pablo II– es "regla segura para la enseñanza de la fe" e "instrumento válido y legítimo al servicio de la comunión eclesial", nos enseña: "Cristo es Señor de la vida eterna. El pleno derecho de juzgar definitivamente las obras y los corazones de los hombres pertenece a Cristo como Redentor del mundo. 'Adquirió' este derecho por su Cruz. El Padre también ha entregado 'todo juicio al Hijo' (Jn 5, 22; cfr. Jn 5, 27; Mt 25, 31; Hech 10, 42; 17, 31; 2 Tim 4, 1). Pues bien, el Hijo no ha venido para juzgar sino para salvar (cfr. Jn 3, 17) y para dar la vida que hay en él (cfr. Jn 5, 26). Es por el rechazo de la gracia en esta vida por lo que cada uno se juzga ya a sí mismo (cfr. Jn 3, 18; 12, 48); es retribuido según sus obras (cfr. 1 Cor 3, 12- 15) y puede incluso condenarse eternamente al rechazar el Espíritu de amor (cfr. Mt 12, 32; Heb 6, 4-6; 10, 26-31)" (CCE 679).

Nuestra libertad es un regalo de Dios, usémosla con sabiduría, para alcanzar la vida eterna con él.

3 de noviembre   31er Domingo del T. Ordinario

(*Verde*)

ANTÍFONA DE ENTRADA   Cfr. Sal 37, 22-23

No me abandones, Señor, Dios mío, no te alejes de mí. Ven de prisa a socorrerme, Señor mío, mi salvador.

Se dice Gloria.

ORACIÓN COLECTA

Dios omnipotente y misericordioso, a cuya gracia se debe el que tus fieles puedan servirte digna y laudablemente, concédenos caminar sin tropiezos hacia los bienes que nos tienes prometidos. Por nuestro Señor Jesucristo…

Jesús nos recuerda que el primero de los mandamientos consiste en reconocer en la fe a un único Dios y amarlo con todo nuestro corazón (EVANGELIO). El mismo mandamiento figura de igual manera en la Ley antigua, como se nos dice en el libro del Deuteronomio (PRIMERA LECTURA). Pero Jesús lo renueva, añadiendo que el segundo es el de amar al prójimo, y que no hay otro mandamiento mayor que éstos.

La carta a los hebreos (SEGUNDA LECTURA) señala que el sacerdocio de Cristo tiene supremacía sobre el sacerdocio de la Antigua Alianza, porque nuestro sumo sacerdote es santo y su sacerdocio es eterno.

PRIMERA LECTURA

Del libro del Deuteronomio
6, 2-6

En aquellos días, habló Moisés al pueblo y le dijo: "Teme al Señor, tu Dios, y guarda todos sus preceptos y mandatos que yo te transmito hoy, a ti, a tus hijos y a los hijos de tus hijos. Cúmplelos siempre y así prolongarás tu vida. Escucha, pues, Israel: guárdalos y ponlos en práctica, para que seas feliz y te multipliques. Así serás feliz, como ha dicho el Señor, el Dios de tus padres, y te multiplicarás en una tierra que mana leche y miel.

Escucha, Israel: El Señor, nuestro Dios, es el único Señor; amarás al Señor, tu Dios, con todo tu corazón, con toda tu alma, con todas tus fuerzas. Graba en tu corazón los mandamientos que hoy te he transmitido".

Palabra de Dios.   R. **Te alabamos, Señor.**

SALMO RESPONSORIAL

Del salmo 17

B. Carrillo B.P. 1649

R. **Yo te amo, Señor, tú eres mi fuerza.**

Yo te amo, Señor, tú eres mi fuerza,
el Dios que me protege y me libera. R.
    Tú eres mi refugio,
mi salvación, mi escudo, mi castillo.
Cuando invoqué al Señor de mi esperanza,
al punto me libró de mi enemigo. R.
    Bendito seas, Señor, que me proteges;
que tú, mi salvador, seas bendecido.
Tú concediste al rey grandes victorias
y mostraste tu amor a tu elegido. R.

SEGUNDA LECTURA
De la carta a los hebreos
7, 23-28

Hermanos: Durante la antigua alianza hubo muchos sacerdotes, porque la muerte les impedía permanecer en su oficio. En cambio, Jesús tiene un sacerdocio eterno, porque él permanece para siempre. De ahí que sea capaz de salvar, para siempre, a los que por su medio se acercan a Dios, ya que vive eternamente para interceder por nosotros.

Ciertamente que un sumo sacerdote como éste era el que nos convenía: santo, inocente, inmaculado, separado de los pecadores y elevado por encima de los cielos; que no necesita, como los demás sacerdotes, ofrecer diariamente víctimas, primero por sus pecados y después por los del pueblo, porque esto lo hizo de una vez para siempre, ofreciéndose a sí mismo. Porque los sacerdotes constituidos por la ley eran hombres llenos de fragilidades; pero el sacerdote constituido por las palabras del juramento posterior a la ley, es el Hijo eternamente perfecto.

Palabra de Dios.   R. **Te alabamos, Señor.**

ACLAMACIÓN ANTES DEL EVANGELIO
Jn 14, 23

B.P. 1033 - Palazón

A - le - lu - ya, a - le - lu - ya, a - le - lu - ya.

R. **Aleluya, aleluya.**
El que me ama, cumplirá mi palabra, dice el Señor;
y mi Padre lo amará y vendremos a él.
R. **Aleluya, aleluya.**

EVANGELIO
✠ Del santo Evangelio según san Marcos
12, 28-34
R. **Gloria a ti, Señor.**

En aquel tiempo, uno de los escribas se acercó a Jesús y le preguntó: "¿Cuál es el primero de todos los mandamientos?". Jesús le respondió: "El primero es: *Escucha, Israel: El Señor, nuestro Dios, es el único Señor; amarás al Señor, tu Dios, con todo tu corazón, con toda tu alma,* con toda tu mente *y con todas tus fuerzas.* El segundo es éste: *Amarás a tu prójimo como a ti mismo.* No hay ningún mandamiento mayor que éstos".

El escriba replicó: "Muy bien, Maestro. Tienes razón cuando dices que el Señor es único y que no hay otro fuera de él, y que amarlo con todo el corazón, con toda el alma, con todas las fuerzas, y amar al prójimo como a uno mismo, vale más que todos los holocaustos y sacrificios".

Jesús, viendo que había hablado muy sensatamente, le dijo: "No estás lejos del Reino de Dios". Y ya nadie se atrevió a hacerle más preguntas.

Palabra del Señor.   R. **Gloria a ti, Señor Jesús.**

Se dice Credo.

ORACIÓN SOBRE LAS OFRENDAS

Señor, que este sacrificio sea para ti una ofrenda pura, y nos obtenga la plenitud de tu misericordia. Por Jesucristo, nuestro Señor.

ANTÍFONA DE LA COMUNIÓN   Jn 6, 57

Como el Padre, que me ha enviado, posee la vida y yo vivo por él, dice el Señor, así también el que me come vivirá por mí.

ORACIÓN DESPUÉS DE LA COMUNIÓN

Te rogamos, Señor, que aumente en nosotros la acción de tu poder y que, alimentados con estos sacramentos celestiales, tu favor nos disponga para alcanzar las promesas que contienen. Por Jesucristo, nuestro Señor.

AMAR A DIOS CON TODO EL CORAZÓN Y AL PRÓJIMO COMO A UNO MISMO

Los mandamientos del Señor desbordan sabiduría; él nos los ha dado como el camino para ser felices en esta vida y en la eternidad: "guárdalos y ponlos en práctica, para que seas feliz y te multipliques. Así serás feliz, como ha dicho el Señor, el Dios de tus padres".

❧ Sabemos que Jesús no vino a abolir la Ley ni los Profetas, sino a darles cumplimiento perfecto.

❧ Por eso, cuando uno de los escribas se acercó a Jesús para preguntarle acerca de cuál es el primero de los mandamientos, le contestó exactamente con el primer mandamiento de la Ley que Dios dio a su pueblo por medio de Moisés. Y añadió que el segundo es: "Amarás a tu prójimo como a ti mismo", y que no hay mandamiento mayor que éstos.

❧ Nadie puede dar lo que no tiene. Para que nuestro amor por Dios y por el prójimo aumente, tenemos que sacarlo de Dios mismo, él es la fuente del amor.

Por eso necesitamos conocerlo más, orar y recibir los sacramentos, en especial la Eucaristía y la Penitencia.

10 de noviembre   32° Domingo del T. Ordinario

ANTÍFONA DE ENTRADA   Cfr. Sal 87, 3
Que llegue hasta ti mi súplica, Señor, inclina tu oído a mi clamor.

Se dice Gloria.

ORACIÓN COLECTA
Dios omnipotente y misericordioso, aparta de nosotros todos los males, para que, con el alma y el cuerpo bien dispuestos, podamos con libertad de espíritu cumplir lo que es de tu agrado. Por nuestro Señor Jesucristo…

Jesús hace resaltar la modesta ofrenda que una viuda deposita en la alcancía del templo, comparándola con la ostentación de las personas ricas (EVANGELIO). El gesto de aquella mujer es igual al de aquella otra viuda que, a pesar de su miseria, acogió en su casa al profeta Elías (PRIMERA LECTURA).

En la carta a los hebreos se compara el culto en el templo del Antiguo Testamento, donde el sacerdote entraba cubierto con la sangre de las víctimas del sacrificio, con la nueva liturgia en la que vemos que Cristo entró en el cielo, cubierto con su propia sangre (SEGUNDA LECTURA).

PRIMERA LECTURA

Del primer libro de los Reyes
17, 10-16

En aquel tiempo, el profeta Elías se puso en camino hacia Sarepta. Al llegar a la puerta de la ciudad, encontró allí a una viuda que recogía leña. La llamó y le dijo: "Tráeme, por favor, un poco de agua para beber". Cuando ella se alejaba, el profeta le gritó: "Por favor, tráeme también un poco de pan". Ella le respondió: "Te juro por el Señor, tu Dios, que no me queda ni un pedazo de pan; tan sólo me queda un puñado de harina en la tinaja y un poco de aceite en la vasija. Ya ves que estaba recogiendo unos cuantos leños. Voy a preparar un pan para mí y para mi hijo. Nos lo comeremos y luego moriremos".

Elías le dijo: "No temas. Anda y prepáralo como has dicho; pero primero haz un panecillo para mí y tráemelo. Después lo harás para ti y para tu hijo, porque así dice el Señor Dios de Israel: 'La tinaja de harina no se vaciará, la vasija de aceite no se agotará, hasta el día en que el Señor envíe la lluvia sobre la tierra' ".

Entonces ella se fue, hizo lo que el profeta le había dicho y comieron él, ella y el niño. Y tal como había dicho el Señor por medio de Elías, a partir de ese momento ni la tinaja de harina se vació, ni la vasija de aceite se agotó.

Palabra de Dios.   R. **Te alabamos, Señor.**

SALMO RESPONSORIAL

Del salmo 145

B. Carrillo B.P. 1650

El Se - ñor siem - pre_es fiel a su pa - la - bra.

R. **El Señor siempre es fiel a su palabra.**

El Señor siempre es fiel a su palabra,
y es quien hace justicia al oprimido;
él proporciona pan a los hambrientos
y libera al cautivo. R.
    Abre el Señor los ojos de los ciegos
y alivia al agobiado.
Ama el Señor al hombre justo
y toma al forastero a su cuidado. R.
    A la viuda y al huérfano sustenta
y trastorna los planes del inicuo.
Reina el Señor eternamente,
reina tu Dios, oh Sión, reina por siglos. R.

SEGUNDA LECTURA
De la carta a los hebreos
9, 24-28

Hermanos: Cristo no entró en el santuario de la antigua alianza, construido por mano de hombres y que sólo era figura del verdadero, sino en el cielo mismo, para estar ahora en la presencia de Dios, intercediendo por nosotros.

En la antigua alianza, el sumo sacerdote entraba cada año en el santuario para ofrecer una sangre que no era la suya; pero Cristo no tuvo que ofrecerse una y otra vez a sí mismo en sacrificio, porque en tal caso habría tenido que padecer muchas veces desde la creación del mundo. De hecho, él se manifestó una sola vez, en el momento culminante de la historia, para destruir el pecado con el sacrificio de sí mismo.

Y así como está determinado que los hombres mueran una sola vez y que después de la muerte venga el juicio, así también Cristo se ofreció una sola vez para quitar los pecados de todos. Al final se manifestará por segunda vez, pero ya no para quitar el pecado, sino para la salvación de aquellos que lo aguardan y en él tienen puesta su esperanza.

Palabra de Dios. R. **Te alabamos, Señor.**

ACLAMACIÓN ANTES DEL EVANGELIO
Mt 5, 3

B.P. 1035 - Palazón

A - le - lu - ya, a - le - lu - ya, a - le - lu - ya.

R. **Aleluya, aleluya.**
Dichosos los pobres de espíritu,
porque de ellos es el Reino de los cielos.
R. **Aleluya, aleluya.**

EVANGELIO

✠ Del santo Evangelio según san Marcos
12, 38-44

R. **Gloria a ti, Señor.**

En aquel tiempo, enseñaba Jesús a la multitud y le decía: "¡Cuidado con los escribas! Les encanta pasearse con amplios ropajes y recibir reverencias en las calles; buscan los asientos de honor en las sinagogas y los primeros puestos en los banquetes; se echan sobre los bienes de las viudas haciendo ostentación de largos rezos. Éstos recibirán un castigo muy riguroso".

En una ocasión Jesús estaba sentado frente a las alcancías del templo, mirando cómo la gente echaba allí sus monedas. Muchos ricos daban en abundancia. En esto, se acercó una viuda pobre y echó dos moneditas de muy poco valor. Llamando entonces a sus discípulos, Jesús les dijo: "Yo les aseguro que esa pobre viuda ha echado en la alcancía más que todos. Porque los demás han echado de lo que les sobraba; pero ésta, en su pobreza, ha echado todo lo que tenía para vivir".

Palabra del Señor.   R. **Gloria a ti, Señor Jesús.**

Se dice Credo.

414

ORACIÓN SOBRE LAS OFRENDAS

Señor, mira con bondad este sacrificio, y concédenos alcanzar los frutos de la pasión de tu Hijo, que ahora celebramos sacramentalmente. Él, que vive y reina por los siglos de los siglos.

ANTÍFONA DE LA COMUNIÓN   Lc 24, 35
Los discípulos reconocieron al Señor Jesús, al partir el pan.

ORACIÓN DESPUÉS DE LA COMUNIÓN

Alimentados con estos sagrados dones, te damos gracias, Señor, e imploramos tu misericordia, para que, por la efusión de tu Espíritu, cuya eficacia celestial recibimos, nos concedas perseverar en la gracia de la verdad. Por Jesucristo, nuestro Señor.

DIOS CONOCE NUESTRAS VERDADERAS INTENCIONES

Jesús alabó a la viuda que echó dos moneditas en una de las alcancías del templo, porque había echado más que todos, echó "todo lo que tenía para vivir".

✛ Este relato evangélico deja claro que Dios no se deja engañar por apariencias, que él ve el corazón de las personas.

✛ Dios premia la generosidad para con él y para con el prójimo.

Entreguémosle al Señor nuestra vida y seamos solidarios con quienes nos necesitan.

17 de noviembre   33er Domingo del T. Ordinario
(*Verde*)

ANTÍFONA DE ENTRADA   Jer 29, 11. 12. 14
Yo tengo designios de paz, no de aflicción, dice el Señor. Ustedes me invocarán y yo los escucharé y los libraré de la esclavitud dondequiera que se encuentren.

Se dice Gloria.

ORACIÓN COLECTA
Concédenos, Señor, Dios nuestro, alegrarnos siempre en tu servicio, porque la profunda y verdadera alegría está en servirte siempre a ti, autor de todo bien. Por nuestro Señor Jesucristo...

Hoy se nos pide que miremos al cielo, de donde vendrá el Hijo del hombre el día señalado por Dios para juzgar al mundo (EVANGELIO). También Daniel nos habla, por su parte (PRIMERA LECTURA), del fin del mundo, de la resurrección de los muertos y del juicio que abrirá a los hombres las puertas de la vida eterna. En la carta a los hebreos (SEGUNDA LECTURA) se habla de Cristo, el sumo sacerdote glorificado que está junto a Dios, después de haber ofrecido su propia vida como sacrificio para salvar a los hombres.

PRIMERA LECTURA

Del libro del profeta Daniel
12, 1-3

En aquel tiempo, se levantará Miguel, el gran príncipe que defiende a tu pueblo.

Será aquél un tiempo de angustia, como no lo hubo desde el principio del mundo. Entonces se salvará tu pueblo; todos aquellos que están escritos en el libro. Muchos de los que duermen en el polvo, despertarán: unos para la vida eterna, otros para el eterno castigo.

Los guías sabios brillarán como el esplendor del firmamento, y los que enseñan a muchos la justicia, resplandecerán como estrellas por toda la eternidad.

Palabra de Dios.   R. **Te alabamos, Señor.**

SALMO RESPONSORIAL

Del salmo 15

B. Carrillo B.P. 1534

En - sé - ña - me, Se - ñor, el ca - mi - no de la vi - da.

R. **Enséñanos, Señor, el camino de la vida.**

El Señor es la parte que me ha tocado en herencia:
mi vida está en sus manos.
Tengo siempre presente al Señor
y con él a mi lado, jamás tropezaré. R.

Por eso se me alegran el corazón y el alma
y mi cuerpo vivirá tranquilo,
porque tú no me abandonarás a la muerte
ni dejarás que sufra yo la corrupción. R.

Enséñame el camino de la vida,
sáciame de gozo en tu presencia
y de alegría perpetua junto a ti. R.

SEGUNDA LECTURA

De la carta a los hebreos
10, 11-14. 18

Hermanos: En la antigua alianza los sacerdotes ofrecían en el templo, diariamente y de pie, los mismos sacrificios, que no podían perdonar los pecados. Cristo, en cambio, ofreció un solo sacrificio por los pecados y *se sentó para siempre a la derecha de Dios*; no le queda sino aguardar a que *sus enemigos sean puestos bajo sus pies*. Así, con una sola ofrenda, hizo perfectos para siempre a los que ha santificado. Porque una vez que los pecados han sido perdonados, ya no hacen falta más ofrendas por ellos.

Palabra de Dios.   R. **Te alabamos, Señor.**

ACLAMACIÓN ANTES DEL EVANGELIO

Cfr. Lc 21, 36

B.P. 1036

A-le-lu-ya, a-le-lu-ya, a-le-lu - ya.

R. **Aleluya, aleluya.**
Velen y oren,
para que puedan presentarse sin temor
ante el Hijo del hombre.
R. **Aleluya, aleluya.**

EVANGELIO

✠ Del santo Evangelio según san Marcos
13, 24-32

R. **Gloria a ti, Señor.**

En aquel tiempo, Jesús dijo a sus discípulos: "Cuando lleguen aquellos días, después de la gran tribulación, la luz del sol se apagará, no brillará la luna, caerán del cielo las estrellas y el universo entero se conmoverá. Entonces verán venir al Hijo del hombre sobre las nubes con gran poder y majestad. Y él enviará a sus ángeles a congregar a sus elegidos desde los cuatro puntos cardinales y desde lo más profundo de la tierra a lo más alto del cielo.

Entiendan esto con el ejemplo de la higuera. Cuando las ramas se ponen tiernas y brotan las hojas, ustedes saben que el verano está cerca. Así también, cuando vean ustedes que suceden estas cosas, sepan que el fin ya está cerca, ya está a la puerta. En verdad que no pasará esta generación sin que todo esto se cumpla. Podrán dejar de existir el cielo y la tierra, pero mis palabras no dejarán de cumplirse. Nadie conoce el día ni la hora. Ni los ángeles del cielo ni el Hijo; solamente el Padre".

Palabra del Señor.   R. **Gloria a ti, Señor Jesús.**

Se dice Credo.

ORACIÓN SOBRE LAS OFRENDAS
Concédenos, Señor, que estas ofrendas que ponemos bajo tu mirada nos obtengan la gracia de vivir entregados a tu servicio y nos alcancen, en recompensa, la felicidad eterna. Por Jesucristo, nuestro Señor.

ANTÍFONA DE LA COMUNIÓN   Mc 11, 23-24
Cualquier cosa que pidan en la oración, crean ustedes que ya se la han concedido, y la obtendrán, dice el Señor.

ORACIÓN DESPUÉS DE LA COMUNIÓN
Al recibir, Señor, el don de estos sagrados misterios, te suplicamos humildemente que lo que tu Hijo nos mandó celebrar en memoria suya nos aproveche para crecer en nuestra caridad fraterna. Por Jesucristo, nuestro Señor.

LAS PALABRAS DEL SEÑOR NO DEJARÁN DE CUMPLIRSE

Las lecturas de este penúltimo domingo del año litúrgico nos hablan de temas escatológicos, esto es, lo que ocurrirá cuando llegue el fin del mundo que conocemos.

🕐 Aunque pueda parecer lo contrario, se nos comunica un mensaje de esperanza: el mal no prevalecerá.

🕐 Dios envía en favor de su pueblo a san Miguel arcángel, que en el libro del profeta Daniel se presenta como "el gran príncipe que defiende". Luego de "la gran tribulación", "un tiempo de angustia, como no lo hubo desde el principio del mundo", se salvarán "todos aquellos que están escritos en el libro".

🕐 Cristo volverá glorioso a poner todo en orden: "verán venir al Hijo del hombre sobre las nubes con gran poder y majestad"; entonces los enemigos de Dios –todas aquellas fuerzas que se oponen a él y a su plan de salvación para con la humanidad– finalmente serán "puestos bajo sus pies".

"Entiendan esto con el ejemplo de la higuera. Cuando las ramas se ponen tiernas y brotan las hojas, ustedes saben que el verano está cerca".

24 de noviembre

Nuestro Señor Jesucristo, Rey del universo

(*Blanco*)

ANTÍFONA DE ENTRADA   Apoc 5, 12; 1, 6

Digno es el Cordero, que fue inmolado, de recibir el poder y la riqueza, la sabiduría, la fuerza y el honor. A él la gloria y el imperio por los siglos de los siglos.

Se dice Gloria.

ORACIÓN COLECTA

Dios todopoderoso y eterno, que quisiste fundamentar todas las cosas en tu Hijo muy amado, Rey del universo, concede, benigno, que toda la creación, liberada de la esclavitud del pecado, sirva a tu majestad y te alabe eternamente. Por nuestro Señor Jesucristo...

Jesús afirma ante Pilato que él es Rey, pero que su Reino no es de este mundo (EVANGELIO). Ante el tribunal religioso se había identificado como el misterioso Hijo del hombre, que Daniel veía venir sobre las nubes del cielo, investido por Dios con una realeza eterna y universal (PRIMERA LECTURA). San Juan, en su Apocalipsis (SEGUNDA LECTURA), nos presenta a Jesús como "el soberano de los reyes de la tierra" que, con su sangre, nos convirtió en súbditos de su Reino.

PRIMERA LECTURA

Del libro del profeta Daniel
7, 13-14

Yo, Daniel, tuve una visión nocturna:
Vi a alguien semejante a un hijo de hombre,
que venía entre las nubes del cielo.
Avanzó hacia el anciano de muchos siglos
y fue introducido a su presencia.
Entonces recibió la soberanía, la gloria y el reino.
Y todos los pueblos y naciones
de todas las lenguas lo servían.
Su poder nunca se acabará, porque es un poder eterno,
y su reino jamás será destruido.

Palabra de Dios.   R. **Te alabamos, Señor.**

SALMO RESPONSORIAL

Del salmo 92

B. Carrillo B.P. 1651

R.   **Señor, tú eres nuestro rey.**

Tú eres, Señor, el rey de todos los reyes.
Estás revestido de poder y majestad. R.
    Tú mantienes el orbe y no vacila.
Eres eterno, y para siempre está firme tu trono. R.
    Muy dignas de confianza son tus leyes
y desde hoy y para siempre, Señor,
la santidad adorna tu templo. R.

SEGUNDA LECTURA

Del libro del Apocalipsis del apóstol san Juan
1, 5-8

Hermanos míos: Gracia y paz a ustedes, de parte de Jesucristo, el testigo fiel, el primogénito de entre los muertos, el soberano de los reyes de la tierra; aquel que nos amó y nos purificó de nuestros pecados con su sangre y ha hecho de nosotros un reino de sacerdotes para su Dios y Padre. A él la gloria y el poder por los siglos de los siglos. Amén.

Miren: él viene entre las nubes, y todos lo verán, aun aquellos que lo traspasaron. Todos los pueblos de la tierra harán duelo por su causa.

"Yo soy el Alfa y la Omega, dice el Señor Dios, el que es, el que era y el que ha de venir, el Todopoderoso".

Palabra de Dios.   R. **Te alabamos, Señor.**

ACLAMACIÓN ANTES DEL EVANGELIO
Mc 11, 9. 10

B.P. 1034 - Palazón

A - le - lu - ya, a - le - lu - ya, a - le - lu - ya.

R. **Aleluya, aleluya.**
¡Bendito el que viene en el nombre del Señor!
¡Bendito el reino que llega, el reino de nuestro padre David!
R. **Aleluya, aleluya.**

EVANGELIO

✝ Del santo Evangelio según san Juan
18, 33-37

R. **Gloria a ti, Señor.**

En aquel tiempo, preguntó Pilato a Jesús: "¿Eres tú el rey de los judíos?". Jesús le contestó: "¿Eso lo preguntas por tu cuenta o te lo han dicho otros?''. Pilato le respondió: "¿Acaso

423

soy yo judío? Tu pueblo y los sumos sacerdotes te han entregado a mí. ¿Qué es lo que has hecho?". Jesús le contestó: "Mi Reino no es de este mundo. Si mi Reino fuera de este mundo, mis servidores habrían luchado para que no cayera yo en manos de los judíos. Pero mi Reino no es de aquí".

Pilato le dijo: "¿Conque tú eres rey?". Jesús le contestó: "Tú lo has dicho. Soy rey. Yo nací y vine al mundo para ser testigo de la verdad. Todo el que es de la verdad, escucha mi voz".

Palabra del Señor.   R. **Gloria a ti, Señor Jesús.**

Se dice Credo.

ORACIÓN SOBRE LAS OFRENDAS
Al ofrecerte, Señor, el sacrificio de la reconciliación humana, te suplicamos humildemente que tu Hijo conceda a todos los pueblos los dones de la unidad y de la paz. Él, que vive y reina por los siglos de los siglos.

ANTÍFONA DE LA COMUNIÓN   Sal 28, 10-11
En su trono reinará el Señor para siempre y le dará a su pueblo la bendición de la paz.

ORACIÓN DESPUÉS DE LA COMUNIÓN
Habiendo recibido, Señor, el alimento de vida eterna, te rogamos que quienes nos gloriamos de obedecer los mandamientos de Jesucristo, Rey del universo, podamos vivir eternamente con él en el reino de los cielos. Él, que vive y reina por los siglos de los siglos.

ACTO DE CONSAGRACIÓN DEL GÉNERO HUMANO A JESUCRISTO REY

Se concede indulgencia plenaria al fiel cristiano que, con las debidas disposiciones [deseo de evitar cualquier pecado mortal o venial, confesión sacramental, Comunión eucarística y orar por las intenciones del Papa], en la solemnidad de Nuestro Señor Jesucristo Rey rece públicamente el acto de consagración del género humano a Jesucristo Rey (Manual de indulgencias, Concesión 2).

Jesús dulcísimo, Redentor del género humano, míranos arrodillados humildemente en tu presencia. Tuyos somos y tuyos queremos ser; y para estar más firmemente unidos a ti, hoy cada uno de nosotros se consagra voluntariamente a tu Sagrado Corazón. Muchos nunca te han conocido, muchos te han rechazado, despreciando tus mandamientos. Compadécete de unos y de otros, benignísimo Jesús, y atráelos a todos a tu Sagrado Corazón. Reina, Señor, no sólo sobre los que nunca se han separado de ti, sino también sobre los hijos pródigos que te han abandonado; haz que vuelvan pronto a la casa paterna, para que no mueran de miseria y de hambre. Reina sobre aquellos que están extraviados por el error o separados por la discordia, y haz que vuelvan al puerto de la verdad y a la unidad de la fe, para que pronto no haya más que un solo rebaño y un solo pastor. Concede, Señor, a tu Iglesia una plena libertad y seguridad; concede a todo el mundo la tranquilidad del orden; haz que desde un extremo al otro de la tierra no se oiga más que una sola voz: Alabado sea el Divino Corazón, por quien nos ha venido la salvación; a él la gloria y el honor por los siglos de los siglos. Amén.

Tiempo de Adviento

Navidad y Pascua han sido vistas como los dos polos del año litúrgico, aunque en realidad es más importante la Pascua, mientras que la Navidad se aprecia como más popular y festiva.

Antiguamente, así como había cuarenta días penitenciales para preparar la Pascua, también había una cuaresma con las mismas características para preparar la Navidad. Como era para un día fijo (el 25 de diciembre), en consecuencia tenía que iniciarse también en un día fijo: la fiesta de san Martín de Tours, el 11 de noviembre, por lo que fue llamada "Cuaresma de san Martín".

Hoy, en cambio, nos dice la Iglesia que el Adviento es un tiempo de espera *alegre* y *activa* de la fiesta del nacimiento del Señor: es *alegre*, porque esperamos con certeza algo muy bueno y que nos atrae; es *activa*, porque no es una espera inmóvil, aburrida e incierta, ya que es para prepararnos ordenando todo, quitando lo negativo y adquiriendo todo lo que pueda hacer más alegre el encuentro. El Adviento nos ayuda porque es un espacio de espera del Señor, no sólo de su nacimiento sino también de su última venida, la definitiva, que llamamos *Parusía* o manifestación.

1 de diciembre

1er Domingo de Adviento

(Inicia nuevo año litúrgico, Ciclo C)

(*Morado*)

ANTÍFONA DE ENTRADA   Cfr. Sal 24, 1-3

A ti, Señor, levanto mi alma; Dios mío, en ti confío, no quede yo defraudado, que no triunfen de mí mis enemigos; pues los que esperan en ti no quedan defraudados.

No se dice Gloria.

ORACIÓN COLECTA

Concede a tus fieles, Dios todopoderoso, el deseo de salir al encuentro de Cristo, que viene a nosotros, para que, mediante la práctica de las buenas obras, colocados un día a su derecha, merezcamos poseer el reino celestial. Por nuestro Señor Jesucristo…

Con este primer domingo de Adviento, que inicia el año litúrgico, san Lucas nos recuerda que el Señor, al anunciarnos su venida, nos manda permanecer en vela y orar (EVANGELIO). San Pablo nos pide que nos preparemos para esa venida de Cristo, llenándonos de amor por todos (SEGUNDA LECTURA). Ya se anuncia la Navidad, la venida del hijo de David que brotará como un vástago y traerá la felicidad a los hombres (PRIMERA LECTURA).

PRIMERA LECTURA

Del libro del profeta Jeremías

33, 14-16

"Se acercan los días, dice el Señor, en que cumpliré la promesa que hice a la casa de Israel y a la casa de Judá.

En aquellos días y en aquella hora, yo haré nacer del tronco de David un vástago santo, que ejercerá la justicia y el derecho en la tierra. Entonces Judá estará a salvo, Jerusalén estará segura y la llamarán 'el Señor es nuestra justicia' ".

Palabra de Dios.   R. **Te alabamos, Señor.**

SALMO RESPONSORIAL

Del salmo 24

E. Estrella B.P. 1599

R.   **Descúbrenos, Señor, tus caminos.**

Descúbrenos, Señor, tus caminos,
guíanos con la verdad de tu doctrina.
Tú eres nuestro Dios y salvador
y tenemos en ti nuestra esperanza. R.

Porque el Señor es recto y bondadoso,
indica a los pecadores el sendero,
guía por la senda recta a los humildes
y descubre a los pobres sus caminos. R.

Con quien guarda su alianza y sus mandatos,
el Señor es leal y bondadoso.
El Señor se descubre a quien lo teme
y le enseña el sentido de su alianza. R.

SEGUNDA LECTURA

De la primera carta del apóstol san Pablo a los tesalonicenses 3, 12–4, 2

Hermanos: Que el Señor los llene y los haga rebosar de un amor mutuo y hacia todos los demás, como el que yo les tengo a ustedes, para que él conserve sus corazones irreprochables en la santidad ante Dios, nuestro Padre, hasta el día en que venga nuestro Señor Jesús, en compañía de todos sus santos.

Por lo demás, hermanos, les rogamos y los exhortamos en el nombre del Señor Jesús a que vivan como conviene, para agradar a Dios, según aprendieron de nosotros, a fin de que sigan ustedes progresando. Ya conocen, en efecto, las instrucciones que les hemos dado de parte del Señor Jesús.

Palabra de Dios.   R. **Te alabamos, Señor.**

ACLAMACIÓN ANTES DEL EVANGELIO
Sal 84, 8

B.P. 1246 - Bernal

R. **Aleluya, aleluya.**
Muéstranos, Señor, tu misericordia
y danos tu salvación.
R. **Aleluya, aleluya.**

EVANGELIO

✠ Del santo Evangelio según san Lucas 21, 25-28. 34-36

R. **Gloria a ti, Señor.**

En aquel tiempo, Jesús dijo a sus discípulos: "Habrá señales prodigiosas en el sol, en la luna y en las estrellas. En la tierra, las naciones se llenarán de angustia y de miedo por el estruendo de las olas del mar; la gente se morirá de terror y de angustiosa espera por las cosas que vendrán sobre el mundo, pues hasta las estrellas se bambolearán. Entonces verán venir al Hijo del hombre en una nube, con gran poder y majestad. Cuando estas cosas comiencen a suceder, pongan atención y levanten la cabeza, porque se acerca la hora de su liberación.

Estén alerta, para que los vicios, la embriaguez y las preocupaciones de esta vida no entorpezcan su mente y aquel día los sorprenda desprevenidos; porque caerá de repente como una trampa sobre todos los habitantes de la tierra.

Velen, pues, y hagan oración continuamente, para que puedan escapar de todo lo que ha de suceder y comparecer seguros ante el Hijo del hombre".

Palabra del Señor.   R. **Gloria a ti, Señor Jesús.**

Se dice Credo.

ORACIÓN SOBRE LAS OFRENDAS
Recibe, Señor, estos dones que te ofrecemos, tomados de los mismos bienes que nos has dado, y haz que lo que nos das en el tiempo presente para aumento de nuestra fe, se convierta para nosotros en prenda de tu redención eterna. Por Jesucristo, nuestro Señor.

ANTÍFONA DE LA COMUNIÓN   Sal 84, 13
El Señor nos mostrará su misericordia y nuestra tierra producirá su fruto.

ORACIÓN DESPUÉS DE LA COMUNIÓN
Te pedimos, Señor, que nos aprovechen los misterios en que hemos participado, mediante los cuales, mientras caminamos en medio de las cosas pasajeras, nos inclinas ya desde ahora a anhelar las realidades celestiales y a poner nuestro corazón en las que han de durar para siempre. Por Jesucristo, nuestro Señor.

UN DÍA VENDRÁ JESÚS, "EN UNA NUBE, CON GRAN PODER Y MAJESTAD"

En la primera parte del Adviento, la liturgia de la Iglesia pone énfasis en el retorno glorioso de Cristo al final de los tiempos.

✦ Las lecturas de hoy nos recuerdan que el Señor vendrá a hacer justicia, pero no al modo en que la conocemos actualmente, sino efectiva, conforme a la verdad de Dios.

✦ Esto ha sido anunciado desde la época de los apóstoles, y también se había predicho al pueblo de Israel por medio de los profetas.

✦ ¿De qué nos viene a liberar Jesús en su segunda venida, que, a diferencia de la primera –en la que vino pobre y humilde–, ahora será "con gran poder y majestad"?

✦ Él viene a derrotar las fuerzas del mal que oprimen a los hijos de Dios y pretenden apartarlos del culto al único Dios verdadero y de su salvación eterna.

✦ Por eso se nos pone en alerta, para que ninguna de las cosas de este mundo entorpezcan nuestra mente y seamos sorprendidos.

✦ En el Adviento se nos recuerda que hay que velar y orar continuamente, para "comparecer seguros ante el Hijo del hombre".

Los cristianos pedimos que se apresure el retorno de Cristo, cuando suplicamos: "Ven, Señor Jesús" (Apoc 22, 20).

8 de diciembre   2° Domingo de Adviento

(*Morado*)

ANTÍFONA DE ENTRADA   Cfr. Is 30, 19. 30

Pueblo de Sión, mira que el Señor va a venir para salvar a todas las naciones y dejará oír la majestad de su voz para alegría de tu corazón.

No se dice Gloria.

ORACIÓN COLECTA

Dios omnipotente y misericordioso, haz que ninguna ocupación terrena sirva de obstáculo a quienes van presurosos al encuentro de tu Hijo, antes bien, que el aprendizaje de la sabiduría celestial, nos lleve a gozar de su presencia. Él, que vive y reina contigo…

Con mucha solemnidad nos presenta hoy san Lucas el comienzo del ministerio de Juan el Bautista, que había venido a preparar "el camino del Señor", predicando la penitencia (EVANGELIO). El profeta Baruc, con frases poéticas, anuncia que el Señor trazará el camino de su pueblo allanando todas las asperezas, para conducirlo a la tierra de sus padres (PRIMERA LECTURA). San Pablo, por su parte, pide que nos dispongamos para la llegada de Cristo con una vida recta (SEGUNDA LECTURA).

PRIMERA LECTURA

Del libro del profeta Baruc
5, 1-9

Jerusalén, despójate de tus vestidos de luto y aflicción,
y vístete para siempre
con el esplendor de la gloria que Dios te da;
envuélvete en el manto de la justicia de Dios
y adorna tu cabeza con la diadema de la gloria del Eterno,
porque Dios mostrará tu grandeza
a cuantos viven bajo el cielo.
Dios te dará un nombre para siempre:
"Paz en la justicia y gloria en la piedad".

Ponte de pie, Jerusalén, sube a la altura,
levanta los ojos y contempla a tus hijos,
reunidos de oriente y de occidente,
a la voz del espíritu,
gozosos porque Dios se acordó de ellos.
Salieron a pie, llevados por los enemigos;
pero Dios te los devuelve llenos de gloria,
como príncipes reales.

Dios ha ordenado que se abajen
todas las montañas y todas las colinas,
que se rellenen todos los valles hasta aplanar la tierra,
para que Israel camine seguro bajo la gloria de Dios.
Los bosques y los árboles fragantes
le darán sombra por orden de Dios.
Porque el Señor guiará a Israel en medio de la alegría
y a la luz de su gloria,
escoltándolo con su misericordia y su justicia.

Palabra de Dios.   R. **Te alabamos, Señor.**

SALMO RESPONSORIAL
Del salmo 125

B.P. 1664

Gran - des co - sas has he - cho por no - so - tros, Se - ñor, por e - so_es - ta - mos a - le - gres.

R. **Grandes cosas has hecho por nosotros, Señor.**

Cuando el Señor nos hizo volver del cautiverio,
creíamos soñar;
entonces no cesaba de reír nuestra boca,
ni se cansaba entonces la lengua de cantar. R.

    Aun los mismos paganos con asombro decían:
"¡Grandes cosas ha hecho por ellos el Señor!".
Y estábamos alegres,
pues ha hecho grandes cosas por su pueblo el Señor. R.

    Como cambian los ríos la suerte del desierto,
cambia también ahora nuestra suerte, Señor,
y entre gritos de júbilo
cosecharán aquellos que siembran con dolor. R.

    Al ir, iban llorando, cargando la semilla;
al regresar, cantando vendrán con sus gavillas. R.

SEGUNDA LECTURA
De la carta del apóstol san Pablo a los filipenses
1, 4-6. 8-11

Hermanos: Siempre que pido por ustedes, lo hago con gran alegría, porque han colaborado conmigo en la propagación del Evangelio, desde el primer día hasta ahora. Estoy convencido de que aquel que comenzó en ustedes esta obra, la irá perfeccionando siempre hasta el día de la venida de Cristo Jesús.

Dios es testigo de cuánto los amo a todos ustedes con el amor entrañable con que los ama Cristo Jesús. Y ésta es mi oración por ustedes: Que su amor siga creciendo más y más y se traduzca en un mayor conocimiento y sensibilidad espiritual. Así podrán escoger siempre lo mejor y llegarán limpios e irreprochables al día de la venida de Cristo, llenos de los frutos de la justicia, que nos viene de Cristo Jesús, para gloria y alabanza de Dios.

Palabra de Dios. R. **Te alabamos, Señor.**

ACLAMACIÓN ANTES DEL EVANGELIO
Lc 3, 4. 6

B.P. 1246 - Bernal

A - le - lu - ya, a - le - lu - ya.

R. **Aleluya, aleluya.**
Preparen el camino del Señor, hagan rectos sus senderos, y todos los hombres verán la salvación de Dios.
R. **Aleluya, aleluya.**

EVANGELIO
✠ Del santo Evangelio según san Lucas
3, 1-6

R. **Gloria a ti, Señor.**

En el año decimoquinto del reinado del César Tiberio, siendo Poncio Pilato procurador de Judea; Herodes, tetrarca de Galilea; su hermano Filipo, tetrarca de las regiones de Iturea y Traconítide; y Lisanias, tetrarca de Abilene; bajo el pontificado de los sumos sacerdotes Anás y Caifás, vino la palabra de Dios en el desierto sobre Juan, hijo de Zacarías.

Entonces comenzó a recorrer toda la comarca del Jordán, predicando un bautismo de penitencia para el perdón de los pecados, como está escrito en el libro de las predicciones del profeta Isaías:

Ha *resonado una voz en el desierto:*
Preparen el camino del Señor,
hagan rectos sus senderos.
Todo valle será rellenado,
toda montaña y colina, rebajada;
lo tortuoso se hará derecho,
los caminos ásperos serán allanados
y todos los hombres verán la salvación de Dios.

Palabra del Señor.   R. **Gloria a ti, Señor Jesús.**

Se dice Credo.

ORACIÓN SOBRE LAS OFRENDAS

Que te sean agradables, Señor, nuestras humildes súplicas y ofrendas, y puesto que no tenemos méritos en qué apoyarnos, nos socorra el poderoso auxilio de tu benevolencia. Por Jesucristo, nuestro Señor.

ANTÍFONA DE LA COMUNIÓN   Bar 5, 5; 4, 36
Levántate, Jerusalén, sube a lo alto, para que contemples la alegría que te viene de Dios.

ORACIÓN DESPUÉS DE LA COMUNIÓN

Saciados por el alimento que nutre nuestro espíritu, te rogamos, Señor, que, por nuestra participación en estos misterios, nos enseñes a valorar sabiamente las cosas de la tierra y a poner nuestro corazón en las del cielo. Por Jesucristo, nuestro Señor.

OJALÁ RECIBAMOS A CRISTO CON LAS MANOS LLENAS DE BUENOS FRUTOS

En este segundo domingo del Tiempo de Adviento estamos invitados a elegir siempre lo mejor para poder llegar "limpios e irreprochables al día de la venida de Cristo".

→Juan el Bautista empezó a predicar un bautismo de penitencia para el perdón de los pecados por toda la comarca del Jordán. Anunciaba la voluntad reconciliadora de Dios, preparando así el terreno para Jesús.

→Lo dicho por el profeta Isaías utiliza figuras de la orografía para hacer notar que el Señor desea que todos los hombres vean su salvación y la experimenten.

→San Pablo, por su parte, también nos habla del "día de la venida de Cristo Jesús", y dice que pide a Dios que "su amor siga creciendo más y más y se traduzca en un mayor conocimiento y sensibilidad espiritual".

Que el Señor nos ayude a escoger siempre lo mejor y llegar al día de la venida de Cristo con las manos llenas de los "frutos de la justicia".

9 de diciembre
Lunes

Inmaculada Concepción
de la santísima Virgen María
(Blanco o azul)

ANTÍFONA DE ENTRADA
Is 61, 10

Me alegro en el Señor con toda el alma y me lleno de júbilo en mi Dios, porque me revistió con vestiduras de salvación y me cubrió con un manto de justicia, como la novia que se adorna con sus joyas.

Se dice Gloria.

ORACIÓN COLECTA
Dios nuestro, que por la Inmaculada Concepción de la Virgen María preparaste una digna morada para tu Hijo y, en previsión de la muerte redentora de Cristo, la preservaste de toda mancha de pecado, concédenos que, por su intercesión, nosotros también, purificados de todas nuestras culpas, lleguemos hasta ti. Por nuestro Señor Jesucristo…

El ángel saludó a María, diciéndole: "Alégrate, llena de gracia, el Señor está contigo" (EVANGELIO). María recibió plenamente la bendición con que Dios nos ha colmado en Cristo, "para que fuéramos –dice san Pablo– santos e irreprochables a sus ojos, por el amor" (SEGUNDA

LECTURA). El libro del Génesis (PRIMERA LECTURA), anuncia la victoria de la descendencia de la Virgen, es decir, de Cristo sobre Satanás.

PRIMERA LECTURA

Del libro del Génesis

3, 9-15. 20

Después de que el hombre y la mujer comieron del fruto del árbol prohibido, el Señor Dios llamó al hombre y le preguntó: "¿Dónde estás?". Éste le respondió: "Oí tus pasos en el jardín y tuve miedo, porque estoy desnudo, y me escondí". Entonces le dijo Dios: "¿Y quién te ha dicho que estabas desnudo? ¿Has comido acaso del árbol del que te prohibí comer?".

Respondió Adán: "La mujer que me diste por compañera me ofreció del fruto del árbol y comí". El Señor Dios dijo a la mujer: "¿Por qué has hecho esto?". Repuso la mujer: "La serpiente me engañó y comí".

Entonces dijo el Señor Dios a la serpiente:
"Porque has hecho esto,
serás maldita entre todos los animales
y entre todas las bestias salvajes.
Te arrastrarás sobre tu vientre y comerás polvo
todos los días de tu vida.
Pondré enemistad entre ti y la mujer,
entre tu descendencia y la suya;
y su descendencia te aplastará la cabeza,
mientras tú tratarás de morder su talón".

El hombre le puso a su mujer el nombre de "Eva", porque ella fue la madre de todos los vivientes.

Palabra de Dios.   R. **Te alabamos, Señor.**

SALMO RESPONSORIAL
Del salmo 97

B. Vega B.P. 1654

R. **Cantemos al Señor un canto nuevo,
    pues ha hecho maravillas.**

Cantemos al Señor un canto nuevo,
pues ha hecho maravillas.
Su diestra y su santo brazo
le han dado la victoria. R.

El Señor ha dado a conocer su victoria
y ha revelado a las naciones su justicia.
Una vez más ha demostrado Dios
su amor y su lealtad hacia Israel. R.

La tierra entera ha contemplado
la victoria de nuestro Dios.
Que todos los pueblos y naciones
aclamen con júbilo al Señor. R.

SEGUNDA LECTURA

De la carta del apóstol san Pablo a los efesios
1, 3-6. 11-12

Bendito sea Dios, Padre de nuestro Señor Jesucristo,
que nos ha bendecido en él
con toda clase de bienes espirituales y celestiales.
Él nos eligió en Cristo, antes de crear el mundo,
para que fuéramos santos e irreprochables
a sus ojos, por el amor,
y determinó, porque así lo quiso,

que, por medio de Jesucristo, fuéramos sus hijos,
para que alabemos y glorifiquemos la gracia
con que nos ha favorecido por medio de su Hijo amado.

Con Cristo somos herederos también nosotros. Para esto estábamos destinados, por decisión del que lo hace todo según su voluntad: para que fuéramos una alabanza continua de su gloria, nosotros, los que ya antes esperábamos en Cristo.

Palabra de Dios.   R. **Te alabamos, Señor.**

ACLAMACIÓN ANTES DEL EVANGELIO
Cfr. Lc 1, 28

B.P. 1034 - Palazón

A - le - lu - ya, a - le - lu - ya, a - le - lu - ya.

R. **Aleluya, aleluya.**
Dios te salve, María, llena de gracia,
el Señor está contigo,
bendita tú entre las mujeres.
R. **Aleluya, aleluya.**

EVANGELIO
✠ Del santo Evangelio según san Lucas
1, 26-38

R. **Gloria a ti, Señor.**

En aquel tiempo, el ángel Gabriel fue enviado por Dios a una ciudad de Galilea, llamada Nazaret, a una virgen desposada con un varón de la estirpe de David, llamado José. La virgen se llamaba María.

Entró el ángel a donde ella estaba y le dijo: "Alégrate, llena de gracia, el Señor está contigo". Al oír estas palabras, ella se preocupó mucho y se preguntaba qué querría decir semejante saludo.

El ángel le dijo: "No temas, María, porque has hallado gracia ante Dios. Vas a concebir y a dar a luz un hijo y le pondrás por nombre Jesús. Él será grande y será llamado Hijo del Altísimo; el Señor Dios le dará el trono de David, su padre, y él reinará sobre la casa de Jacob por los siglos y su reinado no tendrá fin".

María le dijo entonces al ángel: "¿Cómo podrá ser esto, puesto que yo permanezco virgen?". El ángel le contestó: "El Espíritu Santo descenderá sobre ti y el poder del Altísimo te cubrirá con su sombra. Por eso, el Santo, que va a nacer de ti, será llamado Hijo de Dios. Ahí tienes a tu parienta Isabel, que a pesar de su vejez, ha concebido un hijo y ya va en el sexto mes la que llamaban estéril, porque no hay nada imposible para Dios". María contestó: "Yo soy la esclava del Señor; cúmplase en mí lo que me has dicho". Y el ángel se retiró de su presencia.

Palabra del Señor.   R. **Gloria a ti, Señor Jesús.**

Se dice Credo.

ORACIÓN SOBRE LAS OFRENDAS

Recibe favorablemente, Señor, la ofrenda que te presentamos en la solemnidad de la Inmaculada Concepción de la santísima Virgen María, y concédenos que, así como profesamos que tu gracia la preservó de toda mancha de pecado, así también nosotros, por su intercesión, quedemos libres de toda culpa. Por Jesucristo, nuestro Señor.

ANTÍFONA DE LA COMUNIÓN

Grandes cosas se cantan de ti, María, porque de ti ha nacido el sol de justicia, Cristo nuestro Dios.

ORACIÓN DESPUÉS DE LA COMUNIÓN

Que el sacramento que acabamos de recibir, Señor Dios nuestro, repare en nosotros las consecuencias de aquella culpa de la cual preservaste singularmente a la Virgen María en su Inmaculada Concepción. Por Jesucristo, nuestro Señor.

ACUDAMOS CONFIADAMENTE AL CORAZÓN INMACULADO DE MARÍA

Durante su visita al santuario de Nuestra Señora de Fátima, el 13 de mayo de 1982, san Juan Pablo II habló del Corazón Inmaculado de María:

"Cristo dijo, desde lo alto de la Cruz: 'Señora, he aquí a tu hijo'. Y, con tales palabras, abrió, de un modo nuevo, el Corazón de su Madre. Poco después, la lanza del soldado romano traspasó el costado del Crucificado. Aquel corazón traspasado se tornó en la señal de la redención, realizada mediante la muerte del Cordero de Dios. El Corazón Inmaculado de María –abierto por las palabras 'Señora, he aquí a tu hijo'– se encuentra espiritualmente con el Corazón del Hijo traspasado por la lanza del soldado. El Corazón de María fue abierto por el mismo amor para el hombre y para el mundo con el que Cristo amó, ofreciéndose a sí mismo por ellos, sobre la Cruz, hasta aquel golpe de la lanza del soldado. Consagrar el mundo al Corazón Inmaculado de María, significa aproximarnos, mediante la intercesión de la Madre, a la propia Fuente de la Vida, nacida en el Gólgota. Este Manantial brota ininterrumpidamente, saliendo de él la redención y la gracia. En él se realiza continuamente la reparación por los pecados del mundo. Tal Manantial es sin cesar Fuente de vida nueva y de santidad. Consagrar el mundo al Inmaculado Corazón de la Madre significa volver de nuevo junto a la Cruz del Hijo. Pero quiere decir, además: consagrar este mundo al Corazón traspasado del Salvador…".

12 de diciembre   Nuestra Señora de Guadalupe,
Jueves   **Patrona de América**

(*Blanco*)

ANTÍFONA DE ENTRADA   Cfr. Apoc 12, 1
Una gran señal apareció en el cielo: una mujer vestida de sol, con la luna bajo sus pies y una corona de doce estrellas sobre su cabeza.

Se dice Gloria.

ORACIÓN COLECTA
Dios, Padre de misericordia, que has puesto a este pueblo tuyo bajo la especial protección de la siempre Virgen María de Guadalupe, Madre de tu Hijo, concédenos, por su intercesión, profundizar en nuestra fe y buscar el progreso de nuestra patria por caminos de justicia y de paz. Por nuestro Señor Jesucristo…

Toda la Misa de hoy exalta a la Virgen María. La Iglesia acomoda un pasaje del libro del Sirácide a la santísima Virgen, o bien, utiliza el mensaje profético de Isaías sobre la maternidad virginal de María (PRIMERA LECTURA). San Lucas nos señala a la Virgen María, escogida por Dios para ser la madre de su Hijo hecho hombre, como la mujer que tiene la misión de entregarnos al Redentor. Ya lo lleva en su seno y la presencia salvadora de su Hijo se manifiesta en Isabel y en Juan. Todo eso fue posible porque María creyó y respondió sin condiciones al llamado de Dios (EVANGELIO). San Pablo aclara la misión salvadora de Cristo (SEGUNDA LECTURA), como Hijo de Dios nacido de María, así como el papel del Espíritu Santo en la obra redentora.

PRIMERA LECTURA **
Del libro del profeta Isaías
7, 10-14

En aquellos tiempos, el Señor le habló a Ajaz diciendo: "Pide al Señor, tu Dios, una señal de abajo, en lo profundo o de arriba, en lo alto". Contestó Ajaz: "No la pediré. No tentaré al Señor".

Entonces dijo Isaías: "Oye, pues, casa de David: ¿No satisfechos con cansar a los hombres, quieren cansar también a mi Dios? Pues bien, el Señor mismo les dará por eso una señal: He aquí que la virgen concebirá y dará a luz un hijo y le pondrán el nombre de Emmanuel, que quiere decir Dios-con-nosotros".

Palabra de Dios.   R. **Te alabamos, Señor.**

O bien:

Del libro del Sirácide (Eclesiástico)
24, 23-31

Yo soy como una vid de fragantes hojas
y mis flores son producto de gloria y de riqueza.
Yo soy la madre del amor, del temor,
del conocimiento y de la santa esperanza.
En mí está toda la gracia del camino y de la verdad,
toda esperanza de vida y de virtud.
    Vengan a mí, ustedes, los que me aman
y aliméntense de mis frutos.
Porque mis palabras son más dulces que la miel
y mi heredad, mejor que los panales.
    Los que me coman seguirán teniendo hambre de mí,
los que me beban seguirán teniendo sed de mí;

los que me escuchan no tendrán de qué avergonzarse
y los que se dejan guiar por mí no pecarán.
Los que me honran tendrán una vida eterna.

Palabra de Dios.   R. **Te alabamos, Señor.**

SALMO RESPONSORIAL
Del salmo 66

J. Sosa B.P. 1578

Que te_a - la - ben, Se - ñor,   to - dos los pue - blos de la   tie - rra.

R.   **Que te alaben, Señor, todos los pueblos.**

Ten piedad de nosotros y bendícenos;
vuelve, Señor, tus ojos a nosotros.
Que conozca la tierra tu bondad
y los pueblos tu obra salvadora. R.

Las naciones con júbilo te canten,
porque juzgas al mundo con justicia;
con equidad tú juzgas a los pueblos
y riges en la tierra a las naciones. R.

Que te alaben, Señor, todos los pueblos,
que los pueblos te aclamen todos juntos.
Que nos bendiga Dios
y que le rinda honor el mundo entero. R.

SEGUNDA LECTURA
De la carta del apóstol san Pablo a los gálatas
4, 4-7

Hermanos: Al llegar la plenitud de los tiempos, envió Dios
a su Hijo, nacido de una mujer, nacido bajo la ley, para
rescatar a los que estábamos bajo la ley, a fin de hacernos
hijos suyos.

Puesto que ya son ustedes hijos, Dios envió a sus corazones el Espíritu de su Hijo, que clama: "¡Abbá!", es decir,

¡Padre! Así que ya no eres siervo, sino hijo; y siendo hijo, eres también heredero por voluntad de Dios.

Palabra de Dios.   R. **Te alabamos, Señor.**

ACLAMACIÓN ANTES DEL EVANGELIO
Lc 1, 47

B.P. 1032 - Sosa

A-le-lu - ya, a-le-lu - ya, a-le-lu - ya.

R. **Aleluya, aleluya.**
Mi alma glorifica al Señor
y mi espíritu se llena de júbilo en Dios, mi salvador.
R. **Aleluya, aleluya.**

EVANGELIO
Del santo Evangelio según san Lucas
1, 39-48
R. **Gloria a ti, Señor.**

En aquellos días, María se encaminó presurosa a un pueblo de las montañas de Judea, y entrando en la casa de Zacarías, saludó a Isabel. En cuanto ésta oyó el saludo de María, la criatura saltó en su seno.

Entonces Isabel quedó llena del Espíritu Santo, y levantando la voz, exclamó: "¡Bendita tú entre las mujeres y bendito el fruto de tu vientre! ¿Quién soy yo, para que la madre de mi Señor venga a verme? Apenas llegó tu saludo a mis oídos, el niño saltó de gozo en mi seno. Dichosa tú, que has creído, porque se cumplirá cuanto te fue anunciado de parte del Señor".

Entonces dijo María: "Mi alma glorifica al Señor *y mi espíritu se llena de júbilo en Dios, mi salvador,* porque *puso sus ojos en la humildad de su esclava*".

Palabra del Señor.   R. **Gloria a ti, Señor Jesús.**

Se dice Credo.

ORACIÓN SOBRE LAS OFRENDAS

Acepta, Señor, los dones que te presentamos en esta solemnidad de nuestra Señora de Guadalupe, y haz que este sacrificio nos dé fuerza para cumplir tus mandamientos, como verdaderos hijos de la Virgen María. Por Jesucristo, nuestro Señor.

ANTÍFONA DE LA COMUNIÓN   Cfr. Sal 147, 20

No ha hecho nada semejante con ningún otro pueblo; a ninguno le ha manifestado tan claramente su amor.

ORACIÓN DESPUÉS DE LA COMUNIÓN

Que el Cuerpo y la Sangre de tu Hijo, que acabamos de recibir en este sacramento, nos ayuden, Señor, por intercesión de santa María de Guadalupe, a reconocernos y amarnos todos como verdaderos hermanos. Por Jesucristo, nuestro Señor.

CELEBREMOS A LA VIRGEN DE GUADALUPE CON EL REZO DEL SANTO ROSARIO

Hoy celebramos a Nuestra Señora de Guadalupe, y en muchos lugares se acostumbra llevarle flores y cantarle "Las Mañanitas". Pero ¿nos atreveríamos a darle el regalo que ella nos ha pedido, la corona de rosas que es el santo Rosario? ¿Todos los días?

El Papa san Pío X dijo acerca del Rosario: "Si quieren que la paz reine en sus familias y en su patria, recen todos los días el Rosario con todos los suyos". Y san Alfonso María de Ligorio, obispo y doctor de la Iglesia, aseguraba: "Entre todos los homenajes que se deben a la Madre de Dios no conozco ninguno más agradable que el Rosario".

15 de diciembre

3ᵉʳ Domingo de Adviento

(*Morado o rosa*)

ANTÍFONA DE ENTRADA

Cfr. Flp 4, 4. 5

Estén siempre alegres en el Señor, les repito, estén alegres. El Señor está cerca.

No se dice Gloria.

ORACIÓN COLECTA

Dios nuestro, que contemplas a tu pueblo esperando fervorosamente la fiesta del nacimiento de tu Hijo, concédenos poder alcanzar la dicha que nos trae la salvación y celebrarla siempre, con la solemnidad de nuestras ofrendas y con vivísima alegría. Por nuestro Señor Jesucristo…

San Pablo nos invita (SEGUNDA LECTURA) a vivir con alegría, con benevolencia, con serenidad y en acción de gracias, porque "el Señor está cerca". La alegría, nacida de la presencia íntima de Dios, llenaba el corazón del profeta Sofonías, que saludaba esperanzado la llegada del día del Señor (PRIMERA LECTURA). También Juan el Bautista (EVANGELIO) anuncia la realización de la esperanza de Israel: "ya viene otro más poderoso que yo". Pero al mismo tiempo nos enseña que debemos prepararnos para su venida con la práctica de la justicia y compartiendo lo nuestro con los demás.

PRIMERA LECTURA

Del libro del profeta Sofonías
3, 14-18

C anta, hija de Sión,
da gritos de júbilo, Israel,
gózate y regocíjate de todo corazón, Jerusalén.

El Señor ha levantado su sentencia contra ti,
ha expulsado a todos tus enemigos.
El Señor será el rey de Israel en medio de ti
y ya no temerás ningún mal.

Aquel día dirán a Jerusalén:
"No temas, Sión,
que no desfallezcan tus manos.
El Señor, tu Dios, tu poderoso salvador,
está en medio de ti.
Él se goza y se complace en ti;
él te ama y se llenará de júbilo por tu causa,
como en los días de fiesta".

Palabra de Dios.   R. **Te alabamos, Señor.**

SALMO RESPONSORIAL

Isaías 12

B.P. 1665

El Se - ñor es mi Dios y mi sal - va - dor.

R. **El Señor es mi Dios y salvador.**

El Señor es mi Dios y salvador,
con él estoy seguro y nada temo.
El Señor es mi protección y mi fuerza
y ha sido mi salvación.
Sacarán agua con gozo
de la fuente de salvación. R.

Den gracias al Señor,
invoquen su nombre,
cuenten a los pueblos sus hazañas,
proclamen que su nombre es sublime. R.

Alaben al Señor por sus proezas,
anúncienlas a toda la tierra.
Griten jubilosos, habitantes de Sión,
porque el Dios de Israel
ha sido grande con ustedes. R.

SEGUNDA LECTURA

De la carta del apóstol san Pablo a los filipenses
4, 4-7

Hermanos míos: Alégrense siempre en el Señor; se lo repito: ¡Alégrense! Que la benevolencia de ustedes sea conocida por todos. El Señor está cerca. No se inquieten por nada; más bien presenten en toda ocasión sus peticiones a Dios en la oración y la súplica, llenos de gratitud. Y que la paz de Dios, que sobrepasa toda inteligencia, custodie sus corazones y sus pensamientos en Cristo Jesús.

Palabra de Dios.   R. **Te alabamos, Señor.**

ACLAMACIÓN ANTES DEL EVANGELIO
Is 61, 1 (cit. en Lc 4, 18)

B.P. 1246 - Bernal

A - le - lu - ya, a - le - lu - ya.

R. **Aleluya, aleluya.**
El Espíritu del Señor está sobre mí.
Me ha enviado para anunciar la buena nueva a los pobres.
R. **Aleluya, aleluya.**

EVANGELIO

✠ Del santo Evangelio según san Lucas
3, 10-18

R. **Gloria a ti, Señor.**

En aquel tiempo, la gente le preguntaba a Juan el Bautista: "¿Qué debemos hacer?". Él contestó: "Quien tenga dos túnicas, que dé una al que no tiene ninguna, y quien tenga comida, que haga lo mismo".

También acudían a él los publicanos para que los bautizara, y le preguntaban: "Maestro, ¿qué tenemos que hacer nosotros?". Él les decía: "No cobren más de lo establecido". Unos soldados le preguntaron: "Y nosotros, ¿qué tenemos que hacer?". Él les dijo: "No extorsionen a nadie, ni denuncien a nadie falsamente, sino conténtense con su salario".

Como el pueblo estaba en expectación y todos pensaban que quizá Juan era el Mesías, Juan los sacó de dudas, diciéndoles: "Es cierto que yo bautizo con agua, pero ya viene otro más poderoso que yo, a quien no merezco desatarle las correas de sus sandalias. Él los bautizará con el Espíritu Santo y con fuego. Él tiene el bieldo en la mano para separar el trigo de la paja; guardará el trigo en su granero y quemará la paja en un fuego que no se extingue".

Con éstas y otras muchas exhortaciones anunciaba al pueblo la buena nueva.

Palabra del Señor.   R. **Gloria a ti, Señor Jesús.**

Se dice Credo.

ORACIÓN SOBRE LAS OFRENDAS

Que este sacrificio, Señor, que te ofrecemos con devoción, nunca deje de realizarse, para que cumpla el designio que encierra tan santo misterio y obre eficazmente en nosotros tu salvación. Por Jesucristo, nuestro Señor.

ANTÍFONA DE LA COMUNIÓN   Cfr. Is 35, 4

Digan a los cobardes: "¡Ánimo, no teman!; miren a su Dios: viene en persona a salvarlos".

ORACIÓN DESPUÉS DE LA COMUNIÓN

Imploramos, Señor, tu misericordia, para que estos divinos auxilios nos preparen, purificados de nuestros pecados, para celebrar las fiestas venideras. Por Jesucristo, nuestro Señor.

ALÉGRENSE SIEMPRE EN EL SEÑOR

El tercer domingo de Adviento tiene como nota característica el gozo de saber que ya se acerca el Señor para traernos su salvación.

- Nos alegramos por lo que nos anuncia el profeta Sofonías, ya que el Señor será rey en medio de su pueblo y ya no temeremos ningún mal, porque nuestro poderoso salvador se goza y se complace en su pueblo, y lo ama.

- Estamos felices porque hemos sido bautizados por Cristo, y queremos ser guardados por él como "trigo en su granero".

- Nos regocijamos en esta preparación para la festividad del nacimiento del Hijo de Dios, quien se hizo pobre para compartirnos su riqueza.

"Que la benevolencia de ustedes sea conocida por todos. El Señor está cerca".

22 de diciembre   4° Domingo de Adviento

(*Morado*)

ANTÍFONA DE ENTRADA   Cfr. Is 45, 8
Cielos, destilen el rocío; nubes, lluevan la salvación; que la tierra se abra, y germine el Salvador.

No se dice Gloria.

ORACIÓN COLECTA
Te pedimos, Señor, que infundas tu gracia en nuestros corazones, para que, habiendo conocido, por el anuncio del ángel, la encarnación de tu Hijo, lleguemos, por medio de su pasión y de su cruz, a la gloria de la resurrección. Por nuestro Señor Jesucristo…

El profeta Miqueas anunciaba el nacimiento de Cristo en Belén; ocho siglos después, el oráculo de Miqueas sirvió para guiar a los Magos hasta el Niño que había nacido en Belén (PRIMERA LECTURA). En la carta a los hebreos (SEGUNDA LECTURA) se nos revelan las disposiciones que tenía el Hijo de Dios al entrar al mundo: "Aquí estoy, Dios mío; vengo para hacer tu voluntad". Después, podremos saludar a la Virgen María, junto con Isabel, exclamando: "¡Bendita tú entre las mujeres!" (EVANGELIO).

PRIMERA LECTURA
Del libro del profeta Miqueas
5, 1-4

E sto dice el Señor:
"De ti, Belén Efrata,
pequeña entre las aldeas de Judá,
de ti saldrá el jefe de Israel,
cuyos orígenes se remontan a tiempos pasados,
a los días más antiguos.

Por eso, el Señor abandonará a Israel,
mientras no dé a luz la que ha de dar a luz.
Entonces el resto de sus hermanos
se unirá a los hijos de Israel.
Él se levantará para pastorear a su pueblo
con la fuerza y la majestad del Señor, su Dios.
Ellos habitarán tranquilos,
porque la grandeza del que ha de nacer llenará la tierra
y él mismo será la paz".
Palabra de Dios.   R. **Te alabamos, Señor.**

SALMO RESPONSORIAL
Del salmo 79

R. Orendáin B.P. 1666

Se — ñor, mués-tra-nos tu fa — vor y sál — va — nos.

R.   **Señor, muéstranos tu favor y sálvanos.**

Escúchanos, pastor de Israel;
tú que estás rodeado de querubines,
manifiéstate;
despierta tu poder y ven a salvarnos. R.

Señor, Dios de los ejércitos, vuelve tus ojos,
mira tu viña y visítala;
protege la cepa plantada por tu mano,
el renuevo que tú mismo cultivaste. R.

[R. **Señor, muéstranos tu favor y sálvanos.**]

Que tu diestra defienda al que elegiste,
al hombre que has fortalecido.
Ya no nos alejaremos de ti;
consérvanos la vida y alabaremos tu poder. R.

SEGUNDA LECTURA

De la carta a los hebreos
10, 5-10

Hermanos: Al entrar al mundo, Cristo dijo, conforme al salmo: *No quisiste víctimas ni ofrendas; en cambio, me has dado un cuerpo. No te agradaron los holocaustos ni los sacrificios por el pecado; entonces dije —porque a mí se refiere la Escritura—: "Aquí estoy, Dios mío; vengo para hacer tu voluntad".*

Comienza por decir: *No quisiste víctimas ni ofrendas, no te agradaron los holocaustos ni los sacrificios por el pecado* —siendo así que eso es lo que pedía la ley—; y luego añade: *"Aquí estoy, Dios mío; vengo para hacer tu voluntad".*

Con esto, Cristo suprime los antiguos sacrificios, para establecer el nuevo. Y en virtud de esta voluntad, todos quedamos santificados por la ofrenda del cuerpo de Jesucristo, hecha una vez por todas.

Palabra de Dios.   R. **Te alabamos, Señor.**

ACLAMACIÓN ANTES DEL EVANGELIO

Lc 1, 38

B.P. 1246 - Bernal

A - le - lu - ya,   a - le - lu - ya.

R. **Aleluya, aleluya.**
Yo soy la esclava del Señor;
cúmplase en mí lo que me has dicho.
R. **Aleluya, aleluya.**

EVANGELIO

✠ Del santo Evangelio según san Lucas
1, 39-45

R. **Gloria a ti, Señor.**

En aquellos días, María se encaminó presurosa a un pueblo de las montañas de Judea, y entrando en la casa de Zacarías, saludó a Isabel. En cuanto ésta oyó el saludo de María, la criatura saltó en su seno.

Entonces Isabel quedó llena del Espíritu Santo, y levantando la voz, exclamó: "¡Bendita tú entre las mujeres y bendito el fruto de tu vientre! ¿Quién soy yo, para que la madre de mi Señor venga a verme? Apenas llegó tu saludo a mis oídos, el niño saltó de gozo en mi seno. Dichosa tú, que has creído, porque se cumplirá cuanto te fue anunciado de parte del Señor".

Palabra del Señor. R. **Gloria a ti, Señor Jesús.**

Se dice Credo.

ORACIÓN SOBRE LAS OFRENDAS

Que santifique, Señor, estos dones, colocados en tu altar, el mismo Espíritu Santo que fecundó con su poder el seno de la bienaventurada Virgen María. Por Jesucristo, nuestro Señor.

ANTÍFONA DE LA COMUNIÓN   Is 7, 14

Miren: la Virgen concebirá y dará a luz un hijo, a quien le pondrá el nombre de Emmanuel.

ORACIÓN DESPUÉS DE LA COMUNIÓN

Habiendo recibido esta prenda de redención eterna, te rogamos, Dios todopoderoso, que, cuanto más se acerca el día de la festividad que nos trae la salvación, con tanto mayor fervor nos apresuremos a celebrar dignamente el misterio del nacimiento de tu Hijo. Él, que vive y reina por los siglos de los siglos.

DIOS OBTIENE COSAS GRANDES PARTIENDO DE LO PEQUEÑO

Cuando Isabel, llena del Espíritu Santo, respondió al saludo de María, su prima, lo hizo con algunas palabras que decimos en la oración del Avemaría: "¡Bendita tú entre las mujeres y bendito el fruto de tu vientre!", porque se le reveló que el pequeño que se gestaba en el vientre de la Virgen era su Señor.

⇒ Inspirada por el mismo Espíritu, la prima Isabel la llamó dichosa por haber creído, ya que se cumpliría cuanto le fue anunciado por el ángel Gabriel.

⇒ Seguramente la Virgen María permaneció con su prima Isabel hasta que dio a luz al niño Juan, ya que el relato de Lucas más adelante menciona que "permaneció con Isabel unos tres meses" (Lc 1, 56).

⇒ Ya el profeta Miqueas había anunciado que de Belén, una pequeña ciudad, saldría "el jefe de Israel", y que "la grandeza del que ha de nacer llenará la tierra y él mismo será la paz".

A Dios le gusta realizar grandes cosas partiendo de algo pequeño. Preparémonos con humildad para recibir al Salvador que va a nacer.

Tiempo de Navidad

Después de habernos preparado durante el Adviento, ahora celebramos el nacimiento de Jesús: la Palabra eterna de Dios asume nuestra naturaleza humana, el Dios eterno entra en el tiempo y nace el Salvador de todos los hombres.

Como la Pascua, este tiempo tiene una octava: durante una semana sigue la festividad con la misma intensidad, aunque en el caso de la Navidad se admiten otras fiestas, conocidas como los "Tres acompañantes": san Esteban, el primer mártir; san Juan, apóstol y evangelista, y los santos Inocentes, mártires.

El domingo dentro de la octava de la Navidad se celebra la fiesta de la Sagrada Familia, pero cuando no hay un domingo dentro de esta octava, entonces el festejo pasa al 30 de diciembre.

El 1 de enero la Iglesia celebra que la santísima Virgen María es la Madre de Dios, en la solemnidad que se cierra la octava.

Este tiempo litúrgico inicia con la solemnidad de la Natividad y concluye con la fiesta del Bautismo del Señor, inclusive, que esta vez será el domingo 12 de enero de 2025.

25 de diciembre
Miércoles

La Natividad del Señor
(Misa de la noche)

(Blanco)

ANTÍFONA DE ENTRADA Sal 2, 7
El Señor me dijo: Tú eres mi Hijo, yo te he engendrado hoy.

Se dice Gloria.

ORACIÓN COLECTA
Señor Dios, que hiciste resplandecer esta noche santísima con la claridad de Cristo, luz verdadera, concede a quienes hemos conocido los misterios de esa luz en la tierra, que podamos disfrutar también de su gloria en el cielo. Por nuestro Señor Jesucristo...

El nacimiento que hacía gritar de alegría a Isaías: "¡Un niño nos ha nacido, un hijo se nos ha dado!", tiene lugar esta noche (PRIMERA LECTURA). Aquello no era más que un lejano vaticinio del nacimiento que, al producirse, es gloria para Dios y paz para los hombres (EVANGELIO). Si la venida de Jesús es una prenda de paz para la tierra es porque en él, como dice san Pablo (SEGUNDA LECTURA), apareció la gracia de Dios, que trae la salvación para todos los hombres.

PRIMERA LECTURA

Del libro del profeta Isaías

9, 1-3. 5-6

El pueblo que caminaba en tinieblas
vio una gran luz;
sobre los que vivían en tierra de sombras,
una luz resplandeció.

Engrandeciste a tu pueblo
e hiciste grande su alegría.
Se gozan en tu presencia como gozan al cosechar,
como se alegran al repartirse el botín.
Porque tú quebrantaste su pesado yugo,
la barra que oprimía sus hombros y el cetro de su tirano,
como en el día de Madián.

Porque un niño nos ha nacido, un hijo se nos ha dado;
lleva sobre sus hombros el signo del imperio y su nombre será:
"Consejero admirable", "Dios poderoso",
"Padre sempiterno", "Príncipe de la paz";
para extender el principado con una paz sin límites
sobre el trono de David y sobre su reino;
para establecerlo y consolidarlo
con la justicia y el derecho, desde ahora y para siempre.
El celo del Señor lo realizará.

Palabra de Dios.   R. **Te alabamos, Señor.**

SALMO RESPONSORIAL

Del salmo 95

B. Carrillo B.P. 1668

Hoy nos ha na - ci - do el Sal - va - dor.

R. **Hoy nos ha nacido el Salvador.**

Cantemos al Señor un canto nuevo,
que le cante al Señor toda la tierra;
cantemos al Señor y bendigámoslo. R.

Proclamemos su amor día tras día,
su grandeza anunciemos a los pueblos;
de nación en nación, sus maravillas. R.

Alégrense los cielos y la tierra,
retumbe el mar y el mundo submarino.
Salten de gozo el campo y cuanto encierra,
manifiesten los bosques regocijo. R.

Regocíjese todo ante el Señor,
porque ya viene a gobernar el orbe.
Justicia y rectitud serán las normas
con las que rija a todas las naciones. R.

SEGUNDA LECTURA

De la carta del apóstol san Pablo a Tito
2, 11-14

Querido hermano: La gracia de Dios se ha manifestado para salvar a todos los hombres y nos ha enseñado a renunciar a la vida sin religión y a los deseos mundanos, para que vivamos, ya desde ahora, de una manera sobria, justa y fiel a Dios, en espera de la gloriosa venida del gran Dios y Salvador, Cristo Jesús, nuestra esperanza. Él se entregó por nosotros para redimirnos de todo pecado y purificarnos, a fin de convertirnos en pueblo suyo, fervorosamente entregado a practicar el bien.

Palabra de Dios.   R. **Te alabamos, Señor.**

ACLAMACIÓN ANTES DEL EVANGELIO
Cfr. Lc 2, 10-11

B.P. 1244 - Sosa

R. **Aleluya, aleluya.**
Les anuncio una gran alegría:
Hoy nos ha nacido el Salvador,
que es Cristo, el Señor.
R. **Aleluya, aleluya.**

EVANGELIO

✠ Del santo Evangelio según san Lucas
2, 1-14

R. **Gloria a ti, Señor.**

Por aquellos días, se promulgó un edicto de César Augusto, que ordenaba un censo de todo el imperio. Este primer censo se hizo cuando Quirino era gobernador de Siria. Todos iban a empadronarse, cada uno en su propia ciudad; así es que también José, perteneciente a la casa y familia de David, se dirigió desde la ciudad de Nazaret, en Galilea, a la ciudad de David, llamada Belén, para empadronarse, juntamente con María, su esposa, que estaba encinta.

Mientras estaban ahí, le llegó a María el tiempo de dar a luz y tuvo a su hijo primogénito; lo envolvió en pañales y lo recostó en un pesebre, porque no hubo lugar para ellos en la posada.

En aquella región había unos pastores que pasaban la noche en el campo, vigilando por turno sus rebaños. Un ángel del Señor se les apareció y la gloria de Dios los envolvió con su luz y se llenaron de temor. El ángel les dijo: "No teman. Les traigo una buena noticia, que causará gran alegría a todo el pueblo: hoy les ha nacido, en la ciudad de David, un Salvador, que es el Mesías, el Señor. Esto les servirá de señal: encontrarán al niño envuelto en pañales y recostado en un pesebre".

De pronto se le unió al ángel una multitud del ejército celestial, que alababa a Dios, diciendo: "¡Gloria a Dios en el cielo, y en la tierra paz a los hombres de buena voluntad!".

Palabra del Señor.   R. **Gloria a ti, Señor Jesús.**

Se dice **Credo**. Todos se arrodillan a las palabras y por obra...

ORACIÓN SOBRE LAS OFRENDAS

Te rogamos, Señor, que la ofrenda de esta festividad sea de tu agrado, para que, mediante este sagrado intercambio, lleguemos a ser semejantes a aquel por quien nuestra naturaleza quedó unida a la tuya. Él, que vive y reina por los siglos de los siglos.

ANTÍFONA DE LA COMUNIÓN   Jn 1, 14
El Verbo se hizo hombre y hemos visto su gloria.

ORACIÓN DESPUÉS DE LA COMUNIÓN

Señor, Dios nuestro, que nos has concedido el gozo de celebrar el nacimiento de nuestro Redentor, haz que después de una vida santa, merezcamos alcanzar la perfecta comunión con él. Que vive y reina por los siglos de los siglos.

HOY NOS HA NACIDO EL "PRÍNCIPE DE LA PAZ"

Una de las misiones fundamentales para la que Jesús vino al mundo fue traer la verdadera paz para todos.

* Acojamos al bendito Niño que ha nacido en Belén. Él le da sentido a la existencia humana.

Jesús nace en un mundo hostil, que lo llevará a la cruz, pero con su amor lo ganará para Dios.

25 de diciembre
Miércoles

La Natividad del Señor
(Misa del día)
(B*lanco*)

ANTÍFONA DE ENTRADA   Cfr. Is 9, 5
Un niño nos ha nacido, un hijo se nos ha dado; lleva sobre sus hombros el imperio y su nombre será Ángel del gran consejo.

Se dice Gloria.

ORACIÓN COLECTA
Señor Dios, que de manera admirable creaste la naturaleza humana y, de modo aún más admirable, la restauraste, concédenos compartir la divinidad de aquel que se dignó compartir nuestra humanidad. Él, que vive y reina contigo...

La Misa de hoy nos lleva a ver en el pesebre de Jesús lo que está más allá de lo humano. Aquel niño recién nacido es "la Palabra de Dios hecha hombre" (EVANGELIO); es el Hijo, por medio del cual Dios hizo y conserva el mundo, y es el resplandor de la gloria de Dios (SEGUNDA LECTURA). Su venida a la tierra trae consigo la salvación de Dios, que habrá de llegar a todos los rincones del mundo (PRIMERA LECTURA).

PRIMERA LECTURA

Del libro del profeta Isaías
52, 7-10

¡Qué hermoso es ver correr sobre los montes
al mensajero que anuncia la paz,
al mensajero que trae la buena nueva,
que pregona la salvación,
que dice a Sión: "Tu Dios es rey"!

Escucha: Tus centinelas alzan la voz
y todos a una gritan alborozados,
porque ven con sus propios ojos al Señor,
que retorna a Sión.

Prorrumpan en gritos de alegría, ruinas de Jerusalén,
porque el Señor rescata a su pueblo, consuela a Jerusalén.
Descubre el Señor su santo brazo
a la vista de todas las naciones.
Verá la tierra entera
la salvación que viene de nuestro Dios.

Palabra de Dios.   R. **Te alabamos, Señor.**

SALMO RESPONSORIAL

Del salmo 97

R.   **Toda la tierra ha visto al Salvador.**

Cantemos al Señor un canto nuevo,
pues ha hecho maravillas.
Su diestra y su santo brazo
le han dado la victoria. R.

El Señor ha dado a conocer su victoria
y ha revelado a las naciones su justicia.
Una vez más ha demostrado Dios
su amor y su lealtad hacia Israel. R.

La tierra entera ha contemplado
la victoria de nuestro Dios.
Que todos los pueblos y naciones
aclamen con júbilo al Señor. R.

Cantemos al Señor al son del arpa,
suenen los instrumentos.
Aclamemos al son de los clarines
al Señor, nuestro rey. R.

SEGUNDA LECTURA

De la carta a los hebreos
1, 1-6

En distintas ocasiones y de muchas maneras habló Dios en el pasado a nuestros padres, por boca de los profetas. Ahora, en estos tiempos, que son los últimos, nos ha hablado por medio de su Hijo, a quien constituyó heredero de todas las cosas y por medio del cual hizo el universo.

El Hijo es el resplandor de la gloria de Dios, la imagen fiel de su ser y el sostén de todas las cosas con su palabra poderosa. Él mismo, después de efectuar la purificación de los pecados, se sentó a la diestra de la majestad de Dios, en las alturas, tanto más encumbrado sobre los ángeles, cuanto más excelso es el nombre que, como herencia, le corresponde.

Porque ¿a cuál de los ángeles le dijo Dios: *Tú eres mi Hijo; yo te he engendrado hoy?* ¿O de qué ángel dijo Dios: *Yo seré para él un padre y él será para mí un hijo?* Además, en otro pasaje, cuando introduce en el mundo a su primogénito, dice: A*dórenlo todos los ángeles de Dios.*

Palabra de Dios. R. **Te alabamos, Señor.**

ACLAMACIÓN ANTES DEL EVANGELIO

B.P. 1244 - Sosa

A - le - lu - ya, a - le - lu - ya, a - le - lu - ya.

R. **Aleluya, aleluya.**
Un día sagrado ha brillado para nosotros.
Vengan, naciones, y adoren al Señor,
porque hoy ha descendido una gran luz sobre la tierra.
R. **Aleluya, aleluya.**

EVANGELIO

✝ Del santo Evangelio según san Juan
1, 1-18

R. **Gloria a ti, Señor.**

En el principio ya existía aquel que es la Palabra,
y aquel que es la Palabra estaba con Dios y era Dios.
Ya en el principio él estaba con Dios.
Todas las cosas vinieron a la existencia por él
y sin él nada empezó de cuanto existe.
Él era la vida, y la vida era la luz de los hombres.
La luz brilla en las tinieblas
y las tinieblas no la recibieron.

Hubo un hombre enviado por Dios, que se llamaba Juan.
Éste vino como testigo, para dar testimonio de la luz,
para que todos creyeran por medio de él.
Él no era la luz, sino testigo de la luz.

Aquel que es la Palabra era la luz verdadera,
que ilumina a todo hombre que viene a este mundo.
En el mundo estaba;
el mundo había sido hecho por él
y, sin embargo, el mundo no lo conoció.

Vino a los suyos y los suyos no lo recibieron;
pero a todos los que lo recibieron
les concedió poder llegar a ser hijos de Dios,
a los que creen en su nombre,
los cuales no nacieron de la sangre,
ni del deseo de la carne, ni por voluntad del hombre,
sino que nacieron de Dios.
　　Y aquel que es la Palabra se hizo hombre
y habitó entre nosotros.
Hemos visto su gloria,
gloria que le corresponde como a Unigénito del Padre,
lleno de gracia y de verdad.
　　Juan el Bautista dio testimonio de él, clamando:
"A éste me refería cuando dije:
'El que viene después de mí, tiene precedencia sobre mí,
porque ya existía antes que yo'".
　　De su plenitud hemos recibido todos gracia sobre gracia.
Porque la ley fue dada por medio de Moisés,
mientras que la gracia y la verdad vinieron por Jesucristo.
A Dios nadie lo ha visto jamás.
El Hijo unigénito, que está en el seno del Padre,
es quien lo ha revelado.

Palabra del Señor.　R. **Gloria a ti, Señor Jesús.**

Se dice Credo. Todos se arrodillan a las palabras y por obra…

ORACIÓN SOBRE LAS OFRENDAS

Que sea aceptable ante ti, Señor, la oblación de la presente solemnidad, por la que llegó a nosotros tu benevolencia para nuestra perfecta reconciliación y nos fue concedido participar en plenitud del culto divino. Por Jesucristo, nuestro Señor.

ANTÍFONA DE LA COMUNIÓN   Cfr. Sal 97, 3
Los confines de la tierra han contemplado la salvación que nos viene de Dios.

ORACIÓN DESPUÉS DE LA COMUNIÓN

Concédenos, Dios misericordioso, que el Salvador del mundo, que hoy nos ha nacido, puesto que es el autor de nuestro nacimiento a la vida, también nos haga partícipes de su inmortalidad. Él, que vive y reina por los siglos de los siglos.

HOY, LOS CIELOS Y LA TIERRA SE REGOCIJAN POR EL NACIMIENTO DEL NIÑO DIOS

El Hijo de Dios, "aquel que es la Palabra", ha nacido hoy en Belén; por eso los pastores se llenan de alegría, y los ángeles cantan jubilosos: "¡Gloria a Dios en el cielo, y en la tierra paz a los hombres de buena voluntad!".

✳ No permitamos que nada impida que este gozo también se quede en nuestro corazón.

✳ Hoy es Navidad. Celebramos el nacimiento de aquel que va a llevarnos a gozar de los bienes que no se acaban, de las alegrías en la vida eterna.

✳ Jesús nace en un sitio muy pobre, pero acompañado de la Virgen María y de san José, que lo reciben llenos de amor, de fe y de esperanza en Dios.

Nos alegramos porque "a todos los que lo recibieron les concedió poder llegar a ser hijos de Dios".

29 de diciembre
Domingo

La Sagrada Familia de Jesús, María y José

(*Blanco*)

ANTÍFONA DE ENTRADA Lc 2, 16

Llegaron los pastores a toda prisa y encontraron a María y a José, y al niño recostado en un pesebre.

Se dice Gloria.

ORACIÓN COLECTA

Señor Dios, que te dignaste dejarnos el más perfecto ejemplo en la Sagrada Familia de tu Hijo, concédenos benignamente que, imitando sus virtudes domésticas y los lazos de caridad que la unió, podamos gozar de la eterna recompensa en la alegría de tu casa. Por nuestro Señor Jesucristo…

Hoy vemos que Jesús emprende con sus padres una peregrinación a Jerusalén y, después de perderse en la ciudad y de hablar con los doctores de la ley en el templo, vuelve a Nazaret para continuar su vida de familia. Jesús apenas tenía doce años (EVANGELIO). La PRIMERA LECTURA nos habla de Ana, que consagró a su hijo al servicio del Señor en su santuario. La SEGUNDA LECTURA trata del amor que Dios nos ha tenido y del amor que debemos practicar unos con otros.

En lugar de las lecturas para la fiesta de la Sagrada Familia que vienen a continuación, el sacerdote puede elegir: Sirácide 3, 3-7. 14-17; Salmo 127; Colosenses 3, 12-21 (el evangelio es el mismo), como aparecen en el Leccionario.

PRIMERA LECTURA

Del primer libro de Samuel
1, 20-22. 24-28

En aquellos días, Ana concibió, dio a luz un hijo y le puso por nombre Samuel, diciendo: "Al Señor se lo pedí". Después de un año, Elcaná, su marido, subió con toda la familia para hacer el sacrificio anual para honrar al Señor y para cumplir la promesa que habían hecho, pero Ana se quedó en su casa.

Un tiempo después, Ana llevó a Samuel, que todavía era muy pequeño, a la casa del Señor, en Siló, y llevó también un novillo de tres años, un costal de harina y un odre de vino.

Una vez sacrificado el novillo, Ana presentó el niño a Elí y le dijo: "Escúchame, señor: te juro por mi vida que yo soy aquella mujer que estuvo junto a ti, en este lugar, orando al Señor. Éste es el niño que yo le pedía al Señor y que él me ha concedido. Por eso, ahora yo se lo ofrezco al Señor, para que le quede consagrado de por vida". Y adoraron al Señor.

Palabra de Dios.   R. **Te alabamos, Señor.**

SALMO RESPONSORIAL

Del salmo 83

B.P. 1497 B. Carrillo

Se - ñor, di - cho-sos los que vi - ven en tu ca - sa.

R. **Señor, dichosos los que viven en tu casa.**

Anhelando los atrios del Señor
se consume mi alma.
Todo mi ser de gozo se estremece
y el Dios vivo es la causa. R.

Dichosos los que viven en tu casa,
te alabarán para siempre;
dichosos los que encuentran en ti su fuerza
y la esperanza de su corazón. R.

Escucha mi oración, Señor de los ejércitos;
Dios de Jacob, atiéndeme.
Míranos, Dios y protector nuestro,
y contempla el rostro de tu Mesías. R.

SEGUNDA LECTURA
De la primera carta del apóstol san Juan
3, 1-2. 21-24

Queridos hijos: Miren cuánto amor nos ha tenido el Padre, pues no sólo nos llamamos hijos de Dios, sino que lo somos. Si el mundo no nos reconoce, es porque tampoco lo ha reconocido a él.

Hermanos míos, ahora somos hijos de Dios, pero aún no se ha manifestado cómo seremos al fin. Y ya sabemos que, cuando él se manifieste, vamos a ser semejantes a él, porque lo veremos tal cual es.

Si nuestra conciencia no nos remuerde, entonces, hermanos míos, nuestra confianza en Dios es total. Puesto que cumplimos los mandamientos de Dios y hacemos lo que le agrada, ciertamente obtendremos de él todo lo que le pidamos.

Ahora bien, éste es su mandamiento: que creamos en la persona de Jesucristo, su Hijo, y nos amemos los unos a los otros, conforme al precepto que nos dio. Quien cumple sus mandamientos permanece en Dios y Dios en él. En esto conocemos, por el Espíritu que él nos ha dado, que él permanece en nosotros.

Palabra de Dios.   R. **Te alabamos, Señor.**

ACLAMACIÓN ANTES DEL EVANGELIO
Cfr. Hech 16, 14

B.P. 1244 - Sosa

A - le - lu - ya, a - le - lu - ya, a - le - lu - ya.

R. **Aleluya, aleluya.**
Abre, Señor, nuestros corazones,
para que aceptemos las palabras de tu Hijo.
R. **Aleluya, aleluya.**

EVANGELIO

Del santo Evangelio según san Lucas
2, 41-52

R. **Gloria a ti, Señor.**

Los padres de Jesús solían ir cada año a Jerusalén para las festividades de la Pascua. Cuando el niño cumplió doce años, fueron a la fiesta, según la costumbre. Pasados aquellos días, se volvieron, pero el niño Jesús se quedó en Jerusalén, sin que sus padres lo supieran. Creyendo que iba en la caravana, hicieron un día de camino; entonces lo buscaron, y al no encontrarlo, regresaron a Jerusalén en su busca.

Al tercer día lo encontraron en el templo, sentado en medio de los doctores, escuchándolos y haciéndoles preguntas. Todos los que lo oían se admiraban de su inteligencia y de sus respuestas. Al verlo, sus padres se quedaron atónitos y su madre le dijo: "Hijo mío, ¿por qué te has portado así con nosotros? Tu padre y yo te hemos estado buscando llenos de angustia". Él les respondió: "¿Por qué me andaban buscando? ¿No sabían que debo ocuparme en las cosas de mi Padre?" Ellos no entendieron la respuesta que les dio. Entonces volvió con ellos a Nazaret y siguió sujeto a su autoridad. Su madre conservaba en su corazón todas aquellas cosas.

La Sagrada Familia

Jesús iba creciendo en saber, en estatura y en el favor de Dios y de los hombres.

Palabra del Señor.   R. **Gloria a ti, Señor Jesús.**

Se dice Credo.

ORACIÓN SOBRE LAS OFRENDAS
Te ofrecemos, Señor, este sacrificio de reconciliación, y te pedimos humildemente que, por la intercesión de la Virgen Madre de Dios y de san José, fortalezcas nuestras familias en tu gracia y en tu paz. Por Jesucristo, nuestro Señor.

ANTÍFONA DE LA COMUNIÓN   Bar 3, 38
Nuestro Dios apareció en el mundo y convivió con los hombres.

ORACIÓN DESPUÉS DE LA COMUNIÓN
Padre misericordioso, haz que, reanimados con este sacramento celestial, imitemos constantemente los ejemplos de la Sagrada Familia, para que, superadas las aflicciones de esta vida, consigamos gozar eternamente de su compañía. Por Jesucristo, nuestro Señor.

NOS PONEMOS BAJO LA PROTECCIÓN DE JESÚS, MARÍA Y JOSÉ

Existen poderes en este mundo que pretenden acabar con la familia. Pero no estamos solos.

En su Providencia, Dios ha puesto como intercesores nuestros a Jesús, a María y a José.

Nos ponemos con fe bajo el cuidado de la Sagrada Familia, que hoy nos mira desde el cielo.

Indulgencias:
un tesoro que hay que aprovechar

El poder otorgado por nuestro Señor Jesucristo a su Iglesia para "atar y desatar" (ver Mt 16, 19), ella lo aplica al conceder las indulgencias, que son un verdadero "tesoro", en beneficio de sus hijos.

San Pablo VI, Papa, en la Constitución Apostólica *Indulgentiarium doctrina*, acerca de la doctrina y el uso de las indulgencias, n. 9, dijo: "Hoy también la Iglesia invita a todos sus hijos a que mediten y consideren el gran valor del uso de las indulgencias para la vida individual y para el fomento de la sociedad cristiana". Por eso aquí presentamos una parte de lo que dice el *Catecismo de la Iglesia católica* (CCE) acerca de las indulgencias:

LAS INDULGENCIAS

1471   La doctrina y la práctica de las indulgencias en la Iglesia están estrechamente ligadas a los efectos del sacramento de la Penitencia.

Qué son las indulgencias

"La indulgencia es la remisión ante Dios de la pena temporal por los pecados, ya perdonados en cuanto a la culpa, que un fiel dispuesto y cumpliendo determinadas condiciones consigue por mediación de la Iglesia, la cual, como administradora de la redención, distribuye y aplica con autoridad el tesoro de las satisfacciones de Cristo y de los santos" [CIC can. 992].

"La indulgencia es parcial o plenaria según libere de la pena temporal debida por los pecados en parte o totalmente" [CIC can. 993]. "Todo fiel puede lucrar para sí mismo o aplicar por los difuntos, a manera de sufragio, las indulgencias tanto parciales como plenarias" (CIC can. 994).

Las penas del pecado

1472 Para entender esta doctrina y esta práctica de la Iglesia es preciso recordar que el pecado tiene una doble consecuencia. El *pecado grave* nos priva de la comunión con Dios y por ello nos hace incapaces de la vida eterna, cuya privación se llama la "pena eterna" del pecado. Por otra parte, todo pecado, incluso venial, entraña apego desordenado a las creaturas que es necesario purificar, sea aquí abajo, sea después de la muerte, en el estado que se llama *Purgatorio*. Esta purificación libera de lo que se llama la "pena temporal" del pecado. Estas dos penas no deben ser concebidas como una especie de venganza, infligida por Dios desde el exterior, sino como algo que brota de la naturaleza misma del pecado. Una conversión que procede de una ferviente caridad puede llegar a la total purificación del pecador, de modo que no subsistiría ninguna pena. [...]

1498 *Mediante las indulgencias, los fieles pueden alcanzar para sí mismos y también para las almas del Purgatorio la remisión de las penas temporales, consecuencia de los pecados.*

¿CÓMO GANAR UNA INDULGENCIA PLENARIA?

Una indulgencia se puede obtener para uno mismo o por algún fiel difunto. El "Manual de indulgencias" (*Enchiridion indulgentiarum*), de la Penitenciaría Apostólica, cuya cuarta edición es del 16 de julio de 1999, dice lo siguiente (tomado del sitio liturgiapapal.org):

> La indulgencia plenaria sólo puede ganarse una vez al día [...] (norma 18 § 1). Sin embargo, el fiel cristiano podrá alcanzar indulgencia plenaria *in articulo mortis* [a punto de morir], aunque el mismo día haya ganado ya otra indulgencia plenaria (norma 18 § 2).

Para ganar una indulgencia plenaria es **indispensable**:

1) Estar bautizado, no excomulgado, en estado de gracia por lo menos al final de las obras prescritas (norma 17 § 1).

2) Excluir todo afecto a cualquier pecado, incluso venial.

3) Ejecutar la obra enriquecida con indulgencia.

4) Cumplir, además, estas tres condiciones:
   a) La confesión sacramental.
   b) La Comunión eucarística.
   c) Orar por las intenciones del Sumo Pontífice (un solo Padrenuestro y una sola Avemaría).

Las tres condiciones pueden cumplirse unos días antes o después de la ejecución de la obra prescrita; pero conviene que la Comunión y la oración por las intenciones del Sumo Pontífice se realicen el mismo día en que se cumple la obra (norma 20 §§ 1 y 3).

Presentamos una lista (no exhaustiva) de **algunos actos concretos** con los que un fiel puede ganar indulgencia plenaria, de acuerdo con el mismo "Manual de indulgencias":

• Visitar el Santísimo Sacramento para adorarlo por espacio de media hora, por lo menos (concesión 7 § 1, 1).

- Tanto a los fieles cristianos que por primera vez se acercan a la sagrada Comunión [Primera Comunión] como a los que piadosamente los acompañan (concesión 8 § 1, 1).

- Asistir piadosamente a la adoración de la cruz en la solemne acción litúrgica del Viernes Santo de la Pasión y Muerte del Señor (concesión 13 § 1).

- Practicar el piadoso ejercicio del Vía Crucis ante las estaciones legítimamente erigidas [como las que hay en las parroquias], pasando de una a otra por lo menos quien lo dirige, meditando las escenas, si se desea, con alguna oración vocal.

  Los que están legítimamente impedidos pueden ganar la misma indulgencia, si al menos por un tiempo, por ejemplo, un cuarto de hora, se dedican a la piadosa lectura y meditación de la Pasión y Muerte del Señor Jesucristo (concesión 13 § 2, 1-5).

- Rezar el santo Rosario en una iglesia u oratorio, o en familia, o en una comunidad religiosa (concesión 17 § 1, 1).

- Al sacerdote que en un día determinado celebra la primera Misa en presencia del pueblo, y a los fieles que asistan devotamente a esta Misa (concesión 27 § 1, 1-2).

- Renovar las promesas del Bautismo, valiéndose de cualquier fórmula legítimamente aprobada, en la celebración de la Vigilia Pascual o en el día aniversario de su Bautismo (concesión 28 § 1, 1-2).

- Visitar devotamente el cementerio y hacer oración por los difuntos, aunque sea sólo mentalmente, en cada uno de los días del 1 al 8 de noviembre. Esta indulgencia sólo es aplicable a las almas del purgatorio (concesión 29 § 1, 1).

- Leer la Sagrada Escritura con la veneración debida a la palabra divina y a manera de lectura espiritual por espacio de media hora, por lo menos (concesión 30, 1).

Indulgencias

- Visitar la iglesia parroquial en la fiesta titular y el 2 de agosto (indulgencia de la Porciúncula), o visitar un santuario en la fiesta titular o en peregrinación. Se reza devotamente el Padrenuestro y el Credo (concesión 33 § 1).

PARA RECORDAR

De las Otras concesiones del "Manual de indulgencias":

12. En peligro de muerte inminente

§1. El sacerdote que administra los sacramentos a un fiel cristiano que se halla en peligro de muerte inminente no deje de impartir la bendición apostólica con la adjunta *indulgencia plenaria*.

§2. Si no es posible la presencia de un sacerdote, la piadosa Madre Iglesia concede benignamente *indulgencia plenaria*, para ganarla en peligro de muerte, al fiel cristiano debidamente dispuesto, con tal que éste, durante su vida, haya rezado habitualmente algunas oraciones; este caso, la Iglesia suple las tres condiciones habituales requeridas.

§3. Para ganar esta indulgencia plenaria es aconsejable utilizar un crucifijo o una cruz.

§4. El fiel cristiano podrá ganar esta indulgencia plenaria en peligro de muerte inminente, aunque en el mismo día ya haya ganado otra indulgencia plenaria.

§5. En la catequesis, los fieles deben ser informados oportuna y frecuentemente de esta saludable disposición de la Iglesia.

Aprovechemos para nosotros y para los difuntos
el tesoro de las indulgencias.

Cantos

Tiempo de Adviento

Entrada

PREPAREMOS LOS CAMINOS
(Carmelo Erdozáin)

**Preparemos los caminos,
despertemos, llega el Señor;
allanemos los senderos,
ya se acerca la liberación.**

1. Los profetas anunciaron la llegada del Señor,
por las calles, por las plazas la esperanza floreció;
viene el Mesías, viene el Señor.

**Preparemos los caminos,
despertemos, llega el Señor;
allanemos los senderos,
ya se acerca la liberación.**

2. El Bautista, en el desierto, nos levanta con su voz;
entre todos preparemos la justicia, el amor;
viene el Mesías, Libertador.

**Levantemos entre todos
la justicia, la libertad;
enlacemos nuestras manos,
ya se acerca la liberación.**

3. Una Virgen nazarena aguardaba al Redentor,
confiando en las promesas fue la Aurora del Amor;
viene el Mesías, es mi Señor.

**Hosanna al Rey del cielo,
hosanna al Reino de Dios;
hosanna al Mensajero,
hosanna al Hijo de Dios.**

Ofrendas

TE PRESENTAMOS
(Antonio Espinosa)

Te presentamos el vino y el pan.
Bendito seas por siempre, Señor.

1. Bendito seas, Señor,
por este pan que nos diste,
fruto de la tierra y del trabajo de los hombres.

2. Bendito seas, Señor,
el vino tú nos lo diste,
fruto de la vid y del trabajo de los hombres.

Comunión

ABRE TU TIENDA AL SEÑOR
(Carmelo Erdozáin)

Abre tu tienda al Señor,
recíbele dentro, escucha su voz;
abre tu tienda al Señor,
prepara tu fuego, que llega el amor.

1. El Adviento es esperanza, la esperanza salvación,
ya se acerca el Señor;
preparemos los caminos, los caminos del amor,
escuchemos su voz.

2. Que se rompan las cadenas, que se cante libertad,
el Señor nos va a salvar;
sanará nuestras heridas, nuestro miedo y soledad,
él será nuestra paz.

3. Por la ruta de los pobres va María, va José,
van camino de Belén;
en sus ojos mil estrellas, en su seno Emmanuel,
él será nuestro Rey.

Entrada

VENID, FIELES TODOS
(Canto tradicional gregoriano)

1. Venid, fieles todos, entonando himnos;
venid, una estrella brilló en Belén.
Hoy ha nacido el Rey de los cielos.

**Venid y adoremos, venid y adoremos,
venid y adoremos a nuestro Señor.**

2. Venid fieles todos, a Belén marchemos
gozosos, triunfantes y llenos de amor.
Cristo ha nacido, Cristo Rey divino.

3. Un ángel del cielo llama a los pastores,
pues siempre el humilde cerca está de Dios.
Vamos cantando llenos de alegría.

Ofrendas

ENTRE TUS MANOS
(Anónimo)

Entre tus manos está mi vida, Señor.
Entre tus manos pongo mi existir.
Hay que morir para vivir.
Entre tus manos pongo yo mi ser.

Si el grano de trigo no muere,
si no muere, solo quedará,
pero si muere, en abundancia dará
un fruto eterno que no morirá.

Comunión

JESÚS ESTÁ AQUÍ
(J. M. Sánchez)

**Tan cerca de mí, tan cerca de mí,
que hasta lo puedo tocar. Jesús está aquí.**

1. Míralo a tu lado por la calle,
caminando entre la multitud.
Muchos ciegos van, sin quererlo ver,
llenos de ceguera espiritual.

2. Le hablaré sin miedo al oído,
le contaré las cosas que hay en mí,
y que sólo a él le interesarán;
él es más que un mito para mí.

3. No busques a Cristo en lo alto,
ni lo busques en la oscuridad.
Muy dentro de ti, en tu corazón,
puedes adorar a tu Señor.

Tiempo de Cuaresma

Entrada

HACIA TI, MORADA SANTA
(Kiko Argüello)

**Hacia ti, morada santa,
hacia ti, tierra del Salvador,
peregrinos, caminantes, vamos hacia ti.**

1. Venimos a tu mesa,
sellaremos tu pacto,
comeremos tu carne,
tu sangre nos limpiará.
Reinaremos contigo,
en tu morada santa,
beberemos tu sangre,
tu fe nos salvará.

2. Somos tu pueblo santo
que hoy camina unido;
tú vas entre nosotros,
tu amor nos guiará.
Tú eres el camino,
tú eres la esperanza,
hermano entre los pobres.
Amén. Aleluya.

Ofrendas

PRESENTAMOS PAN Y VINO
(Anónimo)

**Presentamos pan y vino,
ofrenda de gratitud.
Caminamos dando gracias,
hasta llegar a tu altar.**

1. Con amor y esperanza,
y alegría de vivir,
todos juntos como hermanos
caminamos hacia ti.

2. Te ofrecemos estos dones
con amor y humildad,
será el Cuerpo de tu Hijo,
que nos vuelva tu amistad.

Comunión

SEÑOR, ¿A QUIÉN IREMOS?
(Juan 6, 27-69; M.: A. Mejía)

**Señor, ¿a quién iremos?
Tú tienes palabras de vida;
nosotros hemos creído
que tú eres el Hijo de Dios.**

1. "Soy el pan que les da la vida eterna;
el que viene a mí no tendrá hambre,
el que viene a mí no tendrá sed".
Así ha hablado Jesús.

2. No busquen alimento que perece,
si no aquel que perdura eternamente;
el que ofrece el Hijo del hombre,
que el Padre les ha enviado.

3. No es Moisés quien les dio pan del cielo;
es mi Padre quien da pan verdadero,
porque el pan de Dios baja del cielo
y da la vida al mundo.

4. Pues si yo he bajado del cielo,
no es para hacer mi voluntad
sino la voluntad de mi Padre,
que es dar al mundo la vida.

5. Soy el pan vivo que del cielo baja,
el que come este pan por siempre vive;
pues el pan que daré es mi carne,
que da la vida al mundo.

Tiempo Pascual

Entrada

EN LA MAÑANA DE RESURRECCIÓN
(Carmelo Erdozáin)

1. En la mañana de Resurrección,
caminan al sepulcro donde está el Redentor.
Se preguntan al marchar: "¿Quién moverá,
quién abrirá la tumba donde está el Señor?".

¡El Señor, nuestro Dios, resucitó!
¡Aleluya, aleluya, aleluya!

2. En la mañana de Resurrección,
vivimos la esperanza de un futuro mejor.
Ser testigos del Señor exige cambiar,
exige luchar por un mundo de justicia y paz.

Ofrendas

HIMNO PASCUAL
(Filipenses 2, 5-11; M.: Alejandro Mejía)

1. Cristo Jesús, el cual existía
en la forma de Dios,
no exigió tener la gloria
debida a su divinidad.
Se anonadó tomando la forma
del Siervo de Dios
y se asemejó a todos los hombres
en su condición.

Haciéndose hombre, se humilló,
y se hizo obediente hasta morir en la cruz,
¡hasta morir en la cruz!

2. Por eso Dios, de modo admirable,
a Cristo exaltó
y le otorgó un nombre tan alto
que a todo excedió.
Para que así el cosmos entero
se centre en Jesús:
Él es el Señor que todo
conduce al Padre.
Amén.

Comunión

ID Y ENSEÑAD
(Cesáreo Gabaráin)

1. Sois la semilla que ha de crecer,
sois estrella que ha de brillar.
Sois levadura, sois grano de sal,
antorcha que debe alumbrar.
Sois la mañana que vuelve a nacer,
sois espiga que empieza a granar.
Sois aguijón y caricia a la vez,
testigos que voy a enviar.

**Id, amigos, por el mundo,
anunciando el amor,
mensajeros de la vida,
de la paz y el perdón.
Sed, amigos, los testigos
de mi resurrección.
Id llevando mi presencia;
con vosotros estoy.**

2. Sois una llama que ha de encender
resplandores de fe y caridad.
Sois los pastores que han de guiar
al mundo por sendas de paz.
Sois los amigos que quise escoger,
sois palabra que intento gritar.
Sois reino nuevo que empieza a engendrar
justicia, amor y verdad.

3. Sois fuego y savia que vine a traer,
sois la ola que agita la mar.
La levadura pequeña de ayer
fermenta la masa del pan.
Una ciudad no se puede esconder,
ni los montes se han de ocultar,
en vuestras obras que buscan el bien
los hombres al Padre verán.

EL ESPÍRITU DEL SEÑOR
(Canto popular)

**El Espíritu del Señor
llenó la faz de la tierra.
* ¡Aleluya, aleluya, aleluya! (2)**

1. Enviaste, Señor, a tu Espíritu
y todo ha sido creado,
y se ha renovado la faz de la tierra,
y se ha renovado la faz de la tierra.

2. Él viene a dar testimonio
de lo que dijo Jesús
y a confirmar toda su doctrina,
y a confirmar toda su doctrina.

Tiempo Ordinario

Entrada

VAMOS CANTANDO AL SEÑOR
(Antonio Espinosa)

**Vamos cantando al Señor,
él es nuestra alegría.**

1. La luz de un nuevo día venció a la oscuridad,
que brille en nuestras almas la luz de la verdad.

2. La roca que nos salva es Cristo, nuestro Dios,
lleguemos dando gracias a nuestro Redentor.

3. Los cielos y la tierra aclaman al Señor:
"Ha hecho maravillas, inmenso es su amor".

4. Unidos como hermanos venimos a tu altar,
que llenes nuestras vidas de amor y de amistad.

Tiempo Ordinario

Ofrendas

VINO Y PAN
(M. Aguayo / C. Camacho – Misa Hosanna)

Vino y pan en oblación
esperan el milagro del Señor.
Ve nuestra ofrenda sobre tu santo altar,
era en los campos dulce vid y trigal.

Pero tú, por tu bondad,
transformas nuestra ofrenda en ti, Señor.
Toma mi vida y también cambiará.
Llena mi alma de tu gracia y tu paz. Amén.

Comunión

PESCADOR DE HOMBRES
(Cesáreo Gabaráin)

1. Tú has venido a la orilla,
no has buscado ni a sabios ni a ricos,
tan sólo quieres que yo te siga.

**Señor, me has mirado a los ojos,
sonriendo has dicho mi nombre.
En la arena he dejado mi barca,
junto a ti buscaré otro mar.**

2. Tú sabes bien lo que tengo,
en mi barca no hay oro ni espadas,
tan sólo redes y mi trabajo.

3. Tú necesitas mis manos,
mi cansancio, que a otros descanse;
amor que quiera seguir amando.

4. Tú, pescador de otros lagos,
ansia eterna de almas que esperan,
amigo bueno, que así me llamas.

Canto eucarístico

CANTEMOS AL AMOR DE LOS AMORES
(I. B. de Sagastizábal)

1. Cantemos al Amor de los amores,
cantemos al Señor;
Dios está aquí. Venid, adoradores,
adoremos a Cristo Redentor.

Gloria a Cristo Jesús;
cielos y tierra, bendecid al Señor;
honor y gloria a ti, Rey de la gloria,
amor por siempre a ti, Dios del amor.

2. Por nuestro amor oculta en el sagrario
su gloria y esplendor;
para nuestro bien se queda en el santuario
esperando al justo y pecador.

3. Oh gran prodigio del amor divino,
milagro sin igual;
prenda de amistad, banquete peregrino,
do se come al Cordero celestial!

4. ¡Jesús potente, Rey de las victorias!
¡A ti loor sin fin!
¡Canten tu poder, Autor de nuestras glorias,
cielo y tierra hasta el último confín!

5. Tu nombre ensalzamos y alabamos
con toda nuestra voz:
¡Rey de Majestad, por siempre te aclamamos,
y Señor de las almas, Cristo Dios!

6. Al pie de tu sagrario nos convidas
a recibir tu amor;
porque tú, Jesús, al alma das la vida
y la llenas de fuerza y de valor.

Cantos marianos

SALVE, REINA DE LOS CIELOS
(Himno de Completas; M.: Jesús María Sánchez)

Salve, Reina de los cielos
y Señora de los ángeles;
* salve raíz, salve puerta
que dio paso a nuestra Luz. (2)

Alégrate, Virgen gloriosa,
entre todas la más bella;
salve, agraciada doncella,
ruega a Cristo por nosotros.

SANTA MARÍA DEL CAMINO
(Antonio Espinosa)

1. Mientras recorres la vida,
tú nunca solo estás;
contigo por el camino Santa María va.

Ven con nosotros al caminar;
Santa María, ven.
Ven con nosotros al caminar;
Santa María, ven.

2. Aunque te digan algunos
que nada puede cambiar,
lucha por un mundo nuevo,
lucha por la verdad.

3. Si por el mundo los hombres
sin conocerse van,
no niegues nunca tu mano
al que contigo está.

4. Aunque parezcan tus pasos
inútil caminar,
tú vas haciendo caminos:
otros los seguirán.

Oraciones cotidianas

Oraciones comunes

SEÑAL DE LA CRUZ

Persignarse: Por la señal ✠ de la Santa Cruz,
de nuestros ✠ enemigos líbranos ✠, Señor, Dios
nuestro.

Signarse: En el nombre del Padre ✠, y del Hijo,
y del Espíritu Santo. Amén.

PADRENUESTRO

Padre nuestro, que estás en el cielo,
santificado sea tu nombre;
venga a nosotros tu reino;
hágase tu voluntad en la tierra como en el cielo.
Danos hoy nuestro pan de cada día;
perdona nuestras ofensas,
como también nosotros perdonamos
a los que nos ofenden;
no nos dejes caer en la tentación,
y líbranos del mal.

AVEMARÍA

Dios te salve, María, llena eres de gracia,
el Señor es contigo.
Bendita eres entre todas las mujeres,
y bendito es el fruto de tu vientre, Jesús.
Santa María, Madre de Dios,
ruega por nosotros, pecadores,
ahora y en la hora de nuestra muerte. Amén.

GLORIA AL PADRE

Gloria al Padre, y al Hijo, y al Espíritu Santo.
Como era en el principio, ahora y siempre,
por los siglos de los siglos. Amén.

ÁNGELUS

V. El ángel del Señor anunció a María.
R. Y concibió por obra del Espíritu Santo.
Dios te salve, María...

V. He aquí la esclava del Señor.
R. Hágase en mí según tu palabra.
Dios te salve, María...

V. Y el Verbo se hizo carne.
R. Y habitó entre nosotros.
Dios te salve, María...

V. Ruega por nosotros, santa Madre de Dios.
R. Para que seamos dignos de alcanzar las divinas gracias y promesas de nuestro Señor Jesucristo.

Infunde, Señor, tu gracia en nuestras almas, para que los que por el anuncio del ángel hemos conocido la Encarnación de tu Hijo Jesucristo, por los méritos de su Pasión y su Cruz lleguemos a la gloria de la Resurrección. Por el mismo Jesucristo, nuestro Señor.
R. Amén.

Gloria al Padre... *(Tres veces)*

REGINA CAELI
(Se dice durante el Tiempo Pascual)

V. Reina del cielo, alégrate, aleluya.
R. Porque el que mereciste llevar en tu seno, aleluya.
V. Resucitó, según su palabra, aleluya.
R. Ruega a Dios por nosotros, aleluya.

V. Gózate y alégrate, Virgen María, aleluya.
R. Porque verdaderamente resucitó el Señor, aleluya.

Oh Dios, que por la resurrección de tu Hijo, nuestro Señor Jesucristo, te dignaste alegrar el mundo, concédenos que, por intercesión de su Madre, la Virgen María, alcancemos el gozo de la vida eterna. Por el mismo Jesucristo, nuestro Señor. R. Amén.

ACTO DE CONTRICIÓN

Señor mío Jesucristo, Dios y hombre verdadero,
me pesa de todo corazón de haber pecado,
porque he merecido el infierno y perdido el cielo,
y sobre todo, porque te ofendí a ti,
que eres tan bueno y que tanto me amas,
y a quien yo quiero amar sobre todas las cosas.
Propongo firmemente, con tu gracia,
enmendarme y alejarme de las ocasiones de pecar,
confesarme y cumplir la penitencia.
Confío me perdonarás por tu infinita misericordia.
Amén.

ACTO DE FE

Señor Dios, creo firmemente
y confieso todas y cada una de las verdades
que la santa Iglesia católica propone,
porque tú las revelaste,
oh Dios, que eres la eterna Verdad y Sabiduría,
que ni se engaña ni nos puede engañar.
Quiero vivir y morir en esta fe. Amén.

ACTO DE ESPERANZA

Señor Dios mío, espero por tu gracia
la remisión de todos mis pecados;
y después de esta vida,
alcanzar la eterna felicidad,
porque tú lo prometiste,
que eres infinitamente poderoso,
fiel, benigno y lleno de misericordia.
Quiero vivir y morir en esta esperanza. Amén.

Oraciones comunes

Acto de caridad

Dios mío,
te amo sobre todas las cosas
y al prójimo por ti, porque tú eres el infinito,
sumo y perfecto Bien, digno de todo amor.
Quiero vivir y morir en este amor. Amén.

Te amo, oh mi Dios

San Juan María Vianney,
el Santo Cura de Ars

Te amo, oh mi Dios, y mi único deseo
es amarte hasta el último suspiro de mi vida.

Te amo, oh Dios infinitamente amable,
y prefiero morir amándote
que vivir un solo instante sin amarte.

Te amo, oh mi Dios, y no deseo el cielo
sino por tener el gozo de amarte perfectamente.

Te amo, oh mi Dios, y temo el infierno
porque allí no se dará jamás
el dulce consuelo de amarte.

Oh mi Dios, si mi lengua no puede decir
en cada momento que te amo,
quiero al menos que mi corazón
te lo repita a cada suspiro.

Dame la gracia de sufrir amándote,
de amarte sufriendo y de expirar un día
amándote y sintiendo que te amo.
Y cuanto más me acerco a mi fin,
más te suplico acrecentar mi amor
y perfeccionarlo. Amén.

A la Santísima Trinidad

TE DEUM

A ti, oh Dios, te alabamos:
a ti, Señor, te reconocemos.

A ti, eterno Padre,
te venera toda la creación.

Los ángeles todos,
los cielos y todas las potestades te honran;
los querubines y serafines
te cantan sin cesar:
Santo, Santo, Santo
es el Señor, Dios del universo.

Los cielos y la tierra están llenos
de la majestad de tu gloria.

A ti te ensalza
el glorioso coro de los apóstoles,
la multitud admirable de los profetas,
el blanco ejército de los mártires.

A ti la Iglesia santa,
extendida por toda la tierra, te proclama:
Padre de inmensa majestad,
Hijo único y verdadero, digno de adoración,
Espíritu Santo, Defensor.
Tú eres el Rey de la gloria, Cristo.
Tú eres el Hijo único del Padre.

Tú, para liberar al hombre,
aceptaste la condición humana
sin desdeñar el seno de la Virgen.

Tú, rotas las cadenas de la muerte,
abriste a los creyentes el reino del cielo.

Tú te sientas a la derecha de Dios
en la gloria del Padre.

Creemos que un día
has de venir como Juez.

Te rogamos, pues,
que vengas en ayuda de tus siervos,
a quienes redimiste con tu preciosa Sangre.

Haz que en la gloria eterna
nos asociemos a tus santos.

Salva a tu pueblo, Señor,
y bendice tu heredad.

Sé su pastor
y ensálzalo eternamente.

Día tras día te bendecimos
y alabamos tu nombre para siempre,
por eternidad de eternidades.

Dígnate, Señor, en este día
guardarnos del pecado.

Ten piedad de nosotros, Señor,
ten piedad de nosotros.

Que tu misericordia, Señor,
venga sobre nosotros,
como lo esperamos de ti.

En ti, Señor, confié,
no me vea defraudado para siempre.

A Jesucristo

Consagración al
Sagrado Corazón de Jesús

Señor Jesús, Dios y hombre verdadero,
hoy quiero consagrar a tu Sagrado Corazón
todo lo que soy y lo que tengo.
Ayúdame a vivir siempre en tu amistad.

Te pido que en este día bendigas a mi familia,
a mis amigos, a los que me hacen el bien,
a los más necesitados y a los que no me quieren.

Creo y espero en ti,
y deseo corresponder
al gran amor que me has mostrado
al morir por mí en la cruz.

¡Toma mi corazón y transfórmalo
con el fuego de tu Sagrado Corazón!

Oración del incienso
(Tradición copta)

Rey de la Paz, danos tu Paz
y perdona nuestros pecados.
Aleja a los enemigos de la Iglesia
y guárdala, para que no desfallezca.

Emmanuel, Dios con nosotros, estás entre nosotros
en la gloria del Padre y del Espíritu Santo.

Bendícenos y purifica nuestro corazón,
y sana las enfermedades del alma y del cuerpo.

Te adoramos, Cristo,
con el Padre de bondad y con el Espíritu Santo,
porque has venido, nos has salvado. Amén.

Al Espíritu Santo

VEN, ESPÍRITU CREADOR

Ven, Espíritu Creador,
visita las almas de tus fieles,
llena con tu divina gracia
los corazones que tú creaste.

Tú eres nuestro consuelo,
don de Dios altísimo,
fuente viva, fuego, caridad
y espiritual unción.

Tú derramas sobre nosotros los siete dones;
tú, dedo de la diestra de Dios,
tú, fiel promesa del Padre
que inspiras nuestras palabras.

Enciende con tu luz nuestros sentidos,
infunde tu amor en nuestros corazones
y, con tu perpetuo auxilio,
fortalece la debilidad de nuestro cuerpo.

Aleja de nosotros al enemigo,
danos pronto la paz,
sé tú nuestro guía,
para que evitemos todo lo nocivo.

Por ti conozcamos al Padre,
y también al Hijo, y que en ti,
que eres el Espíritu de ambos,
creamos en todo tiempo.

Sea la gloria a Dios Padre,
y al Hijo, que resucitó de entre los muertos,
y al Espíritu Paráclito,
por los siglos de los siglos. Amén.

Ven, Espíritu Santo

Ven, Espíritu Santo,
y desde el cielo
envía un rayo de tu luz.

Ven, padre de los pobres,
ven, dador de las gracias,
ven, luz de los corazones.

Consolador óptimo,
dulce huésped del alma,
dulce refrigerio.

Descanso en el trabajo,
en el ardor tranquilidad,
consuelo en el llanto.

Oh luz santísima:
llena lo más íntimo
de los corazones de tus fieles.

Sin tu ayuda,
nada hay en el hombre,
nada que sea inocente.

Lava lo que está manchado,
riega lo que es árido,
cura lo que está enfermo.

Doblega lo que es rígido,
calienta lo que es frío,
dirige lo que está extraviado.

Concede, a tus fieles
que en ti confían,
tus siete sagrados dones.

Dales el mérito de la virtud,
dales el puerto de la salvación,
dales el eterno gozo. Amén. (Aleluya.)

A la Virgen María

ACUÉRDATE

Acuérdate,
oh piadosísima Virgen María,
que jamás se ha oído decir
que ninguno de los que
han acudido a tu protección,
implorando tu asistencia
y reclamando tu socorro,
haya sido abandonado de ti.

Animado con esta confianza,
a ti también acudo,
oh Madre, Virgen de las vírgenes,
y aunque gimiendo
bajo el peso de mis pecados,
me atrevo a comparecer
ante tu presencia soberana.

No deseches mis humildes súplicas,
oh Madre del Verbo divino,
antes bien, escúchalas
y acógelas benignamente. Amén

BAJO TU AMPARO

Bajo tu amparo nos acogemos,
santa Madre de Dios;
no desprecies las súplicas
que te hacemos en nuestras necesidades,
antes bien líbranos siempre de todos los peligros,
¡oh Virgen gloriosa y bendita!

LA SALVE
(*SALVE REGINA*)

Dios te salve,
Reina y Madre de misericordia.
Vida, dulzura y esperanza nuestra, Dios te salve.

A ti clamamos los desterrados hijos de Eva.
A ti suspiramos,
gimiendo y llorando en este valle de lágrimas.

Ea, pues, Señora abogada nuestra:
vuelve a nosotros esos tus ojos misericordiosos;
y después de este destierro,
muéstranos a Jesús,
fruto bendito de tu vientre.

¡Oh clemente, oh piadosa, oh dulce Virgen María!

V. Ruega por nosotros, santa Madre de Dios.
R. Para que seamos dignos de alcanzar las divinas gracias y promesas de nuestro Señor Jesucristo.

A LA VIRGEN DE GUADALUPE

San Juan Pablo II

¡Oh Virgen Inmaculada,
Madre del verdadero Dios y Madre de la Iglesia!
Tú, que desde este lugar manifiestas
tu clemencia y tu compasión
a todos los que solicitan tu amparo,
escucha la oración
que con filial confianza te dirigimos,
y preséntala ante tu Hijo Jesús,
único Redentor nuestro.

Madre de misericordia,
Maestra del sacrificio escondido y silencioso,
a ti, que sales al encuentro de nosotros,
los pecadores,

503

te consagramos en este día
todo nuestro ser y todo nuestro amor.
Te consagramos también nuestra vida,
nuestros trabajos, nuestras alegrías,
nuestras enfermedades y nuestros dolores.

Da la paz, la justicia y la prosperidad
a nuestros pueblos;
ya que todo lo que tenemos y somos
lo ponernos bajo tu cuidado,
Señora y Madre nuestra.

Queremos ser totalmente tuyos
y recorrer contigo el camino
de una plena fidelidad a Jesucristo en su Iglesia:
no nos sueltes de tu mano amorosa.

Virgen de Guadalupe, Madre de las Américas,
te pedimos por todos los obispos,
para que conduzcan a los fieles por senderos
de intensa vida cristiana, de amor
y de humilde servicio a Dios y a las almas.

Contempla esta inmensa mies,
e intercede para que el Señor infunda
hambre de santidad en todo el Pueblo de Dios,
y otorgue abundantes vocaciones
de sacerdotes y religiosos, fuertes en la fe
y celosos dispensadores de los misterios de Dios.

Concede a nuestros hogares la gracia
de amar y de respetar la vida que comienza,
con el mismo amor con el que concebiste
en tu seno la vida del Hijo de Dios.
Virgen santa María, Madre del Amor hermoso,
protege a nuestras familias,
para que estén siempre muy unidas,
y bendice la educación de nuestros hijos.

Esperanza nuestra, míranos con compasión,
enséñanos a ir continuamente a Jesús
y, si caemos, ayúdanos a levantarnos, a volver a él,
mediante la confesión de nuestras culpas
y pecados en el sacramento de la Penitencia,
que trae sosiego al alma.
Te suplicamos que nos concedas
un amor muy grande
a todos los santos sacramentos,
que son como las huellas que tu Hijo
nos dejó en la tierra.

Así, Madre santísima,
con la paz de Dios en la conciencia,
con nuestros corazones libres de mal y de odios,
podremos llevar a todos
la verdadera alegría y la verdadera paz,
que vienen de tu Hijo, nuestro Señor Jesucristo,
que con Dios Padre y con el Espíritu Santo
vive y reina por los siglos de los siglos. Amén.

CONSAGRACIÓN AL INMACULADO CORAZÓN DE MARÍA

Oh Virgen mía, oh Madre mía,
yo me ofrezco enteramente
a tu Inmaculado Corazón
y te consagro mi cuerpo y mi alma,
mis pensamientos y mis acciones.

Quiero ser como tú quieres que sea,
hacer lo que tú quieres que haga.
No temo, pues siempre estás conmigo.
Ayúdame a amar a tu Hijo Jesús,
con todo mi corazón y sobre todas las cosas.

Pon mi mano en la tuya
para que esté siempre contigo. Amén.

Cántico de la santísima Virgen María
(Magníficat) Lc 1, 46-55

Proclama mi alma la grandeza del Señor,
se alegra mi espíritu en Dios, mi salvador;
porque ha mirado la humillación de su esclava.

Desde ahora me felicitarán todas las generaciones,
porque el Poderoso ha hecho obras grandes por mí:
su nombre es santo
y su misericordia llega a sus fieles
de generación en generación.

Él hace proezas con su brazo:
dispersa a los soberbios de corazón,
derriba del trono a los poderosos
y enaltece a los humildes,
a los hambrientos los colma de bienes
y a los ricos los despide vacíos.

Auxilia a Israel, su siervo,
acordándose de su misericordia
–como lo había prometido a nuestros padres–
en favor de Abraham y su descendencia
por siempre.

Gloria al Padre, y al Hijo, y al Espíritu Santo.
Como era en el principio, ahora y siempre,
por los siglos de los siglos. Amén.

A san José

Oración a san José

San Luis María Grignion de Montfort

Salve, san José, hombre justo,
la Sabiduría está contigo,
bendito es Jesús, el fruto de María, tu fiel esposa.
San José, digno padre y protector de Jesucristo,

ruega por nosotros, pecadores,
y alcánzanos de Dios la divina Sabiduría,
ahora y en la hora de nuestra muerte. Amén.

A los ángeles

ÁNGEL DE DIOS

Ángel de Dios, que eres mi custodio,
pues la bondad divina
me ha encomendado a ti,
ilumíname, guárdame, defiéndeme
y gobiérname.
Amén.

A SAN MIGUEL ARCÁNGEL

San Miguel arcángel, defiéndenos en la batalla;
sé nuestro amparo contra la perversidad
y las asechanzas del demonio.
Reprímale Dios, pedimos suplicantes;
y tú, príncipe de la milicia celestial,
con el poder que Dios te ha conferido,
arroja al infierno a Satanás
y a los demás espíritus malignos
que vagan por el mundo
para la perdición de las almas. Amén.

Por distintas necesidades

POR LA VIDA

Obispos de México

Gracias, Padre bueno,
por el don de la vida que nos has concedido.
Te pedimos que la podamos vivir
y ayudar a vivir, hasta la plenitud de Cristo.

Concédenos que en nuestra patria
nos conduzcamos mediante leyes sensatas
que reconozcan, respeten, defiendan
y promuevan toda vida humana,
desde su concepción
hasta su término natural. Amén.

¡Virgen María de Guadalupe, Madre de la Vida,
ruega por nosotros!

Por la defensa del matrimonio

Padre eterno,
tú que nos creaste
a tu imagen y semejanza,
hombre y mujer nos creaste,
para unirnos y ser fecundos,
no permitas que prosperen
proyectos e iniciativas humanos
que atenten contra la obra de tus manos.

Líbranos de la tentación
de inventar o aceptar
una creación alternativa
que desdeñe tu divina voluntad.

Danos la gracia y el valor,
de promover y defender
tu sabio designio de amor
para el matrimonio y la familia,
bajo el amparo y la guía
de Jesús, José y María. Amén.

Oración de los padres por los hijos

Padre amoroso,
a través de nosotros hiciste surgir la vida.

Te damos gracias por los hijos que nos diste,
tú los conocías y amabas desde la eternidad.

No siempre es fácil comprenderlos
o ser como ellos desean que seamos,
pero son nuestra alegría y bendición.

Las preocupaciones, temores y fatigas
que nos cuestan, las aceptamos con serenidad.
Ayúdanos a amarlos sinceramente.

Danos sabiduría para guiarlos
con la palabra y el ejemplo,
paciencia para instruirlos,
vigilancia para hacerlos buenos,
y amor para corregirlos. Amén.

POR LA PAZ

Obispos de México

Señor Jesús, tú eres nuestra paz.
Mira nuestra patria, dañada
por la violencia y dispersa
por el miedo y la inseguridad.

Consuela el dolor de quienes sufren.
Da acierto a las decisiones
de quienes nos gobiernan.

Toca el corazón de quienes olvidan que
somos hermanos y provocan sufrimiento
y muerte. Dales el don de la conversión.
Protege a las familias, a nuestros niños,
adolescentes y jóvenes, a nuestros
pueblos y comunidades.

Que como discípulos misioneros tuyos,
ciudadanos responsables, sepamos ser
promotores de justicia y de paz para que,
en ti, nuestro pueblo tenga vida digna. Amén.

Santa María de Guadalupe, Reina de la paz,
ruega por nosotros.

POR LAS VOCACIONES
SACERDOTALES Y RELIGIOSAS

Siervo de Dios Luis María Martínez, obispo

Oh Jesús, Pastor eterno de las almas,
dígnate mirar con ojos de misericordia
a esta porción de tu grey amada.
Señor, gemimos en la orfandad,
danos vocaciones, danos sacerdotes
y religiosos santos.
Te lo pedimos por la Inmaculada
Virgen María de Guadalupe,
tu dulce y santa Madre.

Oh Jesús, danos sacerdotes y religiosos
según tu corazón. Amén.

POR LA SANTIFICACIÓN
DE LOS SACERDOTES

Papa Benedicto XVI

Señor Jesucristo, eterno Sumo Sacerdote,
tú que te ofreciste al Padre en el altar de la Cruz,
y que por la efusión del Espíritu
le dio a su pueblo sacerdotal
una participación en tu sacrificio redentor.

Escucha nuestra oración
por la santificación de nuestros sacerdotes.
Concede a todos los que han sido
ordenados al ministerio sacerdotal
que sean cada vez más conformes a ti,
Divino Maestro. Que enseñen el Evangelio
con el corazón puro y la conciencia clara.

Que sean pastores
de acuerdo con tu propio Corazón,
una sola mente en el servicio a ti y a tu Iglesia,

y ejemplos luminosos
de una vida santa, sencilla y alegre.

A través de las oraciones
de la bienaventurada Virgen María,
Madre tuya y nuestra,
atrae a todos los sacerdotes y fieles a su cargo
a la plenitud de la vida eterna,
donde vives y reinas
con el Padre y el Espíritu Santo, un Dios,
por los siglos de los siglos. Amén.

POR LAS MISIONES

Señor Jesús,
que has prometido permanecer entre nosotros
si nos amamos como tú nos amas,
te rogamos lleves a buen término
por los caminos de la paz,
de la justicia y del perdón
a esta humanidad lacerada de guerras,
violencia y hambrienta de fraternidad.

Da fortaleza a los misioneros
que están llevando la antorcha de la fe,
y haz que, siguiendo los pasos
de san Francisco Javier,
sean testigos valientes del Evangelio.

Infunde en muchos jóvenes
la ilusión de seguirte
por el camino de la vocación al laicado,
a la vida consagrada y a la vida sacerdotal.

Te lo pedimos en unión con María,
Reina de las Misiones
y Estrella de la Nueva Evangelización. Amén.

Por los cristianos perseguidos

Padre nuestro,
Padre misericordioso y lleno de amor,
mira a tus hijos que a causa de la fe
en tu santo nombre
sufren persecución y discriminación
en diversos lugares del mundo.

Que tu Santo Espíritu los colme con su fuerza
en los momentos más difíciles de perseverar en la fe.
Que los haga capaces de perdonar
a los que los oprimen.
Que los llene de esperanza
para que puedan vivir su fe con alegría y libertad.

Que María, Auxiliadora y Reina de la Paz, interceda
por ellos y los guíe por el camino de santidad.

Padre celestial, que el ejemplo
de nuestros hermanos perseguidos
aumente nuestro compromiso cristiano,
que nos haga más fervorosos y agradecidos
por el don de la fe.
Abre, Señor, nuestros corazones
para que con generosidad sepamos llevarles el apoyo
y mostrarles nuestra solidaridad.

Te lo pedimos por Jesucristo, nuestro Señor. Amén.

Por un enfermo

Señor Jesucristo,
que para redimir a los hombres
y sanar a los enfermos quisiste asumir
nuestra condición humana,
mira con piedad a N., que está enfermo(a)
y necesita ser curado(a) en el cuerpo y en el espíritu.
Reconfórtalo(a) con tu poder
para que levante su ánimo

y pueda superar todos sus males;
y, ya que has querido asociarlo(a)
a tu Pasión redentora,
haz que confíe en la eficacia del dolor
para la salvación del mundo.
Tú que vives y reinas
por los siglos de los siglos. Amén.

POR LOS AGONIZANTES

¡Oh misericordiosísimo Jesús,
abrasado en ardiente amor por las almas!
Te suplicamos por la agonía
de tu Sacratísimo Corazón
y por los dolores de tu Inmaculada Madre,
que laves con tu Sangre
a todos los pecadores de la tierra
que están en la agonía y tienen hoy que morir. Amén.

Corazón agonizante de Jesús,
ten misericordia de los moribundos.

ORACIÓN POR LOS DIFUNTOS
(Tradición bizantina)

Dios de los espíritus y de toda carne,
que sepultaste la muerte,
venciste al demonio y diste la vida al mundo.
Tú, Señor, concede al alma
de tu difunto(a) siervo(a) N.,
el descanso en un lugar luminoso,
en un oasis, en un lugar de frescura,
lejos de todo sufrimiento, dolor o lamento.

Perdona las culpas por él (ella) cometidas
de pensamiento, palabra y obra,
Dios de bondad y misericordia;
puesto que no hay hombre que viva y no peque,
ya que tú sólo eres Perfecto

Por distintas necesidades

513

y tu Justicia es justicia eterna
y tu Palabra es la Verdad.

Tú eres la Resurrección, la Vida y el descanso
del difunto (de la difunta), tu siervo(a) N.

Oh Cristo, Dios nuestro,
te glorificamos junto con el Padre no engendrado
y con tu Santísimo, bueno y vivificante Espíritu.
Amén.

EL DESCANSO ETERNO

Dales, Señor, el descanso eterno.
Y brille para ellos la luz perpetua.
Descansen en paz. Así sea.

En torno a la Santa Misa

PARA ANTES DE LA MISA

Amado Dios, que eres todo poder e infinito amor,
vengo al sacramento de tu Hijo único,
nuestro Señor Jesucristo.

Vengo como enfermo al médico de mi vida,
como impuro a la fuente de la pureza,
como ciego a la luz de la claridad eterna,
como pobre e indigente
al Señor del cielo y de la tierra.

Te imploro la abundancia
de tu inmensa generosidad,
para que te dignes curar mi enfermedad,
lavar mi suciedad, eliminar mi ceguera,
enriquecer mi pobreza, vestir mi desnudez,
y así pueda recibir el Pan de los ángeles,
al Rey de reyes y Señor de señores,
con tanta reverencia y humildad, con tanto amor

y devoción, con tanta pureza y fe,
como conviene para mi salud integral.

Dame, te ruego, que no sólo reciba
el sacramento del Cuerpo y de la Sangre del Señor,
sino también la gracia y la virtud
que fluye del mismo.

Dios de misericordia, concédeme así
recibir el Cuerpo de tu Hijo único,
que él tomó de la Virgen María.
Él, que vive y reina por los siglos de los siglos. Amén.

Alma de Cristo

Alma de Cristo, santifícame.
Cuerpo de Cristo, sálvame.
Sangre de Cristo, embriágame.
Agua del costado de Cristo, lávame.
Pasión de Cristo, confórtame.
Oh buen Jesús, óyeme.
Dentro de tus llagas, escóndeme.
No permitas que me aparte de ti.
Del maligno enemigo, defiéndeme.
En la hora de mi muerte, llámame.
Y mándame ir a ti,
para que con tus santos te alabe,
por los siglos de los siglos. Amén.

Oración de san Ignacio de Loyola

Toma, Señor, y recibe toda mi libertad,
mi memoria, mi entendimiento
y toda mi voluntad; todo mi haber y mi poseer.
Tú me lo diste; a ti, Señor, lo torno;
todo es tuyo, dispón a toda tu voluntad.
Dame tu amor y tu gracia, que esto me basta.

Oración a Jesús crucificado

Mírame, oh mi amado y buen Jesús,
postrado ante tu santísima presencia;
te ruego con el mayor fervor,
que imprimas en mi corazón
vivos sentimientos de fe, esperanza y caridad,
dolor de mis pecados
y firmísimo propósito de jamás ofenderte.
Mientras que yo, con todo el amor
y con toda la compasión de que soy capaz,
voy considerando tus cinco llagas,
comenzando por aquello que dijo de ti,
oh Dios mío, el santo profeta David:
*Han taladrado mis manos y mis pies
y se pueden contar todos mis huesos* (Sal 22 [21], 17-18).

Para después de la Misa

Señor, bendito seas por el gran don de la Eucaristía.
Una vez más has querido que participe
de tus sagrados Misterios.

Gracias por tu Palabra,
que me enseña todo lo que has hecho
y haces constantemente por mí;
gracias por el sacerdote, imagen tuya,
que eres el Buen Pastor de todo el rebaño;
gracias por la comunidad de los hermanos,
que me ayudan a comprender
que soy miembro de la Iglesia;
gracias por tu Cuerpo y por tu Sangre,
que una vez más nos has dado por amor.

Ayúdame, ahora, al volver a mi casa
y a mis obligaciones de cada día,
a ser verdadero cristiano (verdadera cristiana).
Que sepa reconocer en los demás a mis hermanos,
que esperan ser amados de todo corazón.

Así no me apartaré nunca de tu lado,
aquí en la iglesia y también fuera de ella.

Madre de Dios y Madre mía, intercede para que
en todo lo que diga, haga o piense,
tu Hijo y Señor nuestro sea glorificado. Amén.

OFRECIMIENTO DEL APOSTOLADO DE LA ORACIÓN

Divino Corazón de Jesús, por medio
del Corazón Inmaculado de María santísima,
te ofrezco todas mi oraciones,
obras y padecimientos de este día
en reparación de nuestros pecados
y por todas las intenciones
por las cuales te ofreces continuamente
en el santísimo Sacrificio del altar.
Te ofrezco todo esto en especial
por las intenciones del Apostolado de la Oración
y por las señaladas por el Papa para este mes.
Todo por ti, Corazón Sacratísimo de Jesús.

COMUNIÓN ESPIRITUAL

Jesús y Señor mío, creo con firmísima fe
que estás realmente presente
en el augusto Sacramento del altar.
Dios mío, qué feliz sería yo
si pudiera recibirte en mi corazón.
Espero, Señor, que vengas a él
y lo llenes de tu gracia.
Te amo, dulcísimo Jesús mío.
Siento no haberte amado siempre.
Ojalá nunca te hubiera agraviado ni ofendido,
dulcísimo Jesús de mi corazón.
Deseo recibirte en mi pobre morada. Amén.

Santo Rosario

El que guía: **Por la señal de la Santa Cruz...** (p. 493).
Todos: **Señor mío Jesucristo...** (p. 495).
El que guía: **Hoy vamos a considerar los misterios...** (gozosos, luminosos, dolorosos, gloriosos).

Después de meditar cada uno de los cinco misterios, se dice un Padrenuestro, diez Avemarías y un Gloria al Padre.

MISTERIOS GOZOSOS:
(Lunes y sábados)

1º La Anunciación.
2º La Visitación.
3º El Nacimiento del Niño Dios.
4º La Presentación.
5º El hallazgo del Niño Jesús.

MISTERIOS LUMINOSOS:
(Jueves)

1º El Bautismo de Jesús.
2º Las bodas de Caná.
3º El anuncio del Reino.
4º La Transfiguración.
5º La institución de la Eucaristía.

MISTERIOS DOLOROSOS:
(Martes y viernes)

1º La Oración en el huerto.
2º La Flagelación.
3º La Coronación de espinas.
4º Jesús con la cruz a cuestas.
5º Crucifixión y muerte de Jesús.

MISTERIOS GLORIOSOS:
(Miércoles y domingos)

1º La Resurrección.
2º La Ascensión.
3º La venida del Espíritu Santo.
4º La Asunción de María.
5º La Coronación de María.

El que guía: Por las intenciones del Santo Padre: Padre nuestro…
– Dios te salve, María santísima, Hija de Dios Padre, Virgen purísima antes del parto, en tus manos encomendamos nuestra fe para que la ilumines, llena eres de gracia…
– Dios te salve, María santísima, Madre de Dios Hijo, Virgen purísima en el parto, en tus manos encomendamos nuestra esperanza para que la alientes, llena eres de gracia…
– Dios te salve, María santísima, Esposa de Dios Espíritu Santo, Virgen purísima después del parto, en tus manos encomendamos nuestra caridad para que la inflames, llena eres de gracia…
– Dios te salve, María santísima, templo, trono y sagrario de la Santísima Trinidad, Virgen concebida sin pecado original.
– Dios te salve, Reina y Madre de misericordia… (p. 503).

LETANÍA

Señor, ten piedad de nosotros.	Señor, ten piedad de nosotros.
Cristo, ten piedad de nosotros.	Cristo, ten piedad de nosotros.
Señor, ten piedad de nosotros.	Señor, ten piedad de nosotros.
Cristo, óyenos.	Cristo, óyenos.
Cristo, escúchanos.	Cristo, escúchanos.
Dios Padre celestial,	ten piedad de nosotros.
Dios Hijo, Redentor del mundo,	ten piedad de nosotros.
Dios Espíritu Santo,	ten piedad de nosotros.
Santísima Trinidad, que eres un solo Dios,	ten piedad de nosotros.

Santa María,	*Madre de la esperanza,*	
Santa Madre de Dios,	Madre purísima,	
Santa Virgen de las vírgenes,	Madre castísima,	
Madre de Cristo,	Madre virgen,	
Madre de la Iglesia,	Madre sin corrupción,	
Madre de la misericordia,	Madre inmaculada,	
Madre de la divina gracia,	Madre amable,	

ruega por nosotros. (centro) — *ruega por nosotros.* (derecha)

Madre admirable,
Madre del buen consejo,
Madre del Creador,
Madre del Salvador,
Virgen prudentísima,
Virgen digna de veneración,
Virgen digna de alabanza,
Virgen poderosa,
Virgen clemente,
Virgen fiel,
Espejo de justicia,
Trono de la Sabiduría,
Causa de nuestra alegría,
Vaso espiritual,
Vaso digno de honor,
Vaso insigne de devoción,
Rosa mística,
Torre de David,
Torre de marfil,
Casa de oro,
Arca de la alianza,

ruega por nosotros.

Puerta del cielo,
Estrella de la mañana,
Salud de los enfermos,
Refugio de los pecadores,
Ayuda de los migrantes,
Consuelo de los afligidos,
Auxilio de los cristianos,
Reina de los ángeles,
Reina de los patriarcas,
Reina de los profetas,
Reina de los apóstoles,
Reina de los mártires,
Reina de los confesores,
Reina de las vírgenes,
Reina de todos los santos,
Reina concebida sin pecado
   original,
Reina elevada al cielo,
Reina del santísimo Rosario,
Reina de la familia,
Reina de la paz,

ruega por nosotros.

Cordero de Dios,
que quitas el pecado del mundo,   perdónanos, Señor.
Cordero de Dios,
que quitas el pecado del mundo,   escúchanos, Señor.
Cordero de Dios,
que quitas el pecado del mundo,   ten piedad de nosotros.

Bajo tu amparo nos acogemos, santa Madre de Dios; no desprecies las súplicas que te hacemos en nuestras necesidades, antes bien líbranos de todos los peligros, ¡oh Virgen gloriosa y bendita!
El que guía: Ruega por nosotros, santa Madre de Dios.
Todos: Para que seamos dignos de alcanzar las divinas gracias y promesas de nuestro Señor Jesucristo.

Oremos. Te rogamos, Señor, que concedas a nosotros, tus siervos, gozar de perpetua salud de alma y cuerpo, y que, por la gloriosa intercesión de la bienaventurada siempre Virgen María, seamos libres de las tristezas de la vida presente y gocemos de las alegrías de la vida eterna. Por Jesucristo, nuestro Señor. Amén.

En el nombre del Padre, y del Hijo, y del Espíritu Santo. Amén.

Vía Crucis

"Entre los ejercicios de piedad con los que los fieles vene-ran la Pasión del Señor, hay pocos que sean tan estimados como el Vía Crucis. A través de este ejercicio de piedad los fieles recorren, participando con su afecto, el último tramo del camino recorrido por Jesús durante su vida terrena: del Monte de los Olivos, donde en el 'huerto llamado Getse-maní' (Mc 14, 32) el Señor fue 'presa de la angustia' (Lc 22, 44), hasta el Monte Calvario, donde fue crucificado entre dos malhechores (cfr. Lc 23, 33), al jardín donde fue sepul-tado en un sepulcro nuevo, excavado en la roca (cfr. Jn 19, 40-42)".

Directorio sobre la piedad popular y la liturgia, n. 131

Introducción

En el nombre del Padre, y del Hijo, y del Espíritu Santo.

R. Amén.

Señor, que esta breve meditación de tu pasión nos anime y ayude a tomar la cruz de nuestra vida y a seguirte.

R. Amén.

1ª ESTACIÓN
Jesús es condenado a muerte

V. Te adoramos, Cristo, y te bendecimos.

R. Porque por tu Santa Cruz redimiste al mundo.

Por la envidia de los fariseos y la debili-dad de Pilato, Jesús fue juzgado injusta-mente y condenado a muerte.

Porque yo también te he juzgado y con-denado en mis hermanos o he dejado, con mi silencio, que otros lo hagan...

R. Perdón, Señor, perdón.

Todos: Padre nuestro...

2ª ESTACIÓN
Jesús carga con la cruz

V. Te adoramos, Cristo, y te bendecimos.

R. Porque por tu Santa Cruz redimiste al mundo.

Simplemente se la echaron encima, sin ninguna consideración, y él no la rechazó.

Por las veces en que yo he dejado caer la cruz de mis obligaciones diarias y he renegado de la de mis penas y enfermedades...

R. Perdón, Señor, perdón.

Todos: Padre nuestro...

3ª ESTACIÓN
Jesús cae por primera vez

V. Te adoramos, Cristo, y te bendecimos.

R. Porque por tu Santa Cruz redimiste al mundo.

No es fácil llevar la cruz. Muchas veces cae uno vencido bajo su peso.

Por las ocasiones en que he tardado tanto en levantarme y por todos mis hermanos que ya no se han levantado...

R. Perdón, Señor, perdón.

Todos: Padre nuestro...

4ª ESTACIÓN
Jesús se encuentra con su Madre

V. Te adoramos, Cristo, y te bendecimos.

R. Porque por tu Santa Cruz redimiste al mundo.

Tuviste, Jesús, el apoyo de tu Madre en la subida al Calvario. Ella no se quejó, sino que te acompañó en ese penoso camino.

Por las veces en que he dejado solos a tantos enfermos y ancianos en su penoso camino...

R. Perdón, Señor, perdón.

Todos: Padre nuestro...

5ª ESTACIÓN
Simón de Cirene ayuda a Jesús

V. Te adoramos, Cristo, y te bendecimos.

R. Porque por tu Santa Cruz redimiste al mundo.

No quería, claro que no; el Cirineo era como muchos de nosotros, que no queremos ayudar.

Por haber dejado solos con su cruz de hambre, de desnudez, de abandono a tantos hermanos, cuando podía haberlos ayudado a llevarla...

R. Perdón, Señor, perdón.

Todos: Padre nuestro...

6ª ESTACIÓN
La Verónica limpia el rostro de Jesús

V. Te adoramos, Cristo, y te bendecimos.

R. Porque por tu Santa Cruz redimiste al mundo.

Aquella mujer supo descubrir el rostro de Cristo bajo aquella capa de sangre, sudor, polvo y salivazos.

Por no haberte descubierto en tantos rostros sudorosos de obreros y campesinos, y no haberte enjugado tantas lágrimas en quienes sufren...

R. Perdón, Señor, perdón.

Todos: Padre nuestro...

7ª ESTACIÓN
Jesús cae por segunda vez

V. Te adoramos, Cristo, y te bendecimos.

R. Porque por tu Santa Cruz redimiste al mundo.

¿Fue un tropezón con una piedra esta vez o un empujón? No lo sabemos.

Por las veces en que con nuestro ejemplo hemos hecho que los demás tropiecen, y por las veces, quizá, que deliberadamente los hemos empujado...

R. Perdón, Señor, perdón.

Todos: Padre nuestro...

8ª ESTACIÓN
Jesús habla a las hijas de Jerusalén

V. Te adoramos, Cristo, y te bendecimos.

R. Porque por tu Santa Cruz redimiste al mundo.

Ellas lloraban al ver a Jesús en medio de tanto dolor; mas él les dijo: "no lloren por mí; lloren por ustedes y por sus hijos".

Por las veces en que no valoro que el Inocente, el Santo, el "Varón de dolores" cargó con nuestros pecados en la cruz.

R. Perdón, Señor, perdón.

Todos: Padre nuestro…

9ª ESTACIÓN
Jesús cae por tercera vez

V. Te adoramos, Cristo, y te bendecimos.

R. Porque por tu Santa Cruz redimiste al mundo.

Y Jesús hace un esfuerzo supremo por tercera vez y se levanta.

Por esas ocasiones en las que, ante las dificultades, no he perseverado en la obra emprendida en favor de los demás.

R. Perdón, Señor, perdón.

Todos: Padre nuestro…

10ª ESTACIÓN
Jesús es despojado de sus vestiduras

V. Te adoramos, Cristo, y te bendecimos.

R. Porque por tu Santa Cruz redimiste al mundo.

Antes de ponerlo en la cruz lo despojaron de sus vestiduras.

Por las veces en que yo he despojado a los otros de su fama, de sus bienes, de sus derechos, de su inocencia, de sus ilusiones…

R. Perdón, Señor, perdón.

Todos: Padre nuestro…

11ª ESTACIÓN
Jesús es clavado en la cruz

V. Te adoramos, Cristo, y te bendecimos.

R. Porque por tu Santa Cruz redimiste al mundo.

Y desde la cruz pidió a su Padre que perdonara a sus verdugos, y a nosotros.

Por tantos perdones que yo he negado, y por tantas represalias y venganzas que he tomado...

R. Perdón, Señor, perdón.

Todos: Padre nuestro...

12ª ESTACIÓN
Jesús muere en la cruz

V. Te adoramos, Cristo, y te bendecimos.

R. Porque por tu Santa Cruz redimiste al mundo.

No hay amor más grande que dar la vida por los amigos.

Por la facilidad con que me olvido de lo que me quisiste –de lo que me quieres– y de lo que te costaron mis pecados...

R. Perdón, Señor, perdón.

Todos: Padre nuestro...

13ª ESTACIÓN
Jesús es bajado de la cruz

V. Te adoramos, Cristo, y te bendecimos.

R. Porque por tu Santa Cruz redimiste al mundo.

Y su cuerpo es puesto en brazos de su madre.

Por ese tierno Niño que tú nos diste en la Nochebuena, y que en aquella tarde te lo devolvimos muerto por nuestros pecados...

R. Perdón, Señor, perdón.

Todos: Padre nuestro...

14ª ESTACIÓN
Jesús es sepultado

V. Te adoramos, Cristo, y te bendecimos.

R. Porque por tu Santa Cruz redimiste al mundo.

Aquel que los judíos esperaban que fuera el libertador de Israel, el Mesías, fue sepultado.

Por las veces en que no tomo en cuenta, como dijiste a los discípulos de Emaús, que es necesario pasar por todas estas cosas para entrar en la gloria...

R. Perdón, Señor, perdón.

Todos: Padre nuestro...

15ª ESTACIÓN *(se omite en Cuaresma)*
La Resurrección de Jesús

V. Te adoramos, Cristo, y te bendecimos.

R. Porque por tu Santa Cruz redimiste al mundo.

Si Cristo no hubiera resucitado, vana sería nuestra fe. Él vive eternamente, y un día vendrá de nuevo "con gran poder y majestad".

Por las veces en que me olvido de que si no muero con Cristo no podré resucitar con él...

R. Perdón, Señor, perdón.

Todos: Padre nuestro...

Oración final

Señor mío Jesucristo, que con tu pasión y muerte diste vida al mundo, líbranos de todas nuestras culpas y de todo mal, concédenos vivir apegados a tus Mandamientos y jamás permitas que nos separemos de ti. Tú que vives y reinas por los siglos de los siglos.

R. Amén.

V. El Señor nos bendiga, nos guarde de todo mal y nos lleve a la vida eterna.

R. Amén.

Intenciones del Papa Francisco para el 2024

ENERO

Por el don de la diversidad en la Iglesia

Oremos al Espíritu Santo para que nos ayude a reconocer el don de los diferentes carismas dentro de las comunidades cristianas y a descubrir la riqueza de las diferentes tradiciones rituales dentro de la Iglesia católica.

FEBRERO

Por los enfermos terminales

Oremos para que los enfermos terminales y sus familias reciban siempre los cuidados y el acompañamiento necesarios, tanto desde el punto de vista médico como humano.

MARZO

Por los nuevos mártires

Oremos para que quienes en diversas partes del mundo arriesgan su vida por el Evangelio contagien a la Iglesia su valentía y su impulso misionero.

ABRIL

Por el papel de la mujer

Oremos para que la dignidad y la riqueza de las mujeres sean reconocidas en todas las culturas, y para que cese la discriminación que sufren en diversas partes del mundo.

MAYO

Por la formación de religiosas, religiosos y seminaristas

Oremos para que las religiosas, los religiosos y los seminaristas crezcan en su camino vocacional a través de una formación humana, pastoral, espiritual y comunitaria, que les lleve a ser testigos creíbles del Evangelio.

JUNIO

Por los que huyen de su país

Oremos para que los migrantes que huyen de las guerras o del hambre, obligados a viajes llenos de peligro y violencia, encuentren aceptación y nuevas oportunidades de vida en sus países de acogida.

Para el 2024

JULIO
Por el cuidado pastoral de los enfermos

Oremos para que el sacramento de la Unción de los enfermos dé a las personas que lo reciben y a sus seres queridos la fuerza del Señor, y se convierta cada vez más para todos en un signo visible de compasión y esperanza.

AGOSTO
Por los líderes políticos

Oremos para que los líderes políticos estén al servicio de su pueblo, trabajando por el desarrollo humano integral y el bien común, atendiendo a los que han perdido su empleo y dando prioridad a los más pobres.

SEPTIEMBRE
Por el clamor de la Tierra

Oremos para que cada uno de nosotros escuche con el corazón el clamor de la Tierra y de las víctimas de las catástrofes ambientales y del cambio climático, comprometiéndonos personalmente a cuidar el mundo que habitamos.

OCTUBRE
Por una misión compartida

Oremos para que la Iglesia siga apoyando por todos los medios un estilo de vida sinodal, bajo el signo de la corresponsabilidad, promoviendo la participación, la comunión y la misión compartida entre sacerdotes, religiosos y laicos.

NOVIEMBRE
Por los que han perdido un hijo

Oremos para que todos los padres que lloran la muerte de un hijo o una hija encuentren apoyo en la comunidad y obtengan del Espíritu consolador la paz del corazón.

DICIEMBRE
Por los peregrinos de esperanza

Oremos para que este Jubileo nos fortalezca en la fe, nos ayude a reconocer a Cristo resucitado en medio de nuestras vidas, y nos transforme en peregrinos de la esperanza cristiana.

Intenciones del Papa Francisco